이슬람의 허용과 금기

— Halal & Haram in Islam —

유스프 까르다위 저 / 최 영 길 역

세창출판사

아랍이슬람총서 005

이슬람의 허용과 금기

초판1쇄 인쇄 2011년 7월 20일
초판1쇄 발행 2011년 7월 30일

저자 유스프 까르다위 | **역자** 최영길 | **펴낸이** 이방원
편집 김명희 · 안효희 · 김민수 | **디자인** 박선옥 | **마케팅** 최성수
펴낸곳 세창출판사 | **출판신고** 1990년 10월 8일 제300-1990-63호
주소 120-050 서울 서대문구 냉천동 182 냉천빌딩 4층
전화 723-8660 | **팩스** 720-4579
이메일 sc1992@empal.com
홈페이지 http://www.sechangpub.co.kr
ISBN 978-89-8411-337-4 04210
978-89-8411-272-8 (세트)

값 25,000원

이슬람의 허용과 금기 / 유스프 까르다위 저 ; 최영길 역. -- 서울 : 세창출판사, 2011
p. ; cm. -- (아랍이슬람총서 ; 005)

원표제: Halal & haram in Islam
원저자명: Yusuf Al-Qardawi
영어 원작을 한국어로 번역
ISBN 978-89-8411-337-4 04210 : \25000
ISBN 978-89-8411-272-8(세트) 04210

이슬람[Islam]

280-KDC5
297-DDC21 CIP2011003313

■ 역자 서문 ■

본서의 저자는 이슬람의 학자로서 거장으로 인정받은 유스프 까르다위이다. 전세계 이슬람학자연맹의 회장직을 맡고 있을 정도로 이슬람 세계와 서구에서 살고 있는 무슬림들에게 널리 알려진 인물이다. 그리고 본서는 이슬람의 허용(Halal)과 금기(Haram)와 혐오사항(Makruh)을 가장 정확한 이슬람 문헌에 근거하여 구체적이고 명료하게 다루고 있다. 본서는 비무슬림들에게 이슬람을 소개하는 책이 아니라 무슬림들, 그 중에서도 특히 서구를 비롯한 비이슬람 국가에 거주하고 있는 무슬림들과 각 국가의 현지인 무슬림들을 대상으로 한 책이다.

한국 거주 외국인 무슬림들은 일시적 체류자들로서 그 숫자는 소수에 불과하다. 그리고 국내 한국인 무슬림 숫자는 손가락으로 헤아릴 정도밖에 되지 않는 것으로 알고 있다. 그렇다면 본서를 한국어로 번역할 가치와 필요성이 있을까라는 생각을 가질 수 있을 것이다. '필요는 발명의 어머니'라는 우리의 격언이 있다. 한국인들의 이슬람권 진출로 그곳 무슬림들과의 교류는 피할 수 없는 현실이 되었고 이슬람권 무슬림들의 한국 진출로 인한 그들과의 교류 역시 외면할 수 없는 현실이 되었다.

모든 일은 사람과 사람과의 만남에서 이루어진다. 이슬람권에 진출한 한국인 남성과 그곳 무슬림 여성, 한국인 여성과 그곳 무슬림 남성 사이에 결혼이 빈번하게 이루어지고 있다. 한국에 진출한 무슬림들과 국내 한국인들 사이에서도 똑같은 현상이 일어나고 있다. 피할 수 없는 다문화 다가정 시대가 되어 버린 것이다. 그런데 한국인들은 이슬람의 결혼문화를 전혀 모르거나 잘못 알고 있는 상태에서 결혼하고 있다. 결혼하고 나면 가정이 생기고 그 후 재산상속, 이혼, 위자료 등 예상하지 못했던 여러 가지 문제들이 발생한다.

여러 한국 식품업체들이 이슬람권에 라면이나 과자 등 여러 가지

식품들을 수출하고 있거나 수출계획을 세우고 있다. 그런데 이슬람권 수출식품은 반드시 할랄(허용)식품이라는 것을 인정받아야 한다. 즉 하람(금기)재료가 들어가지 않았다는 것이 확인되어야 한다는 뜻이다. 그렇게 하려면 이슬람의 할랄과 하람이 무엇인지를 정확히 알아야 한다. 한국의 한 식품업체가 이집트 이슬람 국가에 생선통조림 샘플을 보냈다가 우스꽝스러운 일이 벌어진 적이 있었고 이슬람의 종주국인 사우디아라비아에서는 한국 교민이 하람 관련 상품을 판매하다가 이슬람법에 따라 처벌을 받기도 했다. 이슬람의 하람이 무엇인지를 알지 못한 데서 온 결과다.

이자 수수행위는 꾸란(코란)이 언급하고 있는 가장 큰 죄 가운데 하나다. 그래서 이슬람에서의 이자는 하람이다. 그렇다면 이자제도가 없는 이슬람권에서 자본은 어떻게 축적되고 있을까? 한국 정부에서는 이슬람 금융제도 도입, 특히 이슬람채권(Sukuk) 발행계획을 추진하고 있다. 국내 은행권이나 회사들도 이를 반기고 있다. 이슬람채권 발행을 통한 이슬람국가들과의 경제협력을 키우고 외화를 들여오는 경로를 다양하게 하기 위해서다. 그런데 이슬람 자본의 투자는 하람과 연계된 사업에 투자할 수 없다. 이슬람자본 또는 이슬람채권을 통해서 들어온 자본도 마찬가지다. 이 자본을 통한 사업을 추진하려면 기본적으로 이슬람의 할랄과 하람이 무엇인지부터 알아야 한다.

이슬람의 할랄과 하람을 이해하고 나면 여러 가지가 머리에 떠오르고 여러 가지가 손에 잡힌다. 이슬람 예절이 한눈에 보이고, 이슬람권에서 손쉽고 값싸게 들여올 수 있는 것들이 눈에 보이고, 전세계 16억 무슬림들을 대상으로 상품개발 아이디어가 떠오를 것이다. 우리나라에서는 비싸게 먹지 않으면 안 될 식품을 그곳에서는 헐값으로 먹을 수 있는 먹거리들도 발견할 수 있을 것이다.

2011. 6. 14.

연구실에서

■ 차 례 ■

제3장 | 결혼과 가정생활에서의 할랄과 하람

제 4장 ▮ 무슬림 일상생활에서의 할랄과 하람

▌용어 정의▐

할랄(Al-Halal)

합법적인 것으로 제약이 없이 허용되는 것과 신법을 제정한 알라께서 허락하는 행위.

하람(Al-Haram)

신법을 제정한 알라께서 절대적으로 금지한 것으로 이것에 연루되거나 행하는 자에게 내세에서 그에 상응하는 알라의 벌을 받으며 현세에서도 그에 상응하는 벌을 받는다.

마크루흐(Al-Makruh)

혐오스러운 것으로 신법을 제정한 알라께서 승인하지 않은 것이나 금지를 강조한 것이 아닌 것. 마크루흐는 금기(Haram)보다는 정도가 약한 것이어서 마크루흐 행위에 대한 처벌도 하람보다 약하다. 그러나 정도를 넘어 지나칠 때 그리고 지속적으로 행하는 자는 하람에 빠진 자와 같다.

제 1 장

허용(Halal)과 금기(Haram)에 관한 이슬람의 근본원칙

* 사안들에 대한 근본적 개념은 허용.
* 허용(Halal)하고 금기(Haram)하는 것은 알라의 유일한 권한.
* 허용을 금기하거나 금기를 허용하는 것은 쉬르크, 즉 알라와 더불어 사신을 섬기는 행위와 유사.
* 어떤 것들을 금기하는 것은 그것들이 불결하고 피해를 끼치기 때문.
* 하람을 막는 할랄.
* 금기로 유인하는 것은 금기.
* 금기된 것을 허용된 것으로 위장하는 것은 금기.
* 선한 의도는 금기된 것을 허용될 수 있는 것으로 만들지 아니함.
* 의심스러운 것은 피해야 함.
* 금기된 것은 어느 누구에게나 금기되어야 함.
* 꼭 필요한 경우는 하람도 허용.

이슬람 이전 시대에 살았던 사람들에게 큰 혼돈을 주었던 사안들 중에 하나가 무엇이 허용된 것이고 무엇이 금기사항인가 하는 것이었다. 때로는 불결한 것들이 허용되었는가 하면 때로는 깨끗하고 좋은 것들이 금기되기도 하였다. 무신론자들도 그랬고 우상숭배자들이나 종교인들까지도 그러했다.

이러한 상황은 극우파와 극좌파로 벌어질 정도로 심각했다. 인도의 극단적인 브라만교와 기독교의 수도원과 이 밖에도 신체에 고통을 가하는 난행·고행을 일삼으면서 창조주 알라께서 인간을 위해 허용한 좋은 음식을 먹지 않는가 하면 삶의 즐거움을 회피하는 극우파 종교들이 있었다. 중세 때 기독교의 난행·고행은 극에 달하여 깨끗하고 좋은 것을 회피하는 수사들이 수천에 이르렀다. 두 발을 씻는 것이 하나의 죄로 간주되었는가 하면 목욕탕에 들어가는 것은 후회하여 회개해야 하는 것으로까지 여겨졌다.

극좌파로는 페르시아에서 일어난 마즈다크(Mazdak) 종교가 있었는데 이들은 절대적 자유를 외치면서 그들이 원하는 것이면 무엇이든지 허용하고, 즐거움을 주는 것이면 무엇이든지 하도록 하고, 하물며 인간의 본성이 허용하지 않는 것까지도 권장하였다.

이슬람 이전의 아랍인들은 사물과 행위와 관련한 허용된 것과 금기된 것에 대한 기준을 극도로 혼동하고 있었다. 술을 허용하고 고액의 고리대금 이자를 취하였다. 여성을 학대하거나 격리시켰는가 하면 자식을 사랑하는 인간의 본능마저 저버리고 사람으로서 할 수 없는 자신들의 아이들을 죽이기까지 하였다. 이와 관련된 알라의 말씀이 있었다.

> "그들이 믿는 우상들은 우상숭배자들로 하여금 그들의 자손들을 살생하는 것까지도 그럴 듯하게 보이도록 만들었으니 이는 그들로 하여금 스스로를 멸망케 하고 자신들의 종교를 혼란케 하였느니라." (꾸란 6:137)

이들 우상숭배자들은 그럴 듯한 말들을 꾸며내 부모가 자식을 죽이도록 유도하였다. 현재의 가난과 다가올 가난이 두려워 자식을 살해하는 부모가 있었고, 여아를 가문의 수치로 생각하도록 만들어 생매장하게 만들었으며, 아들을 바침으로써 신에게 가까이할 수 있다는 말로 자식을 살해하도록 만든 경우도 있었다.

이상한 것은 목을 베어 자식을 살해하고 딸을 생매장하여 자식을 죽인 부모들이 자신들에게 어떤 농작물과 소고기 섭취를 금지한 것이다. 더더욱 이상한 것은 이러한 금기를 자신들을 위한 종교의 일부로 간주하면서 그러한 행위를 알라께로 돌리고 있다는 것이다. 그러나 알라께서는 그들의 거짓 주장을 단호히 거절하였다.

> "그들이 말하더라. 이것들은 금기된 가축이요 양식이라. 우리가 원하는 자가 아니면 아무도 그것을 양식으로 취할 수 없고 또 이것은 금기된 가축이므로 그것의 등에 짐을 싣지 말며 그 가축을 도살할 때 하나님의 이름으로 도살되어서는 아니 된다고 하더라. 이처럼 그들은 알라에 대하여 거짓을 꾸며대고 있느니라. 그분께서 곧 그들의 거짓에 대한 대가로 징벌을 내리실 것이니라." (꾸란 6 138)

꾸란은 금기되었던 것을 허용된 것으로 만들고 허용되었던 것을 금기시킨 자들의 오류를 들추어내고 있다.

"실로 잃은 자들은 알지 못하여 자신들의 자손을 살해하고 알라께서 그들을 위해 주신 양식을 금기하며 하나님에 대하여 거짓말을 꾸며대는 자들이라. 실로 그들은 방황하는 자들로 인도받지 못하는 자들이니라." (꾸란 6:140)

이처럼 허용과 금기에 대한 오류와 혼선과 이탈이 널리 보편화되어 있었을 때 이슬람이 이루어 놓은 초기 업적 중 하나는 어떤 합법적인 원칙을 확립하고 이 중요한 사안들을 결정하는 방책을 마련한 것이었다. 어떤 것이 허용된 것이고 어떤 것이 금기된 것인지를 결정하는 근거와 기준을 확립하여 문제들을 분명하게 하였다. 이 원리원칙들을 기반으로 균형과 정의에 입각해 할랄과 하람을 분명하게 하였다. 이렇게 하여 이슬람 공동체는 알라께서 묘사한 것처럼 극우파도 아니고 극좌파도 아닌 중도를 걷는 중용의 공동체 움마(Ummah)를 만들었다.

"너희가 가장 훌륭한 공동체의 백성이라." (꾸란 3:110)

어떤 것들을 허용하는 기본원리

이슬람이 확립한 첫 번째 기본원리는 알라께서 창조한 것들 그리고 그것들로부터 나오는 유익함은 본질적으로 인간을 위한 것이다. 그러므로 그것들은 허용된다. 알라께서 내리신 꾸란과 예언자 무함마드의 전통에서 비롯된 분명하고도 확실한 원문(Nas)에 의해 금지된 것 외에는 금지된 것이 없다. 예언자 무함마드의 전통의 경우 원문이 확실하지 않거나 금기사항을 분명하게 입증하는 근거가 제시되지 못할 때는 그 사안은 허용의 원칙에 따라 적용을 받는다.

이슬람 학자들은 꾸란에서 어떤 것들에 대한 기본원리와 허용의 가능성을 유출하였다. 알라께서 내리신 다음의 말씀에서 그 예를 찾을 수 있다.

> "너희들을 위해 이 세상의 모든 것을 창조하신 분은 바로 알라이시니라." (꾸란 2:29)
>
> "그분께서는 하늘과 땅 위에 있는 모든 것이 너희에게 순종토록 하였나니 실로 그 안에는 생각하는 사람들을 위한 증표들이 있느니라." (45:13)
>
> "알라께서 하늘에 있는 것과 땅에 있는 모든 것이 너희에게 유익하도록 하셨으며 당신의 자비를 드러나게 또는 드러나지 않게 너희를 위해 완성하셨음을 너희는 알지 못하느냐?" (31:20)

이처럼 창조주 알라께서는 모든 것을 창조하신 후 인간으로 하여금 그것들을 다스리도록 하였다. 그리고 그것들을 유익하게 활용하도록 하면서 그분의 은총을 헤아리고 감사하도록 하였다. 그렇다면 인간을 위해 이 모든 것들을 창조하고 그것들을 유용하도록 하였다면 그것들의 사용을 금지하는 이유는 무엇인가? 창조주는 특별한 이유로 몇 가지만을 금지하였을 뿐이다. 그 이유와 목적에 대해서는 다음에 논의될 것이다.

이슬람에서 금지되고 있는 범위는 무척 좁다. 그러나 허용된 범위는 대단히 방대하다. 꾸란이 금지하고 있는 것은 단지 몇 가지에 불과하다. 원문에 허용 또는 금기로 언급되지 않은 것들은 원칙적으로 허용범위에 남게 되며 알라의 은총 영역에 들게 된다. 이와 관련하여 예언자께서는 이렇게 말씀하셨다. :

창조주 알라께서 그분의 성서에서 허용한 것은 모두가 허용된 것이요 그분께서 금지한 것은 모두가 금지된 것입니다. 그리고 그분께서 언급하지 않은 것은 모두가 그분의 은총으로 허용됩니다. 그러므로 창조주 알라로부터 그분의 은총을 받아들이시오. 왜냐하면 창조주 알라께서는 어떤 것도 등한시하는 분이 아니시기 때문입니다. 그런 후 예언자는 다음 내용을 암송하셨습니다. "여러분의 주님은 등한시하는 분이 아니십니다."[1]

살만 알파르시의 전언에 의하면 예언자께서 가축의 지방, 치즈, 모피에 대한 질문을 받고서 다음과 같이 대답하셨습니다.

"창조주 알라께서 그분의 성서에서 허용한 것은 모두가 허용된 것이요 그분께서 금지한 것은 모두가 금지된 것입니다. 그리고 그분께서 언급하지 않은 것은 모두가 그분의 은총으로 여러분을 위해 허용됩니다."[2]

이와 같이 예언자께서는 질문에 대해 구체적으로 대답하지 않고 허용과 금기를 결정하는 일반원칙을 언급하셨다. 그러므로 우리는 알라께서 금기하신 것이 무엇인가만을 알면 그것으로 충분하다. 왜냐하면 금기로 언급되지 않은 것은 좋은 것으로 허용된 것이기 때문이다. 이와 관련하여 예언자께서 이렇게 말씀하셨다.

1_ Al-Hakim.

2_ Al-Tirmizi and Ibn Majah.

"알라께서 여러분에게 어떤 의무를 내리셨으니 그것들을 소홀히 하지 마시오. 그분께서 한계를 두셨습니다. 그러므로 그 한계를 넘지 마시오. 알라께서 어떤 것들을 금지하셨습니다. 그러므로 그것들을 행하지 마시오. 그리고 그분께서 언급하지 않은 것은 여러분을 위한 것으로 그것은 그분의 자비에서 나온 것이지 잊거나 부주의로 인한 것이 아닙니다. 그러므로 그것들에 관해 묻지 마시오."[3]

여기서 강조되고 있는 것은 자연스럽게 허용되는 것(Asl Al-Ibahah)이 어떤 사물들 또는 어떤 대상에만 국한된 것이 아니라 신앙과 연계되지 않는 생활습관 또는 일상생활 등 인간의 모든 행위와 품행까지 포괄하고 있다는 것이다. 그러나 창조주께서 금지한 것 외에는 금지나 제한을 받지 않고 허용된다는 것이 기본원칙이다. 알라께서 말씀하셨습니다.

"너희를 위해 알라께서는 무엇이 금지된 것인지 설명하셨느니라." (6:119)

본절은 대상과 행위를 포함하고 있다.

그러나 신앙생활과 관련된 경우는 다르다. 이 부분들은 오로지 알라께서 계시한 것에서만 취할 수 있다. 이 내용과 연관된 하디스가 있다.

"우리의 신앙생활에 관한 새로운 이설은 반드시 거절되어야 합니다."[4]

참 종교는 다음의 두 가지가 우선되어야 한다. 알라 외에는 그 어떤 것도 숭배의 대상이 되어서는 안 되고 알라를 숭배하되 그분께서 제정한 방법에 따라야 한다. 자신의 생각대로 신앙생활을 고안한 자는 길을 완전히 벗어난 자이므로 그는 완전히 거부되어야 한다. 왜냐하면 창조주만이 그분에게 접근하는 방법을 제시하는 권한을 갖고 있기 때문이다.

한편 생활습관과 일상생활에 관한 것은 창조주로부터 유래된 것

3_ Al-Darqutni.

4_ Bukhari and Muslim.

이 아니라 인간이 만들어서 자신들에게 적용하고 있는 것이다. 창조주는 단지 그것들을 개선하고 중용의 길에 있도록 하거나 세련되게 하여 인간에게 해악이 되거나 피해가 되지 않도록 할 뿐이다. 이슬람의 거장 이븐 타이미야(Ibn Taymiyyah)는 이렇게 말하고 있다. "인간의 언행에는 두 종류가 있다. 자신들이 믿는 종교의 가르침에 따른 신앙적 행위가 있고 현실세계에서 일상생활의 필요에 따라 확립된 습관적인 행위가 있다. 이슬람법의 원리원칙에서 보면 신앙행위는 알라의 명령 또는 인정에 의해서만 이루어지는 행위이다.

인간의 세속적인 관습행위는 현실세계에서 일상생활에 필요한 행위이다. 그러나 생활습관에 관련되어 있는 한 행위는 자유이다. 알라께서 금지한 것 외에는 그 어떤 것도 제한받지 않는다. 명령과 금기는 알라께서 제정한 것이므로 신앙적 행위는 반드시 이를 따라야 한다. 어떤 것을 확립하기 위해 알라께서 지시하셨는데 그분의 명령이 없이 어떻게 그것이 금기라고 말할 수 있는가?"

하디스에 근거하여 법해석을 하는 아흐마드(Ahmad bin Hanbal)와 다른 법학자들은 이렇게 말하고 있다. "신앙행위에 관한 원리원칙은 제한(tawqeef)을 받는다. 말하자면 이것에 관한 한 알라께서 이미 꾸란에 제정해 놓은 것 외에는 그 무엇도 제정되지 않는다. 그렇지 않게 행동할 때는 다음 꾸란 절이 담고 있는 내용에 위험이 될 수 있다.

> "그들은 알라께서 허용하지 아니한 종교를 만들어 알라와 대등한 거짓 사신들을 두고 있느냐?" (42:21)

그러나 생활습관에 관련되어 있는 행위는 허용된다. 왜냐하면 알라께서 금지한 것 외에는 그 어떤 것도 제한받지 않기 때문이다. 그렇지 않게 행동할 때는 다음 꾸란 절이 담고 있는 내용에 위험이 될 수 있다.

> "일러 가로되 알라께서 너희에게 주신 일용할 양식을 생각하여 보았느냐? 너희는 그중의 일부는 금기되고 그중의 일부는 허락되었노라." (10:59)

이 허용(al-afw)한 것은 중요하고 유익한 원칙이다. 일상생활에 필요한 매매(al-bai'), 임대(al-ijarah), 기증(al-hibah) 같은 것은 하람이 아니다. 먹는 것, 마시는 것, 옷을 입는 것 등 사람들의 생활에 필요불가결한 것들 역시 할랄이다. 이슬람법은 이러한 현실적인 것들에 관해 언급하면서 좋은 행위예절을 가르치고 있다. 인간에게 해가 되는 것은 금지하고 좋은 것은 실천하도록 하였다. 행하여서 좋지 않은 것, 즉 상품매매에서 폭리를 취하거나 품질을 속이는 행위 등은 혐오스러운 것으로 충고하여 행하지 않도록 하고, 행하여서 좋은 것은 권장하여 행하도록 한다.

이러한 이슬람법의 입장에서 이슬람법이 금지하고 있는 것이 아니면 사람들은 자유롭게 물건을 사고팔며 자신들이 원하는 것을 임대하고 차용한다. 그와 마찬가지로 금지된 것이 아니면 자신들이 원하는 것을 자유롭게 먹고 마신다. 일부 권장사항이 있고 혐오사항이 있기는 하지만, 이슬람법은 이 혐오사항을 금지사항으로까지 해석하지 않고 허용되는 쪽으로 해석하는 것을 원리원칙으로 삼고 있다. 이 원칙에 관한 내용은 예언자의 교우인 자비르(Jabir bin 'Abdullah)가 전하고 있는 하디스가 입증하고 있다.

"우리는 꾸란이 계시되고 있는 기간에 동침을 하면서 피임을 하기 위해 사정하기 전에 빼곤 하였습니다. 만일 이러한 행위의 관습이 금지되었다면 꾸란도 이를 금지하였을 것입니다."

그리하여 만일 꾸란의 계시가 어떤 것에 관하여 언급이 없었다면 그것은 허용된 것이므로 그것을 행하는 것은 자유라고 그는 결론을 내렸다. 이 예언자의 교우는 분명히 이슬람법을 완벽하게 이해하고 있다. 결과적으로 예배와 숭배는 알라의 명령이 아니면 합법화될 수 없고 알라가 금지한 것이 아니면 어떠한 행위도 금지될 수 없다는 것이 이슬람법의 원리원칙이다.

허용하는 것과 금지하는 것은 알라의 유일한 권한

이슬람의 두 번째 원리원칙은 금지와 허용을 결정하는 권한을 종교적 또는 사회적 지위에 관계없이 인간에게는 허락하지 않으며 오직 인간을 창조하신 주님의 권한으로 두고 있는 것이다. 랍비(Rabbi), 교황, 성직자, 왕을 비롯한 국가의 통치자 어느 누구도 알라의 종을 위해 어떠한 것을 금지하는 권한을 가질 수 없다. 만일 그렇게 된다면 인간은 자신의 한계를 넘어 알라의 권한을 남용하게 되기 때문이다. 이러한 권한을 갖게 되면 인간은 알라와 함께 사신을 두거나 알라의 위상에 버금가는 대상을 두게 된다.

> "그들은 알라께서 허락하지 아니한 종교를 만들어 알라와 대등한 거짓 사신들을 두고 있느냐?" (42:21)
> "그들은 알라 외에 아흐바르와 루흐반을 섬기고 알라 외에는 어느 것도 숭배하지 말라고 했는데도 마리아의 아들 예수를 그들의 주님으로 경배하고 있느니라. 알라 외에는 신이 없으며 그분은 그들이 더불어 섬기는 모든 것 위에 홀로 계시느니라." (9:31)

꾸란은 성서의 백성들, 즉 유대교인들과 기독교인들이 할랄과 하람을 결정하는 권력을 갖고 그에 대한 행위를 랍비와 성직자들의 손에 맡기고 있다고 비난하고 있다. 기독교인이었다가 이슬람교로 개종한 아디(Adi bin Hatim)가 예언자를 찾아갔을 때 예언자께서 위에 언급한 꾸란을 암송하고 있었다. 아디는 예언자에게 물었다. "알라의 사도님, 그들은 그것들을 숭배하지 않습니다." 그러자 예언자께서 대답하셨습니다.

"그래요. 그런데 그들이 할랄을 하람으로, 그리고 하람을 할랄로 만들자 사람들은 그것들을 따르면서 참배를 하였어요."[5]

기독교인들은 현재까지도 예수가 하늘로 승천하면서 제자들에게 원하는 대로 할랄과 하람을 결정하는 권한을 주었다고 주장하고 있다. 이에 관한 내용은 신약성경 마태복음이 입증하고 있다.

> "진실로 너희에게 이르노니 너희가 무엇이든지 땅에서 매면 하늘에서도 메일 것이요. 무엇이든지 땅에서 풀면 하늘에서도 풀리리라." (18:18)

다신교 신자들에게도 알라의 허락이 없이 할랄과 하람을 결정할 권한이 없다고 꾸란은 언급하고 있다.

> "일러 가로되 알라께서 너희에게 주신 일용할 양식을 생각하여 보았느냐? 너희는 그중의 일부는 금기되고 그중의 일부는 허락되었노라. 일러 가로되 알라께서 그렇게 하도록 허락하셨냐? 아니면 알라에 대하여 너희가 거짓말을 하고 있느냐?" (10:59)
>
> "너희 혀들로 이것은 허락된 것이요. 저것은 금지된 것이라고 거짓말하지 말라. 이는 알라에 대해 거짓말 하는 것이니라. 실로 알라에 대하여 거짓말 하는 자는 번성하지 못하느니라." (16:116)

이와 같이 꾸란과 예언자의 하디스가 분명히 밝히고 있듯이 이슬람 법학자들은 할랄과 하람을 결정할 수 있는 주체는 알라 한 분밖에 없다고 주장하면서 방법은 꾸란과 예언자의 말씀에 따라야 한다고 주장한다.

> "알라께서는 금지된 것을 너희에게 자세히 설명하였느니라." (6:119)

본절은 할랄과 하람을 결정하는 것은 인간에게 있지 않다는 것을 제시하고 있다. 아무리 학식과 지식이 많고 유추해석(Ijtihad)에 대한 능력이 높은 대법관이라 할지라도 할랄과 하람을 결정하는 문제는 멀리

5_ Al-Tirmizi.

한다. 본질적으로 하람인데 할랄, 또는 그 반대의 경우로 해석하여 오류를 범할 수 있는 두려움 때문이다.

이맘 샤피(Imam Shafi'i)는 그의 저서 알움무(Al-Umm)에서 아부 하니파(Abu Hanifah)의 교우이면서 대법관이었던 아부 유스프(Abu Yusuf)가 남긴 말을 전하고 있다. "지식이 풍부한 우리의 스승들은 꾸란의 해석에 근거하지 않고는 이것은 할랄이요. 저것은 하람이라는 말을 피했다."

무슬림 제2세대의 저명인사였던 라비(Al-Rabi' ibn Khaytham)가 한 말을 이븐 싸입(Ibn Al-Saib)이 전하고 있는 내용이다. 이 사람처럼 말하지 마시오. "알라께서 이것을 할랄로 하셨습니다. 또는 그분께서 이것을 인정하실 것입니다." 그러나 내세에서 알라는 이렇게 말씀하실 것입니다. "나는 이것을 할랄로 만들지 않았으며 그것을 인정하지 않았느니라." 또는 이 사람처럼 말하지 마시오. "알라께서 이것을 하람으로 하셨습니다." 그러나 내세에서 알라께서 말씀하실 것입니다. "네가 거짓말을 했느니라. 나는 그것을 하람으로 만들지 않았고 그것을 금지하지 아니 했느니라." 무슬림 제2세대의 저명인사이며 쿠파의 대법관 이브라힘 나키(Ibrahim Al-Nakhi')의 일부 교우들이 그가 그의 동료들에게 한 말을 전하고 있다. "그들이 어떤 것에 대해 판단을 내릴 때, '그것은 승인되지 않았습니다. 또는 하람 또는 할랄이라고 하지 않고 거기에는 해가 되는 것이 없습니다'라고 말했습니다. 왜냐하면 하람과 할랄은 너무나 중요하고 큰 것이기 때문이다."[6]

이것은 아부 유스프가 올바른 선임자들에 관하여 전한 것이고 그에 관하여 샤피가 전하면서 옳다고 인정하고 있다. 역시 이븐 무플리흐(Ibn Muflih)가 이슬람의 어른인 이븐 타이미야가 말한 것을 전하였다. 이슬람 초기 법학자들은 꾸란이나 하디스에 분명하게 알려진 것이 아니면 어떤 것을 하람이라고 절대로 말하지 않았다.

6_ Al-Umm, vol. 7, p.317.

이와 같이 저자 본인은 어떤 일에 관한 질문을 받고 대답한 이맘 아흐마드(Ahmad ibn Hanbal)처럼, “나는 그것을 싫어합니다” 또는 “내 마음에 들지 않습니다” 또는 “나는 그것을 좋아합니다” 또는 “나는 그것을 더 선호하지 않습니다” 라고 말한다. 말리크(Malik), 아부 하니파(Abu Hanifah) 및 다른 모든 이맘들도 꾸란과 하디스에 하람이라고 분명히 언급된 것 외에는 어떤 것에 관하여 하람 또는 할랄이라고 말하지 않았다고 전해지고 있다.

할랄을 금기하고 하람을 허용하는 것은 불신행위

이슬람은 자신의 권위로 할랄과 하람을 결정하는 자들을 비난한다. 하람의 목소리를 내는 자에 대해 이슬람은 더욱 엄격하다. 왜냐하면 하람으로 치우치는 경향은 인간을 위해 알라께서 펼쳐놓은 것들을 축소시켜 인간 생활에 어려움을 초래하기 때문이다. 하람으로 유도하려는 경향은 종교문제에 있어 극단적이거나 과격한 생각이나 행위로 빠질 수 있으므로 제지되어 마땅하다. 예언자께서는 모든 수단과 방법으로 위선적인 경건파에 대항하면서 거기에 빠지는 광신자들에게 다음과 같이 경고하였습니다.

"광신자들은 멸망할 것입니다."7

그리고 예언자는 그의 메시지를 다음과 같이 특징짓고 있다.

"나는 바르고 쉬운 것을 갖고 왔습니다."8

예언자의 메시지가 담고 있는 바른 것이란 일위일체의 하나님에 대한 믿음(Tawheed), 사신을 섬기는 것(Shirk)과 할랄을 하람으로 규정하는 행위를 배척하는 의미를 갖고 있다. 이 두 가지 사항은 알라의 말씀을 전하고 있는 예언자의 신성 하디스(Hadith Qudsi)가 입증하고 있다.

"나는 인간을 올바르게 창조했느니라. 그런데 사탄들이 그들의 종교를 점하고 내가 그들을 위해 허락한 것을 금지하고 내가 권한을 부여하지 않았는데도 그들은 나와 더불어 사신들을 섬기라 하였노라."9

7_ Muslim, Ahmad, and Abu Dawood.

8_ Ahmad.

할랄, 즉 허용된 것을 금지하는 것은 사신을 섬기는 것과 유사하다. 이와 관련하여 알라께서는 아랍의 다신교도들을 강하게 질책하셨다. 그들은 사신들과 우상들을 섬기는가 하면 그들에게 권한이 없는데도 불구하고 허용된 특정 생산물이나 가축들을 금지하였기 때문이다. 그들이 식용으로 금지한 동물들은 바히라(Bahirah), 싸이바(Saibah), 와실라(Wasilah), 그리고 함(Ham)이라 불리어졌다. 이슬람 이전에 있었던 일이다. 바히라는 다섯 마리의 새끼를 낳으면서 마지막 것이 수컷을 낳은 암낙타를 의미한다. 이러한 낙타는 귀가 찢겨 갈라진 채 자유롭게 방목된다. 그 낙타는 탈 것으로도 사용되지 않고 우유를 짜거나 식용으로 도살되지도 않는다. 그리고 아무 곳이나 마음대로 먹고 마시도록 내버려둔다. 싸이바는 여행에서 안전하게 귀환하게 하여주고 병을 치료하게 하여달라는 등 어떤 목적을 위한 맹세 때문에 자유롭게 풀어놓은 수컷의 낙타나 암컷의 낙타를 가리킨다. 와실라의 경우는 암컷 염소가 첫 번째로 수컷을 출산했을 경우 다신교도들은 그것을 자신들이 섬기는 사신들에게 바치고 암컷의 염소가 태어났을 때는 자신들이 가졌다. 만일 수컷과 암컷을 쌍둥이로 낳았을 경우 그들은 이렇게 말했다. "이것은 암컷의 형제야"라고 말하고 수컷을 사신들에게 바치지 않고 자신들을 위해 놓아 먹였다. 함의 경우 만일 다음 세대의 수컷 낙타가 사람을 태울 수 있을 경우, "이 놈은 그의 등이 보호를 받았어"다고 말하면서 늙은 낙타는 풀어서 먹였다.

이 네 부류의 용어는 또 다른 의미를 갖고 있으나 그 내용은 유사하다. 꾸란은 이 동물들에 대한 그들의 금지를 거절하면서 선조들의 오류를 모방한 그들에게 변명의 여지를 주지 않았다.

> "알라께서는 바히라나 싸이바나 와실라나 함 같은 우상들을 두지 아니 하셨느니라. 이는 믿음을 배반한 불신자들이 알라에 대하여 거짓을 꾸미고 있거늘 이들 대다수는 이성이 없는 자들이니라. 알라께서 계시한 말씀을 따르며 사도에게로 오

9_ Muslim.

라 하매 우리는 우리 조상의 종교만으로 충분하다고 말하더라. 그러나 그들의 선조들조차도 종교와 진리에 관하여 아무것도 알지 못하였느니라." (5:103-104)

꾸란 가축의 장(Surat Al-An'am)은 그들이 식용으로 금지해야 한다고 주장한 낙타, 황소, 양, 염소 같은 가축에 대해 자세히 언급하고 있다. 그들의 오류를 확신시키는 냉철하면서도 풍자적인 질문을 던지고 있다.

"여덟 종류의 가축을 양식으로 주셨느니라. 양 가운데에서 두 종류 그리고 염소 중에서 두 종류라. 불신자들에게 일러 가로되 알라께서 너희에게 금기하심이 두 마리의 수컷인가 아니면 두 마리의 암컷인가 아니면 두 마리 암컷의 자궁에 있는 것인가? 너희가 진실이라면 아는 것을 내게 말하여 보라. 두 마리의 낙타와 두 마리의 소를 양식으로 주었느니라. 일러 가로되 너희에게 금기하신 것이 두 마리의 수컷인가 아니면 두 마리의 암컷인가 아니면 두 마리 암컷의 자궁에 있는 것인가?" (6:143-144)

꾸란 아으라프 장(Surat Al-A'raf)에서 알라께서는 그것들을 금지하려는 자들의 모든 요구를 거절하면서 금지하는 최종 기준을 내려 주셨다.

"일러 가로되 종들을 위해 알라께서 지으신 당신의 장식품과 깨끗한 이 양식들을 누가 금기하느냐? 일러 가로되 그것들은 현세에 살면서 믿음을 갖고 심판의 날을 믿는 자들을 위한 것이니라. 이렇게 나는 이성을 가진 자들을 위해 징표를 설명하였느니라. 일러 가로되 실로 나의 주님께서는 드러나는 것이건 드러나지 않는 것이건 불결한 행위를 금지하고 죄와 사악한 범죄를 금지하셨으며, 알라께서 부여하지 아니한 다른 것으로 알라를 비유하는 것을 금하셨으며, 너희가 알지 못하는 것으로 알라에 대하여 이야기하는 것을 금하셨느니라." (7:32-33)

이러한 토론들의 중요한 양상에 대한 것은 메카에서 계시되었다. 메카 계시들은 변함없이 교리, 일위일체의 하나님, 내세를 다루었다. 우리는 꾸란의 시각에서 알라의 허락 없이 어떤 것을 금지하는 것을 부분적인 문제로서가 아니라 믿음의 근본과 원리원칙에서 추론할 수 있을 것이다.

메디나에서의 어떤 무슬림들은 염세주의 경향으로 흐르면서 허용된 기쁨을 스스로 금지하기도 하였다. 그러자 알라께서는 자신이 설정한 범주로 불러들여 이슬람의 바른 길로 돌아오도록 하셨습니다.

> "믿는 자들이여! 알라께서 너희에게 허락한 것을 금기하지 말 것이며 범주를 벗어나지 말라. 실로 알라께서는 범주를 벗어난 자를 사랑하지 아니 하시느니라. 알라께서 너희에게 허락한 양식을 먹되 알라를 두려워하라. 너희는 믿는 신앙인들이라." (5:87-88)

어떤 것들을 금기하는 것은 불결하고 해롭기 때문

인간을 창조한 후 인간에게 헤아릴 수 없는 은총을 베푼 알라만이 그분이 보시기에 합당한 할랄과 하람을 결정할 권리를 갖고 있으며 그분이 보시기에 적당한 의무와 책임을 부과할 수 있는 권한을 갖고 있다. 그분의 피조물인 인간은 이에 관해 질문할 권리는 물론이거니와 그분을 거역할 권리도 없다. 그러나 알라께서는 그분께서 명령한 것에 대하여 전횡을 하는 분은 아니시다. 왜냐하면 그분은 피조물에게 자비를 베푸셨기 때문이다. 어떤 것에 대하여 어떤 이유로 할랄과 하람으로 결정하셨지만 그것은 인간의 행복을 위해서이다. 결과적으로 그분께서는 깨끗하고 순수한 것이 아니면 허락하지 않았고 불결한 것이 아니면 금지하지 않으셨다.

알라께서 유대인들에게 어떤 좋은 것들의 일부를 금지한 것은 사실이다. 그러나 이것은 알라에 대한 반역과 그분께서 정하신 범주를 벗어난 것에 대한 징벌일 뿐이다.

> "내가 유대교의 율법을 따르는 자들에게 금기하노니 굽이 갈라지지 아니한 모든 짐승의 고기는 먹지 말라. 소와 양의 지방질도 금하였느니라. 그러나 등에 붙어 있는 것과 장에 붙어 있는 것과 뼈와 섞여 있는 것은 제외라. 이것은 그들이 저지른 것에 대한 벌이니라. 그리고 나는 진리이니라." (6:146)

꾸란은 그들의 또 다른 반역에 대해 언급하고 있다.

> "유대인들의 죄악으로 말미암아 그들은 내가 이전에 그들에게 허락했던 것을 금

지하고 또한 많은 사람이 알라의 길로 들어감을 방해하였느니라. 그들은 금지된 이자를 거두어 가며 백성들의 자산을 부당하게 삼키었느니라. 그리하여 알라께서는 그들 불신자들에게 고통스러운 벌을 준비하셨느니라." (4:160-161)

알라께서는 그분의 최후 사도를 통해 완성된 영원한 메시지를 보내셨다. 그것은 인간을 위한 자비였다. 사람들이 이해할 수 있는 단계에 들어서자 알라께서는 자비를 베풀어 목이 굳어져 오만하고 거역했던 아드 백성들에게 일시적으로 징벌로 금지했던 것들을 거두어 주셨다. 그들의 짐을 덜어 줄 예언자의 도래가 유대인들과 기독교인들에게 예언되었다.

"저들은 예언자이며 무학자 사도를 따르는 자들이라. 저들은 저들의 기록서인 토라와 복음서에서 그를 발견하리라. 그분은 저들에게 옳은 것을 촉구하였고 그릇된 것을 금기하였으며 또 저들에게 성결한 것을 허락하시고 저들의 무거운 짐과 그들의 멍에들을 벗겨 줄 것이니 그를 믿고 그를 존경하며 그를 도와 그에게 계시된 빛을 따르는 자들은 번성할 것이니라." (7:157)

알라께서는 좋을 것을 금지하는 것보다 더 나은 방법들을 제시하여 죄를 제거하도록 하셨다. 물이 더러운 것을 깨끗하게 하는 것처럼 진실한 회개와 선행을 통하여 죄를 씻도록 하였고, 물이 불을 끄는 것처럼 진실을 통해서 죄의 불씨를 끄도록 하였고, 바람이 겨울철의 마른 낙엽들을 날려 보내는 것처럼 시험과 시련을 통해서 죄를 쫓아버리도록 하였다. 결과적으로 무슬림은 이슬람에서 금기하고 있는 것이 불결하고 인간에게 해가 되기 때문이라는 것을 알고 있다. 어떤 것이 완전히 인간에게 해로운 것이라면 그것은 하람이고 유익한 것이라면 그것을 할랄이다. 만일 하람이 할랄의 양보다 많을 때는 하람으로 간주한다. 이 원리원칙은 꾸란에서 술과 도박에 관련되어 언급되고 있다.

"술과 도박에 관하여 그대에게 물을 때 일러 가로되 그 두 가지는 큰 죄악과 인간에게 유용한 것이 있으나 그것의 죄악이 효용보다 크다 이르되 또 그들이 무엇으로 자선을 베풀어야 하느냐고 물을 때 일러 가로되 그것은 여분이라 말하여라. 알

라께서는 너희에게 계명을 주신 후 너희로 하여금 숙고하도록 하였느니라." (2:219)

같은 논리로 이슬람에서 무엇이 할랄이냐는 질문이 있다면 대답은 좋은 것들이 할랄이다. 즉 인간에게 중용의 정신을 갖게 하여 특정 집단의 폐습을 개선하는 것들이 할랄이다.

"음식으로 허락된 것이 무엇이냐 그대에게 묻거든 알라께서 허락한 좋은 것들이라 말하라." (5:4)

"오늘날 너희에게 좋은 것들이 허락되었느니라." (5:6)

알라께서 금기한 것이 무엇이며 무엇이 불결하고 인간에게 해가 되는 것인지 하나하나 모든 것을 정확하게 의무적으로 알아야 할 필요는 없다. 다른 사람에게는 분명한 것이 자신에게는 분명하지 않는 것이 있을 수도 있다. 어떤 것이 해로운지 당대에는 발견되지 않을 수도 있지만 후대에 들어와 이해될 수 있는 것도 있다. 그러므로 믿는 자는 항상, "저희는 들었습니다. 그래서 복종할 것입니다"라고만 말하면 된다. 알라께서 돼지고기를 금지한 이유를 알지 못하더라도 우리는 돼지가 불결하다는 것을 알고 있지 않는가? 수 세기가 흘렀다. 그리고 과학적 연구에 의해 돼지 육질에 기생충과 치명적인 박테리아가 있다는 것이 밝혀졌다. 과학적 연구가 돼지의 육질에서 아무것도 못했거나 그 이상으로 발견했다 하더라도 무슬림은 돼지고기는 불결하다고 계속하여 믿게 될 것이다. 예언자께서 말씀하셨다.

"구역질나는 세 가지 행위를 피하시오. 즉 그것은 알라와 사람들로부터 저주받은 것입니다. 흐르는 물에 배변하는 것, 길 위에 배변하는 것, 그늘진 곳에 배변하는 것입니다."[10]

현대 문명인들에게는 혐오스럽고 예절에 벗어난 것이지만 선사시대 사람들은 이러한 행위가 불결하다는 것을 알지 못했다. 그런데 과학

10_ Abu Dawood, Ibn Majah and Al-Hakim.

의 발달로 이 세 가지는 국민건강에 위험한 혐오스럽고 구역질나는 행위들이라는 것을 알게 되었다. 이것들은 십이지장충이나 주혈흡충 같은 위험한 병을 확산시키는 원인이 되기 때문이다.

이렇듯 지식의 빛이 깊숙이 스며들고 새로운 발견이 시작되면서 할랄과 하람과 관련된 이슬람법이 우리 모두에게 유익하다는 것이 분명해졌다. 가장 지혜롭고 모든 것을 알고 계시며 가장 자비스러운 알라로부터 도래한 것인데 어찌 그렇지 않겠는가?

> "알라께서는 선을 행하는 척하는 자들 중에서 해악을 의도하는 자를 알고 계시나니 알라께서 원하셨다면 너희에게 고통을 주셨을 것이니라. 실로 알라께서는 전지전능하시니라." (2:220)

인간생활은 할랄로 충족되므로 하람은 불필요

이슬람 미덕 중의 하나는 단지 필요하지 않는 것을 금지하고 그 대신에 더 좋고 더 편리한 것을 더 쉽게 얻을 수 있도록 하셨다.

이 점에 대하여 이븐 알까임(Ibn Al-Qayyim)이 설명하였다. 알라께서는 제비뽑기를 통해 길조를 추구하는 행위를 금지하셨다. 그 대신에 알라께서는 이스티카라(Istikhara), 즉 알라에게 간구하는 것을 대안으로 주셨다. 알라께서는 이자 수수를 금지한 대신에 상거래를 통해서 이익을 취하도록 하셨다. 도박을 금지한 대신에 승마, 낙타경주, 사격, 활쏘기 같은 종교에 유익한 경쟁을 하도록 하셨다. 남성에게 실크옷을 금지한 대신에 털옷, 아마포, 면직물옷 등을 주셨다.

간통, 간음, 동성간의 성교를 금지한 대신에 합법적인 결혼을 촉구하셨다. 술을 금지하는 대신에 몸과 마음에 좋은 다른 음료수를 주셨다. 불결한 음식을 금지한 대신에 좋은 음식을 주셨다.

이와 같이 이슬람의 규범을 전체로서 보면 알라는 인간에게 어떤 것들에 대한 선택을 제한하고 있지만 그 대신에 유사한 것으로 더 좋은 것을 폭넓게 선택할 수 있도록 하셨다는 것을 우리는 알 수 있다. 왜냐하면 알라께서는 인간의 생활을 어렵게 하지 않고 더 쉽고 더 편하고 더 간편하게 하여 주겠다고 하셨기 때문이다.

"알라께서 원하실 때 너희에게 말씀을 주시고 너희를 너희 선조들의 길로 인도하시며 너희에게 관용을 베푸시노라. 알라께서는 모든 것을 아시고 자비로운 분이시니라. 또한 알라께서 원하실 때 너희에게 관용을 베푸시나 그들이 저속한 욕망을 추구한다면 크게 방황토록 할 것이니라. 인간은 약하게 창조되었으므로 알라께서는 너희의 짐을 가볍게 하여 주시고자 하시니라." (4:26-28)

하람에 도움이 되는 것은 모두 하람

또 다른 이슬람의 원리원칙이 있다. 예를 들어 어떤 금지된 것, 즉 하람이 있을 때 그것이 다른 것에 영향을 미칠 때 후자도 하람이 되는 것이다. 이렇게 이슬람은 하람으로 유도하는 모든 수단도 차단한다. 예를 들어 이슬람은 혼외정사를 금지하고 있다. 그래서 혼외정사로 유도하는, 유인하거나 유혹하는 것들을 금지한다. 그러므로 섹시한 의상, 남녀의 비밀스러운 만남, 남녀 간의 혼합미팅, 나체그림이나 사진, 포르노잡지, 외설적인 음악 등도 금지한다.

그에 따라 무슬림 법학자들은 하람으로 유도하거나 유인하는 것은 하람으로 결정하면서 그것의 원칙과 기준을 마련하였다. 이와 유사한 원칙이 있다. 하람의 죄는 그것에 개입된 자에게만 적용되는 것이 아니라 그렇게 하도록 물질적으로 또는 정신적으로 동조하거나 협조한 자에게도 확대 적용된다. 공조한 책임이 있기 때문이다. 술을 예로 들면 그것을 마시는 자뿐만 아니라 술을 생산한 자, 운송자, 대접하는 자, 대접받는 자, 판매자 등 관련자 모두가 저주가 있을 것이라고 예언자께서 말씀하셨다. 이에 관한 본론은 다시 다룰 것이다.

이자도 마찬가지다. 이자를 취하는 자, 이자를 주는 자, 이자수수 계약서를 작성하는 자, 그에 관한 증인을 서는 자 등도 저주를 받을 것이라고 예언자께서 말씀하셨다. 결과적으로 우리는 하람을 돕는 것 그리고 하람을 도와 죄를 짓게 하는 것은 모두가 하람이라는 것을 알아야 한다.

07

거짓으로 하람을 할랄로 분류하는 것은 하람

이슬람은 하람으로 유도하는 외적 수단을 금지하고 있을 뿐만 아니라 얄팍한 논리나 사탄의 충동에 의한 변명 등의 내적 수단도 금지한다. 다음은 이와 관련한 예언자의 말씀이다.

"알라께서 정해 놓은 하람을 얄팍한 논리를 펴서 할랄로 만든 유대인들처럼 되지 마시오."11

알라께서는 유대인들에게 토요일(Sabbath)에 사냥을 금기한 사실이 있다. 그러자 유대인들은 이 금지를 속여 넘기기 위해 금요일 날 도랑을 파 토요일 물고기들이 그곳에 들어오면 일요일 날 물고기들을 잡아갔다. 이러한 술법을 쓰는 자들에게는 자신들의 행위가 정당하다고 생각할 줄 모르나 이슬람법학자들은 이러한 술책을 하람으로 간주한다. 왜냐하면 알라의 목적이 직접적인 방법이든 또는 간접적인 방법이든 토요일의 사냥을 금지하는 것이기 때문이다.

어떤 것을 본질은 그대로 있는데 그것의 본질이나 그것의 형태를 변형시켜 다른 이름을 붙여 하람을 할랄이라고 부르는 것은 교활한 속임수의 책략이다. 왜냐하면 분명히 명칭변경 또는 형태의 변경은 그것의 본질이 그대로 남아 있는 한 아무런 의미가 없기 때문이다. 그래서 몇 사람들이 이자 거래를 허용하거나 또는 술을 허용하기 위해 새로운 용어를 도입한다 해도 이자수수와 술과 관련된 죄는 그대로 남아 있다.

11_ Ibn Al-Qayyim, vol. 1.

다음은 이와 관련한 예언자의 말씀이다.

"일부 사람들이 술에 다른 이름을 붙여 할랄이라고 할 것입니다."[12]

"사람들이 이자를 삼키면서 그것을 거래로 부르는 그런 시기가 올 것입니다."[13]

이 시대의 이상한 현상들 중에 하나는 음란 댄스를 '예술'이라고 하고 술을 '영적 음료수' 이자를 '권익'이라 부르는 것이다.

12_ Ahmad.

13_ Al-Bukhari and Muslim.

좋은 의도는 하람을 허용하지 않음

이슬람은 규정을 제정하고 도덕적인 훈계를 함에 있어 고상한 생각과 이상적인 목적과 의도의 순수성을 크게 강조한다. 다음은 이와 관련한 예언자의 말씀이다.

"모든 행위와 결과는 의도에 의해 판단됩니다. 그러므로 누구든 자신의 의도한 것에 따라 보상을 받습니다."14

좋은 의도로 일과와 세속적인 업무들이 신앙과 알라를 위한 헌신으로 전환되어야 한다고 이슬람은 가르친다. 그러므로 창조주와 타인에 대한 의무를 수행하기 위한 마음으로 자신의 몸과 건강을 유지하기 위해 음식을 먹고 마신다면 일상생활의 모든 업무는 곧 신앙생활이며 알라를 위한 헌신으로 간주된다. 아내와 동침을 할 때도 자신을 지키고, 자식을 얻을 희망과 아내를 위한 마음이라면 그것 역시 신앙생활의 일부로 간주되어 내세에서 그에 대한 보상을 받는다. 다음은 이와 관련한 예언자의 말씀이다.

"남편이 성욕을 충족시키기 위해 아내와 동침을 한다면 그것은 보상을 받은 행위로 간주되지요. 귀를 기울이고 있던 제자들이 물었다.: 사도님, 자신의 성욕을 충족시키는 것이 어떻게 보상을 받을 수 있습니까? 예언자께서 대답하셨지요.: 그가 금지된 방법으로 그렇게 하였다면 죄가 되겠지요. 그러나 허용된 방법으로 그렇게 하였다면 그에게는 보

14_ Al-Bukhari.

상이 있을 것입니다."[15]

"죄를 멀리하면서 가족을 위해 그리고 이웃을 돌보기 위해 허용된 세상을 원한 자는 보름달처럼 빛나는 얼굴을 갖고 주님을 영접하게 되지요."[16]

이렇듯 좋은 의도가 함께한 믿는 자의 허용된 행위들은 신앙의 행위가 된다. 그러나 하람의 경우는 전혀 다르다. 아무리 좋은 의도가 있었다 하더라도 그것은 하람으로 남아 있기 때문이다. 목적이 아무리 고상하고 목표가 아무리 이상적일지라도 하람은 하람일 수밖에 없고 그것은 알라가 원하는 것이 아니기 때문이다. 그러므로 이슬람은 어떤 고상한 목적을 수행하기 위한 수단으로 하람을 이용하는 것에 대해 절대로 동의하지 않는다. 목적도 고상하고 이상적이어야 되지만 그것을 성취하기 위한 수단도 깨끗하고 합법적이어야 된다는 것을 강조한다. "목적은 수단을 정당화한다" 또는 "부정한 방법과 부정한 행위를 해서라도 너의 목적을 달성하라"라는 말은 이슬람법의 원칙이 되지 않는다. 이것은 절대로 그렇게 되어서는 안 된다. 왜냐하면 이슬람법은 정당한 수단에 의해서만 권리가 보호되고 목적이 달성되어야 한다는 것을 요구하고 있기 때문이다.

이슬람사원 건립, 자선기구 설립, 또는 어떤 다른 좋은 목적을 위해 이자놀이나 문서위조, 도박이나 금지된 게임 같은 수단을 통해서 자금을 모은 사람이 있다면 그의 의도가 아무리 좋고 목적이 좋을지라도 그가 저지른 하람에 대한 죄는 제거되지 않는다. 이슬람에서의 좋은 목적과 의도는 하람의 죄를 축소시키는 데 아무런 역할을 하지 않는다. 다음은 이와 관련한 예언자의 말씀이다.

"알라께서는 선이시기 때문에 좋은 것 외에는 수락하지 않으시며 사도들에게 명령하셨던 것처럼 신자들에게도 똑같이 말씀하셨습니다: 좋은 것을 섭취하고 바르게 일하라. 진실로 나는 너희가 행하는 모든

15_ Al-Bukhari and Muslim.

16_ Al-Tabarani.

것을 알고 있느니라.(35:31) 믿는 자들이여! 내가 너희를 위해 베푼 좋은 것들을 섭취하라.(2:172)"

예언자께서 말하기를,

"텁수룩한 모습에 먼지투성이가 된 한 여행자가 금지된 음식을 먹고, 금지된 음료수를 마시고, 금지된 옷을 입고, 금지된 수단을 통해서 양식을 구하며 그의 손을 하늘로 올리고, '오 주여! 오 주여!' 라고 기도하는 자의 기도가 어떻게 받아들여지겠습니까?"17

"금지된 수단으로 재물을 축적하고 그것의 일부를 자선으로 바친다면 그에게는 아무런 보상이 주어지지 않을 뿐만 아니라 그가 저지른 죄는 조금도 줄어들지 않은 채 그대로 남아 있지요."18

"금지된 수단을 통해서 모은 재물로 자선을 베푸는 자가 있다면 알라께서는 그의 자선을 수락하지 않을 것이요. 그가 베푼 것에도 아무런 축복이 없을 것이며 그것을 유산으로 남길 때 그것들은 지옥불에서 그를 불태우는 소재가 될 것입니다. 진실로 알라께서는 나쁜 행위로 나쁜 것을 제거하여 주지 않고 허용된 수단에 의한 선행만이 나쁜 것을 제거하여 주십니다. 또한 불결한 것은 불결한 것으로 제거되지 않습니다."19

17_ Muslim and Al-Tirmizi.

18_ Ibn Khazimah, Ibn Hibban, and Al-Hakim.

19_ Ahmad.

의심스러운 것은 피해야 함

알라께서 인간에게 베푼 자비 중의 하나는 무엇이 할랄이고 무엇이 하람인지에 대하여 무지하도록 인간을 방치하지 않는 것이다. 알라께서는 할랄이 무엇이고 하람이 무엇인지를 분명히 설명하셨다.

"알라께서는 너희를 위하여 무엇이 하람인지를 설명하셨느니라." (6:119)

그에 따라 분명한 할랄일 경우는 그것을 행하여도 아무런 문제가 없다. 한편 분명한 하람은 선택권이 있는 한 피해야 한다. 그렇지만 분명한 할랄과 분명한 하람 사이에 분명하지 않는 영역이 있다. 이것은 의심스러운 영역이다. 일부 사람들은 어떤 특정 사항이 할랄인지 아니면 하람인지를 결정하지 못하여 혼란을 겪을 수 있다. 그러한 혼란은 의심스러운 증거가 있어 그럴 수고 있고 특정 환경 또는 의심스러운 문제를 이슬람법에 응용할 수 있는 능력에 관한 의심에서 비롯되기도 한다.

이와 관련하여 이슬람은 하람의 영역에 빠지지 않기 위해 의심스러운 것을 피하는 것을 경건한 행위로 간주한다. 이것은 하람으로 유인하는 모든 통로를 차단하는 것과 유사하다. 이러한 신중한 접근은 무슬림들로 하여금 먼 안목을 갖고 업무에 대한 계획과 지식습득을 위한 훈련이다. 이와 관련한 원리원칙은 예언자의 말씀에 근거한다.

"진실로 할랄이 분명하고 하람이 분명하며 이 둘 사이에는 많은 사람들이 알지 못하는 의심스러운 것들이 있습니다. 이 의심스러운 것들을 피하는 것은 자신의 신앙과 명예를 회복하는 것이요 이것에 가까이하여 빠지는 것은 하람에 빠지는 것과 같습니다. 이것은 마치 목동이 금지구역 근처에 있다가 금지구역 안으로 양들을 몰고 가 풀을 먹이는 것과 같습니다. 진실로 각자가 각자의 보호구역을 갖고 있듯이 알라께서도 보호구역을 갖고 계시는데 그것은 바로 그분께서 금지하신 것입니다."[20]

20_ Al-Bukhari and Muslim.

하람은 누구에게나 금지된 것

이슬람에서 하람은 예외 없이 누구에게 적용되는 보편적 원리다. 어떤 경우에도 비아랍인에게 금지된 것이 아랍인에게 허용되는 것은 없고 흑인에게 금지되는 것은 백인에게 허용되지 않는다. 왜냐하면 이슬람은 왕이나 통치자 등 어떤 특권 계층이나 종교적 신분을 가진 교황 등 특정 성직자들에게도 특권을 허용하지 않기 때문이다. 무슬림들은 할랄을 다른 사람들에게 하람으로 만들 수 있는 권한이 전혀 없다. 이것은 불가능하다. 왜냐하면 그것은 알라의 유일한 권리이며 이슬람법이 모든 것을 안내하기 때문이다. 알라께서 신법을 통해 허용한 것은 부활의 그날까지 모두가 허용되고, 금기한 것은 모두가 금기된다.

예를 들어 절도행위는 모든 무슬림들에게뿐만 아니라 비무슬림들에게도 똑같이 하람이며, 절도범에 대한 형량도 지위나 가문 또는 절도범의 조상에 관계없이 누구에게나 동일하다. 다음은 이와 관련한 예언자의 말씀이다.

"알라께 맹세하지만, 만일 무함마드의 딸 파티마가 남의 물건을 훔친다면 나는 그녀의 손을 절단할 것입니다."[21]

절도 사건이 있었을 때 관련자 두 사람이 예언자 앞에 불려갔다. 한 사람은 유대인이었고 다른 한 사람은 무슬림이었다. 그 무슬림의 친척 몇 사람이 이런저런 이유를 대면서 혐의를 유대인에게로 돌렸다. 그 무슬림은 절도와 무관하다고 믿을 정도로 사도께서 그들로부터 설득을

21_ Al-Bukhari.

당하고 있을 때 그 유대인에게는 죄가 없으며 그들에 의해 음모된 것이므로 어떠한 편견이나 편애 없는 정의를 확립하라는 계시가 내려졌다.

"알라께서 그대에게 진리의 성서를 계시했나니 이로써 백성들을 다스릴 것이니라. 알라께서는 그대를 주시하고 계시나니 믿음을 배반하는 자를 변호하지 말라. 그리고 알라께 용서를 구하라. 그분께서는 가장 관대하시고 자비로운 분이시니라. 스스로를 기만하는 자들과 논쟁하지 말라. 실로 알라께서는 기만하는 죄인들을 사랑하지 아니 하시느니라. 사람들에게는 자신들의 죄악을 숨길 수 있으되 알라께는 숨기지 못하니 그분은 그들이 밤을 새워 모략하는 그 밤을 지키시며 그들이 행하는 모든 것을 알고 계시느니라. 보라! 현세에서는 그들을 옹호하려는 자가 있을 것이니라. 그러나 심판의 날 그들을 위해 누가 그들을 위하여 알라께 변호할 수 있겠으며 누가 그들을 위해 옹호자가 되겠느냐?" (4:105-109)

왜곡된 유대 경전에는 이자가 유대인들에게 대부될 때는 금지되나 비유대인에게 대부할 때는 이자가 허용된다고 하였다.

"네가 형제에게 꾸이거든 이식을 취하지 말찌니 곧 돈의 이식, 식물의 이식, 무릇 이식을 낼 만한 것의 이식을 취하지 말 것이라. 타국인에게 네가 꾸이면 이식을 취하여도 가하거니와 너의 형제에게 꾸이거든 이식을 취하지 말라. 그리하면 네 하나님 여호와께서 네가 들어가서 얻을 땅에서 네 손으로 하는 범사에 복을 내리시리다." (신명기 23:19-20)

꾸란 역시 유대인들에 대하여 언급하고 있다. 그들은 같은 민족 또는 같은 종교를 갖지 않는 다른 사람들에게는 죄의식을 느끼지 않아도 되며, 기만을 해도 된다고 하였다.

"성서의 백성들 중에는 천금을 보관하여도 그것을 돌려주는 무리가 있고 또 그들 중에는 일전을 보관하여도 요구하지 아니하면 돌려주지 않는 무리가 있었느니라. 그리고 그들은 그것에 대해 우리는 무지한 사람들에 대한 의무가 없다고 말하니 실로 그들은 알라에 대해 거짓말을 하고 있노라." (3:75)

그들은 분명히 알고 있으면서도 알라에 대해 거짓말을 하고 있다. 왜냐하면 알라의 법은 이 민족과 저 민족을 차별하지 않기 때문이다.

그래서 알라께서는 사도들과 예언자들의 입을 통해서 그들의 기만을 비난하셨다.

유감스럽게도 자신의 민족에게 적용하는 기준 다르고 비유대인들에게 적용하는 기준이 다른 것은 바로 유대인들의 이중적 그리고 원색적인 기만 형태라고 우리는 말할 수 있다. 그것은 신성한 계시 종교에 전혀 어울리지 않는다. 이상적인 도덕, 즉 진리의 도덕이란 이중성이 배제된 포괄성과 보편성의 특성을 갖고 있어야 하기 때문이다. 우리와 원시적인 사람들과의 차이는 도덕의 기준이 있는가의 여부에 있는 것이 아니라 확대 적용하는 데에 있다. 예를 들어 그러한 사람들은 정직을 칭송받을 가치가 있는 것이라고 말하면서도 단지 자신의 민족에게만 적용하고 다른 민족에게 기만을 허용한다는 것이다. 「문명의 이야기」 저자는 그의 저서에서 이렇게 말하고 있다.[22] "인간 단체 거의 모두가 일부 단체는 자신들보다 하위에 있다는 주장에 동의하고 있다. 미국의 인디언들은 자신들이 알라의 선택을 받은 민족이라고 믿고 있다. 인류를 위한 모범으로 위대한 정신에 의해 창조되었다고 스스로를 추켜올리고 있다. 한 인디언 부족은 '자신들 외에는 사람들이 없다고 하면서 자신들만이 유일한 인간'이라고 말한다. 어떤 부족은 자신들이 '사람들 중의 사람들'이라고 부른다. 카리브스(Caribs)는 이렇게 말하고 있다. '우리들만이 인간이다.' 에스키모인들은 유럽인들이 예절과 도덕을 배우기 위해 그린란드에 왔다고 믿었다. 결과적으로 원시인들은 자신의 부족 구성원들에게 적용하는 기준으로 다른 부족들과 교류하는 것을 생각하지 않았다. 도덕의 기준은 자신의 가족과 그가 속한 부족을 위해 그리고 다른 부족에 대항하기 위해 자신의 집단을 강화하고 것이었다. 도덕과 윤리를 자신의 가문과 부족 외에 타인과 다른 부족에게는 적용하지 않았다. 모든 것이 가족과 부족 구성원만을 생각하였기 때문에 다른 부족에 대한 대항과 공격이 허용되었다."

22_ Will Durant, The Story of Civilization, Simon and Schuster, New York, 1935, vol. 1, pp.54-55.

필요에 의한 것은 예외

이슬람은 하람의 범위를 최소화하였다. 동시에 하람으로 보는 것에 대해서는 엄격하다. 따라서 하람으로 유인하는 길을 차단하였다. 하람으로 유도하는 것 그 자체도 하람이고, 하람을 유발하도록 도와주는 것도 하람이며, 앞서 이슬람의 원리원칙에서 언급했던 것처럼 하람으로 유도하기 위해 합리화하는 것 등도 하람이다. 동시에 이슬람은 인간 생활에 필요불가결한 것, 인간의 허약함과 그것들에 대처할 능력 등에 대해 무관심하지 않는다. 금기된 식품이라 할지라도 인간의 생명을 구하기 위해 섭취하지 않으면 안 될 경우에는 필요한 양만큼은 허용된다. 이와 관련하여 알라께서는 죽은 짐승의 고기, 피, 돼지고기를 하람으로 언급하신 후 반드시 필요한 경우에는 예외적으로 필요한 양만큼 허용된다고 말씀하셨다.

> "죽은 고기와 피와 돼지고기를 먹지 말라. 또한 알라의 이름으로 도살되지 아니한 고기도 먹지 말라. 그러나 자의가 아니고 어쩔 수 없이 한계를 넘지 않는 분량을 먹었을 경우에는 죄가 되지 않느니라. 실로 알라께서는 너그러우시고 자비로운 분이시니라." (2:173)

꾸란 네 곳에서 하람 식품이 언급된 후 필요에 의한 예외조항이 언급되고 있다.

이 꾸란 내용에 근거하여 이슬람법학자들은 "필요는 제한을 없앤다"라는 중요한 원칙을 결정하였다. 그렇지만 하람 음식을 먹지 않으면 안 되는 경우에도 필요 이상으로 먹지 않아야 한다는 조건이 따른다. 이 말은 먹고 싶기 때문에 먹어서도 안 되고 먹더라도 생명을 구할 정도의 양과 기아의 상태에서 벗어날 정도의 필요한 양만 허용된다는 의미다. 이 조건에서 법학자들은 "허용된 양은 단지 필요한 양이다"라는 다른 원칙을 이끌어 냈다. 어쩔 수 없는 필요에 의해 하람 음식을 섭취하더라도 그것에 대한 식욕이나 더 먹고 싶은 마음을 갖지 않아야 한다. 필요가 충족되면 반드시 할랄 음식에 의존해서 살아야 하고 하람 음식에 적응되지 않고 또 어떤 것을 구실삼아 하람 음식을 즐기지 않도록 하기 위해 할랄 식품을 구하는 길을 찾아야 한다.

필요에 의해 하람 사용을 허용하는 경우 이슬람은 이슬람의 정신과 원리원칙에 충실한다.

이 정신은 생활을 편안하게 하고 인간생활을 힘들지 않게 하기 위한 것이며 과거의 제도와 종교들이 부과했던 짐을 덜어주는 것이다. 다음은 이와 관련한 알라의 말씀이다.

> "알라께서는 너희로 하여금 편안함을 원하시며 어려움은 원치 않으시니라." (2:185)
>
> "알라께서는 너희가 곤경에 있는 것을 원치 아니하시나 너희 자신들을 청결케 하고자 하심이니라. 그분의 은혜를 너희에게 충만케 하려 하시매 너희는 감사해야 되느니라." (5:6)
>
> "인간은 약하게 창조되었으므로 알라께서는 너희의 짐을 가볍게 하여 주시고자 하시느니라." (4:28)

제 2 장

무슬림 사생활에 있어서의 할랄과 하람

식품과 음료

오랜 옛날부터 인간은 서로 다른 음식을 섭취해 왔다. 허용된 음식이 있었는가 하면 금기된 음식이 있었는데 그 중에서도 특히 동물의 고기가 그랬다. 그러나 채소와 관련된 식품이나 음료는 공통적인 식품이었다. 발효된 것이 아니면 이슬람은 식물성 식품을 금지하지 않는다. 포도, 종려나무 열매, 보리, 그 밖의 어떤 식물성 식품이든 간에 아직 발효가 되지 않은 상태라면 금지하지 않는다. 마찬가지로 이슬람은 두뇌를 중독시키거나 신체에 해독을 끼치는 것은 그것이 어떤 것이든 간에 금지한다. 그러나 인간은 동물에서 유래하고 있는 식품과 관련하여 서로 다른 다양한 태도를 취해 왔다.

짐승도살과 고기섭취에 대한 브라만교인들의 태도

채소에 의존해서 살아가는 브라만교인들과 추종자들은 살생을 금지하고 고기를 먹지 않는다. 동물을 죽이는 것은 자신들처럼 살아 있는 생물에 대한 인간의 학대이므로 동물들에게서 살 권리를 빼앗아서는 안 된다고 주장한다. 그러나 창조물들에 대해 숙고해볼 때 동물들은 그들을 위해 창조된 것이 아님을 우리는 깨닫게 된다. 왜냐하면 동물들에게는 지혜나 선택의 자유가 주어지지 않았다. 그리고 그것들의 타고난 위치로 보아 인간을 위한 것이라는 것을 우리는 알게 된다. 그러므로 인간이 살아 있는 동물들을 유익하게 활용하는 것처럼 도살된 고기도 유익하게 사용해야 된다는 것은 의심할 여지가 없다.

또한 알라의 창조법칙은 하등의 종(種)은 고등의 종을 위해 희생된다는 것을 우리는 깨닫게 된다. 녹색식물은 동물의 먹이가 되고 동물은 희생되어 인간의 먹이가 된다. 그러므로 인간 집단을 위해 인간은 생존을 위한 투쟁과 모험을 해야 한다. 만일 동물 도살을 회피한다면 인간은 죽음이나 파멸로부터 안전하지 못할 수도 있다. 어떤 동물의 밥이 될 수도 있고 날카로운 칼로 일격을 당하는 것보다 더 고통스러운 방법에 의해 죽을 수도 있다.

유대인들과 기독교인들에게 금지된 동물

계시종교에 바탕을 둔 종교를 가진 사람들이 있다. 이들 중의 유대교인들에게 알라께서는 육상에 사는 여러 동물과 바다에 사는 여러 동물의 고기 섭취를 금지하셨다. 이와 관련한 내용은 구약성경 레위기 11장에 언급되어 있다. 앞서 언급했듯이 꾸란은 그들이 저지른 죄에 대한 벌로써 알라께서 금기한 몇 가지 사항들을 언급하고 있다.

> "내가 유대교의 율법을 따르는 자들에게 금기하노니 굽이 갈라지지 아니한 모든 짐승의 고기는 먹지 말라. 소와 양의 지방질도 금하노라. 그러나 등에 붙어 있는 것과 장에 붙어 있는 것과 뼈와 섞여 있는 것은 제외라. 이것은 그들이 저지른 것에 대한 대가라. 그리고 나는 진리이니라." (6:146)

이 금기는 유대교인들에게 적용되었고 기독교인들도 이 금기 사항을 준수하기로 되어 있었다. 복음서(Injil)에 따르면 예수가 모세의 율법을 폐기하려 온 것이 아니고 그것을 충족시키기 위해 왔다고 하였기 때문이다. 그러나 기독교인들은 바울의 가르침에 따라 토라(Taurah)에서 금지되어 왔던 것들을 허용된 것으로 만들었다. 우상들에게 바친 동물의 고기를 제외하고는, "모든 것은 깨끗한 자들을 위해 깨끗한 것"이라는 말로, 모든 식품과 음료는 허용된다고 바울이 선언하였기 때문이다. 이에 따라 기독교인들은 오늘날까지 토라가 금지하고 있는 돼지고기를 식용으로 허용하고 있다.

이슬람 이전 아랍인들의 태도

이슬람 이전의 아랍인들은 불결한 것으로 생각하여 어떤 동물의 고기 섭취를 금지하였고 그들이 믿었던 사신들에게 바친 동물을 신성한 것으로 간주하여 금지한 어떤 동물들이 있었다. 앞서 언급한 바히라(Bahirah), 사이바(Saibah), 그리고 함(Ham)이 있었는데 이것들은 다른 범주에서 다룰 것이다. 이와는 대조적으로 죽은 동물의 고기나 피 같은 불결한 식품들을 식용으로 허락하였다.

이슬람은 유익한 것은 모두 허용

이것이 이슬람 초기의 식품 섭취와 관련된 상황이었다. 극단적으로 말하면 온갖 종류의 고기가 허용되었고 달리 말하면 모든 고기가 금지되었다. 그러자 알라께서 인류에게 이렇게 말씀하셨다.

> "믿는 자 들이여, 지상에 있는 허용된 좋은 것을 먹되 사탄의 발자국을 따르지 말라. 그는 실로 너희들의 분명한 적이니라." (2:168)

이처럼 알라께서는 지구촌 방방곡곡에 펼쳐놓은 좋은 것들을 섭취하고 사탄의 길을 따르지 말 것을 지구촌 모든 사람들에게 촉구하고 있다. 한편 사탄은 사람들을 유혹하여 알라께서 허용한 것들을 금지하면서 사람들을 파멸의 구덩이로 몰아가고 있다. 그러자 알라께서 믿는 자들을 위해 말씀하셨다.

> "믿는 자들이여! 알라께서 너희에게 부여한 양식 중에서 좋은 것을 먹되 알라께 감사하고 그분만을 경배하라. 그리고 죽은 고기와 피와 돼지고기를 먹지 말라. 또

한 알라의 이름으로 도살되지 아니한 고기도 먹지 말라. 그러나 자의가 아니고 어쩔 수 없이 한계를 넘지 않는 분량을 먹었을 경우에는 죄가 되지 않느니라. 실로 알라께서는 너그러우시고 자비로운 분이시니라." (2:172-173)

믿는 자들에 대한 이 메시지에서 알라께서는 자신이 제공한 좋은 것들을 섭취하면서 그분의 은총에 감사하라고 말하고 계신다. 그러면서 본절에서는 네 가지 종류 외에는 금지된 음식이 없다고 설명하고 있다. 이 네 가지 종류는 꾸란 다른 절에서 보다 자세히 언급되고 있다.

"일러 가로되 내가 말씀으로 계시받은 것 가운데서 죽은 고기와 피와 돼지고기와 알라의 이름으로 도살되지 아니한 고기를 제외하고 먹고자 하는 자가 먹지 못하도록 금지된 것을 발견하지 아니했노라. 그러나 필요하여 또는 알지 못하여 금지된 것을 먹었을 경우에는 죄악이 아니거늘 진실로 그대의 주님께서는 가장 너그러우시고 자비로운 분이시니라." (6:145)

다른 절에서는 보다 더 상세하게 언급되고 있다.

"너희에게 허락되지 아니한 것이 있으니 죽은 고기와 피와 돼지고기와 알라의 이름으로 잡은 고기가 아닌 것과 목 졸라 죽인 것과 때려서 잡은 것과 떨어져서 죽은 것과 서로 싸워서 죽은 것과 다른 야생동물이 일부를 먹어버린 나머지와 우상에 제물로 바쳤던 것과 화살에 점성을 걸고 잡은 것이거늘 이것들은 불결한 것이니라." (5:3)

10가지를 금지하고 있는 5장 3절과 4가지 범위를 금지하고 있는 6장 145절 사이에는 모순이 없다. 왜냐하면 목 졸라 죽인 것과 때려서 잡은 것과 떨어져서 죽은 것과 서로 싸워서 죽은 것과 다른 야생동물이 일부를 먹어버린 나머지 부분 모두가 죽은 짐승 고기의 범주에 들기 때문이다. 마찬가지로 우상들에게 바친 것들은 알라 외의 다른 사신들에게 바쳐진 것들의 범주에 들어간다. 결과적으로 금지된 음식은 크게 4가지 범주가 되는데 이것은 다시 구체적으로 10가지가 된다.

죽은 짐승의 고기가 식용으로 금지되는 이유

(1) 꾸란 절에 언급된 금지된 첫 번째 음식은 죽은 동물의 고기로 야수나 가축을 불문하고 도살되지 않거나 사냥으로 잡은 것이 아니고 자연사한 동물의 고기를 말한다. 이러한 고기를 금지한 분명한 이유가 있다.

① 죽은 동물의 고기는 비위에 거슬려 구역질이 날 뿐만 아니라 인간의 존엄성에 위배되기 때문이다. 그러한 이유로 신성한 경전들이 그것을 금지하였고 그래서 도살방법은 다를 수가 있지만 도살된 짐승의 고기가 아닌 죽은 동물의 고기를 먹지 않는다는 것을 우리는 목격하고 있다.

② 무엇을 하든지 간에 무슬림은 목적과 의도를 갖고 행위에 들어간다. 농작물 하나도 무슬림은 의도와 목적을 갖고 사용한다. 가축을 도살하는 의미와 목적을 갖고 섭취하기 위해 동물의 생명을 가져간다는 의도를 갖는다는 것은 도살된 동물을 죽은 동물의 범주에서 제외시키는 데도 의의가 있다. 인간이 아무런 의도 없이 또는 아무런 생각 없이 먹는 것을 알라께서 원하지 않는다. 죽은 동물의 경우도 마찬가지다. 거꾸로 말하면 짐승을 도살하는 것 또는 사냥하는 것 둘 다 노력과 행위가 뒤따른 의도가 있어야 한다는 것이다.

③ 만일 동물이 자연사하였다면 독이 있는 식물이나 독성이 들어있는 것을 먹고 급성 병으로 죽었을 수도 있다. 이러한 동물의 고기를 섭취할 경우에는 인체에 해로울 수 있다. 죽음의 원인이 나이가 들어 죽었다든지 또는 기아상태에서 죽었을 경우에도 그와 마찬가지이다.

④ 죽은 동물의 고기 섭취를 인간에게 금지한 것은 꾸란에서 언급되고 있는 동물들이나 새들의 집단에 베푼 알라의 자비다. 야외에 널려있는 죽은 동물들의 시체는 새들이나 다른 동물들의 양식이 되기 때문이다.

⑤ 죽은 동물의 고기 섭취를 금지함으로써 동물의 주인은 동물이

병들지 않도록 주의를 하고 영양을 공급하여 죽거나 낭비가 되지 않도록 노력한다.

흐르는 피는 하람

(2) 두 번째 하람은 흐르는 피와 액체가 된 피다.[1] 이와 관련하여 질문을 받은 이븐 압바스(Ibn Abbas)가 이렇게 대답했다. "섭취해도 됩니다." 다시 질문이 있었다. "그렇지만 그것도 피입니다."[2] 그러자 이븐 압바스가 대답했다. "단지 흐르는 피만 하람입니다." 피를 금지하는 이유는 피를 마시는 것은 인간의 품위에 어울리지 않으며 건강에 해가 될 수도 있기 때문이다.

이슬람 이전에 어떤 한 배고픈 사람이 뼈 또는 어떤 날카로운 것으로 동물의 몸을 찔러 피를 받아 마셨다. 이와 관련하여 아쉬(Al-'Ashi) 시인은 이렇게 말했다. "절대로 죽은 동물에 가까이 하지도 말고 살아 있는 날카로운 것으로 살아 있는 동물을 찌르지도 마시오." 살아 있는 동물을 날카로운 것으로 찌르면 동물이 상처를 입고 허약하게 되기 때문이다.

돼지고기는 하람

(3) 세 번째로 금지된 식품은 돼지고기다. 돼지는 청결하지 않는 불결한 동물이어서 그 고기를 먹는 것은 인간의 고상한 품위에 어울리지 않는다. 현대 의학 연구에 따르면 돼지고기 섭취는 모든 기후, 특히 열대기후에 사는 사람들의 건강에 해가 된다고 하였다. 또한 돼지는 선모충이란 기생충과 그 밖의 다른 기생충을 보유하고 있다는 것이 의학자들의 연구결과다. 과학은 왜 돼지고기 섭취가 하람인지를 우리가 알고 있는 것 이상으로 더 구체적으로 밝혀낼 수도 있을

1_ 짐승을 도살할 때 최선을 다하여 피를 제거한 후 살에 남아 있는 피는 허용되는 것으로 본다.(역자 견해)

2_ 이슬람 초기에 지라는 응결된 피로 믿고 있었다.

것이다. 알라께서는 당신께서 보낸 예언자가 저들에게 불결한 것을 금지할 것이라고 하셨다.

알라 외에 다른 것들에게 바쳐진 것은 하람

(4) 네 번째로 금지되고 있는 하람의 범위는 알라 외에 다른 것에 바쳐진 동물의 고기다. 다시 말하면 알라 외에 다른 것의 이름으로 도살된 동물의 고기로 예를 들어 우상에게 바치기 위해 도살된 것을 말한다. 이슬람 이전의 아랍 우상숭배자들은 자신들이 숭배한 라트(Lat)나 웃자(Uzza) 같은 우상의 이름으로 동물을 도살하였다. 그러한 관습은 알라 외에 다른 것을 숭배하는 행위요 알라의 영광스러운 이름이 언급되지 않은 일종의 숭배의 한 형태다. 이러한 행위를 금지하는 이유는 바로 순수한 종교적 목적에 있다. 이렇게 하는 것은 알라의 일위일체를 보호하는 믿음을 위한 것이요, 순수한 신앙생활을 위한 것이요, 알라에게 비유되는 사신을 두는 행위(Shirk)와 다신론에 대항하기 위해서이다.

인간을 창조하고 인간에게 지구촌에 있는 모든 것을 지배하게 하신 분은 바로 창조주 알라이시다. 동물들로 하여금 인간에게 복종하게 하고 그것들을 도살하여 인간으로 하여금 섭취하게 하신 분도 그분이시다. 이와 더불어 식용으로 사용하기 위해 동물을 도살할 때는 반드시 그분의 이름이 언급되어야 한다는 조건을 붙이셨다. 짐승이 도살될 때 알라의 이름을 언급하는 것은 창조주께서 창조한 동물이므로 창조주의 허락을 받아 도살한다는 의미를 갖는다. 만일 다른 이름을 언급한다면 그것은 알라의 허락을 받지 않는 것이 되므로 이 짐승의 고기는 먹지 말아야 한다.

죽은 짐승의 종류

언급된 네 가지 종류는 하람이다. 다음은 꾸란

에 하람으로 언급된 짐승의 고기다. 이 네 가지에 다섯 가지가 추가되고 있다.

> "너희에게 허락되지 아니한 것이 있으니 죽은 짐승의 고기와 피와 돼지고기와 알라의 이름으로 도살되지 않은 짐승의 고기와 목을 졸라 죽인 것과 때려서 잡은 것과 떨어져서 죽은 것과 서로 싸워서 죽은 것과 다른 야생동물이 일부를 먹어버린 나머지와 우상에게 제물로 바쳤던 것과 화살에 점성을 걸고 잡은 것이거늘 이것들은 불결한 것이니라. 음식으로 허락된 것이 무엇이냐 그대에게 묻거든 알라께서 허락한 좋은 것들이라 말하라. 또한 알라의 가르침에 따라 길들인 짐승과 서가 너희를 위해 사냥하여 온 것도 허락된 것이거늘 이는 알라께서 너희에게 가르친 것이니라." (5:3-4)

(5) 질식시키거나 목을 졸라 죽인 것(Al-Munkhaniqah): 목을 졸라 죽인 것. 예를 들어 밧줄로 짐승의 목을 졸라 죽이거나 짐승의 머리를 어떤 곳에 넣어 숨을 쉬지 못하게 하여 죽인 동물.

(6) 때려서 죽인 것(Al-Mawqudah): 막대기 같은 것으로 때려서 죽인 동물.

(7) 떨어져서 죽은 것(Al-Mutaraddiyah): 높은 곳에서 낮은 곳으로 떨어져 죽거나 도랑이나 계곡에 떨어져 죽은 것.

(8) 싸우다가 죽은 것(Al-Natihah): 동물들끼리 싸우다가 죽은 것.

(9) 야수가 먹고 남은 것(Ma Akala Saba'u): 야수가 먹고 남은 것으로 야생 동물들이 일부를 뜯어 먹음으로써 죽은 동물

이 다섯 가지를 추가 언급한 후 알라께서는 예외 조항을 두고 있다. '너희가 도살하여 할랄을 만드는 것'이란 야수에게 뜯어 먹힌 동물이 살아 있을 때 도살하는 것은 할랄 음식으로 허용된다는 의미다. '아직 살아 있다'는 정확한 의미는 생명이 아직 살아 있다는 뜻이다. 이와 관련한 알리(Ali ibn Abi Talib)의 말이다. "맞은 것, 떨어진 것, 받힌 것이 발을 움직이면 도살하여 먹을 수 있을 것입니다." 다하크(Al-Dahak)는 다음과 같이 그의 견해를 피력했다. "이슬람 이전 시대의 사람들은 죽은 동물의 고기도 먹곤 하였습니다. 그 후 이슬람이 회복되면서 알라께

서 도살된 동물의 고기가 아니면 먹지 말라고 하셨다. 발을 움직이고 꼬리를 흔들거나 눈을 깜박이고 있는 동물이 도살된다면 그것은 할랄입니다."[3]

이 부류의 고기를 금지하는 이유

앞서 언급된 죽은 동물의 고기를 먹지 않는 이유에 대해서 그것을 섭취하지 않으면 생명이 위험할 경우를 제외한다면 더 이상 언급할 필요가 없다고 본다. 그러나 아홉 가지 중 다섯 가지의 하람이 갖는 중요성을 다시 한번 강조한다. 창조주 알라께서는 동물들에게 친절하고 동물을 학대하지 말라는 가르침을 제시하고 있다. 동물이 질식하지 않도록 주의하고, 높은 곳에서 낮은 곳으로 떨어지지 않도록 보살피고, 다른 동물과 싸워 상처가 나지 않도록 주위를 살피고, 동물이 맞아 죽지 않도록 동물을 사랑해야 한다고 촉구하고 있다. 사악한 목동, 특히 고용인들에 대한 충고다. 황소싸움이나 염소싸움을 붙여 서로의 황소나 염소에게 상처를 주거나 죽음에 이르게 해서는 안 된다.

단지 이러한 이유로 뿔에 받혀 죽은 짐승의 고기 섭취를 금지하는 이유다. 뿔에 받혀 피가 도살부분인 목에서 피가 흘렀다 해도 그 고기는 하람이다. 동물들을 주의 깊게 보살피지 않아 동물들끼리 싸우다가 죽을 경우 동물 주인에게는 그 동물의 고기를 할랄로 보상을 내리지 않는다고 나는 이해한다.

야수에 의해 일부가 뜯어 먹힌 동물의 고기가 식용으로 금지되는 이유는 인간의 고귀함과 존엄성을 지키는 데 있다고 본다. 무슬림은 야수가 뜯어 먹다가 남은 고기를 먹어 스스로 자신의 가치를 떨어뜨리지 않는다. 이슬람 이전 아랍인들은 야수가 뜯어 먹다가 남은 짐승, 양이나 낙타 또는 소의 고기를 가리지 않고 먹었다. 그러자 알라께서 믿는 자들에게 이러한 고기를 식용으로 금지한 것이다.

3_ 일부 법학자들은 반드시 살아 있어야 하고 몸에 피가 흐르고 있는 징조와 움직이는 징조가 있어야 한다고 주장하고 있다.

우상에게 바쳐진 동물의 고기

(10) 식용으로 금지되는 열 번째 범주는 우상들에게 바쳐진 동물의 고기들이다. 이슬람 이전 시절 우상숭배자들은 카으바 주변에 있는 우상들 앞에 놓여진 돌상에 도살한 짐승의 고기를 올려놓고 우상과 사신들에게 소원을 빌었다. 이 경우에는 짐승들이 우상들 앞이나 지정된 돌 위에서 도살되었다.

이러한 행태는 알라를 제쳐두고 어떤 인간에게 소원을 비는 것과 다르지 않았다. 거짓 사신들을 섬긴 것이다. 이 경우에는 짐승들이 우상들 근처에서 도살된 것이 아니라 특정 인물의 이름이 언급되면서 도살된 것이 차이점이다.

우상들은 카으바 주변에 있었으므로 이러한 희생제는 신전에 경의를 표시하는 의미를 가졌다고 할 수 있다. 꾸란은 사람들의 마음에 잠재하고 있는 이러한 생각을 제거하면서 이러한 행위는 알라가 아닌 우상과 사신들에게 바치는 행위로 분류하였다.

생선과 메뚜기는 할랄

이슬람법은 바다에서 잡아 올릴 때 죽은 생선이나 고래는 하람에서 제외시키고 있다. 바다에 관한 질문이 있었다. 다음은 이와 관련한 알라의 말씀이다.

"바다에서 잡은 것은 모두 너희의 음식으로 허용되느니라." (5:96)

다음은 이와 관련한 예언자의 말씀이다.

"그곳의 물은 깨끗하므로 그곳에서 잡아 올릴 때 죽은 것들도 모두 할랄입니다."[4]

이와 관련하여 우마르는 이렇게 말했다. "잡은 것은 그곳으로부터 잡은 것이요. 그 음식은 그곳으로부터 나온 것입니다." 이븐 압바스는

4_ Ahmad and Ashab Al-Sunan.

이렇게 말했다. "죽은 것이라 할지라도 그 음식은 할랄입니다."

부카리와 무슬림이 수집한 사히흐(Sahih) 두 총서에 나온 자비르의 전언에 따르면 예언자께서 몇 명의 교우들을 원정에 보낸 적이 있었다. 그들은 바닷가에서 죽은 고래 한 마리를 발견하고 20일 이상을 그것에 의존하여 연명하였다. 메디나로 귀환한 후 죽은 고래에 관한 이야기를 했다. 다음은 이와 관련한 예언자의 말씀이다.

"알라께서 여러분에게 가져다 준 양식을 섭취하고 남은 것이 있거든 우리에게도 주시오."

이 말을 듣고 남은 고래 고기를 예언자에게 드렸을 때 예언자께서도 그것을 섭취하셨다.

동일한 증거로서 메뚜기도 죽은 동물의 범주에서 제외되고 있다. 예언자께서 잡을 때 죽은 메뚜기는 먹어도 된다고 했다. 메뚜기는 동물처럼 도살이 되지 않는다. 이와 관련한 싸이드(Said ibn Abu Awfa)의 말이다. "예언자와 함께 일곱 차례 원정에 나갔을 때 우리는 예언자와 함께 메뚜기를 잡아먹었습니다."[5]

동물의 가죽, 뼈, 머리카락은 유용

죽은 동물에 대한 하람은 그것의 고기를 먹는 것에 대한 제한에 그친다. 그것의 가죽, 뿔, 뼈, 머리카락은 유용할 수 있고 또 실질적으로 유용해야 한다. 그것들을 버리는 것은 낭비요, 이슬람에서 낭비는 허용되지 않기 때문이다. 다음은 이와 관련한 이븐 압바스의 말이다. "신앙인들의 어머니로 불리는 마이무나(Maymunah)에게 양 한 마리가 선물로 들어왔다. 그런데 그 양이 죽고 말았다. 예언자께서 죽은 양 옆을 지나다가 다음과 같이 말씀하셨다. '왜 양의 가죽을 말려서 사용하지 않습니까?' 그러자 죽은 것을 어떻게 사용하느냐는 질문이 있었다. 다음은 이와 관련한 예언자의 말씀이다. '금지된 것은 그것

5_ Al-Bukhari.

을 식용으로 섭취할 때입니다.'"6

그와 관련하여 예언자께서는 죽은 짐승의 가죽을 깨끗하게 사용하는 방법으로 햇볕에 말리는 것을 가르치셨다. 다음은 이와 관련한 예언자의 말씀이다.

"가죽을 말리는 것은 그것을 도살하는 것입니다."7

이 말은 도살에 의한 양고기나 소고기가 할랄이 되는 것처럼 가죽을 햇볕에 말리게 되면 할랄이 된다는 의미다. 다음은 이와 관련한 예언자의 말씀이다.

"햇볕에 말리면 불결한 것이 제거됩니다."8

"가죽을 햇볕에 말리면 깨끗해집니다."9

후자에 대한 하디스 적용이 보편화되면서 개 또는 돼지의 가죽까지도 햇볕에 말릴 경우 허용되는 것으로 확대 해석되고 있다. 이 해석은 자히리(Zahiri) 법학파, 아부 유스프(Abu Yusuf) 법학파를 따르는 법학자들과 아부 하니파(Abu Hanifah)와 샤우카니(Al-Shawkani)의 제자들의 견해다. 예언자의 아내인 사우다(Sawdah)가 이렇게 말했다. "우리의 양 한 마리가 죽었을 때 우리는 그것의 가죽을 햇볕에 말려 가죽물통으로 사용하기도 하고 그 안에 종려나무 열매를 넣어 물이 달콤해지도록 하였습니다. 그리고 우리는 헐어서 쓰지 못할 때까지 그것을 사용하였습니다."10

6_ Ibn Majah..
7_ Abu Dawood and Al-Nisai.
8_ Al-Hakim.
9_ Muslim.
10_ Al-Bukhari.

필요에 의한 것은 예외

위에 언급된 모든 하람들은 선택하는 상황에서 적용된다. 그렇지만 필요불가결할 경우에는 앞서 언급했듯이 다른 규범이 적용된다. 다음은 이와 관련한 알라의 말씀이다.

> "그분께서는 금지된 것과 불가항력의 경우를 너희에게 자세히 설명하였느니라." (6:119)

알라께서는 죽은 동물의 고기, 피 등을 금지하신 후 다음과 같이 말씀하셨다. 다음은 이와 관련한 알라의 말씀이다.

> "그러나 자의가 아니고 어쩔 수 없이 한계를 넘지 않는 분량을 먹었을 경우에는 죄가 되지 않느니라. 실로 알라께서는 너그러우시고 자비로운 분이시니라." (2:173)

필요불가결한 것에 대해 이슬람법학자들은 기아상태에 있게 될 때 금지된 음식 이외의 할랄 음식을 구할 수 없을 경우 기아상태에서 벗어날 수 있는 양으로 해석하고 있다. 일부 법학자들은 그렇다 하더라도 최소 낮과 밤 하루는 하람 음식을 피해야 한다는 견해를 갖고 있다.

이러한 경우에 기아상태에서 벗어나 목숨을 건질 수 있는 양만큼만 하람 음식을 먹을 수 있다고 했다. 다음은 이맘 말리크(Imam Malik)의 견해다. "기아상태를 완화시켜 줄 정도이므로 생명을 유지하는 것 이상은 먹지 않아야 합니다." 하람 음식을 원해서도 안 되고 초과해서도 안 된다는 알라의 말씀은 원하지 않고 필요 이상을 먹지 않는다는 것을 의미한다. 기아상태에서는 필요불가결한 것이라고 꾸란은 언급하고 있다. 다음은 이와 관련한 알라의 말씀이다.

> "굶주림에 시달리는 사람이라 할지라도 죄악에 기울이지 아니한 자는 알라의 관용과 자비를 받을 것이니라." (5:3)

필요불가결한 약품

금기의 식품재료가 들어간 의약품 복용에 관한

이슬람법학자들의 견해는 서로 다르다. 일부 법학자들은 하디스를 인용하여, 의약품의 경우 음식처럼 필요불가결한 범주에 속하지 않는다고 하였다. 다음은 이와 관련한 예언자의 말씀이다.

"분명히 알라께서는 여러분에게 금기한 것에서 치료약을 제공하지 않았습니다."11

다른 법학자들은 생명의 보존을 위해서는 의약품도 음식과 같다고 보았다. 그래서 하람의 재료가 들어간 의약품은 사용될 수 있다고 하면서 예언자의 허용을 그 근거로 삼았다. 압두라흐만(Abdurahman ibn 'Awf)과 주바이르(Al-Zubair ibn Al-'Awwam)가 옴에 걸렸을 때 남성에게 금지된 실크옷 착용을 허용하였기 때문이다.

후자의 견해가 이슬람 정신에 근접하고 있다고 볼 수 있다. 모든 규정과 가르침이 생명의 보존에 관심을 갖고 있기 때문이다. 그러나 하람 재료가 들어간 의약품을 복용할 때는 다음의 조건이 충족될 때 가능하다.

① 환자의 생명이 그 의약품을 복용하지 않으면 위험할 경우

② 할랄 의약품이 없고 그에 대한 대체 의약품과 다른 대안이 없을 경우

③ 알라를 두려워할 뿐만 아니라 무슬림 전문의가 처방한 약품

그렇지만 우리가 관찰해 온 결과와 전문의들의 의학보고서에 따르면 하람 재료가 들어가는 의약품을 복용해야 될 경우는 거의 없다. 하지만 하람 소재가 들어간 의약품 외에는 할랄 약품을 찾을 수 없을 경우에 대비하여 이 원칙을 언급하였다.

공동체가 할랄 식품을 충분히 비축하고 있다면 필요불가결한 식품 불필요

개인은 충분한 식품을 보유하고 있지 않지만 공동체 또는 국가가 여분의 할랄 식품을 비축하고 있을 경우에는 그 개

11_ Al-Bukhari.

인에게 예외조항이 적용되지 않는다. 왜냐하면 이슬람 공동체는 한 몸의 각 기관이 서로 지탱하고 또는 하나하나의 벽돌이 서로 지탱하면서 튼튼한 성이 되는 것처럼 서로가 서로를 돕고 지원하기 때문이다.

저명한 이슬람법학자 이맘 이븐 하즘(Imam Ibn Hazm)은 사회적 연대의 개념을 다음과 같이 피력하고 있다. "무슬림 개인 또는 이슬람 공동체가 할랄 식품을 비축하고 있다면 무슬림은 금기된 죽은 동물의 고기나 돼지고기를 먹어야 할 예외 상황에 있지 않습니다. 음식을 갖고 있는 무슬림이나 이슬람 공동체는 배고픈 무슬림에게 음식을 제공할 의무가 있으므로 배고픈 무슬림은 죽은 짐승의 고기와 돼지고기를 먹을 필요가 없습니다. 만일 여분의 할랄 음식을 갖고 있는 자가 배고픈 자에게 음식을 제공하기를 거절한다면 후자는 음식을 얻기 위해 투쟁할 권리를 가지며 만일 싸우다가 후자가 죽을 경우 전자는 살인자가 되어 끼싸스(Qisas) 형벌을 받게 됩니다. 그러나 만일 후자가 전자를 살해했을 경우 전자는 알라의 저주를 받습니다. 왜냐하면 후자의 권리를 거절했으며 이것은 불의를 행한 것이 때문입니다. 다음은 이와 관련한 알라의 말씀이다.

> "한쪽이 다른 쪽에 불의를 행하는 경우에는 불의를 행한 쪽이 알라의 법을 따를 때까지 그에 대항하여 싸우라." (49:9)

형제의 권리를 거절하는 자는 알라에 대한 반역자다. 아부 바크르(Abu Bakr Al-Siddiq)는 이슬람세(Zakat) 지불을 거절한 자들에게 대항하여 싸웠기 때문이다.

▌도살할 때의 이슬람 예절 ▌

바다에서 얻는 것은 모두 할랄

사는 곳에 따라 동물은 바다동물과 육지동물 두 종류로 분류된다. 전자는 물에서만 살 수 있고 물 밖에서는 살 수 없는 동물로 이것은 모두 할랄이다. 살아 있는 상태로 포획한 것이나 죽은 상태로 얻은 것, 통째로 잡았거나 일부분을 얻었다 해도 할랄이다. 생선이나 바다동물이건, 바다 개이건 바다 돼지건, 무슬림이 포획한 것이든 비무슬림이 잡은 것이든 상관없다. 가장 자애로우신 창조주 알라께서 바다동물의 경우는 피를 제거할 필요 없이 먹어도 된다고 하면서 인간에게 넓은 은총을 베푸신 것이다. 그것을 잡은 방법도 동물에게 고통을 최소화하는 조건만 제외하고는 인간에게 맡기셨다. 그분께서 베푼 은총에 대한 알라의 말씀이다.

> "그분께서는 너희에게 바다를 주어 신선한 생선을 먹을 수 있게 하고 너희가 걸칠 장식품을 얻도록 하셨느니라." (16:14)
>
> "바다의 사냥과 그것의 음식은 허락되었나니 이는 너희와 여행자들을 위한 것이니라." (5:96)
>
> "우리 앞에 있는 것이나 우리 뒤에 있는 것이나 그 사이에 있는 모든 것이 알라의 것입니다. 당신의 주님께서는 결코 잊지 아니 하시는 분이십니다." (19:64)

육지의 동물들 중에서 금기된 것

알라께서는 육지 동물 중 단지 돼지고기와 자연사하여 죽은 동물의 고기와 사신들과 어떤 인간에게 봉헌된 짐승의 고기와 피만 먹지 말라고 하셨다. 이와 같은 하람은 앞서 언급했던 것처럼 주요 네 가지 범위와 열 가지 소 범위의 하람으로 꾸란 원문에 상세히 설명되고 있다.

동시에 꾸란은 알라의 사도에 관해서 언급하고 있다. 다음은 이와 관련한 알라의 말씀이다.

> "그는 저들에게 옳은 것을 촉구하였고 그릇된 것을 금기하였느니라." (7:157)

불결한 것들이란, 비록 일부 사람들이 좋아할 수도 있겠지만, 일반적으로 많은 사람들이 싫어하는 것을 말한다. 이와 관련하여 카이바르에서 적과 대치하고 있을 때 예언자께서 가축으로 기른 당나귀 고기를

먹지 말라고 하셨다.[12]

이와 유사한 내용을 부카리와 무슬림이 전하고 있다. 다음은 이와 관련한 예언자의 말씀이다.

"송곳니를 가진 야수 그리고 발톱을 가진 새가 먹다 남은 것은 어떠한 것이든 먹지 마시오."[13]

야수란 호랑이, 사자, 늑대처럼 잡은 동물을 갈기갈기 찢어서 게걸스럽게 먹는 동물을 말하고, 발톱을 가진 새란 매, 독수리, 송골매 같은 새를 의미한다.

이븐 압바스의 견해에 따르면 꾸란에 언급된 네 가지 부류 외에는 하람이 없으므로 예언자께서 금지한 금수들은 금기, 즉 하람에까지 이르지 않고 혐오, 즉 마크루흐로 간주되어야 하였다. 다음은 이와 관련한 이븐 압바스의 말이다. "이슬람 이전의 사람들은 자신들의 기분에 따라 어떤 음식은 먹고 어떤 음식은 먹지 않았습니다. 알라께서 예언자를 통해 경전을 주시면서 그 안에 허용과 금지를 두셨습니다. 그리고 그분께서 허락한 것은 할랄이 되었고 그분께서 금기하신 것은 하람이 되었으며 그분께서 침묵하신 것은 허용되었습니다."

그리고 나서 이븐 압바스는 다음의 꾸란을 낭송했다.[14]

> "일러 가로되 내가 말씀으로 계시받은 것 가운데서 먹고자 하는 자가 먹지 못하도록 금지된 것을 발견하지 아니했노라." (6:145)

본 꾸란 절에 근거하여 이븐 압바스는 가정에서 기른 당나귀 고기를 할랄로 보았으며 이맘 말리크도 그와 견해를 같이하면서 맹수는 금기, 즉 하람보다는 혐오, 즉 마크루흐로 간주했다.

금기된 동물의 목을 잘라 피를 흘러버리게 해도 할랄이 될 수 없다는 데에 법학자들은 의견을 같이하고 있다. 하지만 가죽은 햇볕에 말리

12_ Al-Bukhari.

13_ Abu Dawood.

14_ Abu Dawood.

지 않아도 사용이 허용된다고 했다.

동물 도살에 대한 이슬람 예절

식용으로 허용되는 육식 동물은 두 가지가 있다. 첫 번째는 유순한 동물 또는 낙타, 소, 염소, 닭과 같은 가축이 있고, 농장이나 가정에서 기른 가금류가 있다. 기른 것이 아니거나 야생동물은 두 번째 부류에 속한다. 첫 번째 부류에 속한 동물들의 고기를 할랄로 만들기 위해서는 이슬람의 규범과 예절에 따라 도살하여야 한다.

이슬람식 도살의 조건

이슬람법이 규정하고 있는 깨끗하고 합법적인 고기가 되기 위해서는 다음의 조건이 충족되어야 한다.

① 날카로운 도구로 도살하고 흐르는 피를 제거해야 한다. 도구는 돌, 나무, 쇠 등 어느 것이나 무관하나 날카로운 것이어야 한다. 아디('Adi ibn Hatim)는 자신이 예언자에게 했던 말을 이렇게 전하고 있다. "사도님, 저희가 사냥을 나갈 때 종종 칼을 소지하지 않습니다. 왜냐하면 날카로운 돌이나 나무막대기, 또는 갈대를 발견할 수 있기 때문입니다." 이 말에 대한 예언자의 대답은 다음과 같다.

"도살의 목적은 어떤 도구를 사용하든 알라의 이름을 언급하고 흐르는 피를 제거하는 것입니다."[15]

② 도살은 동물의 목을 자르거나 목을 찔러 죽게 하는 것인데 가장 좋은 방법은 숨통, 식도와 두 정맥을 절단하는 것이다.

하지만 동물을 특정한 방법으로 도살이 불가능할 경우에는 이 두 번째 조건은 제외이다. 예를 들어 동물이 우물 안으로 머리를 곤두박질하여 동물의 목에의 접근이 어렵거나 동물이 발로 차거나 달아날 때이

15_ Ahmad, Abu Dawood, Nisai, Ibn Majah, Al-Hakim, and Ibn Hibban.

다. 이러한 경우에는 사냥당하는 동물이 상처를 입고 피를 흘리는 것처럼 동물 신체 아무 곳이나 상처를 주어 피를 흘리게 하면 된다. 라피(Raf'i bin Khadij)에 근거하여 부카리와 무슬림이 다음과 같은 내용을 전하고 있다. "우리가 예언자 함께 여행을 나갔을 때 낙타 한 마리가 도망을 쳤다. 그 낙타를 추격할 말이 없어 우리는 화살을 쏘아 그 낙타에 상처를 내 쓰러뜨렸다. 이것을 본 예언자께서 이렇게 말씀하셨습니다. '이 동물들 중에 일부는 야수들과 같습니다. 만일 그것들이 이와 같이 행동한다면 이 방법으로 다루시오.'"[16]

③ 짐승을 도살할 때 알라 이름 외에는 누구의 이름도 언급되어서는 안 된다. 모든 법학자들의 일치된 견해다. 이슬람 이전 시대의 아랍인들은 동물을 도살할 때 자신들이 숭배해온 사신들이나 우상들의 이름을 언급하거나 도살된 동물의 고기를 제단위에 차려놓고 자신들의 소원을 빌었다. 앞서 언급하였듯이 꾸란은 단호하게 이 모든 행위를 금지하였다. 다음은 이와 관련한 알라의 말씀이다.

> "우상에게 제물로 바쳤던 것은 불결한 것이니라." (5:3)

④ 알라의 이름은 동물이 도살될 때 언급된다.[17] 이것은 꾸란과 하디스 원문에 근거한 것이다. 다음은 이와 관련한 알라의 말씀이다.

> "너희가 알라의 말씀을 믿는다면 고기를 먹되 그분의 이름으로 도살된 것만을 섭취하라." (6:118)
> "알라의 이름으로 도살되지 아니한 고기는 먹지 말라. 그것을 섭취하는 것은 죄이니라." (6:121)

다음은 이와 관련한 예언자의 말씀이다.

16_ Al-Bukhari and Muslim.

17_ 도살할 때 알라의 이름을 언급하는 정확한 방법은, 비스밀라 알라후 아크바르(알라의 이름으로, 알라는 가장 위대하시다)이며 가장 자비로우시고 자애하신 분이란 의미의 '아르라흐만 아르라힘'은 언급하지 않는다. 왜냐하면 도살 그 자체가 자비하고 자애한 것이 아니기 때문이다.(역자 견해)

"흐르는 피가 제거된 것 그리고 알라의 이름이 언급된 것만을 섭취하시오."18

다른 하디스가 이 조건을 부언하고 있다. 사냥할 때 화살을 쏘기 직전 그리고 사냥감을 향해 사냥개를 풀기 직전에 알라의 이름이 언급되어야 한다는 것이다. 이 사항은 사냥에 관한 주제에서 논의될 것이다.

알라의 이름이 반드시 언급되어야 하지만 동물을 도살하는 도중에는 언급할 필요가 없다는 것이 일부 법학자들의 공통된 견해이다. 먹을 때 언급할 수도 있다. 왜냐하면 그런 경우에는 알라의 이름을 언급하고 먹었다고 볼 수 있다. 사히흐 알부카리(Sahih Al-Bukhari)에서 예언자의 아내인 아이샤(Aisha)가 전하는 하디스가 발견된다. "최근에 이슬람을 받아들인 일부 무슬림들이 예언자에게 이렇게 말했다. '사람들이 저희에게 고기를 가져왔는데 도살할 때 알라의 이름을 언급했는지의 여부를 저희는 알 수 없습니다. 이런 경우 그 고기를 먹어도 됩니까?'" 다음은 이와 관련한 예언자의 말씀이다.

"그것에 알라의 이름을 언급하고 섭취하시오."19

이슬람식 도살의 목적

이슬람식 도살의 목적은 동물의 생명을 앗아갈 때 최단 시간에 최소한의 고통만 주는 것이다. 그러므로 도살할 때 사용하는 도구는 날카로워야 하고 목을 자르는 시간은 가장 짧아야 한다. 이빨로 물어뜯거나 때리거나 목을 비틀거나 질식시켜서 살생하는 것은 금지된다. 왜냐하면 동물에게 많은 고통을 주기 때문이다. 예언자께서는 날카로운 칼을 사용해서 동물을 편안하게 해줄 것을 권장하셨다. 다음은 이와 관련한 예언자의 말씀이다.

18_ Al-Bukhari.

19_ 이 경우에는, '가장 자비하고 자애하신 알라의 이름으로'라는 의미의 '비스밀라히 아르라흐만 아르라힘'을 언급하고, '주여, 당신께서 저희에게 베풀어주신 것에 축복을 내려주시고 지옥불의 징벌로부터 보호하여 주소서!'라는 의미의 '알라훔마, 바리크 라나 피 마 라자끄타나 와끼나 아자반나르'를 말한다.(역자 주)

"알라께서 모든 것에 자선을 베풀라고 하셨습니다. 동물을 죽일 때는 가장 좋은 방법을 택하고 동물을 도살할 때 가장 좋은 방법을 택하시오. 그것은 바로 날카로운 칼로 최대한 빠른 시간 내에 도살하는 것입니다."[20]

이븐 우마르가 전하고 있는 또 다른 하디스이다. 다음은 이와 관련한 예언자의 말씀이다.

"여러분 중에 도살하는 자가 있다면 그로 하여금 끝을 맺게 하시오."[21]

이 하디스의 의미는 동물을 도살하기 전에 도살할 칼을 날카롭게 하고, 먹을 것과 마실 것을 주고 편안하게 해주라는 것이다.

이븐 압바스가 또 다른 하디스를 전하고 있다. 도살될 양을 땅바닥에 눕혀놓고 칼을 날카롭게 갈고 있는 한 사람을 보고 예언자께서 다음과 같이 꾸짖었습니다. 다음은 이와 관련한 예언자의 말씀입니다.

"당신은 양이 두 번 죽도록 할 작정이요? 양을 눕히기 전에 칼날을 날카롭게 하지 않았던가요?"[22]

우마르('Umar)가 도살하려고 양 한 마리를 질질 끌고 가는 어떤 사람을 보고 이렇게 말했습니다. "당신에게 화가 있을 것이요. 예의를 갖추어 그 양을 죽음으로 안내하시오."[23]

위의 하디스 내용의 주안점은 동물을 사랑하고 동물을 도살할 때는 가능한 한 고통을 적게 하여 주라는 의미다. 이슬람 이전 사람들은 살아 있는 낙타의 혹을 자르기도 하고 살아 있는 양의 꼬리를 잘라 먹기도 하였다. 동물에 대한 야만적인 행위를 중단시키기 위해 예언자께서는 살아 있는 동물의 일부를 절단하여 먹은 행위를 금지하였다. 다음은 이와 관련한 예언자의 말씀이다.

20_ Muslim.

21_ Ibn Majah.

22_ Al-Hakim.

23_ 'Abd Al-Razzaq.

"살아 있는 동물의 일부를 절단한 고기는 죽은 동물의 고기입니다."24

알라의 이름을 언급하는 의미

동물 도살의 행위를 정화하기 위한 방법으로 알라의 이름을 언급하는 것에 대하여 좀더 곰곰이 생각해 보아야 할 필요가 있다. 첫째로, 이러한 행위는 우상숭배자들과 이슬람 이전의 사람들의 행위와 반대의 입장에 있다. 그들은 짐승들을 도살할 때 아무 것도 행할 수 없는 우상들의 이름을 언급했기 때문이다. 그들은 거짓 사신들의 이름을 언급하였다. 그렇다면 믿는 자들은 진정한 창조주 알라의 이름을 언급해야 되지 않겠는가?

두 번째로, 동물들도 인간과 마찬가지로 알라의 피조물들로 인간처럼 그들도 생명을 갖고 있다. 그러면 인간이 그들을 어떻게 다스리고 그것들을 창조한 알라의 허락 없이 어떻게 그것들의 생명을 가져갈 것인가? 인간도 그리고 그것들도 모두 알라의 것이지 않는가? 동물을 도살할 때 알라의 이름을 언급하는 것은 그분의 신성한 허락을 받는다는 의미다. 마치 도살자가, "저의 행위는 우주의 섭리에 대항하거나 이 동물들을 학대하는 것이 아닙니다. 알라의 이름으로 도살하고, 알라의 이름으로 사냥하고, 알라의 이름으로 먹습니다"라고 말하는 것과 같다.

성서의 백성들이 도살한 동물의 고기

이슬람은 동물을 도살할 때 정해진 예절과 방법에 따라 도살할 것을 강조하고 있다.

이슬람 이전의 아랍 우상숭배자들과 그 밖의 다른 민족 우상숭배자들은 동물 도살을 하나의 숭배행위로 삼거나 교리의 일부분 또는 종

24_ Ahmad, Abu Dawood, Al-Tirmizi, and Al-Hakim.

교의 근간으로까지 여겼다. 사신들이나 우상들의 이름을 언급하면서 동물을 희생시켜 제단에 바치면서 자신들의 소원을 빌었다. 그러나 이슬람은 이러한 이교도들의 의식을 폐기하고 동물을 도살할 때는 알라 이름 외에는 그 어떤 이름도 언급하지 않도록 하였다. 제단에서 동물을 희생하는 것이나 어떤 사람에게 봉헌하기 위해동물을 희생시키는 것도 금지하였다.

성서의 백성들, 즉 유대교인들과 기독교인들은 창조주 알라 하나님을 믿고 있다. 그럼에도 불구하고 일부 무슬림은 성서의 백성들이 도살한 짐승의 고기도 우상숭배자들이 희생시킨 것과 동일하게 취급해야 한다고 주장한다. 그와 관련하여 알라께서는 성서의 백성들과 음식을 섭취하는 문제와 그들의 여성들과 결혼하는 문제에 대해서 무슬림들에게 허가를 하셨다. 다음은 이와 관련한 알라의 말씀이다.

> "오늘날 너희에게 좋은 것들이 허락되었으니 성서를 받은 자들의 음식이 너희에게 허용되었고 그리고 너희의 음식도 그들에게 허용되느니라." (5:5)

본절의 내용을 요약하면 그날로부터 깨끗하고 좋은 것은 무슬림들에게 허용된다는 의미다. 결과적으로 더 이상 바히라, 사이바, 와씰라, 함이 될 수 없다는 것이다. 왜냐하면 알라께서 제시한 원리원칙에 근거해 허용되었으므로 유대교인들과 기독교인들의 음식은 무슬림에게 허용된다. 알라께서는 그들의 음식을 무슬림에게 금지하지 않았고 무슬림의 음식도 그들에게 금지하지 않았다. 그래서 그들이 도살하거나 사냥한 동물의 고기를 먹을 수 있고, 그들도 무슬림이 도살하거나 사냥한 동물의 고기를 먹을 수 있다.

이슬람은 우상숭배자들과는 타협적인 입장이나 자세를 취하지 않지만 성서의 백성들에 대해서는 그렇지가 않다. 왜냐하면 그들도 무슬림처럼 신성한 계시를 믿고 예언자와 사도들의 도래를 믿고 종교의 근본적인 핵심을 따르기 때문이다. 이슬람은 그들의 음식을 먹고 그들과 결혼하고 그들과의 사교생활을 허용한다. 그들은 우상이나 미신을 배제하고 이슬람적인 환경에서 믿음과 실천을 준수하고 있다는 점에서 무슬림의 특성을 갖고 있으면서 무슬림들과 상호작용을 한다고 할 수도 있다. 그들은 이슬람이 완성된 진리라는 것을 깨닫고 있을 지도 모른다.

"성서의 백성들에게 주어진 음식"이란 문구는 포괄적인 것으로 고기, 생산물, 그 밖의 음식들을 포함하고 있다. 이 모든 음식들은 무슬림에게 할랄이다. 다만 자체가 하람인 것, 예를 들어 죽은 동물의 고기, 돼지고기, 흐르는 피 등은 그것들이 유대교인이나 기독교인 또는 무슬림의 음식이라 할지라도 하람이다.

교회와 기독교인들의 축제를 위해 도살된 동물의 고기

기독교인 또는 유대교인이 동물을 도살할 때 예수나 어떤 성인의 이름을 언급하지 않고 도살하여 제공되는 고기라면 그것은 할랄이다. 그러나 만일 그들이 알라 외에 다른 이름을 언급했다면 그것은 하람이다. 알라 외에 다른 것에 봉헌된 것이기 때문에 하람이라는 것이 일부 이슬람법학자들의 견해다. 한편 일부 법학자들은 알라에 의해 유대교인과 기독교인의 음식이 허용되었는데, 누가 그들이 동물을 도살할 때 무슨 말을 하는지 알 수 있느냐는 견해를 피력한다.

누가 아부 다르다(Abu Al-Darda)에게, 성 조지 교회에 바치기 위해 도살한 고기를 대접받았는데 이것을 먹어도 되느냐고 질문하였다. 아부 다르다는 이렇게 대답했다. "오, 알라여! 당신께서는 우리에게 허용하셨습니다. 그들은 성서의 백성들이 아니던가요? 그들의 음식은 우리에게 할랄이고 우리의 음식이 그들에게 할랄이 아닙니까?" 그리고 그는 질문자에게 그 음식을 허용하였다.[25]

이맘 말리크는 기독교인들의 축제와 교회를 위해 도살된 동물의 고기를 먹어도 되느냐는 질문에 이렇게 대답했다. "나는 그것을 혐오,

---

25_ Al-Tabari.

즉 마크루흐로 분류할 뿐 하람으로 보지 않습니다. 나는 단지 그것이 알라 외에 어떤 인간을 위해 봉헌될 수도 있다는 것이 염려될 뿐이지 하람은 아닙니다." 왜냐하면 성서의 백성들이 알라 외에 다른 것에 봉헌한다는 것은 먹지 않고 그들의 신들에게 가까이 하기 위해 도살한 것이기 때문이다. 그러나 그들이 먹기 위해 도살한 것은 그들의 음식이다. 다음은 이와 관련한 알라의 말씀이다.

"성서를 받은 자들의 음식이 너희에게 허용되느니라." (5:5)

전기충격 및 다른 방법으로 도살된 동물의 고기

두 번째 문제는 성서의 백성들이 활용한 동물 도살방법도 무슬림의 도살방법처럼 목을 절단해야 하는 것이다.

다수의 법학자들은 그것을 하나의 조건으로 규정하고 있으나 말리키 법학파를 추종하는 법학자들은 조건으로 간주하지 않는다. 이븐 아라비(Ibn Al-Arabi)는 꾸란 5장 5절, "성서를 받은 자들의 음식이 너희에게 허용되느니라"를 다음과 같이 설명하고 있다. "이것은 결정적인 증거이다. 성서의 백성들이 사냥으로 잡은 것과 그들의 음식은 알라께서 우리 무슬림을 위해 허용하신 것입니다. 그분께서는 의심을 품게 하고 문제를 야기하며 토론을 질질 끌려는 반대자들의 입을 봉하기 위해 두 번이나 반복하셨습니다. '만일 기독교인이 닭의 머리를 잘라 요리하였다면 그와 함께 먹을 수 있거나 아니면 그의 음식을 완전히 먹어치울 수 있을까요?'라는 질문을 두 번이나 받고 나는 이렇게 대답했습니다. '그 음식을 먹으시오. 왜냐하면 이것은 그의 음식이요 성직자들과 수사들의 음식입니다. 비록 도살법이 우리와 같지 않더라도 알라께서 그들의 음식을 조건 없이 우리에게 허용하셨습니다. 그들이 속이고 있다고 알라께서 말하는 것 외에는 그들의 종교에 있는 것도 할랄입니다.' 우리의 학자들이 말했습니다. '그들은 우리에게 그들의 여성을 주어 결혼하도록 했으므로 그녀들과의 결혼도 허용됩니다. 할랄과 하람에 관한 문제에서 결혼은 음식보다 더 중요합니다. 그런데 어떻게 그들의 음식이 할랄이 아니라고 말할 수 있겠습니까?'"

이것은 이븐 아라비의 견해다. 그는 다른 주제에서 이렇게 말하고 있다. "먹기 위해 의도적으로 할랄로 만든 것이 아닌 것, 예를 들어 동물을 교살하거나 머리를 박살내어 잡은 동물의 고기는 하람입니다." 그가 말한 두 가지는 서로 모순되지 않는다. 이것은 그들이 종교적으로 먹는 것으로 간주하면, 비록 동물을 도살하는 방법이 우리와 다르다 하여도, 그것은 우리에게도 할랄이 된다는 것을 의미한다. 종교적으로 그들에게 하람인 것은 우리에게도 하람이다. 식용으로 사용할 의도로 동물을 도살하는 것이 서로의 공통점이기 때문이다. 이것은 말리키 법학파 학자들의 견해다.

위에서 언급한 내용을 조명해 본다면 성서의 백성들로부터 수입한 닭고기나 통조림 같은 것도, 그것들이 비록 전기충격이나 다른 방법으로 도살된 것이라 할지라도 할랄이다. 그들이 그들의 종교에서 할랄이라고 간주하는 한 그것은 우리에게도 할랄이다. 이것은 앞서 언급한 꾸란 절이 담고 있는 포괄성에 근거한 것이다.

공산주의 국가들로부터 들여온 수입고기

그들이 도살한 고기는 식용으로 허용되지 않는다. 왜냐하면 그들은 성서의 백성들이 아니며 모든 종교를 배척하며 알라를 믿지 않고 그분의 모든 메시지를 불신하기 때문이다.

조로아스터 교인들의 고기와 그와 유사한 것들

조로아스터 교인들이나 마기교인들이 도살한 동물의 고기에 대해서는 법률학자들 간에 견해 차이를 보이고 있다. 대다수는 그들의 고기를 금기하고 있는데 그 이유는 그들 모두가 다신교를 믿기 때문이다.[26] 한편 일부는 예언자의 말씀에 근거하여 할랄이라고 말하기도 한다. 다음은 이와 관련한 예언자의 말씀이다.

"성서의 백성들을 대하듯이 그들을 대하시오."[27]

예언자께서는 하자르 지역의 조로아스터 교인들부터 지즈야(Jizyah), 즉 조공을 받으셨다.[28] 이븐 하즘(Ibn Hazm)은 그의 저서 알무할라(Al-Muhalla)에서[29] 이렇게 말하고 있다. "그들 또한 성서의 백성들이다. 성서의 백성들에 관련된 모든 규범은 그들에게도 동일하게 적용되어야 한다." 아부 하니파도 사비인들을 성서의 백성들 범주로 분류하고 있다.[30]

규범 : 보지 않은 것은 묻지 말 것

목격하지 않는 것에 대해 무슬림은 묻지 않는다. 예를 들어 목격하지 않고서, "그 동물이 어떻게 도살되었지요? 이슬람식으로 도살되었는가요? 도살될 때 알라의 이름이 언급되었나요?"라는 질문을 하지 않는다. 동물을 도살한 무슬림이 무지하거나 부정한 짓을 했다 하더라고 또는 성서의 백성들이 도살한 것이라도 그것을 먹는 것은 할랄이다.

앞에서 질문을 받은 예언자께서 한 말씀이 담긴 하디스를 이미 소

26_ 조로아스터 교인들은 조로아스터가 예언자였다고 주장한다. 고대문화 연구를 이끌었던 일부 현대 이슬람 학자들 중에는 이 견해를 지지하는 학자가 있는데 아부 칼람 아자드(Abu Al-Kalam Azad)가 대표적 인물이다.

27_ Malik and Al-Shaf'i. 본 하디스 끝에는, "그들의 여성과 결혼하지 말고 그들의 고기도 먹지 마시오"라는 말은 하디스 수집가들로부터 정통성이 있는 것으로 간주되지 않는다.

28_ Al-Bukhari.

29_ Vol.7, p.456.

30_ 현대의 일부 연구자들은 그 책의 백성들을 힌두교나 불교와 같은 우상숭배자 범주에 포함시키려고 시도하였다. 마나르 타프씨르(Tafsir Al-Manar) 제6권에 "그 책을 받은 자들의 음식"이란 절과 "우상숭배자들의 음식과 그들의 여성들과의 결혼"이란 부분 참조.

개했다. 그 하디스는 이런 내용이었다. "사람들이 고기를 가져왔는데 우리는 그들이 도살할 때 알라를 언급했는지의 여부를 알 수 없었다. 그래서 우리는 예언자에게 그 고기를 먹어야 되는지 말아야 되는지를 물었다. 그러자 그분께서 대답하셨다." 다음은 이와 관련한 예언자의 말씀이다.

"그 고기에 알라를 언급하고 그리고 먹으시오."

이 하디스 적용과 관련하여 학자들은 다음과 같이 말하고 있다. "이것은 사람들의 행위와 처신이 옳고 건전할 것이라는 것, 즉 알라의 이름을 언급했을 것이라고 믿고 먹는 것이 알라의 이름을 언급하지 않았을 것이라고 생각하고 먹지 않아 피해를 보는 것보다 좋다는 의미이다."

02

사 냥

과거의 많은 아랍인들은 물론 다른 민족들도 사냥을 하여 생활을 했다. 이러한 관계로 꾸란과 하디스는 사냥에 대하여 언급하고 있다. 이슬람 법학자들은 언제나 주제를 따로 분류하여 무엇이 할랄이고 하람이며, 무엇이 의무사항이고 권장사항인지를 설명하면서 사냥에 관한 문제를 다룬다. 왜냐하면 동물과 조류 중에는 온순한 것인지 또는 인간이 통제할 수 없는 야수인지 알 수 없는 것이 많기 때문이다.

샤냥으로 잡은 것을 할랄로 할 것인가에 대하여 이슬람은 유순한 동물이나 가축들처럼 그것들의 목을 절단해야 한다거나 목을 찔러야 한다는 조건까지는 요구하지 않고 사냥의 환경이 허용하는 범위에서 최소한의 예절만을 요구한다. 사람들은 항상 사냥할 때 본능을 좇는다. 그래서 이슬람은 가능한 자연적이며 본능적인 것에 순응한다. 다만 사냥을 함에 있어 이슬람 교리 및 제도와 조화를 이루기 위해 무슬림의 일상적인 업무에서처럼 단순한 몇 가지만을 요구할 뿐이다. 그 요구사항들 중의 일부는 사냥꾼에게, 일부는 사냥감 그리고 일부는 사냥하는 도구와 관련된 것이다.

이 조건들은 단지 육지동물에만 적용된다. 바다동물은 알라께서 아무런 제한 없이 모두 할랄이라고 하셨기 때문이다. 다음은 이와 관련한 알라의 말씀이다.

"바다의 사냥과 그것의 음식은 허락되었나니 이는 너희와 여행자들을 위한 것이니라." (5:96)

사냥꾼에게 요구되는 사항

사냥꾼에게 요구되는 조건은 등물을 도살하는 푸줏간에게 요구되는 것과 동일하다. 그는 무슬림이거나 유대교인, 기독교인, 조로아스터 교인, 사비인 교인이어야 한다.

먹을 것을 얻기 위함이 아니고 취미로 또는 사냥을 위한 사냥이 되어서는 안 된다는 것이 이슬람의 가르침이다. 식용 또는 다른 유용한 목적으로 사용할 필요가 없으면서 동물의 생명을 앗아가는 것을 이슬람은 금지하고 있다. 다음은 이와 관련한 예언자의 말씀이다.

"운동 또는 취미로 활을 쏘아 참새 한 마리를 죽였다면 그 참새는 심판의 날 이렇게 말할 것입니다. '주님이시여! 저 사람이 무모하게 저를 죽였습니다. 그는 어떤 특별한 목적을 가지고 저를 잡지 않았습니다.'"31

"정당한 목적 없이 참새 한 마리를 죽이거나 그것보다 더 큰 새를 죽인 자는 심판의 날 알라께서 그에게 책임을 물으실 것입니다. 이 말을 들은 한 사람이 물었다. '사도님, 정당한 목적이란 무엇입니까?' 예언자께서 답하셨습니다: 먹기 위해 사냥하는 것이지 참새의 목을 절단하거나 던져버리기 위해 사냥하는 것이 아닙니다."32

다른 조건은 무슬림이 사냥할 경우 성지순례, 즉 하지(Hajj)나 우무라('Umrah)를 위한 이흐람(Ihram) 상태에 있지 않아야 한다. 왜냐하면 그는 그 시각에 가장 평화롭고 고요한 상태에 있어야 하기 때문이다. 그는 동물이나 새들과도 어느 정도의 거리에 있어야 한다. 사냥감이 바로 자신의 앞에 있어 창으로 동물을 찌르거나 새를 잡을 수 있더라도 그에게는 하람이다. 이러한 것은 믿는 자들을 시험하고 훈련하여 믿음을 강

31_ Al-Nisai and Ibn Hibban.

32_ Al-Nisai and Al-Hakim.

하게 하고 인내력을 길러주기 위해서다. 다음은 이와 관련한 알라의 말씀이다.

> "믿는 자들이여, 알라께서는 하찮은 것으로 너희를 시험하시나니 너희의 손과 창으로 사냥하는 것이니라. 알라께서는 보이지 아니한 당신을 두려워하는 자를 아시니라. 그러므로 이후로 죄를 범하는 자들은 가혹한 징벌을 받을 것이니라. 믿는 자들이여, 순례 중에 있을 때는 짐승을 죽이지 말라. 너희가 순례 중일 때 육지의 사냥은 금지라." (5:94-96)
>
> "순례 상태로 성역에 있을 때 사냥은 금기니라." (5:1)

사냥감에 관련된 요구사항

사냥감에 관련된 요구사항 중의 하나는 사람이 동물의 목을 절단하거나 찔러서 도살하기 어려운 정도로 통제가 불가능한 동물이어야 한다. 원칙에 따라 도살할 수 있다면 그렇게 해야 하지만 그렇지 못할 경우는 선택에 맡길 수밖에 없기 때문이다.

이와 유사한 경우로 화살을 쏘아 또는 사냥개를 풀어 사냥감을 잡았을 때 가능한 그 사냥감에 다가가 생명이 살아 있다면 원칙대로 목을 절단하거나 찔러서 흐르른 피를 제거해야 한다. 그러나 목을 절단하는 것이 가능하더라도 죽음이 다가왔다면 목을 절단하지 않고 죽도록 두어도 하람은 아니다. 다음은 이와 관련한 예언자의 말씀이다.

"사냥감을 향해 사냥개를 풀 때 알라를 언급하시오. 그 사냥개가 잡은 동물이 아직 살아 있다면 목을 절단하시오."[33]

사냥도구에 관련된 요구사항

사냥도구에는 두 종류가 있다.

① 칼, 화살, 창 같은 무기가 있다. 다음은 이와 관련한 알라의 말씀이다.

33_ Al-Bukhari and Muslim.

"너희의 손과 창으로 사냥하는 것이니라." (5:94)

② 개, 야수 중에서 표범, 송골매, 매 같이 길들여질 수 있는 동물을 사냥하는 도구가 있다. 다음은 이와 관련한 알라의 말씀이다.

"음식으로 허락된 것이 무엇이냐 그대에게 묻거든 알라께서 허락한 좋은 것들이라 말하라. 또한 알라의 가르침에 따라 길들인 짐승과 새가 너희를 위해 사냥하여온 것도 허락된 것이거늘 이는 알라께서 너희에게 가르친 것이니라." (5:4)

무기로 사냥할 때의 요구사항

사냥감이 무기에 의해 죽었다면 다음의 두 가지가 충족되어야 한다. 첫 번째는 무기가 동물의 몸을 관통하여 상처를 냈어야 한다. 단순한 충격에 의해 죽었다면 그것은 할랄로 간주되지 않는다. 아디('Adi bin Hatim)가 전하고 있다. "어떤 무기로 사냥감을 죽이고 나서 그것에 관하여 예언자에게 질문했더니 이렇게 대답하셨다." 다음은 이와 관련한 예언자의 말씀이다.

"무기를 던져 그것이 사냥감을 관통했다면 그 사냥감의 고기는 먹어도 됩니다. 그러나 그 무기의 충격으로 죽었다면 먹지 마시오."[34]

이 하디스는 사냥감이 할랄로 되기 위해서 무기가 날카롭지 않고 무디더라도 사냥감의 몸통을 관통해야 한다는 것을 입증하고 있다. 따라서 소총, 권총과 같은 것에 의해 살해된 사냥감은 화살이나 창 또는 칼보다 몸 안에 더 깊숙이 들어갔으므로 모두 할랄이다. 이와 관련한 하디스를 아흐마드가 전하고 있다.

"여러분이 도살한 것이 아니고 반두까(Banduqah)에 의해 살해된 것은 먹지 마시오."

이븐 우마르가 한 말에 근거한 부카리의 전언에 의하면 반두까에 의해 살해된 동물은 강풍에 의해 죽은 동물과 같은 것이다. 여기서 말하는 반두까는 흙덩이를 가리키는 것으로 현대의 탄알을 말하는 것이

34_ Al-Bukhari and Muslim.

아니다. 예언자께서는 사냥감에 돌 던지는 것을 금지하셨다. 다음은 이와 관련한 예언자의 말씀이다.

"돌을 던져서는 사냥감을 잡거나 적을 살해할 수 없고 다만 이빨 하나를 부러뜨리거나 눈 하나를 다치게 할 정도입니다."[35]

두 번째 조건은 무기로 사냥할 경우 무기를 쏠 때 창조주의 이름을 언급하는 것이다. 예언자께서 아디에게 그렇게 하라고 가르친 하디스가 본 주제에 대한 근거 자료이다.[36]

개를 풀어 사냥할 때의 요구사항

사냥개 또는 매를 풀어 사냥할 경우 다음 사항이 요구된다. 첫 번째는 훈련받은 것이어야 하고 두 번째는 자신들이 먹기 위해 잡은 것이 아니라 주인을 위해 잡은 것이어야 한다. 세 번째는 사냥감을 추격하기 위해 그것들을 풀면서 창조주의 이름을 반드시 언급하여야 한다. 이 세 조건은 다음의 꾸란에 근거한 것이다.

> "음식으로 허락된 것이 무엇이냐 그대에게 묻거든 알라께서 허락한 좋은 것들이라 말하라. 또한 알라의 가르침에 따라 길들인 짐승과 새가 너희를 위해 사냥하여 온 것도 허락된 것이거늘 이것은 알라께서 너희에게 가르친 것이니라. 그러나 그것에 관하여 창조주의 이름을 언급하라." (5:4)

(1) 길들여진 것이란 잘 알려진 대로이다. 그것은 주인의 가르침에 따라 길들여진 동물을 의미한다. 주인이 부르면 반응을 보이도록 훈련된 것이다. 사냥감을 향해 주인이 풀어놓으면 사냥감을 추적하고 제지하면 멈추는 동물이다. 법학자들은 이에 관하여 다양한 기준을 내놓고 있다. 하지만 그들의 공통점은 사냥하는 동물이 훈련된 것인가 또는 아닌가를 결정하는 데 있어 좋은 안내가 되고 있다.

(2) 주인을 위해 사냥감을 잡는다는 의미는 사냥하는 동물이 사냥

35_ Al-Bukhari and Muslim.

36_ 총으로 사냥을 할 때도 동일한 조건이 적용된다.

감을 먹지 않는다는 것을 말한다. 다음은 이와 관련한 예언자의 말씀이다.

"사냥감을 쫓아 사냥개를 풀었는데 그 개가 사냥감의 일부를 먹었다면 그 사냥감을 먹지 마시오. 왜냐하면 그 개는 자신을 위해 사냥감을 잡은 것이지 당신을 위한 것이 아니기 때문입니다. 그러나 사냥개를 보냈을 때 그 개가 사냥감에 입을 대지 않았다면 먹어도 됩니다. 왜냐하면 그 개는 주인을 위해 사냥을 했기 때문입니다."37

일부 법학자들은 사냥개와 같은 동물과 사냥하는 매와 같은 조류 사이에 차별을 두고 있다. 사냥하는 조류가 사냥감의 일부를 먹었다 하더라도 먹고 남은 것은 할랄이나 사냥개가 사냥감의 일부를 먹었다면 하람이라는 견해다.

이 두 가지 조건을 두는 이유는 첫째, 사냥개는 반드시 훈련된 것이어야 하고 항상 주인의 지시를 따라야 하기 때문이며, 둘째, 인간의 존엄성을 지키기 위해 짐승이 먹고 남은 부분을 먹지 않기 위해서다. 결론적으로 주인을 위해 사냥을 하는 잘 훈련된 개는 인간의 손안에 있는 생명이 없는 화살 같은 무기와 매우 유사하다.

(3) 사냥감을 향해 사냥개를 풀면서 창조주의 이름을 언급하는 것은 화살을 쏠 때, 창을 던질 때, 칼을 휘두를 때 창조주의 이름을 언급하는 것과 같다. 창조주의 이름을 언급해야 한다고 꾸란은 언급하고 있다.

"그것에 창조주의 이름을 언급하라." (5:4)

이것은 아디가 전하고 있는 하디스에서도 강조되고 있다.

이 조건을 의무사항으로 하는 또 다른 이유는 두 마리 이상의 사냥개가 함께 사냥하여 사냥감의 일부를 먹었을 때 나머지는 할랄이 아니라는 것을 보여주기 위한 것이다.

아디가 예언자에게 이렇게 말했다. "제가 사냥감을 향해 저의 사

37_ Ahmad, Al-Bukhari and Muslim.

냥개를 보냈는데 다른 개가 그 사냥감 옆에 있었습니다. 저는 어떤 개가 그것을 사냥했는지 알지 못합니다." 다음은 이 질문과 관련한 예언자의 말씀이다.

"그 고기를 먹지 마시오. 당신의 개에 대해서는 창조주의 이름을 언급했지만 다른 개에 대해서는 창조주의 이름을 언급하지 아니했기 때문이요."

하지만 개를 풀어놓을 때 깜박 잊고 창조주의 이름을 언급하지 못했다면 그 개가 잡은 사냥감의 고기를 먹을 때 창조주의 이름을 언급할 수 있다. 왜냐하면 알라께서는 망각이나 실수에 의한 잘못에 대해서는 무슬림 공동체에 관용을 베풀었다고 하였기 때문이다. 앞서 언급했던 것처럼 동물을 도살할 때 창조주의 이름을 언급하지 못했을 경우 이 규범을 적용할 수 있다.

동물을 도살할 때 창조주의 이름을 언급해야 하는 중요성에 대해서는 앞서 언급했으므로 반복하여 설명할 필요가 없다고 생각한다.

사냥감이 죽은 채 발견되었을 경우의 요구사항

사냥감이 화살에 명중되었으나 도망갈 수도 있다. 사냥꾼은 몇 시간 또는 하루가 지나 죽은 상태로 그 사냥감을 발견할 수 있다. 그러한 경우 그 사냥감은 다음의 조건을 충족할 때 할랄이 된다.

(1) 물에 빠져 있지 않아야 한다. 다음은 이와 관련한 예언자의 말씀이다.

"화살을 쏘아 잡은 사냥감의 고기는 먹어도 되지만 그것이 물에 빠져 있었다면 먹지 마시오. 왜냐하면 그 사냥감이 당신이 쏜 화살을 맞고 죽지 않고 물에 익사하여 죽었는지도 모르기 때문입니다."[38]

38_ Al-Bukhari and Muslim.

(2) 화살을 맞고 난 상처 외에 다른 상처가 없어야 한다. 아디가 예언자에게 질문하였다. "만일 사냥감이 제가 쏜 화살을 맞았는데 다음 날 아침에 화살이 꽂힌 채 그 사냥감을 발견하였습니다." 다음은 이 질문과 관련한 예언자의 말씀이다.

"당신이 쏜 화살을 맞고 사냥감이 죽었을 때 다른 야수들의 공격을 받은 상처를 발견할 수 없다면 그것의 고기를 먹어도 됩니다."[39]

(3) 그 사냥감은 부패의 단계에 있지 않아야 한다. 건전한 식별력을 가진 사람은 부패한 고기로 인하여 불쾌감을 느끼고 구역질을 하게 된다. 또한 그것을 먹는 것은 피해가 될 수 있다. 부카리와 무슬림이 전하고 있는 하디스 내용에 예언자께서 아부 싸을라바(Abu Sab'labah Al-Khashini)에게 하신 말씀이 언급되어 있다. 다음은 이와 관련한 예언자의 말씀이다.

"사냥감을 향해 화살을 쏘았는데 그 사냥감이 3일 뒤에 발견되었을 때 그것이 부패되지 않았다면 먹어도 됩니다."

39_ Al-Tirmizi.

술

아랍어의 카므르(Khamr)란 단어는 취하게 하는 모든 알코올, 즉 술 종류를 의미한다. 이것이 각 개인의 정신건강, 육체의 건강, 종교, 업무에 미치는 부정적인 결과를 상세하게 밝힐 것이다. 알코올 중독 때문에 가장으로써 의무를 다하지 못하고 아내와 자식들 그리고 가족에게 미치는 폐해를 설명할 것이다. 술 소비증가로 인한 정신적 피해, 물질적 피해, 사회에 급속히 확산되어가고 있는 도덕과 윤리의 타락 등을 다룰 것이다.

이 분야에 대한 한 연구원은 다음과 같이 진술하고 있다. "인간은 음주로 인한 피해보다 더 큰 피해를 당하지 않았다. 전 세계의 술 중독자들이 겪고 있는 피해상황을 종류별로 분류해 보면 자살, 살인, 파산, 부동산 처분 외에도 정신질환, 뇌신경마비, 소화기 계통의 장애와 고통 등이 있다. 술로 인한 가정파괴가 늘고 있다. 이렇듯 부정적인 영향이 상상을 초월할 정도인데도 불구하고 음주반대에 대한 노력과 교육은 너무나 미비할 뿐이다."

이슬람 이전의 아랍인들은 술과 술잔치를 너무나 좋아했다. 그들이 술을 얼마나 좋아했는지는 그들의 언어에서 발견된다. 술에 관한 단어가 100개를 넘고 있을 정도다. 술을 찬양하는 그들의 시에서, 금으로 만들어진 술잔에서, 술잔치 등 그 밖의 여러 경우에서 술을 찬미하는 단어들이 발견된다.

퍼져가는 악을 사회로부터 근절하기 위해 알라께서는 지혜롭고 현명하게 단계별로 술을 금지하는 교육과 수련과정을 언급하셨다. 첫 번째로 그들에게 술의 단점이 장점보다 크다는 것을 밝히셨고, 그 다음으로는 취한 상태에서 예배하지 말라고 하였으며, 마지막 단계에서 술을 완전히 금지하는 계시를 내리셨다. 다음은 이와 관련한 알라의 말씀이다.

> "믿는 자들이여! 술과 도박과 우상숭배와 점술은 사탄이 행하는 불결한 것들이거늘 그것들을 피하라. 그리하면 너희가 번성할 것이니라. 사탄은 술과 도박으로써 너희 가운데에 적의와 증오를 유발시키며 알라를 염원하고 예배하는 것을 방해하려 하느니라. 그러니 너희는 단념하지 않겠느냐?" (5:90-91)

이 두 절에서 알라께서는 술, 도박, 우상숭배, 화살에 점슬을 걸고 행운을 추구하는 행위 등을 엄격하게 금지하면서 그것들은 불결하고 혐오스러운 것들이라고 선언하셨다. 그렇게 하는 것은 사탄의 행위로 정의하면서 믿는 자들이 성공으로 가는 유일한 길은 그것들을 피하는 것이라고 하셨다. 그런 후 술과 도박이 사회에 미치는 부정적인 영향을 언급하셨다. 서로 간의 우애관계를 깨뜨리고 상대방에 대한 적의와 증오심을 불러일으킬 뿐만 아니라 창조주 알라를 생각하고 예배생활을 소홀히 하게 만든다고 하셨다. 절 마지막에서, "그러니 너희는 단념하지 않겠느냐?"라는 충고로 끝을 맺고 있다. 예언자께서 본 절을 처음 암송하셨을 때 이 말을 듣고 있던 신자들은 열광적인 목소리로, "주여, 저희는 단념했습니다. 오! 주여, 저희는 단념했습니다"라고 외쳤다.

본절에 대한 무슬림들의 반응은 경이적이었다. 술이 금지되었다는 소리가 들려오자 컵에 든 술을 마시고 있던 일부 사람들이 술을 마시다 말고 손을 부들부들 떨었다. 그리고는 마시다 남은 술을 땅에 부어버리고 술잔과 술통들을 깨트려버렸다.

오늘날 전세계 많은 국가들은 술이 각 개인과 가정과 사회에 미치는 부정적인 결과와 피해를 잘 인식하고 있다. 미국을 비롯한 일부 국가들은 음주금지법을 제정하여 음주금지령까지 내리려고 시도한 적이 있었다. 하지만 실패하였다. 그러나 이슬람은 술과의 전쟁에서 승리하여 술을 금지하는 데 성공하였다.

기독교의 교회 목사들은 술에 대하여 다른 견해를 갖고 있다. 일부 목사들은 성경원문에 소량의 음주는 허용하고 있다면서 그것은 소화에 도움을 준다는 견해를 피력하고 있다. 만일 이것이 사실이라면, 아니 소량의 음주가 소화에 도움이 된다 하더라도 술은 금지되어야 한다. 왜냐하면 한 잔의 술이 두 잔의 술을 부르고 소량의 술이 대량의 술을 마시게 하여 결국 알코올 중독으로 이어지기 때문이다. 이러한 이유로 이슬람은 단호하게 술을 금지하고 음주로 이어질 수 있는 모든 통로를 차단한다.

취하게 하는 것은 모두 하람

이와 관련하여 예언자께서는 술 금지에 그치지 않고 어떤 형태 또는 어떤 이름을 가진 것이든 간에 취하게 하는 모든 물질을 술로 정의하면서 이를 금지하였다. 그러므로 맥주 같은 음료수도 하람이다.

꿀이나 옥수수 또는 보리로 제조된 음료수가 자연적으로 발효되어 술이 된 경우는 어떠냐는 질문을 받고 예언자는 이렇게 말했다. 다음은 이와 관련한 예언자의 말씀이다.

"취하게 하는 모든 것은 술(Khamr)이요 술은 하람입니다."[40]

그리고 우마르는 예언자의 설교단에 올라가 이렇게 말했다. "이성과 정신을 흐리게 하는 것은 모두 술입니다."[41]

술은 양에 관계없이 하람

알코올, 즉 술의 양에 관계없이 취하게 하는 모든 것을 금지하는 이슬람의 입장은 확고부동하다. 사람이 한 발을 내딛게 되

40_ Muslim.

41_ Al-Bukhari and Muslim.

면 다른 발은 자연히 따라가게 되는 것처럼, 또는 걷다보면 뛰어가는 것처럼 술도 그와 마찬가지다. 다음은 이와 관련한 예언자의 말씀이다.

"취하게 하는 것은 그것의 양이 적든 많든 모두 하람입니다."[42]

"한 통의 술이 취하게 한다면 그것의 한 모금도 하람입니다."[43]

술 거래

예언자는 음주금지령에 그치지 않고 술 거래도 금지하였다. 술의 양에 관계없이 그리고 무슬림과 비무슬림 간의 술 거래도 금지했다. 술 수입과 수출, 술집 주인과 종업원의 술 판매도 금지했다. 술과 관련하여 예언자는 10가지를 저주하였다. 다음은 이와 관련한 예언자의 말씀이다.

"알라께서는 술을 짜는 자, 술을 제공받는 자, 술을 마시는 자, 술을 대접하는 자, 술을 운송하는 자, 술을 운송받는 자, 술을 파는 자, 술을 팔아 돈을 버는 자, 술을 구매하는 자, 자신을 위해 술을 구입하는 자를 저주하셨습니다."[44]

앞서 언급한 꾸란 절이 계시되었을 때 예언자께서는 다음과 같이 선언하였다.

"알라께서 술을 금지하셨습니다. 그러므로 이 꾸란을 들은 자와 술을 갖고 있는 자는 마시지도 말고 팔지도 마시오."

위의 내용을 전하고 있는 자는 이렇게 말하고 있다. "이 말을 듣고 술을 가지고 있던 사람들은 그것을 들고 나와 메디나 거리에 부어버렸습니다."[45]

이슬람은 술에 접근하는 모든 수단과 방법을 차단하고 있다. 술을 만들 것이라는 것을 알면서 어떤 사람에게 포도를 판매하는 무슬림이

42_ Ahmad, Abu Dawood, and Al-Tirmizi.

43_ Ahmad, Abu Dawood, and Al-Tirmizi.

44_ Al-Tirmizi and Ibn Majah.

45_ Muslim.

있다면 그것은 하람이다. 다음은 이와 관련한 예언자의 말씀이다.

"수확기에 포도를 저장하여 그것으로 술을 제조하는 유대교인이나 기독교인 또는 다른 사람에게 파는 자가 있다면 그는 눈을 뜬 채 지옥불 속으로 뛰어들게 될 것입니다."[46]

술 선물 금지

술 판매 또는 술값을 주고받는 행위가 하람인 것처럼 술을 기독교인이나 유대교인 또는 다른 사람에게 선물하는 것도 하람이다. 무슬림은 술을 주지도 말고 받지도 말아야 한다. 왜냐하면 무슬림은 순수해야 되기 때문에 순수한 것 외에는 주지도 않고 받지도 말아야 한다.

한 남자가 예언자에게 선물로 술 한 통을 가져왔을 때 알라께서 술을 금지했다는 말을 그에게 전했다고 했다. 술을 팔면 안 되느냐는 그의 질문을 받고, 음주를 금지한 분께서 술을 파는 것도 금지했다고 예언자께서 대답했다. 그렇다면 술을 유대인에게 선물로 주면 되지 않느냐고 그 남자가 묻자 술을 금지한 분께서 그것을 유대인에게 주는 것도 금지했다고 예언자는 대답했다. 그렇다면 이 술을 어떻게 하면 좋으냐고 질문하자 땅에 쏟아버리라고 예언자는 대답했다.[47]

술자리 피할 것

같은 정신에 따라 무슬림은 술에 제공되는 술자리나 술 모임을 피해야 한다. 예언자가 하신 말씀을 우마르가 전하고 있다.

"알라와 내세를 믿는 자는 누구를 막론하고 술이 제공되는 자리에 앉지 말아야 합니다."[48]

46_ Al-Tabarani.

47_ Al-Hamidi.

48_ Ahmad. and Al-Tirmizi.

무슬림은 혐오스러운 것을 보았을 때 그것을 제거해야 한다. 만일 그렇게 할 수 없을 경우에는 그곳으로부터 멀리 떨어져 있거나 그곳을 떠나야 한다.

우마르('Umar bin 'Abdulaziz) 칼리프는 음주자뿐만 아니라 술은 마시지 않고 그와 자리를 함께한 자들에게도 채찍질을 하였다는 이야기가 전해오고 있다. 그 칼리프는 한 단체가 술잔치를 벌이고 있다는 소식을 받고 그들 모두에게 채찍질을 가하라는 지시를 내렸다. 그들 중에 단식을 하는 자가 있었다고 하자 그부터 채찍질을 가하라고 하면서 다음의 꾸란 절을 암송하였다.

> "알라께서는 성서에서 너희에게 이미 말씀하시었으니 너희가 알라의 말씀을 듣고서도 그것을 불신하며 조롱하는 자 있었느니라. 그들이 다른 화제로 돌릴 때까지 그들과 함께하지 말라. 만일 너희가 함께한다면 그들과 다를 바 없느니라." (4:140)

술은 일종의 병이지 약이 될 수 없다

위의 꾸란과 하디스에서 밝혀진 것에 근거하여 이슬람은 술과의 전쟁에 대하여 확고부동한 입장을 취하고 있다. 그래서 무슬림을 술로부터 멀리하게 하고 무슬림과 술 사이를 차단한다. 술의 양에 관계없이 술을 마시거나 접근할 수 있는 출구와 이유와 핑계를 허용하지 않는다. 술을 마셔서도 안 되지만 제조하거나 판매, 또한 술을 선물로 주는 것도 허용하지 않는다. 술을 집이나 가게로 가져가는 것도 역시 하람이지만 어떤 특별한 행사를 위해 무슬림이나 비무슬림 손님에게 술을 제공하는 것도 하람이다. 다른 음료수에 술을 넣어 마시는 것 또는 요리할 때 술을 사용하는 것도 하람이다.

술을 약으로 사용할 수 있는가에 대한 일부 사람들의 질의가 있다. 어떤 사람이 술을 약으로 사용했다고 말했을 때 예언자가 하신 말씀이 바로 이 문제에 대한 답이 될 것이다. 다음은 이와 관련한 예언자의 말씀이다.

"그것은 약이 아니고 일종의 병입니다."[49]

"알라께서는 병도 주고 치료약도 주셨습니다. 모든 병에는 치료약이 있습니다. 그러므로 약을 복용하되 하람인 것은 그 어떤 것도 약으로 사용하지 마시오."[50]

취하게 하는 것들에 관하여 이븐 마스우드는 이렇게 말했다. "알라께서는 당신께서 금기한 것으로 치료약을 만들지 않으셨습니다."[51] 그래서 이슬람이 알코올을 비롯하여 금기된 다른 물질을 약으로 사용하는 것을 금지한 것은 놀랄 일이 아닌 것이다. 이븐 까임이 설명했던 것처럼 어떤 것에 대한 금기는 모든 수단과 방법을 동원해 그것을 피하거나 멀리하라는 의미이다. 그것을 약으로 취하기 위해 바람직한 것으로 해석하면서 손 안에 넣은 것은 창조주의 법정신을 위반하는 행위이다. 이븐 까임이 이렇게 말했다. "만일 알코올이 약으로 허용된다면 사람들은 이미 술에 마음을 둘 것이고 그러고 나면 즐기기 위해, 특히 건강에 좋고, 고통을 완화시켜주고, 정신적 피로를 풀어주고, 병을 치료해준다는 핑계를 만들어 마실 구실을 제공하게 될 것이다.[52]

금지된 약이 병의 치료를 촉진시켜 주거나 또는 지연시키는 데 상당한 효과를 가질 수 있다고 말하는 사람이 있을지도 모른다. 인간의 심리를 통찰했던 이븐 까임은 이 점을 상세히 설명하고 있다. "약에 의한 치료가 효력을 갖는 조건 가운데 하나는 환자가 약의 효력을 믿고 그리고 알라께서 그 약에 치료의 축복을 내려 줄 때이다. 알코올과 같은 어떤 특정 물질은 하람이므로 그것이 유익하고 축복이 있을 것이라고 무슬림 환자는 믿지 않는다. 그것에 대해 아무런 신뢰를 갖지 아니할 것이요 그것을 복용하지 않을 것이다. 무슬림의 믿음이 강해지면 강해질수록 그것에 대한 그의 혐오감은 더 커지고 그에 대한 불신은 더해

49_ Ahmad, Ahmad, Abu Dawood, and Al-Tirmizi.

50_ Abu Dawood.

51_ Al-Bukhari.

52_ Zad Al-Ma'ad, vol. 3, pp.115-116.

갈 것이다. 만일 그가 싫어하고 혐오하는 것을 마지못하여 먹는다면 그것은 오히려 치료의 약이 되는 것이 아니라 오히려 병이 될 것이다."[53]

다시 필요에 의한 예외규정을 언급하고자 한다. 이슬람법은 사안과 경우에 따라 다른 규범을 적용하기도 한다. 만일 사람의 생명이 위독한 상태에 있는데 알코올 성분이 들어간 약 외에 대체약이 없을 경우에는 비록 하람이기는 하지만 알코올 성분이 들어간 약 복용이 허용된다. 전문의이면서 이슬람교리를 철저히 준수하는 한 저명한 무슬림 의사는 알코올 성분이 들어간 약 외에 다른 대체 약을 찾을 수가 없었다. 이슬람의 기본 정신은 인간의 복지에 있기 때문에 그런 경우에는 그러한 약을 복용하도록 허용한다. 그렇지만 분명히 알아야 할 것은 꼭 필요한 경우와 최소한의 필요한 양으로 엄격히 제한된다는 것이다. 다음은 이와 관련한 알라의 말씀이다.

> "그러나 필요하여 또는 알지 못하여 금지된 것을 먹었을 경우에는 죄악이 아니거늘 진실로 그대의 주님께서는 가장 너그러우시고 자비로운 분이시니라." (6:145)

마 약

"카므르(Khamr: 술)는 정신을 흐리게 하거나 몽롱하게 만드는 것이다." 이 말은 우마르('Umar ibn Al-Khattab)가 예언자의 설교단에 올라가 한 말이다. 이것은 무엇이 카므르 범주에 들어가는가를 결정짓는 중요한 단서이다. 그러므로 더 이상의 질문과 의심이 필요 없다. 정신을 몽롱하게 만들거나 흐리게 하여 사고(思考)와 인식(認識)과 식별(識別)에 장애를 주는 물질은 모두 카므르이고 이것은 곧 알라와 사도께서 부활의 그날까지 금지한 하람이다.

마리주아나, 코카인, 아편 같은 마약은 두말 할 것 없이 금지된 카므르 범주에 포함된다. 이러한 마약은 민감한 인식에 영향을 미친다. 사물과 사건에 대한 이성적 판단을 흐리게 하여 사물이 가까이 있는 것

53_ Zad Al-Ma'ad, vol. 3, pp.115-116.

처럼 보이게도 하고 멀리 있는 것처럼 보이게 하는 등 환상과 망상을 일으켜 실체가 사라지는 것 같고 환상이 실재하는 것처럼 보이게 한다. 이처럼 마약은 이성과 판단력을 마비시킨다. 이러한 마약은 주로 자기 자신을 잊고 종교와 현실로부터 도피하여 환상과 공상의 세계로 빠지기 위한 수단으로 사용된다.

마약은 인간의 영적 세계와 정신세계에 영향을 미칠 뿐만 아니라 육체에도 큰 피해를 준다. 신체적 피로를 비롯하여 신경마비, 신체쇠약, 때로는 전신마비 같은 것을 유발시킨다. 도덕불감증, 의지력의 약화, 책임에 대한 태만 같은 현상을 일으킨다. 결과적으로 마약중독은 사람을 사회의 병든 구성원으로 만들어 버린다. 그보다 더 무서운 것은 마약을 사기 위해 재산을 탕진하게 만들고, 가정을 파괴하고, 불법을 저질러 사회범죄의 원인이 되기도 한다.

불결하고 해로운 것은 하람이라는 원칙을 다시 한번 되돌아본다. 의심할 여지없이 정신적, 육체적, 도덕적, 사회적, 그리고 경제적 피해를 주는 마약처럼 해로운 것들은 모두가 하람이라는 것을 상기하고자 한다.

무슬림 법학자들은 이구동성으로 각 시대에 나타난 이러한 마약의 사용금지에 견해를 같이하고 있다. 이들 중에 이슬람의 어른으로 불리는 이븐 타이미야는 이렇게 말하고 있다. "취하게 하든 그렇지 않든 하쉬쉬(Hashish) 풀도 하람입니다. 그것은 죄인들이 피운 것입니다. 그들은 그것을 피움으로써 황홀감과 쾌락을 얻을 수 있다는 것을 알아냈습니다. 그것을 피우면 도취상태에 빠지게 됩니다. 술이 음주자로 하여금 활동적이고 시비를 좋아하게 만든다면 하쉬쉬는 마시는 자로 하여금 둔하고 무디게 만들 뿐만 아니라 무감각 상태로 만듭니다. 더 나아서가는 정신착란과 과격한 기질을 유발시키며 때로는 성적 충동을 일으켜 성폭행의 원인이 되기도 합니다. 이러한 것들은 음주의 피해보다 더 큰 피해를 야기시킵니다. 사람들에게 이 하쉬쉬가 퍼진 시기는 타타르인들의 공격이후부터였습니다. 하쉬쉬 흡연자에게는 양의 정도를 불문하고 음주자에게 가해지는 80 또는 40대의 회초리 형벌(Hadd)이 가해집니다.

이븐 타이미야는 다음과 같은 원칙에 의해 하쉬쉬 흡연자에게 형벌을 가해야 한다고 설명했다.

"음주 또는 혼외정사 같이 사람이 원하여 금기사항을 위반한 당사자에게 핫드 형벌을 가하고 죽은 동물의 고기를 먹는 자에게는 타우지르(Ta'zir)라 불리는 훈계를 하는 것이 이슬람법의 기본 원칙입니다. 하쉬쉬는 원해서 피우는 것이어서 중독되면 끊기가 어렵습니다. 따라서 하쉬쉬에 대한 꾸란과 하디스의 적용은 술에 적용되는 것과 같을 수밖에 없습니다."

먹거나 마셔서 해가 되는 것은 모두 하람

이슬람법은 독약 또는 건강과 몸에 피해를 주는 물질을 적은 양이지만 한번에 섭취하든 또는 지속적으로 섭취하든 먹거나 마셔서 사망의 원인이 될 수 있는 것은 하람으로 규정하고 있다. 많은 양을 섭취해서 병의 원인이 되는 것도 역시 하람이다.

왜냐하면 무슬림은 자기 자신만의 것이 아니고 그의 종교의 것이기도 하고 이슬람 공동체의 것이기도 하기 때문이다. 그의 생명, 건강, 재물 등 모든 것은 알라께서 그에게 위탁한 것이기 때문이다. 그래서 그분의 허락 없이 그것들을 소모시켜서는 안 된다. 다음은 이와 관련한 알라의 말씀이다.

> "너희 자신들을 살해하지 말라. 알라께서는 너희에게 자비를 베푸시는 분이시니라." (4:29)
> "너희가 너희 스스로를 파멸로 이끌지 말라." (2:195)

다음은 이와 관련한 예언자의 말씀이다.

"여러분 자신과 타인을 해치지 마시오."[54]

54_ Ahmad and Ibn Majah.

이 원칙에 근거하여 흡연이 건강에 해롭다면 담배 역시 하람이다. 특히 흡연이 건강에 해롭다는 의사의 진단을 받은 사람은 더욱더 그렇다. 건강에 해를 끼치지 않더라도 흡연은 돈의 낭비요 종교생활이나 일상생활에 도움이 되지 않는다. 예언자께서는 재물의 낭비를 금지하셨다.[55] 담배 구입할 돈이 자신과 가정생활에 필요한 것이라면 흡연은 말할 것도 없이 하람이다.

55_ Al-Bukhari.

의상과 치장

이슬람은 깨끗하고 검소한 의상에 단정한 외모로 자신의 명예를 유지해 줄 것을 요구한다. 그러한 마음과 자세로 알라께서 주신 의상과 장식을 통해서 인생을 즐겁게 살도록 권고한다.

이러한 이슬람의 관점에서 볼 때 의상은 두 가지 목적을 갖는다. 몸을 가리는 것과 외모를 아름답게 꾸미는 것이다. 이러한 목적으로 알라께서는 인간에게 의상을 주시고 치장을 허락하셨다. 다음은 이와 관련한 알라의 말씀이다.

> "아담의 자손들이여, 너희들에게 의상을 주었으니 너희의 부끄러운 곳을 감추고 아름답게 꾸미라. 그러나 알라를 공경하는 의상이 제일이니라." (7:26)

이 두 가지, 즉 몸을 가리고 꾸미는 것을 소홀히하거나 게을리하는 자는 이슬람의 바른 길을 벗어나 사탄의 길로 가는 자와 다를 바 없다. 그래서 알라께서는 나체와 외모 꾸미기를 태만히하는 것을 사탄의 유혹으로 경고하고 있다. 다음은 이와 관련한 알라의 말씀이다.

> "아담의 자손들이여, 사탄이 너희들의 선조를 유혹하여 그들의 의상을 빼앗아 그들의 부끄러운 곳을 드러내게 하여 너희의 부모를 천국으로부터 나가게 만들었느니라." (7:27)
>
> "아담의 자손들이여, 너희가 예배하는 때와 예배하는 곳에서는 의상으로 단장하되 사치하지 말고 과식하지 말며 과음하지 말라. 실로 알라께서는 낭비하는 자들을 사랑하지 아니 하시느니라." (7:31)

이슬람은 모든 무슬림들에게 신체의 부끄러운 곳을 가리라고 가르치고 있다. 부끄러운 곳이란 밖으로 드러났을 때 본능적으로 부끄러움이나 수치심을 느끼는 곳을 가리킨다. 부끄러움과 수치심을 느끼게 한 것은 옷을 입어 그곳을 가리라는 가르침이요 이 가르침을 따르지 않고 나체로 또는 그곳을 드러내 놓고 살아간다면 동물과 다를 것이 없기 때문이다. 비록 혼자 있더라도 그곳을 가려 윤리와 도덕과 종교의 가치를 느껴야 한다고 이슬람은 가르친다.

바하즈(Bahaz ibn Hakim)는 부친이 전한 말에 근거하여 다음과 같이 말하고 있다. "나는 사도에게 부끄러운 부분의 어떤 곳을 가리고 어떤 곳은 드러내 놓을 수 있느냐고 질문했을 때 사도께서 이렇게 대답하셨습니다. '아내 또는 여성 노예 외에는 누구도 보지 않게 하시오.' 몇 사람이 함께 있을 때는 어떻게 해야 되느냐고 묻자 이렇게 대답하셨습니다. '가능한 한 어느 누구도 보지 않도록 하시오.' 혼자 있을 때는 어떻게 해야 되느냐고 묻자 이렇게 대답하셨습니다. '알라께서 당신의 부끄러움을 아시고 계십니다.'"[56]

이슬람은 청결과 미의 종교

이슬람은 치장과 훌륭한 외모에 앞서서 청결의 문제에 깊숙이 개입하고 있다. 왜냐하면 청결은 훌륭한 외모와 아름다운 치장의 필수조건이기 때문이다. 다음은 이와 관련한 예언자의 말씀이다.

"자신을 청결하게 하시오. 왜냐하면 이슬람은 청결이기 때문입니다."[57]

"청결은 믿음을 초대하고 믿음은 천국의 주인에게로 인도하지요."[58]

56_ Ahmad, Abu Dawood, Al-Tirmizi and Ibn Majah.

57_ Ibn Hayyan.

58_ Al-Tabarani.

이처럼 예언자께서는 자신의 몸을 비롯하여 옷, 가정, 거리 등 모든 곳을 청결하게 할 것을 크게 강조하셨다. 특히 이(齒)와 손발과 거리의 청결은 더 강조하셨다. 청결을 강조한 것은 신앙생활의 기둥이라고 할 수 있는 쌀라(Salat), 즉 예배의 열쇠는 청결이기 때문에 몸과 입고 있는 옷과 예배하는 장소가 청결하지 않으면 이슬람에서의 예배는 무의미하기 때문이다. 이 요구사항 외에도 의무적으로 청결하게 해야 할 곳이 있다. 구슬(Ghusl), 즉 몸 전체를 씻는 것, 그리고 우두(Wudu), 즉 밖에 드러나 있어 때가 묻기 쉬운 손, 입, 코, 얼굴, 머리, 발 등의 신체 부분을 청결하게 해야 한다.

아라비아 반도의 사막과 그곳의 유목생활은 유목민들이 청결을 유지하기에 어려운 환경이었다. 이러한 이유로 그곳의 대다수 사람들은 청결과 치장에 소홀할 수밖에 없었다. 이들에게 예언자께서는 교육과 훈계를 통해 거칠고 세련되지 않은 그들의 생활관습을 탈피하게 하고 청결하고 예의바른 시민생활로 접어들게 하셨다.

헝클어진 머리와 다듬지 않은 수염을 한 사람이 예언자를 찾아간 적이 있었다. 이 모습을 보고 예언자께서 그에게 머리를 단정하게 하라는 몸짓을 하셨다. 그가 그렇게 하고 다시 돌아오자 예언자께서 이렇게 말씀하셨다.

"사탄의 모습처럼 헝클어진 머리의 모습보다 단정한 이 모습이 더 좋아 보이지 않나요?"59

또 다른 경우가 있었다. 역시 헝클어진 머리를 한 사람을 보고서 이렇게 말씀하셨다.

"머리를 단정하게 할 빗 하나 살 돈이 없단 말이요?"60

옷을 더럽게 하고 있는 사람을 보고는 이렇게 말씀하셨다.

"옷 씻을 도구 하나 없단 말이요?"61

59_ Malik Al-Muwatta.

60_ Abu Dawood.

61_ Abu Dawood.

값싸게 보이는 옷을 입은 한 남자가 예언자를 찾아왔을 때, "가진 재물이 있습니까?"라고 예언자께서 묻자, "예, 있습니다"라고 그 남자가 대답했다. "어떤 재물을 갖고 있습니까?"라고 다시 예언자가 묻자, "알라께서 모든 종류의 재물을 저에게 주셨습니다"라고 그가 대답했다. 그러자 예언자께서 그에게 이렇게 말씀하셨다.

"알라께서 당신에게 재물을 주셨으니 그분께서 베푼 것에 대한 결과를 그분에게 보여 드려야지요."[62]

예언자께서는 무슬림들에게 금요 합동예배와 명절 합동예배에 참석하되 깨끗한 옷에 보기 좋은 차림을 하고 참석하라고 하셨다. 다음은 이와 관련한 예언자의 말씀이다.

"가능하다면 금요 합동예배에는 작업복이 아닌 다른 옷을 입는 것이 좋습니다."[63]

금과 실크는 남자에게 하람

이슬람은 아름답고 우아하게 꾸미는 것을 거부하는 것이 아니라 허용한다. 다음은 이와 관련한 알라의 말씀이다.

> "일러 가로되 인간을 위해 알라께서 지으신 당신의 장식품과 깨끗한 이 양식들을 누가 금기하느냐? 일러 가로되 그것들은 현세에 살면서 믿음을 갖고 심판의 날을 믿는 자들을 위한 것이니라." (7:32)

하지만 이슬람은 여성에게는 허용하면서도 남성의 장식품으로 다음의 두 가지는 금지하고 있다. 첫 번째 것은 금 장식품이고 두 번째는 100% 실크로 제작된 옷이다. 예언자께서 오른 손에는 실크를 들고 왼 손에는 금을 들고 나와 하신 말씀을 알리(Ali)가 전하고 있다. 다음은 이와 관련한 예언자의 말씀이다.

"이 두 가지는 나를 따르는 남자들에게 하람입니다."[64]

62_ Al-Nisai.

63_ Abu Dawood.

64_ Ahmad, Abu Dawood, Al-Nisai, and Ibn Hayyan.

우마르도 그가 들은 예언자의 말씀을 전하고 있다.

"실크 옷을 입지 마시오. 왜냐하면 현세에서 실크 옷을 입은 자는 내세에 가서는 입지 못하기 때문이지요."[65]

실크 옷과 관련한 다른 경우에 예언자께서 하신 말씀이다.

"실크 옷은 인격이 없는 남자의 옷이지요."[66]

예언자께서 금반지를 낀 어떤 남자의 손을 보자마자 그에게서 금반지를 빼앗아 던지면서 이렇게 말씀하셨다.

"이글거리는 불덩어리를 집어 손에 들고 있는 사람이 있습니까?"

그리고 예언자는 그 자리를 떠났다. 바로 그때 어떤 사람이 그 사람에게 물었다. "왜 당신은 그것을 줍지 않습니까? 주어서 유용하게 쓰지 않고요." 그러자 그 남자가 대답했다. "아닙니다. 알라께 맹세하지만, 사도께서 던져버렸는데 주어서 무엇에 쓰겠습니까?"

금반지가 남자에게 하람인 것처럼 남에게 과시하기 위한 목적으로 가공된 금으로 만든 만년필, 시계, 담배케이스, 라이터, 금니 등도 역시 동일한 하람으로 간주된다. 그러나 은제품은 모두 남성에게 할랄이다. 이븐 우마르가 한 말에 근거하여 부카리가 이 내용을 전하고 있다. "사도께서는 은반지를 끼셨습니다." 그분 다음으로 아부 바크르, 우마르, 그리고 우스만도 은반지를 끼었다.[67] 쇠붙이 같은 다른 금속을 금지하는 원문 조항은 없다. 오히려 사히흐 알부카리(Sahih Al-Bukhari) 총서에는, 결혼할 여성에게 줄 것이 없거든 쇠붙이로 만든 반지라도 주라는 예언자의 말씀이 있다. 다음은 이와 관련한 예언자의 말씀이다.[68]

"결혼할 여성에게 선물을 하시오. 줄 것이 없거든 쇠붙이로 만든 것이라도 주시오."

이 하디스의 내용에 근거하여 부카리는 쇠붙이로 만든 반지 사용

65_ Al-Bukhari and Muslim.

66_ Al-Bukhari and Muslim.

67_ Al-Bukhari.

68_ Muslim.

의 가능성을 암시하고 있다.

한편 치료가 목적일 경우에는 실크 옷이 남성에게도 허용된다고 하였다. 압두라흐만(Abdurahman ibn 'Awf)과 주바이르(Al-Zubair ibn Al-'Awwam)이 옴에 걸렸을 때 예언자께서 이 사람에게 실크 옷 착용을 허락하셨기 때문이다.[69]

금과 실크 옷이 남성에게 금지된 이유

이슬람이 이 두 가지를 남성에게 금지시킨 목적은 고귀하고 숭고한 교육적 그리고 도덕적 목표를 달성하기 위해서다.

이슬람은 노력분투(Jihad)하고 강한 정신력과 체력을 요구하는 종교다. 그래서 이슬람은 태만과 무기력 그리고 수동적 자세로부터 남성의 본능과 기질을 보호해야 한다. 알라께서는 남성에게 여성과 다른 체격과 체력을 주셨다. 그러므로 남자가 섬세한 천으로 제작된 옷을 입거나 몸을 값비싼 것으로 치장하는 것은 남성에게 어울리지 않는다.

남자들에게 이러한 것들을 금지하는 사회적 목적이 있다. 남자들에게 금반지와 실크 옷을 금지하는 것은 사치생활을 퇴치하려는 이슬람 강령 가운데 하나다. 꾸란의 입장에서 보면 사치생활은 국가를 허약하게 만들어 결국 국가붕괴의 위기로 몰고 간다. 또한 사치는 사회적 불공평이다. 왜냐하면 극소수만이 대중의 비용으로 사치생활을 하는 것이기 때문이다.

이 밖에도 사치생활은 진리, 정의 그리고 사회개혁의 적이다. 다음은 이와 관련한 알라의 말씀이다.

> "내가 한 고을을 멸망코자 했을 때 안이한 사치생활을 해왔던 자들에게 먼저 계명을 설명하였노라. 그러나 저들은 그것을 거역하였노라. 그리하여 저들에 대한 징벌이 정당화되어 나는 저들을 멸망케 하였느니라." (17:16)

69_ Al-Bukhari.

"내가 고을마다 경고자를 보낼 때면 저들 중에 사치를 즐기던 부유한 자들이 말하길, 우리는 너와 함께 보내진 메시지를 믿지 아니 하노라." (34:34)

꾸란의 정신을 받들기 위해 예언자는 무슬림들에게 과시적 소비를 단호하게 금지하였다. 남자들에게는 금과 실크 옷 사용을 금지하였고 금이나 은으로 만든 가정용품 사용은 남녀 모두에게 금지하였다.

이슬람은 경제적 측면도 어느 정도 배려하였다. 금은 전세계적인 통화수단이다. 그런데 금을 가정용품 또는 남성용 사치품 제작에 사용한다는 것은 경제적 측면에서 볼 때 큰 의미가 없다.

금과 실크가 여성에게만 허용되는 이유

보석류와 장식류 및 치장을 좋아하는 여성의 본능과 본성이 고려되어 남성에게 금지된 금과 실크가 여성에게 허용되는 것은 자연스럽고 어울리는 것이다. 하지만 그러한 보석류 치장이 남성을 유혹하고 성적 충동을 유발시키기 위해 사용되어서는 안 된다. 다음은 이와 관련한 예언자의 말씀이다.

"여성이 향수를 바르고 사람들에게 나갔을 때 그녀가 바른 향수가 사람들의 코를 자극시켰다면 그녀는 간음한 여인이며 그녀의 눈에 매혹된 눈은 간음한 남자이지요."70

다음은 이러한 여성에게 경고하는 알라의 말씀이다.

"믿는 여성들에게 일러 가로되 그녀들의 시선을 낮추고 순결을 지키며 밖으로 나타내는 것 외에는 유혹하는 어떤 것도 보여서는 아니 되느니라." (24:31)

무슬림 여성의 의상

이슬람은 몸을 가리지 않는 옷, 살결이 들여다 보이는 옷, 속옷이 보이게 하는 옷은 여성에게 하람으로 규정한다. 몸

70_ Al-Nisai, Ibn Khazimah, and Ibn Hayyan.

매가 튀어나올 정도로 몸을 바싹 죄는 옷, 특히 신체의 특정 부분을 부각시켜 성적 충동을 유발시키기는 옷 역시 하람이다. 이와 관련하여 예언자가 한 말을 아부 후라이라가 전하고 있다.

"나는 두 종류의 사람들을 위한 증인이 되지 않을 것입니다. 그들은 불지옥에 떨어질 운명에 있는 자들로 한 부류는 소꼬리 같은 채찍으로 태형을 받는 자들입니다. 이들은 바로 사람들을 때리고 학대한 폭군 통치자입니다. 두 번째 부류는 옷을 입었지만 살결이 훤히 들여다보여 유혹하는 여성입니다. 이 여인들의 머리 모양은 마치 차양으로 가려진 낙타 혹과 같습니다. 이 두 부류는 천국에 들어가지 못할 뿐더러 천국의 향수냄새가 이르지 않는 곳이 없지만 그들은 그 냄새도 맞지 못할 것입니다."71

예언자는 그러한 여성을 옷을 입은 나체의 여인이라 묘사했다. 왜냐하면 살결이 섬세하게 들여다보이기 때문이다. 몸을 감싸려고 하는 것이 아니라 오히려 드러내 보이려는 의도가 있기 때문이다. 그러한 옷은 현대 사회에서 쉽게 발견된다. 예언자는 그러한 여성의 머리 모양을 낙타의 큰 혹에 비유하였다. 그러한 여인들은 머리를 벌집모양으로 하기 때문이다. 예언자는 세기를 넘어 현대시대까지 바라보고 있었다. 오늘날은 다양한 머리 스타일을 원하는 여성들의 요구에 따라 고액의 인건비를 요구하는 남성 직업이 생겨나기도 했다. 이것이 전부는 아니다. 알라께서 주신 천혜의 자연스러운 머리 스타일에 만족하지 못하는 여성들이 많다. 이들 여성들은 보다 멋지게 보이고 성적 매력을 돋보이게 하여 줄 것이라고 생각하고 인조머리로 만든 가발을 쓰기까지 한다.

놀라운 일은 정치적 독재자와 도덕적 해이, 즉 부도덕과의 연관관계이다. 이 연관관계는 국민들로 하여금 정치에 관심을 두지 않도록 하기 위한 통치자들의 수단에서 나온 것이다. 정치적 독재자는 국민들의 관심을 화려한 예술 공연이나 대형 체육행사에 몰두하게 만들어 국민

71_ Muslim.

을 위한 본질적인 문제를 외면하게 만든다.

여성의 남장과 남성의 여장

예언자는 여성의 남장(男裝)과 남성의 여장(女裝)을 금지했다. 여장을 한 남자를 비난했고 남장을 한 여성을 비난했다.[72] 여성처럼 말하고, 여성처럼 걷고, 여성처럼 옷을 입는 남자들을 비난했다. 이러한 행위는 개인과 사회에 부정적인 영향을 미쳐 자연과 사회질서에 역행하는 결과를 초래한다. 자연의 질서에 따라 남자가 있고 여자가 있으며 각자는 각자의 성적 본능과 특성을 갖고 있다. 그렇지만 만일 남자들이 여성화되고 여자가 남성화된다면 자연과 사회질서는 뒤바뀌게 될 것이고 붕괴될 것이다.

현세와 내세에서 알라와 천사들의 저주를 받는 자들에 관하여 예언자는 남자가 여자를 흉내내고 여자가 남자를 흉내내는 자들이라고 하면서 그 이유는 알라께서 남자와 여자에게 내린 각자의 본성과 특성을 변형시키기 때문이라고 설명했다.[73]

이러한 이유로 예언자는 남성에게 무늬가 크고 색깔이 야하거나 화려하게 디자인된 옷은 입지 말라고 했다. 무슬림이 그의 사히흐(Sahih)에서 알리('Ali)가 한 말을 인용하여 전하고 있다. "사도께서 나에게 금반지를 끼지 말 것, 그리고 실크 옷과 색깔이 야하거나 화려하게 디자인된 옷은 입지 말라고 하셨습니다."

무슬림은 이븐 우마르가 한 말을 인용하여 전하고 있다. "야하고 화려하게 디자인된 옷을 입고 있는 나를 보고 사도께서 이렇게 말했습니다. '이것은 믿지 않는 자들이 입는 옷이니 그러한 옷은 입지 마시오.'"

허식과 과시하기 위한 옷차림

이슬람은 아름답고 즐거운 삶을 위해 음식, 음

72_ Al-Bukhari.

73_ Al-Tabarani.

료수, 의상에 관한 보편적 규범을 제시하고 있다. 그것은 바로 과분함이 없고 허식과 과시가 없어야 하는 것이다. 과분은 할랄의 한계를 넘어선 것이요 과시는 보이게 하려는 의도와 마음이다. 우월하고 다른 사람 위에 있다는 것을 보이려는 의도다. 다음은 이와 관련한 알라의 말씀이다.

"알라께서는 오만하고 자만하는 자를 사랑하지 아니 하시니라." (57:23)

다음은 이와 관련한 예언자의 말씀이다.

"부활의 날 알라께서는 거만하게 옷의 끝자락을 질질 끄는 자를 쳐다보지 않을 것입니다."74

거만의 의심을 피하기 위해 유명상품, 즉 다른 사람들에게 자랑하기 위한 옷이나 아무런 쓸모없는 경쟁심이나 무익한 추구를 촉발시키는 옷은 입지 말라고 예언자는 가르쳤다. 다음은 이와 관련한 예언자의 말씀이다.

"부활의 날 알라께서는 유명상품의 옷을 입었던 자에게 치욕의 옷을 입힐 것입니다."75

어떤 사람이 이븐 우마르에게 질문을 했다. "제가 어떤 종류의 옷을 입을까요?" 이븐 우마르가 대답했다. "마음이 약한 자의 경멸이나 현명한 자의 조롱을 유발시키는 것을 피하고 분수에 맞는 옷을 입으시오."

알라의 창조를 변형시키는 극단적인 미화

이슬람은 알라께서 창조한 대로 두지 않고 얼굴형을 변화시켜 자신을 미화하는 지나친 성형수술을 비난한다. 꾸란은 그러한 변형을 사탄의 꼬임에 넘어가 행한 것으로 간주한다. 다음은 이와 관련한 알라의 말씀이다.

74_ Al-Bukhari and Muslim.

75_ Ahmad, Abu Dawood, Al-Nisai, and Ibn Majah.

"그들에게 명령하여 알라의 창조를 변경하게 할 것이라. 누구든 알라를 제쳐두고 사탄을 벗으로 삼는 자는 실로 커다란 손실을 보게 될 것이니라." (4:119)

문신, 치아 절단 또는 짧게 하는 것, 성형수술은 하람

문신을 비롯하여 한계를 넘어서 신체의 일부를 변형시키는 것들 중에는 이슬람 시대 이전에 있었던 폐습으로 미화를 목적으로 이빨을 짧게 하는 행위가 있었다. 예언자는 문신을 하여 주는 자와 문신을 하는 자, 치아를 짤막하게 절단하여 주는 자와 그렇게 하는 자를 저주하셨다.76

문신이란 얼굴이나 신체의 일부분에 파란 물감으로 형상을 그려 넣어 타인에게 불쾌감을 주는 것이다. 일부 아랍인들, 특히 일부 여성들이 자신들의 몸에 큰 문신을 하는 습관이 있었다. 한편 일부 종파는 자신들이 숭배한 사신들의 상을 문신하기도 하고 종교적 의식의 일환으로 손이나 가슴에도 문신을 하기도 하였다.

치아를 절단하거나 짧게 하는 자 또는 그렇게 하여 주는 자에 대하여 예언자는 그렇게 하는 남녀 모두를 비난하였으며 남자가 그렇게 했을 때는 더 신랄하게 비난하였다. 마찬가지로 치아 사이를 넓히는 것에 대해서도 비난하였다. 다음은 이와 관련한 예언자의 말씀이다.

"미를 목적으로 자신의 치아 사이를 넓히거나 남의 치아를 넓혀주는 여성이 있다면 그녀는 알라께서 창조한 것을 변형시킨 것입니다."77

알라께서는 분명히 일부 여성의 치아 사이를 넓게 하여 창조하기도 하고 그렇지 않게 창조하기도 한다. 그러한 치아를 갖지 않고 태어난 일부 여성이 치아를 빼거나 또는 절단하거나 치아 사이를 넓히려고 했다. 미(美)를 목적으로 한 이러한 행위를 이슬람은 기만 또는 한계를 벗어난 행태로 간주한다.

76_ Muslim.

77_ Al-Bukhari and Muslim.

이러한 내용을 담고 있는 예언자의 말씀에 근거하여 우리는 성형외과에 관한 이슬람법의 규범을 이해하게 된다. 외모를 중시하는 서구의 물질문명의 영향으로 오늘날 미(美)를 위한 성형수술이 유행하고 있다. 여자나 남자 할 것 없이 코나 가슴확대 또는 자신들이 못생겼다고 생각하는 신체의 부분을 새로운 모습으로 바꾸기 위해 수술비로 수백 수천 달러를 소비하고 있다. 이러한 행위는 대체적으로 한계를 넘어선 극단적인 미를 추구하는 범주에 들어간다. 이것은 분명히 알라께서 창조한 모습을 불필요하게 변형시키는 행위로 알라와 사도의 비난의 대상이다. 이것은 또한 고통과 아픔을 초래하고 그리고 돈의 낭비를 가져온다. 더더욱 그것은 본질적인 것보다는 형태, 정신적인 것보다는 신체의 외형적인 것에 사로잡힌 개인의 표현에 불과하다.

물론 비정상적 신체적 결함을 가진 사람도 있을 수 있다. 이것 때문에 다른 사람들의 시선을 피해야 하는 경우도 있을 수 있고 사람들을 만날 때마다 정신적 아픔을 느낄 수도 있다. 이러한 경우에는 성형수술을 통해 그 신체적 결함을 치료하여 그로 인한 아픔을 줄일 수 있다. 알라께서는 인간이 종교 생활을 하는 데 있어 어려움을 부과하지 않으셨기 때문이다.78

이 내용 역시 지나친 미를 추구하기 위해 치아 사이를 넓혀서는 안 된다는 하디스 내용을 뒷받침하고 있다. 왜냐하면 단순히 잘 보이기 위해 또는 인위적 미(美)만을 추구하기 위한 그러한 행위는 인정되지 않기 때문이다. 그러나 그로 인한 아픔과 고통을 완화하거나 제거하기 위해서는 문제가 되지 않는다.

눈썹을 뽑는 것

이슬람이 극단적 미의 추구를 금지하는 것 중에 하나는 남스(Al-Nams), 즉 눈썹을 가느다랗게 보이게 하기 위해 또는

78_ Al-Bahi Al-Khooly, Al-Mar'ah baina Al-Bait wal Mujtama', 2nd edition, p.105.

다른 형태로 변형시키기 위해 눈썹을 뽑는 것이다.

예언자는 그런 목적으로 눈썹을 직업적으로 뽑는 여성과 그것을 추구하는 여성 모두를 비난했다.79 이러한 행위가 특히 매춘 여성들에 의해 행하여졌기 때문이다.

일부 한발리 학파 추종자들은, 남편이 인정할 경우, 얼굴에 있는 털 제거, 파우더, 크림, 기타 화장품의 사용은 여성에게 할랄로 해석한다. 이것들은 여성 치장용품의 일부이기 때문이다. 나와위(Al-Nawawi)는 보다 엄격한 편이다. 얼굴의 털 제거도 남스(al-nams) 행위로 보고 이를 금지하고 있다. 아부 다우드(Abu Dawood)는 그와 다른 견해를 갖고 있다. 남스는 가느다랗게 보이기 위해 눈썹의 일부를 뽑는 것이므로 얼굴의 털을 제거하는 것에 포함되지 않는다는 것이다.

타바리(Al-Tabari)는 예뻐지기를 원했던 아부 이삭(Abu Ishaq)의 아내에 관한 이야기를 전하고 있다. 그녀가 아이샤를 방문하여 이런 질문을 하였다. "남편을 즐겁게 해주기 위해 앞이마의 털을 제거하는 여성을 어떻게 생각하세요?" 이에 아이샤가 대답했다. "피해가 된다면 언제라고 제거하시오."80

가발 착용

여성에게 허용되지 않는 장식품 중에는 타인의 머리카락 또는 인조머리카락으로 만든 가발 착용이 있다. 다음은 아이샤, 그녀의 여동생 아스마(Asma), 이븐 마스우두(Ibn Mas'ood), 이븐 우마르, 아부 후라이라가 한 말에 근거해서 부카리가 전하고 있는 내용이다. "예언자께서는 와씰라(Wasilah)와 무스타우씰라(Mustawsilah)를 비난하셨습니다." 와씰라는 가발을 직업으로 하는 여성 그리고 무스타우씰라는 가발을 착용하는 여성을 말한다.

남성에게는, '와씰라' 또는 '무스타우씰라'를 막론하고, 여성보다

79_ Abu Dawood.

80_ Fath Al-Bari.

가발 착용이 더 엄격하다. 남자가 히피족처럼 또는 여자처럼 장발머리 모습을 하는 것은 더 큰 하람이기 때문이다. 예언자는 그러한 기만에 더욱 엄격했다. 비록 결혼할 여성이 병으로 머리가 빠진 여성이라 할지라도 가발착용을 허락하지 않았다. 아이샤가 한 말에 근거하여 부카리가 전하고 있다. 안사리, 즉 메디나 출신의 한 처녀가 결혼할 시기가 되었을 때 병을 앓게 되었는데 이 병으로 인하여 그녀의 머리카락이 모두 빠져 버렸다. 그러자 주위 사람들이 그녀에게 가발을 씌우기 위해 예언자에게 자문을 구했다. 이 질문에 예언자는 이렇게 대답했다.

"알라께서는 와씰라(Wasilah)와 무스타우씰라(Mustawsilah)를 비난하셨습니다."[81]

무아위야(Mu'awiyah)가 메디나를 마지막으로 방문해서 대중들 앞에서 한 말을 싸이드(Sa'id bin Al-Musayab)가 전하고 있다. 무아위야는 연설 중에 머리털을 잡고 말했다. "나는 유대인들 외에는 이런 것을 사용하는 자를 본 적이 없습니다. 예언자께서는 가발을 가리켜 위조라고 말씀하셨습니다." 다른 전언에서는 무아위야가 메디나 사람들에게 이렇게 말했다고 했다. "여러분의 학자들이 어디에 있습니까? 나는 예언자께서 가발을 쓰지 말라고 한 말씀을 들었습니다. 그러면서 여성들에게 가발착용을 허용한 죄로 이스라엘 자손들은 멸망할 것이라고 하셨습니다."

가발을 위조라고 정의한 예언자의 말은 곧 가발착용 금지를 의미한다. 그것은 곧 일종의 사기이거나 위조, 아니면 기만이다. 이슬람은 기만과 위조를 비난하는 동시에 물질적 또는 정신적 수단을 동원한 기만적인 행위를 멀리한다. "우리를 기만하는 자는 우리와 함께 하는 자가 아닙니다."[82]

카타비(Khattabi)는 이렇게 말했다. "그러한 행위를 한 자들에게는 내세의 엄한 벌이 약속되어 있습니다. 왜냐하면 그들은 기만과 사기에

81_ Al-Bukhari.

82_ 예언자의 여러 교우들(Sahabah)이 전함.

연루되었기 때문입니다. 만일 이들 중 어느 것이 허용된다면 또 다른 위조를 위한 문이 열릴 것입니다. 이것은 더 나아가 알라께서 주신 모습을 변형시키는 일에 개입할 것입니다. 그래서 그들은 이븐 마스우드가 전한 하디스에서 언급된 것처럼, 알라의 창조를 변형시킨 자들이 될 것입니다"83

사람의 머리카락으로 만들어졌든 또는 인조 머리카락으로 만들어졌든 간에 가발 착용은 기만이요 속임수이므로 이를 하디스가 금지하고 있는 것이다. 이 범주에 들어가지 않는 것은 머리카락으로 만든 가발이 아니라 천이나 옷으로 머리를 싸는 것이다. 다음은 싸이드(Said ibn Jubair)가 한 말에 근거한 예언자의 말씀이다.

"타와밀(Tawami)은 무관합니다."

타와밀은 실크나 털로 짠 것을 의미하며 아흐마드(Ahmad ibn Hanbal)도 필요할 경우 이것을 권장하였다.

머리 염색

미를 위한 치장에 관한 또 다른 하나는 하얀 머리카락이나 수염을 염색하는 것이다. 유대인들과 기독교인들은 머리염색을 자제하였다. 그것은 경건함 그리고 종교적 헌신과는 대치될 뿐만 아니라 랍비나 신부나 목사 등 성직자에게는 어울리지 않는다고 생각했기 때문이다. 예언자는 무슬림들에게 이들을 모방하거나 그들이 하는 대로 따라하지 말라고 하면서 개성과 특성이 있는 외모와 품위를 개발하라고 하였다. 아부 후라이라가 전한 말에 근거하여 부카리는 다음과 같이 예언자의 말씀을 언급하고 있다.

"유대인들과 기독교인들은 머리염색을 하지 않습니다. 여러분들은 그들과 다르게 하시오."84

그러나 이것은 명령이 아니라 권장사항에 불과할 뿐이다. 사하바,

83_ Fath Al-Bari.

84_ Al-Bukhari.

즉 예언자의 교우들이 보여준 선례에서 볼 수 있다. 아부 바크르와 우마르는 머리 염색을 했지만 알리나 우바이(Ubay ibn Ka'b), 아나스(Anas) 같은 사하바들은 염색을 하지 않았기 때문이다.[85]

그러면 어떤 형태의 염색, 즉 검정색으로 염색을 하는지 아니면 다른 색깔도 허용되는지, 아니면 어떤 색깔을 피해야 하는지가 의문으로 남는다. 나이가 많아 머리카락이나 수염이 호호백발이라면 검정색은 어울리지 않는다. 메카가 정복되던 날 아부 바크르가 나이 많은 자신의 아버지 아부 까하파(Abu Qahafah)를 모시고 와 예언자 옆에 앉혔다. 호호백발이 된 아부 까하파를 본 예언자가 이렇게 말했다.

"염색을 하되 검정색깔을 피하시오."[86]

그러나 아부 까하파처럼 백발노인이 아니고 허약하지 않다면 검정색 염색도 무관하다. 이와 관련하여 주흐리(Al-Zuhri)가 언급하고 있다. "검정색으로 머리염색을 했을 때 우리는 젊어보였습니다. 그러나 얼굴에 주름이 생기고 치아가 약해지면서 우리는 검정색 염색을 단념하였습니다."[87]

싸으드(Sa'd bin Abi Waqas), 우끄바('Uqubah ibn 'Amr), 하싼(Al-Hasan), 자리르(Jarir) 같은 교우들을 포함한 초기 일부 무슬림들은 검정색 염색을 허용하였다. 한편 일부 학자들은 전쟁 때를 제외하고는 검정색 머리염색을 할랄로 간주하지 않는다. 전쟁시에 검정색 머리염색이 할랄이 되는 이유는 아군의 군인들이 적군에게 젊어 보일 수 있다고 보기 때문이다. 이와 관련한 내용을 아부 다르르(Abu Darr)가 전하고 있다. "머리염색으로 가장 좋은 것은 헤나(Henna)와 카틈(Katm)입니다."[88] 헤나는 붉은 색이 나게 한다. 한편 카틈은 예멘에서 나는 식물로 불그스레한 검은 색깔이 나게 한다. 아나스가 이와 관련된 내용을 전하고 있

85_ Fath Al-Bari.

86_ Fath Al-Bari.

87_ Ibn Abu 'Asim.

88_ Fath Al-Bari.

다. "아부 바크르는 헤나와 카틈으로 머리염색을 하였고 우마르는 단지 헤나로만 염색을 하였습니다."

수염 기르기

수염을 기르는 것은 이슬람에서 중요한 부분을 차지하고 있다. 이와 관련하여 이븐 우마르가 전한 것에 근거하여 부카리가 예언자의 말씀을 언급하고 있다.

"수염을 기르고 잘 손질하여 다신교 신자들과 다르게 보이도록 하시오."

이 하디스가 제시하고 있는 것처럼 수염을 기르고 다듬는 목적은 다신교 신자들, 특히 불을 숭배한 조로아스터 교인들과 차별화하는 데 있었다. 왜냐하면 그들은 수염을 자르거나 면도를 하였기 때문이다. 그들과 차별화시키려는 예언자의 목적은 내면의 세계와 의모에 있어 특성과 개성을 지닌 남성다운 무슬림을 만들기 위해서였다. 수염은 남성의 상징물이다. 그러므로 수염을 깎는 것은 여성의 모습을 닮게 하여 남성미를 그르친다.

그러나 수염을 지나칠 정도로 길고 지저분하게 두라는 뜻이 아니다. 너무 길지 않고 너무 퍼지지 않도록 손질하고 다듬어야 한다. 티르미지가 전하고 있는 하디스는 수염을 권장하고 있다. 제일세대 무슬림들은 그렇게 하였다. 싸이드 야이야드(Said 'Ayyad)는 이렇게 말하고 있다. "수염을 면도하는 것 또는 지나칠 정도로 짧게 깎는 것은 혐오스러운 것이며 너무 길면 자르고 양쪽으로 퍼지지 않게 하는 것은 권장사항입니다."

아부 샤마(Abu Shamah)는 일부 사람들이 면도하는 것을 보고 불평하기 시작하면서 그러한 행위는 조로아스터 신자들보다 더한 짓이라고 했다.[89] 유감스럽게도 현대 시대의 상당한 숫자의 무슬림들이 자국을

89_ Fath Al-Bari.

점령한 외국인들의 영향을 받아 수염을 깎고 있다. 피정복자는 항상 정복자를 모방한다는 것이 불행한 현실이다. 오늘날의 무슬림들은 믿지 않는 자들과의 차별화를 위해 그들을 모방하지 말라고 한 예언자의 말씀을 외면하였다. 이븐 우마르가 전한 말을 아부 다우드가 언급하고 있다. "실로 어떤 사람을 모방하는 자는 그와 다르지 않습니다."

다수의 법학자들은 예언자의 말씀을 근거로 하여 면도를 하람으로 간주한다. 믿지 않는 자들, 특히 비무슬림들과의 차별화를 위해 수염을 기르고 다듬는 것은 원칙적으로 의무사항이었다.

초기 무슬림들 중에 어느 누구도 이 의무를 소홀히했다는 보고는 없다. 그런데 현대 일부 학자들은 현실적 요구에 부합되어야 한다는 논리에 영향을 받아 면도를 허용하는 쪽으로 해석한다. 예언자께서 수염을 종교적 의식과 연계하지 않았다는 논리를 펴면서 그러므로 모방할 필요가 없다고 한다. 그렇지만 이 문제의 진실은 예언자께서 수염을 기르고 다듬어서 그대로 모방해야 한다는 것이 아니고 믿지 않는 자들과 차별화를 위해 예언자께서 명령을 내린 데 있다.

이븐 타이미야는 믿지 않는 자들과 차별화하는 것이 알라의 목적이라고 말하면서 외모의 유사성은 마음의 사랑과 우정을 더 창출하고 마음의 사랑은 외모의 유사성을 창출한다고 설득하고 있다. 이러한 것은 경험과 관찰의 산물이다. 이븐 타이미야는 이렇게 말하고 있다. "꾸란과 순나(Sunnah), 즉 예언자의 전통 그리고 이즈마(Ijma'), 즉 무슬림 학자들의 일치된 법해석은 무슬림들로 하여금 믿지 않는 자들과 차별화를 요구하는 동시에 그들을 모방하지 말라고 가르치고 있다. 보이지 않지만 타락의 원인이 될 수 있는 것 그리고 산만한 매너는 최소한의 하람이 될 수도 있다. 믿지 않는 자들의 외모를 모방하다 보면 그들의 비도덕적 행실과 나쁜 속성, 더 나아가 그들의 믿음까지도 모방하게 된다. 그러한 영향은 통제될 수도 없고 쉽사리 발견되지도 않아 그것들을 근절하기가 어렵고 나아가서는 불가능하게 된다. 따라서 부패와 타락의 원인이 되는 것은 그것이 무엇이든 간에 알라께서 금지하셨다는 것이다."[90]

면도에 대한 견해가 세 가지가 있다. 이븐 타이미야와 그의 추종자들은 하람, 즉 금지사항이고, 알파트흐 알바리(Al-Fatah Al-Bari)에 언급된 아이야드('Ayyad)의 견해는 마크루흐, 즉 혐오사항이며, 일부 현대 학자들의 생각은 이바하, 즉 허용된다는 것이다. 두 번째 의견 마크루흐라는 견해가 보다 사실에 가깝고 중용의 입장이다. 수염을 기르고 다듬어야 한다는 견해는 믿지 않는 자들과의 차별화에 있다. 이것은 유대인들과 기독교인들과의 차별화를 위해 머리염색을 한다는 것과 유사하다. 그러나 예언자의 일부 교우들은 그들의 흰머리 염색을 하지 않았다. 의무사항보다는 권장사항으로 둔 것으로 볼 수 있다. 마찬가지로 수염을 기르고 다듬는 것도 의무사항보다는 권장사항으로 두는 것이 더 보편적일 수 있다. 결론은 면도는 하람보다는 마크루흐로 분류되는 것이 더 바람직스러울 수 있다. 예언자의 교우들 중에서 면도를 했다고 알려진 교우는 아무도 없다. 수염을 기르고 다듬는 것이 그들의 관습이어서 아마도 면도를 할 필요가 없었던 것일지도 모른다.

90_ Kitab Iqtida Al-Sirat Al-Mustaqim 참조.

가정에서

가정은 각자가 자신을 보호하면서 사회의 제약과 압력으로부터 자유를 만끽하는 곳이다. 몸과 정신이 휴식을 취하고 마음의 안정을 만끽하는 공간이다. 다음은 이와 관련한 알라의 말씀이다.

> "알라께서 너희에게 집을 주어 그곳에서 기거하고 휴식을 취하게 하셨느니라." (16:80)

예언자는 자신의 집 공간을 좋아하였고 현세의 행복에 기여하는 요소로 간주하였다. 다음은 이와 관련한 예언자의 말씀이다.

"행복은 네 가지 요소를 갖고 있지요. 그것은 좋은 한 명의 아내와, 넓은 공간의 집과, 좋은 이웃과, 안락하게 탈 수 있는 동물이지요."91

예언자는 종종 집안의 넓은 공간을 갈망하면서 열렬하게 이렇게 기도하곤 하였다. "주여, 저의 죄를 용서하여 주시고, 저의 공간을 넓혀 주시고, 일용할 양식을 주옵소서." 예언자는 이런 질문을 받았다. "사도여, 당신은 왜 가끔 이런 말로 그렇게도 간절하게 기도하시나요?"92

예언자는 "청결은 곧 신앙입니다"라는 이슬람의 핵심적인 말로 집안을 청결하게 할 것을 사람들에게 촉구하였다. 청결은 무슬림을 다른 종교인들과 구별짓는 독특한 특성이다. 다음은 이와 관련한 예언자

91_ Ibn Habban.

92_ Al-Nisai and Ibn Al-Sunni.

의 말씀이다.

"실로 알라께서는 좋은 분(Tayyib)이시므로 좋은 것(Al-Tayyib)을 사랑하시고, 청결하신 분(Nazif)이시기에 청결(Nazafah)을 사랑하십니다. 알라께서는 관대한 분(Karim)이시기에 관대함(Karam)을 사랑하시고 호의를 베푸는 분(Jawad)이시기에 호의(Al-Jawad)를 사랑하십니다. 그러므로 여러분의 공간과 정원을 깨끗이하여 유대인들처럼 되지 마시오."[93]

호화스러운 가정용품과 우상관련 상품

무슬림은 다양한 종류의 꽃들과 직물로 가정을 꾸미고 장식할 수 있으며 그 밖의 다른 장식품들도 할랄이다. 다음은 이와 관련한 알라의 말씀이다.

> "일러 가로되 인간을 위해 알라께서 지으신 당신의 장식품과 깨끗한 이 양식들을 누가 금기하느냐?" (7:32)

가정을 아름답게 꾸미고 우아한 옷을 입고 좋은 신발을 신는 등 외모와 관련된 일상생활 관련 상품들에 대한 무슬림의 추구는 당연히 자유스러운 것이다. 다음은 이와 관련한 예언자의 말씀이다.

"남에게 자랑하고 싶은 마음을 티끌만큼이라도 갖는 자는 천국에 들어가지 못할 것입니다. 이 말을 듣고 어떤 사람이 질문을 했지요. '좋은 옷을 입고 싶고 좋은 신발을 신고 싶은 자는 어떻게 되나요?' 나는 대답했지요: 알라께서는 아름다움 그 자체이시어서 아름다움을 사랑하십니다."[94]

다른 하디스에 언급된 내용이다. 어떤 한 잘 생긴 사람이 예언자를 찾아와 말했다. "저는 아름다움을 사랑하는데 당신께서 보듯이 이 샌들보다 더 좋은 것을 갖고 있는 사람이 없었으면 할 정도로 저에게 그

93_ Al-Tirmizi.

94_ Muslim.

것의 일부가 주어졌습니다. 사도님, 이 생각은 자랑인가요?" 다음은 이와 관련한 예언자의 대답이다.

"아닙니다. 자랑은 진리를 거절하고 다른 사람들을 경멸하는 것이지요."95

하지만 이슬람은 사치와 낭비를 인정하지 않는다. 예언자는 집안이 사치스러운 물품들로 가득하고 낭비하는 무슬림을 싫어하였다. 꾸란은 우상의 모습을 한 사치품과 낭비를 비난하면서 모든 수단을 동원해서 알라의 일위일체를 흠내는 모든 것에 대항하여 성전할 것을 촉구한다.

금과 은으로 만들어진 가정용품과 도구

위의 내용에 근거하여 이슬람은 금과 은으로 만들어진 가정용품과 기구나 도구사용을 금지한다. 무슬림 가정에서의 순수 실크 사용도 마찬가지다. 이 가르침에서 벗어난 자는 누구를 막론하고 내세에서 가혹한 징벌을 받는다. 움무 쌀라마가 전하고 있는 것에 근거하여 무슬림이 예언자의 말씀을 전하고 있다.

"누구든 금잔이나 은잔으로 음료수를 마시는 자의 위는 지옥불로 가득 찰 것입니다."96

후다이파가 전하고 있는 것에 근거하여 부카리가 전하고 있다. "사도께서는 금잔이나 은잔으로 음료수를 마시지 말라고 하셨고 순수 실크 옷도 입지 말라고 하셨으며 실크 방석에 앉지도 말라고 하셨습니다." 다음은 이와 관련한 예언자의 말씀이다.

"이러한 것들은 현세에 사는 불신자들과 내세에서의 우리를 위한 것입니다."97

95_ Abu Dawood.

96_ Muslim.

97_ Al-Bukhari.

이처럼 금지된 것들을 선물로 주고받는 것 그리고 이러한 것들로 치장하는 것도 역시 하람이다.

이와 같은 생활도구, 방석 같은 것은 하람으로 남녀 무슬림 모두에게 적용된다. 이러한 것들을 하람으로 한 목적이 지나칠 정도의 사치품들로 가정을 장식하지 않도록 하는 데 있기 때문이다. 이와 관련하여 이븐 꾸다마(Ibn Qudamah)가 다음과 같이 표현하고 있다. "이 점에 있어 남자와 여자는 동등합니다. 왜냐하면 이것은 하디스의 일반 원칙이기 때문입니다. 그리고 이러한 것을 금지하는 이유는 부자들의 낭비와 사치를 자제하게 하고 가난한 자들에게는 마음의 상처가 되지 않도록 하기 위해서입니다. 금과 은제품의 경우 여성에게는 허용됩니다. 남편을 위해 자신을 아름답게 꾸밀 필요가 있기 때문입니다. 그러나 그 목적 외에는 허용되지 않습니다. 누가 이런 질문을 했다고 가정해 볼 수 있습니다. '만일 당신이 말한 이유가 사실이라면 루비나 그 밖의 값비싼 재료로 만들어진 것들도 역시 하람인가요? 왜냐하면 그것들은 금이나 은보다 더 비싸기 때문입니다.' 이 질문에 나는 이렇게 대답할 것입니다. '가난한 자들은 그러한 것들을 잘 모릅니다. 그래서 부자들이 비록 그런 것들을 사용한다 해도 마음의 상처를 받지 않습니다. 더더욱 그러한 것들은 극히 희귀한 것들이어서 그것들을 사용한다는 것은 극히 제한적입니다. 그러므로 사치라는 기준에 근거하여 그러한 것들에 대한 하람의 필요성은 불필요하다고 봅니다.'"[98]

앞서 경제적 측면에서 금제품 사용이 남성에게 하람이라는 것을 언급했다. 현재에 있어 이러한 이유는 더욱더 중요하고 분명하다. 알라께서 가치척도의 수단으로 주신 은과 금은 전세계적 통화의 기준이기 때문이다. 물품가격을 결정하고 국가와 국가 간 거래의 기본적인 금환이 되어 무역과 상거래를 활성화시킨다. 알라께서 교환의 수단으로 이것들을 활용하는 은혜를 베풀어. 금과 은을 보관하지 않고 적절하게 그

98_ Al-Mughni, vol. 8, p.323.

리고 자유롭게 경제에 활용하도록 하셨다. 그러므로 그것들은 금화 또는 다른 가정용품 또는 장식품으로 가정에 사장시켜서는 안 된다.

이맘 가잘리(Al-Ghazzali)는 이 점을 이흐야 울루므 딘(Ihya 'Ulum Al-Din)이란 그의 저서 감사(Al-Shukr) 장에서 다음과 같이 아름답게 언급하고 있다. "금화와 은화를 녹여서 항아리나 용기를 만드는 자는 알라의 은총에 감사하지 않는 자로서 금은을 사장시켜 두는 자보다 더 나쁜 자입니다. 그것은 마치 어떤 한 시장(市長)이 거리청소를 위해, 또는 옷을 꿰매기 위해, 또는 최하층민이 일상적으로 하는 일을 하는 것과 같습니다. 그래서 그를 투옥시키는 것은 덜 모욕적인 것이 될 것입니다. 금이나 은 대신에 자기, 철, 아연, 동 같은 물질로 항아리나 용기를 만들 수 있지만 이것들이 돈이 되어 교환의 수단이 될 수는 없습니다. 만일 자신의 이성과 지식으로 이 점을 이해할 수 없는 사람이 있다면 알라의 대변자께서 이렇게 말씀하셨다고 그에게 말하고 싶습니다. '누구든 금잔이나 은잔으로 음료수를 마시는 자의 위는 지옥불로 가득 찰 것입니다.'"99

이러한 것이 무슬림에게 심각한 제약을 하고 있다고 생각해서는 안 된다. 왜냐하면 할랄 가운데는 너무나 많은 좋은 것들이 있기 때문이다. 유리제품, 자기제품, 동제품 등 다른 재료들로 만들어진 아름다운 항아리와 용기들이 얼마나 많은가! 면직물, 린네르 등 귀한 재료들로 만들어진 침대커버, 방석, 너무나 아름다운 식탁보 등 아름다운 것들이 얼마나 많은가!

이슬람은 동상을 금기한다

이슬람은 무슬림 가정에 동상 모시는 것을 금지한다. 동상이란 사람의 형상을 한 상(像)을 말한다. 그러한 상을 둔 가정은 알라의 자비와 축복을 갖고 가정을 찾아온 천사를 쫓기 때문이다.

99_ Ihya 'Ulum Al-Din, vol. 4, Thanksgiving and Praise 참조.

다음은 이와 관련한 예언자의 말씀이다.

"사람의 형상을 한 동상이나 그림이 있는 집에는 천사가 찾아오지 않습니다."100

학자들의 논평에 의하면 집안에 동상을 둔 자는 불신자에 가깝다. 왜냐하면 그것을 집에 두고 공경하고 받들기 때문이다. 이것들로 인하여 천사들이 불쾌감을 느끼고 그 집에 들어가지 않고 포기해 버린다.

무슬림이 이러한 동상을 제조하는 것도 하람이다. 비록 비무슬림을 위해 만든다 하더라도 마찬가지다. 다음은 이와 관련한 예언자의 말씀이다.

"부활의 날 가장 가혹한 벌을 받을 자는 사람의 형상을 한 동상을 만드는 자 또는 알라의 창조를 모방하는 자입니다."101

"부활의 날 사람의 형상을 한 동상을 만드는 자는 그 안에 영혼을 불어넣으라는 요구를 받으나 결코 그렇게 할 수 없을 것입니다."102

그가 만든 동상에 생명을 불어넣으라는 명령을 받으나 그렇게 할 수 없으니 그는 창피와 굴욕을 맛보게 된다는 의미다.

동상을 금지하는 이유

(1) 동상을 금지하는 이유 중 하나는, 일부 사람들이 생각하는 것처럼, 단순히 일위일체의 알라를 보호하기 위한 것만이 아니다. 사람의 형상이 들어간 그림이나 동상을 만들어 놓고 그것들을 받들거나 신성시하지 않게 하는 데도 목적이 있다.

이슬람은 알라의 일위일체의 믿음을 보호하는 것에 매우 민감하다. 이슬람은 분명히 이 문제에 신중하고 관심의 초점을 맞춘다. 최종 분석에 의하면 죽은 사람이나 신앙심이 깊었던 선임자들을 기리기 위해 그들의 동상을 만든 것이 우상숭배의 기원이 되었다. 점차적으로 우

100_ Al-Bukhari and Muslim.

101_ Al-Bukhari and Muslim.

102_ Al-Bukhari.

상들을 받들고 공경해가면서 그들은 결국 유일신 알라를 멀리하고 우상들을 사신으로 만들어버렸다. 사신이 된 사신들에게 도움을 청하고, 사신들의 분노를 두려워하며 사신들에게 축복을 간구했다. 이런 일들이 사실로 들어난 것은 비일비재하다. 와드(Wadd), 수와(Suwwa), 아구스(Yaghuth), 야우그(Ya'uq), 나스라(Nasra) 지역의 사람들이 그랬다.

부패와 타락으로부터 인간을 보호하려는 종교가 있다면 그 종교는, 내적인 것이든 외적인 것이든, 인간의 이성과 마음이 쉬르크(Shirk: 창조주를 불신하는 행위와 다신을 믿는 행위)에 이르지 않도록 모든 통로를 차단하는 것이 당연한 일이라고 생각한다. 차단해야 할 통로들 중에는 우상들을 모방하는 것 또는 성인들을 지나치게 공경하는 종교들에 빠진 자들을 모방하는 것이 있다. 이슬람법은 어떤 한 세대 또는 두 세대에만 관심을 두지 않는다. 이 지구촌에 인간이 존재하는 그 날까지의 모든 인간을 위한 것이다. 어떤 환경에 있을 것 같지 않는 것이 다른 환경에서는 있을 수 있고, 어떤 때에는 불가능한 것이 다른 현실에서 가능할 수도 있다.

(2) 동상을 금지하는 이유 중의 두 번째는 동상을 만든 자, 조각가, 인물 화가들로 이들은 자신들의 작업에 자만을 느낀다. 마치 자신들이 만든 석상이나 조각품에 영혼을 불어넣은 것처럼 생각한다. 조각가는 많은 공을 들여 어떤 상을 만들어낸다. 그리고 그것이 너무 완벽하고 아름답다고 생각한 나머지 그 앞에 서서 섬세한 각선미에 찬탄을 보낸다. 그러다가 차츰차츰 자만과 흥분에 빠져 이렇게 말한다. "말해봐! 말해봐!" 다음은 이와 관련한 예언자의 말씀이다.

"상(像)을 만드는 자들은 부활의 날 징벌을 받을 것입니다. 그리고 그들은, '여러분이 만든 것에 생명을 불어넣어보라'는 요구를 받을 것입니다."103

다음은 신성 하디스(Hadith Qudsi)에서 언급된 알라의 말씀이다.

103_ Al-Bukhari and Muslim.

"내가 창조한 것처럼 어떤 것을 창조하려고 하는 자보다 더 그릇된 자는 없느니라. 그들로 하여금 티끌 하나 아니면 보리알 한 톨이라도 창조해 보라고 하라."[104]

(3) 이러한 일에 종사하는 자들은 여기에 그치지 않고 누드상 또는 에로틱한 상, 사신들의 상, 성인들의 상까지 만들어낸다. 무슬림은 이러한 일에 관심을 가져서도 안 되지만 그런 일에 종사해서도 안 된다.

(4) 동상들은 예술의 상징이요 부호들의 사치품으로 여겨지고 있다. 그들은 이러한 것들로 자신들의 궁전을 장식하고 다양한 재료로 단든 상들로 벽을 장식하고 방들을 꾸민다. 모든 외형을 금은으로 제작된 재료들로 사치스럽게 장식하는 것은 사치이며, 이 사치에 대항하는 이슬람 종교가 무슬림의 가정에 동상을 두지 말라고 한 것은 놀라운 일이 아니다.

위대함을 기리는 이슬람 예절

이렇게 말하는 사람도 있을 수 있다. "그것은 역사의 한 페이지를 장식한 영웅을 찬양하는 표현이라고 할 수 있지 않는가! 그들의 업적을 기리고 그것을 다음 세대에게 기억시켜 주기 위해 그들의 가정에 동상을 세우는 것이라고 할 수 있지 않는가! 인간의 기억력은 짧아 시간이 흘러가면 과거를 잊게 만들지 않는가!"

다음은 이에 대한 이슬람의 대답이다. 이슬람은 사람을 지나치게 미화하거나 극찬하거나 칭송하지 않는다. 그가 아무리 위대한 사람이라 할지라도 그렇고 그가 살아 있건 또는 죽은 자라 할지라도 마찬가지다. 다음은 이와 관련한 예언자의 말씀이다.

"기독교인들이 마리아의 아들 예수를 미화하고 찬미하는 것처럼 여러분은 나를 그렇게 대하지 마시오. 나를 부를 때는 단지 알라의 종이며 그분의 사도라고만 말하시오."[105]

104_ Al-Bukhari and Muslim.

105_ Al-Bukhari.

교우들이 존경하는 마음으로 자리에서 일어나 예언자에게 인사하려고 했을 때 예언자는 그렇게 하지 말라고 했다. 다음은 이와 관련한 예언자의 말씀이다.

"페르시아 사람들처럼, 또는 일부 사람들이 다른 사람들을 과도하게 존경하고 극찬하는 것처럼 여러분은 자리에서 일어나지 마시오."[106]

그리고 예언자는 추종자들에게 자신이 죽은 후 자신을 미화하거나 격찬하지 말라고 경고했다. 다음은 이와 관련한 예언자의 말씀이다.

"나의 무덤을 행사장이나 축제장으로 만들지 마시오."[107]

그리고 주님께 기도했다.

"주님이시어, 저의 무덤이 숭배하는 장소가 되지 않도록 하여 주소서."[108]

몇 사람들이 예언자를 방문하여 이렇게 말한 적이 있었다. "사도님, 당신은 우리 중에서 가장 훌륭하신 분이시오. 우리 중에서 가장 훌륭한 분의 아들이시며, 우리의 지도자요 우리 지도자의 아들입니다." 그러자 예언자가 말했다.

"사람들이여, 과장하여 말하지 말고 서로가 수긍할 수 있는 정도까지만 말하시오. 그리고 사탄에게 유혹당하지 마시오. 나는 단지 알라의 종으로 그분의 사도에 불과합니다. 가장 위대한 알라께서 나에게 주신 것 이상으로 여러분이 나를 극찬하는 것이 싫습니다."[109]

알라의 사도일지라도 그를 극찬하거나 미화하지 말라고 가르치는 종교가 수천 수만 달러를 기부했다고 하여 우상이나 다름없는 동상을 세워 받들게 하는 것을 용납할 리 없다. 열려진 이 문을 통해 위대한 척하고 역사를 만든 자로 자처하는 많은 사람들이 명예욕에 빠져들었다.

106_ Abu Dawood and Ibn Majah.

107_ Abu Dawood.

108_ Malik in Al-Muwatta.

109_ Al-Nisai.

그럴 능력이 있는 자는 누구든 자신의 동상 또는 기념비를 세우거나 추종자들로 하여금 그렇게 하도록 한다. 그리하여 사람들을 진실로 존경을 받아야 할 위대한 자들로부터 멀리하게 만든다.

믿는 자들은 단지 알라께서 주신 불멸의 진리만을 갈망할 뿐이다.

그분이야말로 그 비밀과 숨겨진 것을 알고 있는 분이요 가장 바르게 인도하는 분이요 어떤 것도 잊지 않는 분이시기 때문이다. 그분께서 기록한 불멸의 명단에는 사람들이 알지 못하는 많은 위인들이 있다. 가장 높이 계시는 알라께서는 남몰래 항상 마음으로 절대자를 기억하고 두려워하는 영혼들을 사랑하신다. 과시하지 않고 묵묵히 일하는 자, 대중의 시선에 아랑곳 하지 않고 있는 듯 없는 듯 일하는 자를 사랑하신다.

훌륭한 사람들의 위대함이 사람들에 의해 인정받을 때 그들의 동상을 세워야만이 다음 세대를 위한 그들의 업적들이 영구히 보존되는 것은 아니다. 위대함을 기리고 기념하는 이슬람식 방법은 그들의 생각과 업적과 선행을 언급하여 언제나 사람들의 마음에 생생한 기억으로 남아있게 하는 것이다.

예언자, 칼리프들, 지도자들, 이슬람의 이맘들 어느 누구도 형상화되거나 동상으로 세워진 적이 결코 없다. 이러한 믿음을 바탕으로 아버지는 자식들에게 그들의 업적을 말해주고, 또 자식들은 그들의 후손들에게 훌륭한 사람들의 생각과 업적들을 전해준다. 만날 때마다 또는 모임에서 이러한 이야기들은 어떤 형상이나 동상이 없어도 신선한 공기처럼 무슬림들의 마음을 가득 채운다.

어떤 강연의 일부를 인용하고자 한다. 시리아 다마스쿠스 대학교 이슬람법대 학장인 무함마드 무바라크(Muhammad Al-Mubarak) 교수가 "이슬람의 새로운 이해"란 주제로 이집트 아즈하르 대학교에서 강연한 내용의 일부다. 이 지면에 인용된 부분은 훌륭한 분의 업적을 어떻게 영속화할 것인가에 대한 날카로운 분석이다.

"우리는 지금 우리의 믿음 그리고 생활이 되어버린 우리의 윤리와 도덕과 일치하지 않는 많은 새로운 유행과 제도와 관습에 직면하고 있다. 이것들 중의 하나가 유럽인들과 미국인들이 그들의 영웅들을 기리고 기념하기 위해 동상을 세우고 있는 것이다. 이 문제를 서구문화에 추종한다는 그런 생각에서 벗어나 열린 마음으로 고찰하고 훌륭한 자의 업적을 기리는 방법을 숙고해 본다면 우리, 그 중에서도 특히 아랍인들은 훌륭한 자들의 업적을 기리는 데 그들의 충성, 관용, 용기 이런 것 말고는 아무 것도 없다. 업적에 대한 기념을 영속화는 방법으로 그들은 영웅들에 대한 이야기를 상세히 말하는 형태로 다음 세대에 전달되게 하는 것이요 글로 표현하고 시의 형태로 찬사하는 것이었다. 이러한 방법으로 이슬람 이전에 있었던 하팀(Hatim)의 관대함과 아량 그리고 안타라(Antarah)의 용맹성이 오늘날에도 화제의 소재가 되고 있다.

이슬람이 회복되면서 의미 있는 이 기본적인 방법이 강조되었다. 알라의 가장 훌륭한 피조물이자 그분의 사도는 단지 한 인간에 불과하다고 이슬람은 선언하였다. 다음은 이와 관련한 알라의 말씀이다."

"일러 가로되 실로 나는 여러분과 똑같은 운명을 타고난 한 인간에 불과하니라." (18:110)

인간의 가치는 행위와 업적에 있는 것이지 형태에 있는 것이 아니라는 것을 강조한 말이다. 그리고 사도로 하여금 인류를 위한 본보기가 되도록 했다. 이것은 인간의 신성화를 금지하고 숭배에 가까운 과찬과 극찬을 금지하면서 나머지 다른 사람들의 명예를 저하시키지 않도록 한 이슬람의 기본 원리다.

사도가 사망한 후 그의 뒤를 계승한 첫 칼리프는 다음과 같은 내용으로 사람들의 관심을 이 진리로 돌렸다. "만일 여러분 중에 무함마드를 숭배한 자가 있다면 무함마드는 죽고 없다는 것을 알게 되었을 것이요, 만일 알라만을 숭배한 자가 있다면 알라는 죽지 않고 살아 있으며 또한 영원히 죽지 않는다는 것을 알 것입니다." 그런 후 그는 알라의 말씀을 낭송했다. 다음은 이와 관련한 알라의 말씀이다.

"무함마드는 한 사도일 뿐이라. 그 이전의 사도들도 모두 세상을 떠났느니라. 만일 그가 죽거나 또는 살해당한다면 너희는 돌아서겠느냐?" (3:144)

이슬람은 사람들의 선의와 선행과 업적을 불멸하게 하여 무슬림들의 마음에 남아 있게 한다. 문맹자이건 식자이건 남녀노소 할 것 없이 무슬림이면 누구나 우마르의 공정성, 아부 바크르의 확고부동한 자세와 지혜, 알리의 신앙심과 용맹성에 대해 잘 알고 있다. 이들의 업적을 기리기 위한 어느 누구의 동상이나 석상(石像)도 없다. 왜냐하면 이들의 자질과 업적이 무슬림들의 마음에 새겨져 있기 때문이다.

동상을 세워 업적을 기리려고 하는 것은 먼 과거로의 퇴행 또는 회귀이며 높은 단계로부터의 하향이다. 이것은 로마, 그리스, 유럽인들의 방법이었다.

인간 본성 그리고 인간의 진정한 가치의 개념에서 보면 그들은 무슬림들에 비해 크게 열등하다. 이슬람 이전의 아랍인들에게 비유해도 그렇다. 왜냐하면 인간의 고매함과 잠재력을 이해할 수 없는 그들의 무능력 때문이다. 그래서 그들은 훌륭한 사람을 사신으로까지 생각하고 인간을 그들의 신으로 구체화한다.

지적하고 싶은 것은 우리보다 못한 이러한 그들의 이상한 관례가 우리 무슬림에게는 어울리지 않는다는 것이다. 그리고 무슬림은 이슬람법이 형상과 동상을 하람으로 설정하고 있는 규범에서 이탈해서는 안 된다. 왜냐하면 인간의 정신과 도덕에 피해를 가져오기 때문이다.

어린이 장난감은 제외

형상들 중에는 어떤 위대함을 기릴 목적이 아닌 것들이 있다. 이것들은 위에 기술한 내용에 적용되지 않는다. 이런 것들은 인간의 정신과 도덕에 아무런 피해를 주지 않기 때문에 이슬람은 이에 대하여 별다른 관심을 두지 않는다.

사람이나 동물의 모습을 한 인형 같은 어린이 장난감들은 이러한 범주에 속한다. 다음은 이와 관련한 예언자의 아내가 한 말이다. "나는 사도의 집에서 친구들과 함께 인형들을 가지고 놀았습니다. 예언자가 가까이 오고 있는 것을 볼 때는 친구들은 예언자가 두려워서 그 장난감들을 숨기곤 하였습니다. 그러나 예언자는 나와 함께 장난감 놀이를 하는 그들을 볼 때면 행복해 하시면서 우리와 함께 놀아주었습니다."[110]

역시 아이샤가 전하고 있다. "어느 날 예언자께서 나에게 물었어요.

'이것들이 다 무엇이지요?' 나의 인형들이라고 대답했더니 이번에는 중앙에 있는 이것이 무엇이냐고 물었습니다. 말이라고 대답했더니 이번에는 그 위에 있는 것들이 무엇이냐고 물었습니다. 날개들이라고 대답했더니 말에도 날개들이 있느냐고 물었습니다. 다윗의 아들 솔로몬은 날개가 달린 말들을 가지고 있었다는 이야기를 듣지 못했느냐고 내가 말했더니 이 말을 들은 예언자는 어금니가 보일 정도로 웃었습니다.[111]

위에 언급된 인형들은 아이샤의 나이가 어렸을 때 가지고 놀았던 것들이다. 그녀가 예언자와 결혼한 당시의 나이는 아홉 살에 불과했다. 샤우카니(Al-Shawkani)는 위의 내용만으로도 사람이나 동물의 형상을 한 어린이 장난감들은 모두 허용된다는 것이 입증된다고 하였다. 이맘 말리크가 딸에게 주려고 장난감을 사고 있는 어떤 사람을 보고서 싫어했다는 설도 있지만 아이야드 법관은 소녀들도 그러한 장난감을 가지고 놀 자격이 있다고 해석하였다. 이 해석은 축제행사의 음식으로 달콤한 재료들로 만든 형상들에게도 동일하게 적용된다.

미완성된 동상 또는 얼굴이 없는 동상

예언자의 집 문에 동상이 있다는 이유로 가브리엘 천사가 그 집에 들어가기를 거절했다는 이야기가 하디스에 언급

110_ Al-Bukhari and Muslim.

111_ Abu Dawood.

되고 있다. 가브리엘 천사는 다음날에도 예언자의 집을 들어가지 않고 이렇게 말했다고 했다. "저 동상의 머리를 떼어내 나무 기둥처럼 보이게 하시오."112

이 하디스에 근거하여 일부 학자들은 완전한 상을 갖고 있는 것이 하람이고 그것 없이는 인간이 생존할 수 없을 때 그것은 허용된다고 하였다. 그렇지만 동상의 머리를 없애 나무 기둥처럼 보이게 하라는 의미에 대한 정확한 해석은 없어진 부분이 그 형상의 생명과 죽음에 영향을 미친다는 것이 아니고 머리가 없으므로 그것에 대한 경외심을 유발시키지 않을 것이라는 뜻이다.

이 문제를 곰곰이 생각해본다면 왕이나 통치자들의 기념할 목적으로 공공장소에 그들의 흉상이나 반신상을 세우는 것은 치장의 목적으로 가정에 온전한 형상의 동상을 두는 것보다 더 큰 하람이다.

몸통이 없는 인물화나 조각

위에서 동상처럼 견고한 몸통을 가진 상에 관한 이슬람의 입장을 언급했다. 그러나 화판, 종이, 천, 커튼, 화폐 등에 그리거나 새겨진 형상들 또는 작품들의 경우는 어떤가?

이 문제에 관한 한 포괄적인 총칙은 없고 사안에 따라 다를 수 있다. 그림은 어떤가? 그것이 어디에 걸려 있는가? 무엇에 사용되고 있는가? 그 그림을 그린 화가의 목적은 무엇인가? 이러한 질문들이 고려되어야 한다.

만일 이 그림들이 숭배의 대상이라면, 예를 들어 소를 숭상하는 힌두교 신자들을 위해 소를 그렸거나, 예수를 구세주로 받드는 기독교인들을 위해 예수의 상을 그렸다면 그 화가는 불신과 방황을 유발시키는 불신자의 행위와 다를 것이 없다. 예언자는 내세에서 이들에게 가혹한 징벌이 내려질 것이라고 경고하였다. 다음은 이와 관련한 예언자의 말

112_ Abu Dawood, Al-Nisai, Al-Tirmizi and Ibn Hayyan.

씀이다.

"부활의 날 가장 가혹한 징벌을 받을 자들은 형상을 만드는 자들입니다."113

타바리는 이 하디스의 의미를 이렇게 설명하고 있다. "이 형상을 만든 자가 의도한 것은 알라 외에 숭배될 수 있는 대상을 만든 자들이며 이것은 쿠프르(Kufr), 즉 불신이다. 그러나 이러한 목적으로 그것을 만든 자들이 아니라면 그들은 단지 아시('Asi), 즉 초상화를 그린 죄 밖에는 없다." 마찬가지로 그러한 초상화를 벽에 걸어놓고 그것을 받들어 모시는 자가 있다면 그의 행위는 무슬림의 자세가 아니다. 왜냐하면 그의 마음에서 이슬람이 떠나버렸기 때문이다.

공경할 목적이 아니고 단순히 모습을 담아 볼 의도로 사진을 찍었다 하더라도 그것이 알라의 창조에 비유될 가능성도 있다. 마치 알라께서 창조한 것과 같이 자신도 그렇게 했다는 자부심을 느낄 수 있다. 그러한 자는 타우히드(Tawhid), 즉 알라의 일위일체 존재성에 대한 믿음을 거역하는 것이 된다. 다음은 이와 관련한 예언자의 말씀이다.

"사람들 중에 부활의 날 가장 가혹한 징벌을 받을 자들은 알라께서 창조한 것과 유사하게 어떤 것을 만들어내려고 하는 자들입니다."

이것은 화가의 의도와 관련된 것이다. 앞서 언급된 다음의 하디스 꾸드시가 이를 뒷받침하고 있다.

"내가 창조한 것처럼 어떤 것을 창조하려고 하는 자보다 더 그릇된 자는 없느니라. 그들로 하여금 티끌 하나 아니면 보리알 한 톨이라도 창조해 보라고 하라."

여기서 언급하고자 한 것은 창조주 알라의 속성들을 모방하고자 하는 화가들의 의도다. 이들에 대한 대항으로 티클 하나 보리알 한 톨이라도 창조해 보라는 알라의 말씀은 그들의 예술적 작품이 알라의 창조를 모방하려는 의도가 있다는 것을 지적하는 것이다. 이러한 의도에

113_ Muslim.

대한 대가로 부활의 날 그들은 수치스러움을 맛보게 된다. 대중 앞으로 불려나간다. 그리고 "너희가 만든 것에 생명을 불어넣으라"라는 경령을 받는다. 그렇지만 그들은 결코 그렇게 하지 못한다. 종교에서는 공경할 목적으로 인물화를 만들지 않는다. 또한 현세의 직위나 신분을 기리기 위해서도 마찬가지이다. 첫 번째 범주에 해당하는 것으로 예언자 아브라함을 비롯한 이삭, 다윗, 모세, 예수의 초상화, 가브리엘과 미가엘 천사 등의 초상화, 성인들의 초상화, 마리아 같은 의로운 여인들의 초상화가 있다. 이것은 유대인들과 기독교인들의 관습이다. 불행하게도 일부 무슬림들이 종교에 새로운 이설을 불어넣으면서 성서의 백성들을 모방하여 알리(Ali)나 파티마(Fatimah) 등 그 밖의 인물화를 만들기 시작했다.

두 번째 범주에 들어가는 것으로는 현대사회의 왕이나 군주 또는 지도자들의 인물화들이 있다. 이들의 경우 죄의 정도는 낮지만 어디까지나 죄는 죄다. 만일 이들의 인물화가 믿지 않는 자들, 폭군들, 알라의 계시에 따라 법을 집행하지 않는 그릇된 자들, 알라의 메시지 아닌 다른 메시지로 사람들을 유인하는 자, 사람들에게 외설을 퍼트리거나 부도덕한 행위로 풍기문란을 일으키는 연예인들의 인물화가 있다.

예언자 시대에도 많은 인물화들이 만들어졌는데 공경의 대상이 되었던 인물들이 있었다. 주로 로마인들과 페르시아 사람들, 즉 기독교인들과 불을 숭배한 배화교 사람들이 그린 것들이었다. 따라서 그들의 교리에 영향을 미치게 되고 그들의 성인들과 통치자들을 성화(聖化)하였다. 아부 두하(Abu Duha)에 근거하여 무슬림이 전하고 있다. "나는 마스루크(Masruq)와 함께 동상들이 있는 어느 집에 있을 때 그가 나에게 물었습니다. '이것들은 페르시아의 통치자 코스라우(Khosrau)의 동상들인가요?' 나는 아니라고 대답하면서 그것들은 마리아의 동상이라고 했다. 마스루크는 그것들을 어떤 마기교 신자의 수공품들로 생각했다. 왜냐하면 마기교 신자들은 항아리에조차도 왕들의 초상화를 새겼기 때문입니다. 그러나 그것들이 기독교인들의 작품이라는 것이 밝혀졌을 때

그는 말했습니다 : 압둘라(Abdullah ibn Mas'ud) 사도께서 이렇게 말했다고 했어요. '부활의 날 가장 가혹한 벌을 자들 중에는 형상을 만드는 자들이 있지요.'"

식물, 나무, 호수, 강과 바다, 산과 들, 태양과 달, 별 등 생명이 없는 것들 그리고 자연환경을 대상으로 한 그림이나 사진은 할랄이다. 이 점에 대한 견해 차이는 없다. 생명이 있는 동물을 그리고 사진을 찍는다 해도 알라의 창조에 비유하거나 그것들을 공경하거나 신성시 할 의도가 없었다면 그것들 역시 할랄이다. 하람이 될 이유가 없다. 이 내용을 입증하는 하디스는 많다.

무슬림(Muslim) 하디스 수집가는 사히흐(Sahih)에서 바스르(Basr ibn Sa'id)에 근거하여 이렇게 전하고 있다. 바스르는 자이드(Zaid ibn Khalid)로부터 전해 들었고 자이드는 예언자의 교우인 이븐 딸하(Ibn Talha)가 예언자로부터 들은 것이다.

"천사들은 형상이 있는 집에는 들어가지 않습니다."114

바스르는 이렇게 말했다. "그 후 자이드가 몸이 아파 자리에 누워 있을 때 우리는 그를 방문하였다. 그런데 그의 창문 커튼에 형상이 있었다. 나는 나의 친구 우바이둘라 쿨라니(Ubaidullah Al-Khulani)에게 말했다. 그는 당시 예언자의 부인 마이무나(Maymunah)의 하인이었다. '자이드가 우리에게 형상이 있는 그림들에 대해 말하지 않았던가요?' 우바이둘라가 대답했다. '천에 새겨진 것은 예외라고 그가 말한 것을 듣지 못했습니까?'"

티르미지가 우트바('Utbah)에 근거하여 전하고 있다. 후자가 아파 누워 있는 아부 딸라 안사리(Abu Talha Al-Ansari)를 방문했을 때 사흘(Sahl ibn Hanif)이 거기에 있었다. 아부 딸하가 누구를 안으로 불러들이더니 그의 밑에 있는 시트를 찢으라고 하자 왜 그것을 찢어야 하느냐고 사흘이 물었다. 그러자 아부 딸하가 대답했다. "그 위에 형상이 들어간

114_ Muslim.

그림들이 있어요. 그리고 당신은 그와 관련해서 예언자가 한 말씀을 알고 있습니다.” 사흘이 물었다. “천에 새겨진 것은 예외라고 예언자께서 말하지 않았던가요?” 아부 딸하가 대답했다. “그래요. 그러나 그것이 나를 더 기분 좋게 해줘요.” 티르미지는 이 하디스를 훌륭하고 건전한 하디스(Hasan Sahih)로 분류하였다.

이 두 하디스가 몸통이 있는 동상들은 하람이라는 것을 입증하고 있지 않는가?

종이, 천, 넝마, 양탄자, 벽 등에 그려진 또는 새겨진 형상들이 하람이라고 입증할 수 있는 명확한 원문은 없다. 예언자께서 그러한 형태의 형상들을 싫어했다는 것을 가리키는 하디스는 있다. 왜냐하면 사치생활을 떠오르게 하고 가치가 떨어진 것들을 좋아하도록 하기 때문이다.

무슬림 하디스 수집가는 자이드(Zaid ibn Khalid Al-Juhani)에 근거하여 다음 내용을 전하고 있다. 자이드는 아부 딸하 안사리가 전한 말에 근거하고 있다. “나는 사도께서 다음과 같이 말한 것을 들었습니다. ‘천사들은 동상이나 개가 있는 집에는 들어가지 않습니다.’ 나는 아이샤를 찾아가 물었습니다. ‘천사들은 동상이나 개가 있는 집에는 들어가지 않습니다’라고 사도께서 말씀하셨습니까? 이에 아이샤가 대답하길, ‘아닙니다. 그러나 그분께서 무엇을 하셨는지 말씀드리지요. 그분께서 원정에 나간 뒤에 나는 창문에 형상이 들어 있는 커튼을 걸쳤어요. 원정에서 돌아와 그것을 보고 있을 때 나는 그분께서 그것을 싫어한다는 것을 그분의 얼굴에서 읽을 수 있었어요. 그분께서는 그 커튼을 끌어내려 이렇게 말하면서 찢었어요 : 알라께서 돌이나 진흙을 덮으라고 말씀하지 않았어요.’ 아이샤는 이렇게 대답했습니다. ‘우리는 그 천을 잘라 그 천으로 종려나무의 섬유를 넣어 두 개의 베개를 만들었지요. 그에 대해서 예언자께서는 나를 나무라지 않았어요.’”

이 하디스는 벽을 장식한 것 그리고 형상들이 새겨져 있는 커튼들이 승인되지 않았다는 것 외에는 그 이상의 의미를 부여하지 않는다. 나와위는 이렇게 말했다. “이 하디스에는 하람을 의미하는 내용이 포함되어 있지 않다. 핵심적인 말은, '알라께서 그렇게 하라고 지시하지 않았습니다.'라는 표현이다. 이 표현은 그러한 것들은 의무사항도 아니고 가치 있는 것도 아니라는 것이지 하람이라는 것을 암시하고 있는 것이 아니다."

무슬림 하디스 수집가는 아이샤가 한 말을 전하고 있다. "우리는 새 한 마리가 새겨진 커튼을 갖고 있었어요. 사도께서 그 커튼이 있는 방에 들어갔어요. 그것은 들어가면서 오른쪽에 있었는데 이것을 본 사도께서 이렇게 말씀했어요. '여기에서 이 커튼을 치우시오. 들어가면서 그것을 보았을 때 나는 이 세상이 생각이 났소.'"

예언자는 아이샤에게 그 커튼을 찢으라고 말하지 않고 입구를 지향하고 있는 그 장소에서 옮기라고 했다. 예언자는 이런 것들을 보기 싫어했다. 왜냐하면 정면으로 그것을 볼 때 이 세상이 생각나고 유혹이 되었기 때문이다.

이것은 당연하다. 왜냐하면 예언자는 종종 집에서 순나(Sunnah) 예배와 자의적 예배(Nafil)를 드렸기 때문이다. 커튼, 침대보에 새겨진 형상이나 동상 등이 예배와 기도의 집중을 방해하고 간구하는 마음을 산란하게 했을 수도 있다. 부카리가 아나스에 근거하여 이런 내용을 전하고 있다. "아이샤가 가리개로 그녀의 방을 가렸을 때 사도께서 그녀에게 이렇게 말했다. '내가 보는 데서 그것을 치우시오. 그곳에 새겨진 것들이 예배를 산만하게 합니다.'"

앞서 언급된 하디스 내용으로 보아 예언자께서 새의 형상이 새겨진 커튼이나 집안에 형상이 들어있는 덮개 같은 것을 인정하지 않았다는 것은 분명하다. 이 하디스와 그 밖의 유사 하디스에 근거하여 일부 선임 학자들은 이렇게 언급하고 있다. "하람은 바닥에 그림자를 드리우는 형상들이며 바닥에 그림자를 드리우지 않는 것은 하람이 아닙니다."[115]

115_ Al-Bukhari and Muslim.

앞서 언급된 신성 하디스는 이 내용을 더욱 공고히 지지하고 있다. "내가 창조한 것처럼 어떤 것을 창조하려고 하는 자보다 더 그릇된 자는 없느니라. 그들로 하여금 티끌 하나 아니면 보리알 한 톨이라도 창조해 보라고 하라."

알라의 창조는 평면에 2차원의 유형으로 구성되어 있지 않다. 왜냐하면 알라께서는 3차원의 유형을 두시기 때문이다. 다음은 이와 관련한 알라의 말씀이다.

"알라께서는 당신의 뜻에 따라 자궁 속에서 너희를 만드시니라" (3:6)

아이샤에 근거하여 부카리와 무슬림이 전하고 있는 단 한편의 하디스가 약간의 어려운 입장을 취하고 있다. 아이샤가 이렇게 말했다. "형상이 새겨진 방석 하나를 구입했는데 예언자께서 그것을 보고서 문에 멈추어 서 있으면서 집으로 들어오지 않았습니다. 나는 그분의 얼굴에서 불쾌함을 발견하고 이렇게 말했습니다. '사도여, 알라와 사도를 향해 회개합니다. 제가 무엇을 잘못했나요?' 그러자 예언자가 물었습니다. '이 방석은 무엇이요?' 나는 이렇게 대답했습니다. '당신이 앉아서 때로는 누워서 휴식을 취하도록 하기 위해 이 방석을 구입했어요.' 그러자 예언자께서 이렇게 말했어요. '그러한 형상을 만든 자들은 벌을 받을 것이요. 그리고 이런 명령을 들을 것입니다 : 너희가 만든 것에 생명을 불어넣어라.' 예언자는 계속해서 말했어요. '천사들은 형상이 있는 집에는 들어가지 않습니다.'"

무슬림이 전하고 있는 하디스에는 다음 내용이 추가되어 있다. "아이샤가 말했다. '나는 그것을 찢어 기댈 수 있는 두 개의 베개를 만들었습니다.'"

하지만 이 하디스는 여러 가지 이유로 이의가 있다.

(1) 이 하디스의 내용은 상호 모순을 보이고 있는 여러 전언에서 전해진 것이다. 일부의 하디스는 예언자께서 형상이 들어 있는 그 커튼을 잘라 방석으로 만들어 사용했다. 다른 전언은 그 커튼을 사용하지

않았다고 했다.

(2) 일부 전언은 단지 그것을 혐오했을 뿐이라고 전하고 있다. 그 안에 형상이 있어 사치의 기미가 보였기 때문에 인정하지 않았다는 것이다. 무슬림이 전한 다른 전언에서는 이렇게 말했다고 했다. "알라께서는 돌이나 진흙을 감싸라는 지시를 내리지 않았습니다."

(3) 새 한 마리의 형상이 있는 커튼에 관한 아이샤 언급을 무슬림이 전하고 있는 하디스에 따르면 예언자께서 아이샤에게 이렇게 말했다. "여기서 이것을 치우시오. 들어가면서 이것을 보면 세상이 생각납니다." 이 내용은 전혀 하람을 가리키는 것이 없다.

(4) 다음 하디스는 아이샤 집에 있던 커튼에 관한 것으로 예언자가 예배할 때 이것이 예언자의 마음을 산란하게 하여 그것을 치우라고 예언자께서 지시했다는 것이다.

하피즈(Al-Hafiz)는 이렇게 말했다. "이 하디스와 방석에 관한 하디스의 내용을 조정하는 데는 문제가 있다. 이 두 하디스는 아이샤에게서 기인하고 있다. 이 하디스는 예배할 때 마음을 산란하게 하지 않는 이상 그 커튼을 집에 두어도 된다는 것을 가리키고 있다. 그곳에 새겨진 형상들에 관해 어떤 것도 특별히 반대하지 않았다. 하피즈는 그 방석에는 살아 있는 생물체의 형상이 있었고 그 커튼에는 동물이 아닌 것의 형상이 있었다고 말하면서 이 두 하디스를 조정하려고 노력했다. 그렇지만 조정하려던 그의 노력은 새의 형상이 있는 커튼과 관련한 하디스에 대해서는 실패했다.

(5) 방석에 관한 하디스는 아부 딸하가 천이나 직물에 있는 형상은 제외된다고 전한 하디스와 모순이 된다. 꾸르타비(Al-Qurtabi)는 이렇게 말하고 있다. "그 두 하디스 사이에는 공통점이 있다. 아이샤의 전언은 예언자가 인정하지 않았다는 것을 암시하고 한편 아부 딸하의 전언은 절대적으로 허용된다는 것을 가리키고 있으므로 이 두 하디스는 모순되지 않는다. 하피즈(Al-Hafiz ibn Hajar)가 이 견해를 지지하고 있다.

(6) 아이샤가 전한 방석에 관한 하디스를 전한 자는 그녀의 조카

까심(Al-Qasim ibn Muhammad ibn Abu Bakr)이다. 까심은 평면에 그림자를 드리우지 않는 형상은 허용하였다. 이븐 와음(Ibn 'Awm)은 이렇게 말하고 있다. "나는 메카 외곽에 있는 까심의 집에 들어갔을 때 천으로 만들어진 덮개에 비버와 불사조의 형상이 있는 것을 보았습니다."116 하피즈는 이렇게 설명하고 있다. "그는 예언자의 말씀, '천이나 직물에 새겨진 것을 제외한'이란 말씀의 일반성에 집착하는 것 같다. 그는 아이샤의 커튼에 대한 예언자의 입장을 특별한 경우로 이해하였다. 즉 예언자는 형상이 새겨진 벽 덮개와 직물을 결부시키는 것을 부인하였다. '알라께서 돌과 진흙을 감싸라고 지시하지 않았다'는 언급이 이를 뒷받침하고 있다." 까심은 메디나 지역 일곱 법률가 중의 한 사람으로 그 시절에 가장 저명한 법률가였다. 방석과 관련한 하디스를 전한 자가 바로 이분이다. 따라서 만일 그가 천으로 된 덮개 사용의 허용을 인식하지 못했다면 그는 그것의 사용을 허락하지 않았을 것이다.117

이들 하디스들을 조합시키는 다른 방법이다. 아마도 이슬람 초기에는 예언자께서 모든 형상들을 매우 엄격하게 금지했을 것이다. 왜냐하면 그 당시의 사람들이 쉬르크, 즉 알라를 제쳐두고 사신들을 섬기고 우상들을 숭배하였으며 형상들이나 동상들을 신성시하려는 경향이 있었기 때문이다. 그러나 알라의 일위일체성에 대한 믿음이 그들의 정신과 마음에 뿌리를 내리면서 예언자는 몸통이 없는 형상이 들어간 조각이나 그림을 허용하였다. 한편 자기 자신은 형상이 새겨진 덮개나 커튼을 싫어했고 집안에 형상이 들어간 그림을 두는 것을 싫어했다. 하물며 형상이 들어간 천이나 직물, 종이조차도 예외를 두지 않았다.

하나피 법학자 출신의 저명한 타하위(Al-Tahawi) 법률가는 이렇게 말하고 있다. "초기에 예언자는 모든 종류의 형상을 금지하였는데 하물며 형상이 새겨진 것이 아닌 것까지도 그랬다. 왜냐하면 무슬림들이 단지 최근에야 우상숭배에서 탈피했기 때문이다. 따라서 이 종류의 도

116_ Fath Al-Bari.

117_ Fath Al-Bari.

든 것이 금지되었다. 나중에 천이나 직물은 제외시켰다. 왜냐하면 옷을 입어야 할 필요성 때문이었다. 또한 공경의 대상이 아닌 형상도 허용하였다. 왜냐하면 배우지 못한 자들이 가치가 없는 것들을 신성화할 위험성이 없었기 때문이다. 그러나 신성시될 수 있는 형상들에 대한 금지는 결코 풀지 않았다."118

신성화될 가치가 없는 형상들은 할랄

신성화될 가능성이 멀거나 그러한 가치가 없는 것들은 할랄, 즉 허용의 범주로 바뀌게 되었다. 이런 내용의 하디스가 있다. 가브리엘 천사가 예언자에게 들어갈 수 있도록 허락을 요구하자 그렇게 하라고 했다. 그러자 가브리엘이 말했다. "당신의 집에 형상을 한 커튼이 있는데 어떻게 들어간단 말이요? 만일 내가 들어가야 할 필요성이 있다고 당신이 생각한다면 그 형상의 머리를 자르거나 아니면 여러 조각을 만들어 방석들을 만들거나 아니면 바닥깔개로 사용하시오."119

아이샤가 예언자의 얼굴에서 형상이 있는 방석을 싫어한다는 것을 알아차리고 아이샤는 그것을 조각을 내어 더 작은 방석으로 만들어 그것에 기대어 휴식을 취하게 하면서 거기에 새겨진 형상에 대한 어떠한 존경심도 들지 않도록 했다.

초기 이슬람 세대들은 형상들이 새겨진 물건들을 사용하면서도 그것들에 대한 어떠한 공경심도 갖지 않았다는 증거가 있다. 우르와('Urwah)는 새들과 사람들의 형상이 들어 있는 팔 방석을 사용하면서 아무렇지도 않았다. 이크리마('Ikrimah)는 이렇게 말하고 있다. "우리는 수직의 자세를 하고 있는 형상들을 보는 것을 싫어하였지만 그것들이 넝마 또는 깔판에 있는 것이라면 우리가 그것들을 밟고 다니면 가치를 잃기 때문에 관심을 두지 않았다."

118_ Sheik Bakhit.

119_ Al-Nisai and Ibn Hibban.

사 진

지금까지 수와르(Suar), 즉 평면에 도안된 것, 그려진 것, 또는 찍혀진 것들에 대한 언급이 있었다. 사진은 최근에 발명된 것으로 예언자 시대와 초기 이슬람시대에는 없었던 것이다. 그렇다면 현대사회의 사진사들의 사진들과 사진작가들에 대한 이슬람의 규범은 어떻게 되는가? 라는 질문이 자연적으로 나오게 된다. 몸통이 있어야 하람으로 규정하는 법학자들은 사진에 대해서는 아무렇지도 않게 본다. 특히 완전한 몸통이 없을 경우에는 더욱 그렇다. 그러나 문제를 제기하는 자들도 있다. 사진이 그림과 수와르에 근접하는가? 형상을 만드는 자들, 즉 알라의 창조성을 모방하는 자들이 받게 될 벌에 관한 일부 하디스에 언급된 이유가 사진의 경우에는 적용되지 않는다고 하는데 이것이 사실인가? 금지해야 하는 근거가 없어 하람을 무효화하는 것은 아닌가?

고인이 된 무함마드 바키트(Muhammad Bakhit) 이집트 법률가는 사진이란 카메라를 통해서 단순히 실물의 상을 찍는 것이기 때문에 이런 경우에는 하람이 될 이유가 없다고 해석하였다. 하람이 되는 사진은 그것의 대상이 존재하지 않는 것을 만들어 내는 것, 작가가 알라의 창조를 모방할 의도에서 나온 것으로 이런 것들은 카메라로 찍은 사진에 적용되지 않는다.120

비록 사진들을 포함한 모든 종류의 형상들을 혐오사항으로 엄격히 분류하는 자들조차도 필요에 따라 공경이나 신성화 대상이 되지 않는 신분증, 여권, 범죄기록 보존, 산업목적용 사진들은 이슬람 교리에 영향을 미치지 않으므로 할랄이다. 이러한 사진의 필요성과 중요성은 예언자께서 제외시킨 천이나 직물보다 더 크다.

사진의 주제문제

만일 모든 종류의 사진이 하람이 된다고 한다면 대상이 문제의 결정적인 요인이 될 것이다. 사진이 교리, 윤리, 이슬

120_ Al-Jawab Al-Shafi fi Ibahat Al-Taswir Al-Fotografi 참조.

람법에 위배된다면 그것이 사진의 대상이 되는 것에 대해 무슬림은 동의하지 않을 것이다. 색욕과 성욕을 유발시키는 남녀의 누드 사진, 반나체 사진, 그리고 잡지나 신문, 영화관이나 간판 등에 등장하는 남녀의 섹시한 모습의 사진들을 금지하는 것은 의심의 여지가 있을 수 없다. 이러한 사진을 찍는 것, 이러한 사진을 발행하고 판매하는 것, 이런 것들을 가정이나 사무실이나 가계로 가져오는 것, 이런 것들을 벽에 걸어놓는 것, 그런 사진들을 바라보는 것도 두말 할 것 없이 모두가 하람이다.

이와 마찬가지로 폭군들의 사진도 여기에 적용된다. 무슬림은 그러한 사람들을 혐오하고 알라를 위해 그들에 대한 반감을 느낀다. 창조주의 존재를 부정하는 '위대한' 사람 또는 '지도자'와의 사진촬영은 할랄이 아니다. 소나 불을 숭배하는 우상숭배의 위대한 사람 또는 지도자와도 마찬가지이다. 무함마드의 예언자 직위를 부정하는 자와의 사진촬영이나 알라께서 계시한 법을 집행하지 않는 무슬림과의 사진촬영도 마찬가지이다. 마찬가지로 사회에 외설과 음란과 호색을 퍼트려 성적 타락을 유발시키는 가수나 연예인들과의 사진촬영도 할랄이 아니다.

우상을 상징하는 것, 우상이나 동상, 십자가 등 이슬람 교리와 배치되는 것들과의 사진촬영도 마찬가지이다. 예언자 시절까지만 해도 이러한 것들이 직물이나 커튼 또는 방석 같은 것에 꽤 많이 있었던 것으로 본다. 예언자께서 자기 집에 있던 십자가 형태로 만들어진 모든 것들을 부수었다고 부카리가 전하고 있기 때문이다.[121]

메카가 정복되던 해 예언자는 카으바(Ka'aba) 신전에 들어가지 않고 있다가 그 안에 있던 형상을 한 모든 것들을 파괴한 다음에 그 안에 들어갔다고 이븐 압바스가 전하고 있다.[122] 이러한 형상들은 의심할 바 없이 모두가 메카 사람들이 숭배한 우상들의 잔유물이요 불신자들의 유산이었기 때문이다. 이와 관련하여 알리(Ali ibn Abu Talib)는 이렇게 말했다.

121_ Al-Bukhari.

122_ Al-Bukhari.

"사도께서 어떤 장례식에 참석하여 이렇게 말씀하셨습니다. '여러분 중에 누가 메디나로 갈 수 있습니까? 모든 우상들을 파괴하고 무덤 봉우리를 없애고 그림 안에 있는 형상들의 머리를 제거한 후에 메디나로 돌아가야 합니다.' 이때 한 남자가 이렇게 말했습니다. '제가 그렇게 할 수 있습니다.' 그리고 그는 갔다가 잠시 후에 돌아와 이렇게 말했습니다. '사도님, 하나도 남겨두지 않고 우상들을 모두 파괴하였고, 모든 무덤의 봉우리를 없앴고, 그림에 있는 형상들의 머리를 모두 제거했습니다.' 그러자 사도께서 선언하셨습니다. '이들의 관습을 회귀하는 자는 누구나 할 것 없이 무함마드에게 계시된 것을 거역한 자입니다.'"123

예언자께서 형상들의 얼굴을 제거하라고 명령한 것은 당시 자힐리야(Jahiliyyah), 즉 무지의 시대에 범람했던 우상숭배의 일면을 보여주면서 메디나에 남아 있는 우상의 잔재들도 모두 제거하라는 것을 암시한 것이다. 그리고 그러한 관습으로 되돌아가는 것은 곧 그에게 계시된 메시지를 거역한 것이라고 묘사했다.

사진과 사진들에 대한 규범

사진과 사진들에 대한 규범을 요약하면 다음과 같다.

(1) 가장 엄격하게 금지된 사진들은 창조주 알라 대신에 숭배의 대상이 되는 것, 즉 예수의 초상화나 사진 같은 것이다. 왜냐하면 창조주 알라 하나님의 일위일체성을 부정하는 매개체가 되고 있기 대문이다.

만일 그러한 목적을 갖고 의도적으로 그러한 것들을 만들었다면 그는 분명히 불신의 행위를 지향한 것이다. 그러한 것 중에 가장 혐오스러운 것은 바로 동상들이다. 그러므로 이 일에 동참하여 그것들을 섬기는 행위를 한다면 그것에 대한 죄의 일부분을 지게 된다.

(2) 다음으로 죄가 되는 것은 섬길 목적으로 만들어진 것은 아니지

123_ Ahmad.

만 알라의 창조를 모방하려는 의도가 있는 것이다. 알라처럼 만들어낸 작품이라고 주장하는 예술가가 있다면 그는 불신자다. 이 문제는 오로지 예술가의 의도에만 관계된다.

(3) 그 다음에는 왕이나 통치자와 같은 위대한 인물을 기념하기 위해 공공장소에 세워진 동상들이다. 이것은 몸통 전체가 있는 동상과 반신상 또는 흉상에도 똑같이 적용된다.

(4) 다음에는 숭배되거나 공경을 받지 않으나 몸통이 있으며 살아있는 것의 상이다. 이것들 역시 하람이다. 그러나 어린이를 위한 인형들, 초콜릿 또는 설탕물로 만든 식품관련 상들은 하람의 범주에서 완전히 제외된다.

(5) 다음에는 몸통은 없지만 통치자 또는 정치지도자와 같은 위대한 사람들의 사진들, 특히 이것들이 전시되거나 벽에 걸려 있는 사진들이다. 특히 이들 지도자들이 폭군이거나 무신론자, 부패한 자들이었다면 이들을 존경하고 받드는 것은 이슬람을 저하시키는 것이다.

(6) 다음은 몸통도 없고 공경의 대상도 되지 않는 사람이나 동물의 사진들이지만 이것들이 사치품의 대상이 되고 호화생활의 상징이 될 때는 혐오사항으로 분류가 된다.

(7) 나무, 호수, 배, 산, 자연환경을 대상으로 한 그림이나 사진들은 모두가 할랄이다. 하지만 그것들이 신앙생활을 흩뜨리거나 사치와 호화생활의 상징으로 유도된다면 할랄로 인정되지 않는다.

(8) 카메라에 의한 사진은 기본적으로 할랄이다. 다만 찍히는 대상이 하람이면 그 사진도 역시 하람이다. 사진속의 대상이 섬김의 대상이 된다거나 신성화가 된다면 그것은 하람이다. 우상숭배자, 공산주의자, 무신론자, 도덕과 윤리를 타락시키는 연예인의 사진도 하람이다.

(9) 마지막으로 금지된 동상이나 그림속의 형상들의 얼굴들이 제거되거나 흉측하게 보이게 될 때는 그것들을 사용하는 것이 허용된다. 넝마나 양탄자 같은 것에 있는 형상들은 사람들이 짓밟고 다니기 때문에 공경이나 섬김의 대상이 되지 않기 때문이다.

불필요한 개를 집안에 두는 것

아무런 필요 없이 집안에 두는 애견은 예언자에 의해 하람이 되었다. 가난한 친척들과 이웃들을 저버리면서 애견을 키우기 위해 돈을 낭비하는 부유층들을 볼 수 있다. 이들에게는 이렇게도 무관심하면서 애견에게는 얼마나 많은 관심을 보이고 돈을 낭비하고 있는가! 이슬람이 집안에서 애견을 키우는 것을 금지하는 이유요 목적이다. 집안에 있는 개들은 털을 날리고 입으로 여러 가정용품을 핥아 비위생적으로 만든다. 다음은 이와 관련한 예언자의 말씀이다.

"개가 항아리를 핥거든 일곱 번을 닦되 한 번은 반드시 모래나 흙으로 닦으시오."[124]

일부 학자들도 집안에 개를 두는 것을 하람으로 한 것은 짖어서 방문자와 자선이 필요한 불우하고 불쌍한 자를 쫓아버릴 뿐만 아니라 그들을 추격하고 지나가는 사람을 물려고 하기 때문이라는 데에 견해를 같이하고 있다. 다음은 이와 관련한 예언자의 말씀이다.

"가브리엘 천사가 나를 찾아와 이렇게 말했어요. '어제 내가 당신을 찾아왔을 때 당신의 집에 들어가지 못하게 한 것은 문전에 있는 동상과 집안에 걸려 있는 커튼에 새겨진 형상과 집안에 있는 개 때문이었소. 그러므로 동상의 머리를 절단하여 나무기둥처럼 보이게 하고 커튼은 잘라서 두 개의 방석을 만들어 그것에 기대거나 앉아서 휴식을 취하고 개는 내보내시오'"[125]

개를 집안에 두는 것을 하람으로 하는 경우는 단지 필요 없이 또는 유익함이 없이 개를 집에서 기르거나 두는 경우를 가리킨다.

사냥개와 군견은 할랄

사냥, 가축이나 농작물 감시, 군견 같은 어떤 목적으로 기르거나 보호받는 개들은 위의 규범에서 완전히 제외된다. 다

124_ Al-Bukhari.
125_ Al-Bukhari.

음은 이와 관련한 예언자의 말씀이다.

"사냥 또는 농작물 또는 가축 감시가 목적이 아닌 개들을 집안에서 키우거나 돌보는 자는 매일 많은 것을 잃을 것입니다."[126]

이 하디스를 근거로 삼아 일부 법률가들은 고양이처럼 개를 키우거나 돌보는 것도 하람, 즉 금지보다는 마크루흐, 즉 혐오스러운 것으로 보아야 한다고 논쟁한다. 왜냐하면 하람은 보상의 감소와는 무관하게 절대적으로 금지된 것이기 때문이다.

하지만 집안에서 개를 키우지도 말고 돌보지도 말라는 것은 개를 학대하거나 박멸하라는 의미가 아니다. 다음은 이와 관련한 알라의 말씀이다.

> "땅위에 걷는 동물도 두 날개로 나는 새들도 너희들과 마찬가지로 공동체의 일부이니라." (6:38)

다음은 이와 관련한 예언자의 말씀이다.

"만일 개가 공동체의 한 일원이 아니라면 나는 개들을 모두 살해하라고 했을 것입니다."[127]

예언자는 교우들에게 사막에서 헐떡거리며 흙을 핥고 있는 개 한 마리를 발견하고 우물을 찾아 그의 신발에 물을 담아 와서 그 개의 갈증을 식혀준 어떤 사람에 대한 이야기를 들려주셨다. 다음은 이와 관련한 예언자의 말씀이다.

"알라께서는 그에게 감사해 하고 그의 모든 죄를 사하여 주셨습니다."[128]

개와 함께할 때 나타나는 결과에 대한 과학적 연구

이슬람국가에 사는 일부 서구인들은 살아 있는

126_ Al-Bukhari and Muslim.

127_ Abu Dawood and Al-Tirmizi.

128_ Al-Bukhari.

모든 생물을 사랑해야 한다고 주장하면서 이슬람이 사람에게 가장 좋은 친구인 개에 대해 경고하는 것이 이상스럽다고 말한다.

독일의 제라르드 핀스티메르(Gerard Finstimer) 과학자가 한 독일 잡지에 기고한 개와 관련한 과학적 논문을 소개하고자 한다. 그는 이 글에서 개를 집에서 기르고 개와 접촉할 때 인간의 건강에 미치는 위험성을 길게 언급하면서 개들을 멀리하고 접촉하지 말 것을 권고하고 있다. 다음은 그가 기고한 글의 일부 내용이다.

최근 들어 고양이처럼 개와 함께하는 사람들이 늘어나면서 이르 인한 위험성에 대해 대중적 관심을 가져야만 하게 되었다. 왜냐하면, 특히 애견들을 껴안고 개와 키스하고 개로 하여금 어린이나 노인의 손들을 핥게 하고, 더 심한 것, 사람이 먹고 마시는 그릇이나 가정용품을 빨도록 허용하고 있기 때문이다.

이러한 것은 비위생적일 뿐만 아니라 좋지 않는 매너요 좋은 음식의 맛을 혐오스럽게 하는 짓이다. 그런데 우리는 그러한 문제에 관심을 두지 않고 윤리교사와 미식가들의 연설에 맡기고만 있다. 이 글은 과학적인 관찰을 제시하고 있다.

이 문제를 의학적 관점에서 보면, 이것이 이 글의 주요 관심사이기도 하지만, 인간의 건강과 생명에 위험하다. 그러므로 개와 함께하고 개와 장난하는 것을 멀리하는 데 소홀히 해서는 안 된다. 소홀히한 대가로 많은 사람들이 높은 비용을 치르고 있다. 개로부터 옮겨지는 촌충이 만성병의 원인이 되며 때로는 죽음을 초래하기도 하기 때문이다. 이 모충은 인간, 가축 및 돼지에서 발견되지만 완전히 성장한 상태로는 개, 늑대의 몸에서 발견된다. 하지만 고양이에게는 거의 없다. 이들 촌충들은 다른 것들과는 다르게 미소하고 눈에 잘 보이지 않아 최근까지 발견되지 않았던 것이다. 이 학자는 계속해서 말하고 있다.

생물학적으로 이 촌충의 발달과정은 독특한 특징을 갖고 있다. 이것들에 의해 조직 및 정신장애가 오기도 한다. 한 개의 촌충이 많은 가지를 새끼를 치고 각자는 다른 형태를 만들어 역시 조직 및 정신장애를 일으키는 다양한 종기를 만들어 낸다. 이것들은 단지 개의 편도선에서만 완전한 촌충으로 성장하고 인간과 다른 동물의 몸에서는 종양처럼 나타난다. 동물의 몸에서 하나의 종양은 사과만큼의 크기로 발전하고 이것에 오염된 동물의 간은 다섯 배에서 열배까지 자랄 수도 있다. 인간의 몸에서는 종양의 크기가 단단하게 쥔 주먹 또는 태아의 머리만큼의 크기에 이를 수도 있다. 그것은 황색 액체로 가득하며 무게는 10에서 20 파운드에 이른다. 오염된 인간의 몸에서 그것은 폐, 근육, 비장, 신장, 뇌 등에 다양한 종류의 염증을 일으키는 원인이 되기도 한다. 그리고 전문가들도 최근까지 그것을 식별하기가 어려울 정도로 서로 다른 형태로 나타난다.

어느 곳에 이 염증이 발생하던 간에 건강한 환자의 생명에 큰 위험이 된다. 더욱더 큰 문제는 이 촌충의 역사, 기원, 발전에 대한 우리의 지식에도 불구하고, 인간의 몸에서 생산되는 항체 덕분에 이 기생충들이 자연사한 몇 경우를 제외하고는, 그에 대한 치료방법을 발명해 내지 못했다. 불행스럽게도 그러한 기생충들이 위험을 초래하지 않고 죽은 일이 거의 없다는 것이다.

화학요법도 아무런 효과를 거두지 못했고 일상적인 치료란 종양이 형성된 신체의 부분을 제거하는 것이다. 이러한 이유들로 인간은 이 치명적인 병에 대항할 모든 수단을 강구하여 이러한 위험으로부터 인간을 보호해야 한다.

뇔러(Noeller) 교수는 독일에서 시체해부를 통해 개의 촌충에 의해 감염된 사고는 최소한 1%가 된다는 것을 발견했다. 달마티아(Dalmatia), 아일랜드, 호주 남동부, 홀란드 같은 일부 지역에서는 개들이 썰매를 끄는 데 사용되는데 이 지역에서는 이들 개들의 촌충으로 인한 사건 비율이 12%나 된다. 아일랜드에는 이 촌충에 감염되어 고생하는 사람 숫자가 43%에 달한다. 사람의 희생에 더하여 소에 감염됨으로써 고기의 손실은 말할 것도 없다. 이 촌충 때문에 인간의 건강이 항상 위험에 노출되어 있다는 것을 인식한다면 우리는 이 문제에 대해서 안심하고 있어서는 안 될 것이다.

이 문제에 대처하는 최선의 방법은 개 몸속에 있는 기생충이 다른 곳으로 옮겨가지 않도록 하는 것이다. 왜냐하면 실질적으로 우리는 필요한 개들을 기르며 개들과 함께하고 있기 때문이다. 개들이 가정용품이나 용기를 핥지 않도록 개를 다스려야 할 것이다. 개들의 편도선에 잠식하고 있는 촌충을 제거하는 데 게을리해서는 안 되며 가축을 지키는 개나 군견 또는 특수 업무를 수행하는 개들을 다스릴 때도 주의를 해야 한다.

개로부터 안전한 거리를 두어서 인간의 생명과 건강을 보호해야 한다. 어린이들이 개를 껴안거나, 개와 함께 놀거나, 개를 만지거나 애무하지 않도록 교육과 주의를 시켜야 한다.

개가 어린들의 손을 핥거나 어린이들의 놀이터에 가지 못하도록 해야 한다.

개들이 아무 곳, 특히 어린이들의 놀이터를 드나들며 돌아다닐 수 있도록 풀어놓은 것은 불행한 일이지만 개의 밥그릇들과 분비물들이 집안 이곳저곳에 널려 있는 것은 더 안타까운 일이다. 개는 별개의 밥그릇에 밥을 주고 사람이 사용하는 용기나 접시들을 핥지 못하도록 하고 상점이나 식료품가게, 식당이나 장터에 들어오지 못하도록 해야 한다. 특히 사람들이 먹고 마시는 도구로 사용하는 식기나 컵과 접촉하지 못하도록 해야 한다.

예언자께서 왜 개와 함께하지 말고, 개가 접시나 식기를 핥지 못하도록 경고하고, 필요가 없는 경우에는 개에게 접근하지 말라고 했는지 이해가 되었을 것이다. 교육을 받지 않은 무학자 아랍인 무함마드의 가르침이 가장 최근의 과학적 연구 결과와 일치하고 있다는 것이 어떻게 가능할까? 이에 대한 대답은 꾸란의 말씀을 반복하는 것 외에는 아무 것도 없다.

> “그것은 무함마드가 자신의 욕망을 말하고 있는 것이 아니라 그에게 내려진 계시니라.” (53:3-4)

노동과 생계비

다음은 이와 관련한 알라의 말씀이다.

"알라께서는 너희를 위하여 대지를 유연하게 하셨나니 지구촌 이곳저곳을 다니면서 그분께서 베푼 양식을 얻으라." (67:15)

알라께서 인간의 생계를 위해 이 땅을 인간에게 유익하도록 하면서 이 땅을 지배하도록 하셨다는 것이 이슬람의 기본 원리다. 그러므로 인간은 이 땅에서 생계비를 벌어야 하고 노력과 노동을 통해 이 땅에서 알라의 축복을 간구해야 할 의무가 있다.

노동의 능력이 있는 자가 노는 것은 하람

일생을 신앙생활에 헌신한다는 핑계나 알라께 모든 것을 의지하겠다는 것을 구실로 노동을 회피하는 것은 무슬림에게 허용되지 않는다. 왜냐하면 분명히 금이나 은이 하늘에서 떨어지지 않기 때문이다. 노동을 통하여 자신의 생계를 유지하고 가족을 돌볼 수 있는 자가 자선에 의존하는 것도 역시 무슬림에게는 허용되지 않는다. 다음은 이와 관련한 예언자의 말씀이다.

"자선은 부자가 아니거나 노동의 능력이 없는 자에게만 할랄, 즉 허용됩니다."[129]

129_ Al-Tirmizi.

예언자는 구걸을 해야 할 절실한 필요가 없는데도 타인에게 구걸하는 것은 하람이라고 하면서 이 구걸은 자신의 명예와 존경을 잃게 하는 행위라고 하였다. 다음은 이와 관련한 예언자의 말씀이다.

"절실하게 필요하지 않으면서도 구걸하는 자는 자신의 손에 불타는 석탄을 쥐고 있는 것과 같지요."130

"자신의 부를 늘리기 위해 사람들에게 구걸하는 자는 누구나 할 것 없이 부활의 날 할퀸 얼굴 모습을 하고 지옥의 이글거리는 돌들을 먹을 것입니다. 그러므로 이 징벌이 줄어들도록 하거나 그가 원하는 대로 징벌이 증가되도록 두시오."131

"구걸을 계속하는 자는 부활의 날 얼굴에 살 한 점 없는 상태로 알라를 만나게 될 것입니다."132

이렇듯 예언자는 엄격한 교훈을 통해서 무슬림으로 하여금 자신의 명예를 지키고 자립정신을 길러 타인에게 의지하지 않도록 하셨다.

구걸이 허용되는 경우

하지만 어쩔 수 없는 상황과 절실한 필요에 의한 구걸은 있을 수 있다고 하였다. 구걸을 하지 않으면 안 될 경우 정부 또는 개인으로부터 도움을 요청하는 것은 비난의 대상이 아니다. 다음은 이와 관련한 예언자의 말씀이다.

"구걸은 여러분의 얼굴에 붙어 있는 살을 할퀴어 내는 것과 비슷합니다. 그러므로 자[illegible] 얼굴[illegible] 구하고자 하는 자는 구걸을 피하여야[illegible]니다. 그러나 정[illegible]적으로 도움[illegible] 필요하여 정부나 다른 사람에게 구걸하[illegible]것은 예[illegible]입니다."133

무슬림[illegible]의 사히흐(Sa[illegible])에서 아부 비쉬르 꾸바이사(Abu Bishr

130_ Al-Ba[illegible]qi and Ibn Khazimah.
131_ Al-T[illegible]izi.
132_ Al-[illegible]khari and Muslim.
133_ A[illegible]Dawood and Al-Nisai.

Qubaysah ibn Al-Makharaf)가 한 말을 전하고 있다. "나는 히믈(Himlah)를[134] 내기로 합의하고 예언자를 찾아가 도움을 청하자 예언자께서 다음과 같이 말씀하셨습니다.

"자선이 들어올 때까지 기다리시오. 자선이 들어오면 주겠소. 꾸바이사, 다음의 세 경우에 해당하는 자가 아니면 구걸하는 것은 허용되지 않소. 첫째는 히믈라를 내기 위해서라면 일정 금액이 될 때까지 사람들에게 구걸해야 하는 자, 그러나 일정 금액이 되면 구걸을 멈추어야 합니다. 두 번째 경우는 재앙을 당한 자 또는 재산을 모두 잃은 자로 스스로 일어설 때까지만 구걸이 허용되며, 세 번째는 굶어 죽을 지경에 있는 경우로 그는 도움이 필요한 자라고 주위 사람들이 말하는 자입니다. 그 역시 스스로 일어설 때까지만 구걸이 허용됩니다. 이 세 경우가 아니면서 구걸하는 것은 불을 삼키는 것입니다."[135]

노동의 존엄성

일부 사람들은 어떤 종류의 노동과 직업은 천한 것으로 생각한다. 그러나 예언자는 이러한 생각과 관념을 부정하면서 모든 인간의 존엄성은 노동에 있다고 교우들에게 가르쳤다. 노동과 직업의 귀천을 부인하면서 불명예와 굴욕적인 것은 다른 사람에게 의지하고 구걸하는 것이라고 했다. 다음은 이와 관련한 예언자의 말씀이다.

"알라께서는 밧줄 하나를 가지고 산에 올라가 등에 나무 한 다발을 등에 메고 내려와 파는 자의 명예를 지켜주십니다. 그러나 구걸하는 자는 도움을 받을 수도 있지만 거절당하여 명예를 잃고 비참한 굴욕을 맛보게 됩니다."[136]

무슬림은 농사, 상거래, 산업, 전문 직업, 또는 피고용인으로 생계

134_ 분쟁 당사자 사이에 평화를 조성할 목적으로 두 당사자에게 주는 돈.

135_ Abu Dawood and Al-Nisai.

136_ Al-Bukhari and Muslim.

를 유지할 수 있다. 물론 하람과 관련된 일, 하람에 개입하거나 하람을 퍼트리거나 지원하는 행위는 하람이다.

농업을 통한 벌이

알라는 꾸란에서 자신이 인간에 베푼 은총을 언급하면서 농업을 통한 벌이를 언급하셨다. 이를 위해 땅을 펼쳐 주셨고, 농사를 짓기에 적합하게 두셨고, 생산을 위해 경작지를 비옥하게 두셨다. 그러므로 인간은 이러한 알라의 은총을 되새기면서 알라께 감사해야 한다. 다음은 이와 관련한 알라의 말씀이다.

> "알라께서는 너희를 위하여 대지를 융단처럼 펼쳐 주셨으니 이는 너희로 하여금 대지를 활보하도록 함이니라." (71:19-20)
> "이 땅은 나의 피조물들을 위해 두었느니라. 그 안에는 온갖 종류의 과실과 송이를 이룬 종려나무들이 있고 껍질이 있는 곡식과 잎들과 줄기와 향초가 있느니라. 너희는 너희 주님의 은혜 중 어느 것을 거역하겠느냐?" (55:10-13)

또한 알라께서는 물을 풍부하게 공급하셨다. 비를 내려 물이 흐르도록 하여 메말라 죽어 가는 대지를 살린다. 다음은 이와 관련한 알라의 말씀이다.

> "하늘에서 비를 내리게 하사 그것으로 모든 식물을 움트게 하며 그것의 일부로부터 푸른 잎들을 피게 하며 그것으로부터 이삭에 싸인 낱알을 거두게 하시고 종려나무와 그의 줄기에서 그 열매가 송이송이 열리며 보기에 유사하나 맛을 다르게 하여 포도와 올리브와 석류나무의 과수원을 두시었느니라. 그것들이 열매를 맺기 시작하고 영글어가는 것을 보라. 그 안에는 믿음을 가진 백성들을 위한 증표가 있느니라." (6:99)
> "인간으로 하여금 그가 먹는 음식을 숙고하여 보게 하라. 너가 흡족한 비를 내리고 땅에 틈을 만들어 그곳으로부터 식물이 나오게 하며 그곳에서 곡식들이 자라게 하느니라." (80:24-27)

알라께서는 바람을 보내 구름을 만들고 길조로써 비구름을 보내신다. 다음은 이와 관련한 알라의 말씀이다.

"나는 또한 대지를 펼치고 그 안에 산들을 세워 고정시켰으며 그 안에서 모든 것이 적절한 비율로 자라도록 하였느니라. 그리고 나는 너희들을 위해 그리고 너희가 양식을 제공하지 못하는 대상자들을 위하여 생활수단을 부여하였느니라. 일용할 모든 양식이 나에게 있으니 필요한 양 외에는 내려주지 아니 하노라. 내가 잉태의 비바람을 보내 하늘로부터 비를 내리게 하여 그것을 마시게 하느니라. 너희는 그것을 저장하는 자가 아니니라." (15:19-22)

위에 언급된 모든 절에서 알라는 인간에게 농업을 장려하고 어렵지 않게 경작을 할 수 있게 하여준 알라의 은총을 생각하고 감사하도록 하고 있다. 다음은 이와 관련한 예언자의 말씀이다.

"무슬림이 한 그루의 묘목을 심거나 한 알의 곡식을 경작하여 거기에 열린 열매나 곡식을 사람이나 또는 한 마리의 새가 먹었다 해도 그 무슬림은 자선을 베푼 것이나 다름이 없습니다."137

"한 그루의 묘목을 심어 거기에 열린 열매를 누가 먹었거나 또는 도둑을 맞더라도 부활의 날 그것은 심은 자의 자선으로 계산될 것입니다."138

본 하디스가 제시하고 있는 교훈은 한 그루 나무 또는 한 알의 곡식을 심어 거기에 열린 열매 또는 곡식을 누가 먹든지 또는 필요한 사람에게 팔더라도 그것을 심은 자는 계속하여 보상을 받는다는 의미를 담고 있다. 학자들은 이렇게 말한다. "알라께서는 당신의 관대함으로 당사자가 죽은 후에도 그가 살아 있을 때처럼 지속적으로 보상을 더하여 준다. 여기에는 여섯 부류가 있다. 하인들에게 베푼 자선, 유용한 지식, 고인을 위해 기도하여 주는 자식, 한 그루의 나무를 심은 자, 한 알의 곡식을 심은 자, 적을 경계하는 군인이다."

호두나무 한 그루를 심고 있던 아부 다르다(Abu Al-Darda) 옆을 지나가던 어떤 사람이 그에게 질문을 했다. "당신은 이미 노년이 되셨는데 나무를 심어 무엇 하겠습니까? 이 나무는 여러 해가 지나야만 열매

137_ Al-Bukhari and Muslim.

138_ Muslim.

를 맺을 텐데요." 그러자 아부 다르다가 말했다. "무슨 말을 그렇게 하시오. 다른 사람들이 이 나무의 열매를 먹게 되면 그 보상은 나에게로 돌아올 것입니다."

예언자의 한 교우가 예언자로부터 들었던 말을 전하고 있다. 다음은 이와 관련한 예언자의 말씀이다.

"한 그루의 나무를 심고 그것을 잘 보호하면서 그 나무가 열매를 맺을 때까지 보살피는 사람이 있다면 알라께서는 그 열매가 누구를 위해 사용되든지 관계없이 그를 위해 자선으로 계산하실 것입니다."[139]

예언자가 남긴 이 말씀에 근거하여 일부 학자들은 농업이 가장 축복받은 직업이라고 말하기도 한다. 제조업과 수공업이 제일이라고 말하는 사람들도 있다. 또 다른 사람들은 상업과 무역이 가장 좋다고 생각하기도 한다.[140] 모든 것은 환경에 달려 있다고 다른 목소리를 내는 사람들도 있다. 식량이 부족할 때는 농경이 최선이고 사람들이 상품을 찾을 때는 상업과 무역이 최고이며 공산품의 수요가 많을 때는 제조업과 산업이 가장 좋다는 것이다. 환경과 조건에 의한 선호도는 현대 과학적인 사고와 가장 근접하게 일치하고 있는 것 같다.

금식된 식물재배

대마초와 같은 하쉬쉬 식물 재배는 물론 그것을 먹는 것도 하람이다. 사용하는 방법을 몰라 피해가 될 수 있는 것도 하람이다. 담배가 바로 이런 종류에 속한다. 흡연은 하람이다. 그러므로 그것을 재배하는 것도 하람이라는 것이 더 보편적이다. 물론 흡연이 혐오스러운 것, 즉 마크루흐로 분류한다면 담배의 재배도 마크루흐다. 필자는 담배 재배를 하람으로 분류하고 싶다.

비무슬림에게 판매하기 위해 하람 작물을 재배한다고 말하는 무슬림이 있다면 그것은 변명이 될 수 없다. 왜냐하면 무슬림이라면 누구

139_ Ahmad.

140_ Al-Bukhari에 관한 Al-Qastalani의 논평 참조.

를 막론하고 하람인 것을 어느 누구에게 퍼트려서는 안 되기 때문이다. 기독교 신자들이나 비무슬림들에게 돼지고기를 팔기 위해 무슬림이 돼지를 양육하는 것도 역시 하람이다. 앞에서 이미 살펴보았듯이 포도 같은 할랄 식품이라 할지라도 그것으로 포도주를 만들 사람에게는 판매될 수 없다.

산업과 직업

농업은 필수적이므로 기본 생활수단이다. 이슬람은 현세에서 농업이 주는 유익함과 내세에 가서 받게 될 큰 보상을 강조하면서 농업에 종사할 것을 권장한다. 그렇지만 모든 사람들이 단지 농업에만 전념하고 매달리는 것은 극히 바람직스럽지 않다는 것이 이슬람의 견해다. 바닷속 깊은 곳에서 오직 진주만을 채취하는 것도 그와 마찬가지이다. 인간의 활동이 오직 농업과 농촌생활에만 국한된다면 패배감이나 수치감 같은 여러 위험에 노출될 수 있다.

다음은 이와 관련한 예언자의 말씀이다.

"만일 여러분이 소들의 꼬리들에만 매달리고 있다면 이자를 취급하는 것과 같으며, 만일 여러분이 농업에만 만족하고 지하드를[141] 소홀히한다면 알라께서는 여러분이 여러분의 종교로 돌아갈 때까지 여러분에게 되돌릴 수 없는 치욕을 줄 것입니다."[142]

따라서 무슬림은 안락한 개인생활 및 공동생활을 위해서, 자유국가와 강한 국가를 위해서, 국가의 발전과 번영을 위해 농업 외의 공업, 수공업, 공예 등 다양한 업종에서도 일을 해야 한다. 이슬람법은 이러한 필수적인 산업과 공업은 이슬람법이 장려하고 있을 뿐만 아니라 이슬람 공동체의 의무, 즉 파르드 키파야(Fard Kifayah)라고 학자들과 법률가들은 주장한다. 무슬림 공동체는 농업, 과학, 산업, 의학 등 필요한 모든 각 분야에서 요구되는 충분한 인적자원을 갖고 있어야 한다. 필요불

141_ 알라를 위한 노력 또는 성전.

142_ Abu Dawood.

가결한 과학, 의학 또는 다른 산업 분야가 필요로 하는 전문가와 인력을 확보해 두지 못한 무슬림 공동체, 특히 지도자들은 그에 대한 책임을 져야 한다. 이맘 가잘리(Al-Ghazzali)는 이렇게 말하고 있다.

파르드 키파야, 즉 공동체가 의무적으로 해야 할 일은 현실 세계의 복지를 위해 요구되는 과학에 관한 지식기반을 갖추는 것이다. 인간의 생명과 질병예방에 꼭 필요한 의학, 일상적인 거래와 유산과 상속재산 분배에 필요한 수학 등 그 밖에 필요한 전 분야에 대한 지식기반을 구축하는 일이다. 이런 분야에 대한 지식기반이 없을 경우 국가나 공동체의 국민들은 어려움에 처할 수밖에 없다. 한 사람, 일부의 사람이 그 일을 수행한다면 다른 사람들은 그렇게 하지 않아도 된다. 수학과 다찬가지로 의학도 파르드 키파야의 일부라고 말하는 것에 대해 이상하게 생각해서는 안 된다.

그와 마찬가지로 농업, 직물, 정치, 부항(附缸), 재봉사 같은 기반 산업도 역시 파르드 키파야의 일부분이다. 만일 한 고을에 그러한 사람이 한 사람도 없다면 그 고을의 주민들이 어려움에 직면할 수 있기 대문이다. 병이 있으면 그에 대한 치료약을 만들고, 약이 있으면 그 약의 사용방법을 가르쳐주는 자를 길러내야 한다. 이러한 것들을 미리 준비하지 않고 방치하면 주민들이 위험에 노출될 수밖에 없기 때문이다.

꾸란은 다양한 산업의 종류를 알라의 은총과 관대함으로 언급하고 있다. 알라는 다윗과 관련하여 말씀하고 있다. 다음은 이와 관련한 알라의 말씀이다.

> "나는 다윗에게 은혜를 베풀었느니라. 산들이여 그리고 새들이여 그와 더불어 알라를 찬미하라. 나는 그로 하여금 쇠를 부드럽게 하도록 하였느니라. 그것으로 갑옷을 만들되 갑옷 쇠줄들의 균형을 맞추라. 그리고 정직하게 일하라. 실로 나는 너희가 행하는 모든 것을 지켜보고 있느니라." (34:10-11)
>
> "나는 다윗에게 갑옷을 만드는 것을 가르쳐 주었나니 이는 너희가 전쟁에서 너희를 보호하기 위함이라. 너희는 감사하고 있느냐?" (21:80)

다음은 솔로몬과 관련된 알라의 말씀이다.

"그 후 바람으로 하여금 솔로몬을 따르도록 했으니 아침에 부는 바람은 한 달과 같고 저녁에 부는 바람도 한 달과 같았노라. 또한 알라께서는 녹은 동(銅)의 샘이 그를 위해 흐르도록 하였으며 진의 무리 중에는 알라의 허락으로 일하는 자 있었느니라. 또 그들 중에는 알라의 명령을 거역하는 자가 있었나니 나는 저들로 하여금 화염의 징벌을 맛보도록 할 것이니라. 진들은 솔로몬의 뜻에 따라 그를 위해 일하매 궁전을 만들고 동상을 만들고 연못 같은 대야를 만들고 화로에 고정된 큰 솥을 만들었노라. 그러므로 다윗의 자손들아! 너희도 일하며 감사하라. 그런데 내 종들 중에 감사하는 자는 소수였느니라." (34:12-13)

다음은 줄 까르나인(Zul Qarnain)과 관련된 알라의 말씀이다.

"이때 그가 말하길, 주께서 내게 주신 힘은 재물보다 더 훌륭하노라. 그러므로 힘으로 나를 도우라. 내가 여러분과 저들 사이에 장벽을 만들어 주리라 하더라. 내게 쇳덩이를 가져오라. 저들이 쇳덩이를 가져오자 그는 두 산 사이의 계곡을 채운 다음 말하길, 풀무질을 하라. 저들이 풀무질을 하고 그것이 빨갛게 달구어지자 그 위에 부을 수 있도록 녹은 구리를 가져오라고 하더라. 그러나 저들은 등성이에 오르지도 못하고 그곳을 파헤치지도 못하였느니라." (18:95-97)

다음은 노아와 방주 건설과 바다를 항해하는 산처럼 큰 대형 선박에 관한 알라의 말씀이다.

"산 같은 큰 배들이 바다를 순항하는 것도 알라의 증표 가운데 하나이니라." (42:32)

꾸란은 다양한 형태의 사냥 업종, 어업, 목축업, 진주와 산호초 채취를 위한 잠수 등에 대해서도 언급하고 있다.

이 외에도 꾸란은 어떤 종교나 종교서도 언급하지 않았던 철의 중요성과 가치를 강한 표현으로 언급하고 있다. 알라께서는 인간을 위해 예언자들과 성서들을 보냈다고 말씀하신 후 이렇게 말씀하셨다.

"그리고 나는 강한 힘을 상징하고 여러 가지로 유용한 쇠를 보냈느니라." (57:25)

이 절(Ayat)을 담고 있는 장(Surat)의 명칭이 쇠와 철(Al-Hadid)이라는 데 놀라움을 금할 수 없다.

사회가 요구하는 일로서 인간과 사회에 진정한 이익을 가져다주고 이슬람이 요구하는 합법적 방법에 의해 이루어지는 일이라면 어떤 종류의 일이든지 모두가 할랄이다. 이슬람은 사람들이 천하게 보거나 낮추어보는 여러 많은 직종에 명예를 부여하셨다. 한 예를 들어 가축을 돌보는 목동 같은 직업이다. 비록 사람들은 목동을 존경하고 우러러보지 않지만 예언자는 그러지 않았다. 다음은 이와 관련한 예언자의 말씀이다.

"알라께서는 목동이 아닌 직업으로 예언자를 보낸 적이 없습니다. 알라의 사도인 나도 그러냐는 질문을 받았을 때 나도 메카 사람들의 양을 돌보고 품삯을 받았다고 대답했습니다."[143]

알라의 사도요 마지막 예언자인 무함마드도 양을 돌보지 않았는가! 그것도 자신의 양들이 아니라 메카 사람들의 것이며 품삯을 받고 양들을 돌보았다. 명예란 일하는 자의 것이지 앉아서 노는 자의 것이 아니다. 왜냐하면 그들은 기생충들이기 때문이다.

꾸란은 예언자 모세의 이야기를 언급하고 있다. 예언자 모세는 나이 많은 노인의 딸과 결혼하기 위해 그 노인에게 고용되어 8년이나 일을 했다. 모세는 훌륭한 근로자였고 피고용인이었다. 그 노인의 딸은 그의 성격과 품행을 깊숙이 관찰하고서 이렇게 말했다. 다음은 이와 관련한 알라의 말씀이다.

> "두 여인 중 한 여인이 말하길, 아버지 그를 고용하십시오. 그는 아버지께서 고용하실 수 있는 가장 훌륭한 사람 중에 한 사람으로 힘이 세고 믿을 수 있는 사람입니다." (28:26)

이븐 압바스는 이렇게 말했다. "다윗은 갑옷과 방패를 만드는 일꾼이었고, 아담은 농부였으며, 노아는 목수였다. 그리고 에녹은 재봉사

143_ Al-Bukhari.

였고, 모세는 목동이었다."[144]

알라께서 보낸 모든 예언자는 어떤 직업을 갖고 있었다. 그러므로 무슬림도 자신의 직업에서 기쁨과 행복을 이끌어내야 한다. 다음은 이와 관련한 하디스의 내용이다.

"자신의 노동으로 양식을 얻는 자보다 더 좋은 양식을 얻는 자는 없습니다. 알라의 예언자 다윗은 손수 일하여 그가 먹을 양식을 해결하였습니다."[145]

이슬람이 장려하는 직종과 배제하는 직종

이슬람은 무슬림들에게 어떤 직종과 산업을 금지하고 있다. 왜냐하면 그것들이 신앙과 윤리와 명예와 사회 예절에 폐해가 되기 때문이다.

매 춘

매춘이 서구 여러 국가에서는 합법적이다. 이와 관련된 사업을 하려는 자에게 면허증이나 허가증까지도 발급된다. 매춘에 종사하는 자도 다른 직업군에서 일하는 사람들과 동일한 권리를 누린다. 그러나 이슬람은 이러한 일을 엄격하게 금지한다. 여성이, 비록 노예 여성이라 할지라도, 자신의 성을 팔아 돈을 버는 것을 이슬람은 철저하게 금지한다.

무지의 시대(Jahiliyyah)라 불렸던 이슬람 이전의 일부 아랍인들은 자신들이 거느리고 있는 여성 노예들에게 매일 일정량의 돈을 바치라고 강요했다. 그 여성들을 돌보기는커녕 주인을 위해 돈을 벌어들이도록 한 것이다. 이렇듯 주인들이 가치 없는 돈을 벌기 위해 매춘을 강요하자 대다수의 노예 여성들이 그렇게 할 수밖에 없었다. 그러나 이슬람이 정착되면서 이 여성들은 모욕적이고 불명예스러운 짐에서 벗어나게

144_ Al-Hakim.

145_ Al-Bukhari.

되었다. 다음은 이와 관련한 알라의 말씀이다.

> "현세의 이익을 얻으려 하녀들에게 간음행위를 강요하지 말라. 그녀들은 순결을 지키고자 하느니라." (24:33)

이븐 압바스는 메디나에 거주하는 위선자 집단의 대표자 이븐 우바이(Ibn Ubai)가 무아다(M'uadhah)라 불리는 아주 예쁜 여성 노예를 데리고 예언자를 찾아와 다음과 같이 말했다고 전하고 있다. "사도님, 그녀는 고아출신입니다. 돈을 벌 수 있도록, 그녀가 매춘을 하도록 허락해 주겠습니까? 그러자 예언자께서는 절대로 안 된다고 대답하셨습니다."146

그리고 예언자는 매춘을 통한 물질적 이익을 떠나서 목적이 아무리 고상하고 또는 상황이 아무리 절박하고 또는 필요한 상황이라 할지라도 혐오스럽고 파렴치한 그러한 일은 절대 허락될 수 없다고 하면서 단호하게 매춘을 금지시켰다. 무슬림 공동체를 성적 타락으로부터 보호하여 깨끗한 사회를 구축하기 위해서였다.

성적 자극을 유발시키는 춤과 예술

성적 자극을 유발시키는 춤, 색정적이거나 음란한 가무, 자극적인 드라마, 오늘날 일부 사람들이 소위 '예술' 또는 '발전'이라고 말하는 무익하고 부질없는 형태의 가무를 이슬람은 금지한다. 합법적인 결혼 외의 모든 형태의 성 접촉과 성관계를 금지한다. 금지된 관계로 유인하는 언행 역시 하람이다. 아랍어로 지나(Zina)라고 하는 간음과 간통을 금지하는 꾸란의 비밀이 짤막하게 요약되어 있다. 다음은 이와 관련한 알라의 말씀이다.

> "간음하거나 간통하지 말라. 실로 그것은 부끄럽고 죄악으로 가는 길이니라." (17:32)

146_ Tafsir of Fakhr Al-Din Al-Razi, vol. 23, p.320.

본절은 단지 지나, 즉 간음과 간통만 금지하는 것이 아니라 그것을 유발하는 모든 수단과 방법까지 금지한다는 것을 암시한다. 예를 들어 자극적인 춤과 음란한 노래는 사람의 마음을 흥분시켜 성의 접근을 유발시켜 결국 죄를 낳게 하므로 금지한다는 것이다.

우상 및 동상 그리고 십자가 제작

이미 앞서 언급했던 것처럼, 이슬람은 우상이나 동상을 섬기는 것은 물론 제작하는 것까지 금지한다. 부카리는 싸이드(Sa'id ibn Abu Al-Hasan)가 한 말을 전하고 있다. "내가 이븐 압바스와 함께 있을 때 어떤 사람이 그에게 와서 말했다. '이븐 압바스 씨, 나는 내 스스로 생활비를 벌지요. 이런 형상들을 만들어서 말이에요.' 그러자 이븐 압바스가 말했다. '내가 사도로부터 들은 것만 당신에게 말하겠소. 그분께서 이렇게 말씀하셨소.' : 알라께서는 형상을 만드는 자들에게 이렇게 징벌을 내리시지요. 그 우상과 동상들에게 생명을 불어넣으라고 그들에게 명령하십니다. 그러나 그들은 절대로 그렇게 하지 못합니다."

무척 당황해하는 그 남자에게 이븐 압바스가 덧붙여 말했다. "이런 짓을 하다니요. 그렇게 하지 마시오. 만일 당신이 형상들을 만들어야 한다면 나무들이나 또는 생명이 없는 것을 만드시오." 마찬가지로 우상 및 동상 또는 십자가를 제작하는 것도 이와 유사하다.

그림과 사진은 앞서 언급했던 것처럼 이슬람 정신에 따라 할랄, 즉 허용이거나 마크루흐, 즉 혐오사항 정도에 불과하다. 역시 앞서 설명했던 것처럼 여성의 신체를 노출시켜 성적 자극이 되는 그림이나 사진 또는 남녀가 함께 정교나 애정을 표현하고 있는 사진 등은 물론 하람이다. 천사들이나 예언자의 위상처럼 공경을 받는 인물 사진이나 성직자들의 사진도 그와 마찬가지다.

알코올과 마약제조

이슬람은 알코올 제조에서부터 유통, 소비를 금지하고 있으며 사도는 이러한 분야에 참여하고 있는 자들에게 저주를 내렸다. 다른 알코올 음료나 하쉬쉬, 코카인 등과 같은 마약의 경우도 마찬가지로 제조, 유통, 소비 모두 하람이다. 요약하면 이슬람은 무슬림에게 하람이거나 하람과 관련된 산업, 영업, 거래, 종사 등 어떠한 일도 허락하지 않는다.

상업과 무역을 통한 소득

이슬람은 무슬림들에게 꾸란과 하디스에 근거하여 상업과 무역에 종사할 것을 장려한다. 알라께서 지구촌에 펼쳐놓은 은혜를 추구하기 위하여 통상무역을 위한 지구촌 여행을 권장한다. 알라께서는 통상무역과 알라를 위한 성전을 위해 지구촌 여행을 함께 언급하고 있다. 다음은 이와 관련한 알라의 말씀이다.

> "어떤 자들은 하나님의 은총을 찾아서 지상을 여행할 것이며 어떤 자는 알라를 위한 성전을 위해 지상을 여행할 것이니라." (73:20)

알라께서는 전 세계에 상품을 수송하는 기본 수단으로써 무역선을 언급하면서 이것 또한 인간에게 베푼 은총 중의 하나이므로 이를 통해 상품 수출입 업무에 종사하라고 말씀하고 있다. 다음은 이와 관련한 알라의 말씀이다.

> "너희는 파도를 일구며 항해하는 선박을 보며 알라의 은총을 구할 수 있으리라. 이에 너희는 감사해야 하느니라." (35:12)

알라께서는 바람과 배의 이동을 연계하여 언급하고 있다. 다음은 이와 관련한 알라의 말씀이다.

> "알라의 증표 가운데 하나는 바람을 보내어 기쁜 소식을 알리는 것과 너희로 하여금 그분의 은혜를 맛보게 하는 것과 배들이 그분의 명령에 따라 항해하는 것과 너희가 그분의 풍성한 은혜를 구하는 것과 그리고 너희가 이에 감사하는 것이니라." (30:46)

꾸란은 이 내용을 알라의 힘과 지혜로 상기시키고 있다. 다음은 이와 관련한 알라의 말씀이다.

> "보라! 천지를 창조하시고 밤과 낮을 구별케 하셨으며 사람들이 편하게 살 수 있도록 바다를 달리는 배들을 두셨느니라." (2:164)
> "산 같은 큰 배들이 바다를 순항하는 것도 알라의 증표들 가운데 하나이니라." (42:32)

알라께서는 메카 사람들에게 그곳이 아라비아 반도의 상업중심지가 되게 하였다고 언급하고 있다. 다음은 이와 관련한 알라의 말씀이다.

> "나는 그들을 위하여 안전한 성역을 마련하고 그곳에 갖가지 종류의 과일과 양식을 주었느니라. 그러나 그들 대다수는 알지 못하니라." (28:57)

그리하여 예언자 아브라함의 기도에 대한 응답이 있었다. 다음은 이와 관련한 알라의 말씀이다.

> "주여! 저의 자손들의 일부를 당신의 신성한 집 가까이 있는 메마른 골짜기에 정착시켜 예배를 준수하도록 하여 주시고 사람들이 그들을 사랑하도록 하여 주시며 그들에게 과실과 양식을 베푸시어 그들이 감사하도록 하여 주소서." (14:37)

알라께서는 상거래를 위해 그들에게 매년 상업여행을 할 수 있도록 배려하셨다. 겨울철에는 예멘 그리고 여름철에는 시리아로 여행을 떠나도록 하셨다. 그래서 그들은 카으바 신전 보호권 덕분에 안전한 여행을 할 수 있었으므로 그들은 그분께서 베푼 은총에 감사하고 그분만을 홀로 경배해야 한다. 다음은 이와 관련한 알라의 말씀이다.

> "꾸라이쉬 부족의 보호를 위하여 무역상으로 하여금 겨울과 여름에 안전하게 여행케 하였느니라. 그러므로 그들은 이 집의 주님만을 경배해야 하느니라. 그분께서는 그들을 굶주림에서 배불려 주시고 공포로부터 안전케 하여 주신 분이시니라." (106:1-4)

이슬람은 매년 대단히 큰 국제무역의 기회를 제공하고 있다. 연례 메카 성지순례(Hajj)로 인하여 메카는 같은 장소 같은 시간에 전세계로부터 찾아온 2백 명 이상의 무슬림들로 발 디딜 틈조차도 없다. 다음은 이와 관련한 알라의 말씀이다.

"그리고 그곳으로 순례하도록 사람들에게 알리라. 그들은 걸어서 또는 낙타를 타고 먼 곳으로부터 너 아브라함에게 오리라. 그들은 유용함을 목격할 것이며 정해진 날 동안에 알라께서 베푼 가축들에 대하여 알라의 이름을[147] 찬미하고 도살한 후 너희도 먹고 가난하며 궁핍한 자에게도 베풀어라." (22:27-28)

상업 활동은 의심할 여지없이 유익한 것들 중의 하나다. 부카리는 이렇게 전하고 있다. 무슬림들은 메카 성지순례 동안에는 상업 활동하기를 꺼려한다. 행여나 자신들의 의도와 신심 또는 신앙생활의 순화가 상업 활동으로 오염되지 않을까 하는 염려 때문이다. 다음의 꾸란 절은 메카 성지순례 기간에도 알라의 은혜를 강구하는 것은 죄가 되지 않는다고 언급하고 있다. 다음은 이와 관련한 알라의 말씀이다.

"순례 기간 중에 알라께 은혜를 추구하는 행위는 죄가 아니니라." (2:198)

꾸란은 종종 조석으로 이슬람 사원에 나가 알라를 영광되게 하고 찬양하는 자들을 칭찬한다. 다음은 이와 관련한 알라의 말씀이다.

"알라를 염원하기 위하여 상품을 팔고 사는 것에 소홀히하는 자들은 예배를 드리고 이슬람세를 바치는 자들로 마음과 눈이 변하는 그날을 두려워하느니라." (24:37)

이슬람의 견지에서 볼 때 진실한 신자란 이슬람 사원에 남아 있는 자나 신비주의자 또는 속세를 떠나 있는 은둔자가 아니라 창조주에 대

147_ 가축을 도살할 경우 알라의 이름으로 도살해야 한다. 하지 달 10일 희생제(Eiduladha) 때 하나님의 이름으로 도살하여 제단에 올린 고기는 여러사람들, 특히 가난한 형제들에게 분배하여 주는 것이 전통이며, 이 기간에 도살되는 짐승은 낙타, 소, 양 및 염소로 풀이되고 있다. 도살방법은 최영길, 하디스 40선(서울: 신생사, 1982, pp.73-75) 참조.

한 의무를 잊지 않는 상태로 매사에 열심히 일하는 자다. 이것이 꾸란의 가르침이다.

예언자는 말씀과 행동으로 상거래 및 무역의 규범을 제시하면서 무슬림들에게 상거래와 무역에 종사하는 것을 격려하였다. 다음은 이와 관련한 예언자의 말씀이다.

"믿음직하고 신뢰가 가는 상인은 부활의 날 순교자들과 함께할 것입니다."148

"믿음직하고 신뢰가 가는 상인은 부활의 날 예언자들과 진실하고 신뢰받는 자들과 순교자들과 함께할 것입니다."149

예언자께서 정직하고 믿음직스럽고 신뢰받은 상인으로서 알라를 위한 군인 또는 순교자의 위상을 가졌다는 것은 놀라운 사실이 아니다.

알라를 위한 노력과 헌신뿐만 아니라 모범적인 상인으로서 경제를 위해 바쳐온 그분의 일생이 그러한 위상을 입증하고 있기 때문이다.

예언자는 상인들에게 내세에 가서 알라와 함께하는 높은 위상을 부여하였다. 어떤 수단에 의해서든 상거래 활동은 전반적으로 욕심을 유발시켜 이익을 창출한다. 돈이 돈을 만들고 이익은 이익을 더 창출한다. 진실과 신뢰, 정직과 공정한 거래 안에서 상거래를 하는 자는 자신의 욕망과 싸우는 전사가 되어 알라를 위해 헌신한 전사의 위상을 갖게 된다.

상거래 또는 무역의 매력은 크다. 상거래는 사업주로 하여금 종업원 숫자에 관심을 갖게 하고 자본금과 수익에 정신을 팔리게 할 수도 있다. 예언자 시절에 있었던 사건이다. 예언자께서 군중들 앞에서 설교를 하고 있을 때 상품을 실은 카라반, 즉 한 대상(大商)이 도착했다는 소식이 들어왔다. 그러자 사람들이 예언자를 두고 서둘러 나갔다. 그러자 알라께서 그들에게 충고를 하였다. 다음은 이와 관련한 알라의 말씀이다.

148_ Ibn Majah and Al-Hakim.

149_ Al-Hakim and Al-Tirmizi.

"어떤 상품이나 오락을 보게 되면 그대를 두고서 떠나는 자들이 있나니 일러 가로되 알라의 축복이 어떤 상품이나 오락보다 더욱 좋은 것이니라. 실로 알라께서는 가장 훌륭한 양식의 수여자이시니라." (62:11)

그래서 마음으로 항상 알라를 두려워하고 입으로는 그분을 되새기면서 상업 활동에 종사하는 사람은 알라께서 은총을 베푼 예언자들과 진실하고 신뢰받는 자들과 알라를 위해 순교자들과 함께할 수 있는 자격을 갖게 된다.

상업 및 무역과 관련해서는 예언자께서 보여준 고범만으로 충분하다. 한편으로는 정신 그리고 영적 양분으로 자신을 수양하는 것이다. 이것은 타끄와(Taqwa), 즉 알라에 대한 공경심을 바탕으로 알라의 기쁨을 추구하고 신앙생활을 위한 사원건축에 기여하거나, 학문의 터전을 마련하여 주기 위해 대학교를 설립하거나, 이슬람 전파를 위한 건물을 짓거나, 정부청사 건립에 기여함으로써 가능한 일이다. 다른 한편으로는 경제발전을 위한 부단한 욕망과 노력이다. 전에 바누 까인까(Banu Qainqa') 시장에서 유대인들이 상권을 장악했었지만 유대인들의 상권이 미치지 못하는 이슬람 시장을 만드는 것도 한 방법이다. 예언자께서는 스스로 상거래 규범을 만들어 설명하고 가르쳤다. 기만하지 말고, 무게를 속이지 말고, 매점매석하지 말고, 가격을 담합하거나 부추기지 말라고 가르쳤다. 이 주제들은「무슬림 일상생활에서 할랄과 하람」이란 장에서 '상호거래'란 제목으로 다루어지게 될 것이다.

예언자의 교우들 중에 장인(匠人), 농부, 각 분야의 전문인이나 실무자처럼 노련하고 숙련된 무역상들이 있었다. 예언자께서 그들과 함께하고 있을 때 가브리엘 천사가 알라의 말씀을 전달해 주었고 예언자는 그 계시로 사람들을 인도하였다. 교우들 각자는 예언자를 극진히 사랑했다. 예언자와 함께 있는 것만으로 만족했고 싫은 것이란 단지 예언자와 떨어지는 것뿐이었다. 교우들 각자는 각자의 일에 열중했다. 어떤 교우는 사업차 해외여행을 떠나고, 어떤 교우는 농장에서 농사를 짓고, 어떤 교우는 자신의 전통 수공업에 전념했다. 예언자의 가르침을 일부분이라도 놓친 교우는 다른 교우에게 물어 배웠다. 그리고 예언자는 강의에 참석하지 못한 자들을 위해 강의에 참석한 교우들에게 그의 가르침을 전하라고 했다. 이들 교우들 중에는 안사리(Ansari), 즉 메카에서 이주해온 메카 무슬림들을 도와주었던 메디나 무슬림들로 이들은 주로 농사를 짓고 종려나무를 재배한 농부들이 많았고, 무하지린(Muhajirin), 즉 메카에서 메디나로 이주해 온 메카 무슬림들로 이들은 주로 상업과 무역에 종사한 사람들이 많았다.

무하지린 출신의 압두라흐만(Abdurahman ibn 'Awf)과 안사르 출신의 싸으드(Sa'd ibn Al-Rabi)가 예언자의 주선으로 의형제를 맺었을 때 싸으드는 압두라흐만에게 이런 제의를 했다. 자신이 갖고 있는 재산의 절반과 그의 소유 집 두 채 중의 한 채를 압두라흐만에게 사용하라고 제의하면서 거기에다 자신의 두 아내 중에 압두라흐만이 원하는 여성을 이야기하면 그 아내와 이혼할 테니 그녀와 결혼하여 함께 살자고 제안했다. 압두라흐만은 이처럼 고상한 싸으드의 제안을 고상하고 이상적인 표현으로 사양하였다. "알라께서 당신의 재산과 당신의 가문에 축복을 내리실 것입니다. 저는 그것들이 필요하지 않습니다. 도움을 주시려거든 단지 장사가 잘 되는 시장만 알려 주시오." 그러자 싸으드는 바니 까인까 시장을 추천했다. 그러자 압두라흐만은 치즈와 버터를 가지고 나가 그것들을 팔고 또 다른 상품을 구매하면서 하루를 보냈다. 그는 계속하여 부지런히 장사를 했고 그 덕분에 가장 부자 무슬림 중의 한 사람이 되었으며 그리고 많은 재산을 남기고 세상을 떠났다.

거상이었던 아부 바크르 시디끄가 있다. 그는 자신이 칼리프(Khalif), 즉 무슬림 공동체의 최고 지도자로 선출될 때까지도 메카 시장에 갈 계획을 세웠다. 우마르는 자신에 대해 이렇게 말했다. "시장에 나가면 예언자에 관한 새로운 이야기(Hadith)도 듣지요." 우스만 그리고 그 밖의 많은 위인들도 상업과 무역에 종사했다.

금지된 거래의 종류

이슬람은 부정, 사기, 폭리 그리고 이슬람이 금지하고 있는 판매촉진과 관련된 것을 제외한 모든 거래를 허용한다. 알코올, 마약, 돼지고기, 석상, 동상 또는 이와 관련한 거래와 소비도 이슬람은 금지한다. 이러한 것들을 상품화하는 것, 거래하는 것, 이런 사업을 통한 수입도 하람이다. 이러한 수입으로 살아가는 자의 육체는 지옥불의 땔감이 될 것이다. 이러한 거래에서의 정직과 신뢰는 덕으로 간주되지 않을 것이다. 왜냐하면 이슬람은 그러한 행위에 대항하고 그러한 것들을 근절시키기 위해 왔기 때문이다.

하지만 금과 은 거래에는 아무런 반론이 없다. 왜냐하면 이것들은 여성들에게 할랄이기 때문이다. 물론 이것들이 남성용으로 변질되는 것은 제외다. 금은 남성들의 치장으로는 하람이기 때문이다.

상거래가 할랄이지만 상인은 도덕과 윤리적 측면을 많이 고려해야 한다. 그래야만 사악한 자의 부류에 들지 않는다. 왜냐하면 사악한 자는 지옥에 들어가기 때문이다. 어느 날 예언자가 사원으로 가면서 물건을 파는 데 정신이 팔린 몇 사람을 보고, '상인들이여!'라고 큰 소리로 그들을 불렀다. 이 소리에 상인들이 고개를 돌리며 예언자를 쳐다보았다. 그러자 예언자가 말했다.

"상인들은 부활의 날 사악한 자들로 부활될 것입니다. 그러나 알라를 두려워하고 정직하고 진실한 자들은 예외입니다."150

다음은 와씰라(Wathilah bin Al-Asqa')가 전하는 말이다.

"우리는 상인이었습니다. 예언자께서 종종 우리에게 오셔서 이렇게 말씀했습니다. '상인 여러분, 절대로 거짓말을 해서는 안 됩니다.'"151

그러므로 상인은 상품에 대해 거짓말을 해서는 안 된다. 이것이 상인들의 약점이다. 거짓말은 부도덕한 행위를 초래하고 부도덕한 행위

150_ Al-Tirmizi, Ibn Majah, Ibn Hibban, and Al-Hakim.

151_ Al-Tabarani.

는 그 행위자를 지옥으로 안내한다. 예언자는 거짓말을 위한 맹세를 경고하였다. 다음은 이와 관련한 예언자의 말씀이다.

"부활의 날 알라께서는 세 부류의 사람들을 쳐다보지 않을 것이요 그들을 정화시키지도 않을 것입니다. 그들 중의 한 부류는 자신의 상품에 대해 거짓말을 하면서 진실을 말한다고 거짓말을 하는 상인들입니다."152

아부 싸이드가 전하고 있다. "양 한 마리를 몰고 내 옆을 지나가던 한 아랍인에게 그 양을 3디르함에 팔지 않겠느냐고 제의하자 그가 이렇게 대답했다. '아니요. 알라께 맹세하지만 절대로 당신에게 팔지 않겠습니다.' 그런 후 그는 그 양을 나에게 팔았다. 이런 이야기를 예언자에게 말했더니 예언자께서 다음과 같이 말씀하셨습니다. '그는 현세를 위해 내세를 팔아버렸군요.'"153

상인은 고객을 속여서는 안 된다. 왜냐하면 남을 속이는 자는 이슬람 공동체의 일원이 아니기 때문이다. 상품의 무게를 달면서 눈금을 속여서도 안 된다. 매점매석을 해서도 안 된다. 그렇게 할 경우 알라와 사도의 보호를 받을 수가 없다. 이자 거래는 안 된다. 알라께서 이자를 금지하셨기 때문이다. 다음은 이와 관련한 예언자의 말씀이다.

"알면서도 이자를 받았다면 그것은 36회의 간음과 간통을 저지른 것보다 더 사악한 행위입니다."154

이에 대한 토론은 일상적인 거래 항목에서 다룰 것이다.

급여를 받는 직업

무슬림은 정부, 공공기관, 기업체 등 자신의 능력과 희망에 따라 자유로이 직업을 찾을 권리와 자신의 임무를 수행할 의무를 갖는다. 하지만 자신의 능력이 따라주지 않는 분야, 특히 통치나 사법업무 등은

152_ Muslim.

153_ Ibn Hibban.

154_ Ahmad.

피하는 것이 좋다. 이와 관련하여 예언자가 한 말씀을 아부 후라이라가 전하고 있다.

"통치자들과 지도자들과 재무관리를 신탁받은 자들에게 재앙이 있을 것입니다. 부활의 날 일부 사람들은 이들이 하늘과 땅 사이에 매달려 있기를 바라지요. 왜냐하면 이들은 자신들의 책임을 다하지 않았기 때문입니다."155

아부 다르르(Abu Dharr)가 전하고 있다. "나는 말했습니다. '사도님, 저를 임명해 주지 않겠습니까?' 이 말을 듣고 예언자께서 나의 어깨를 두드리면서 이렇게 말했습니다. '아부 다르르, 당신은 약해서 안 되오. 이것은 재무관리에요. 이 분야의 업무를 수행할 전문지식이 없는 자에게는 이 직책이 부활의 날 후회와 수치의 원인이 되기 때문이지요."156 다음은 이와 관련한 예언자의 말씀이다.

"세 계급의 판사가 있지요. 한 판사는 천국에 있게 될 것이고 그리고 다른 두 판사는 지옥에 있게 될 것입니다. 천국에 있게 될 판사는 진리를 알고 그에 따라 재판을 하는 판사이지요. 다른 한 사람은 진리를 알고 있으면서 오판을 한 판사이며 또 다른 판사는 진리를 알지 못하여 무모하게 재판을 한 자로 이 두 판사는 지옥에 있게 됩니다."157

비록 능력이 있다 하더라도 고위직만 갈망하는 것은 바람직스럽지 않다. 왜냐하면 이 욕심이 다른 사람들을 지배하는 수단으로 사용될 수 있어 그 직책의 노예가 되고 현세의 명예만을 추구하는 자는 하늘로부터 안내를 받지 못할 수도 있기 때문이다. 사도께서 하신 말씀을 압두라흐만(Abdurahman ibn Samrah)이 전하고 있다. 다음은 이와 관련한 예언자의 말씀이다.

"압두라흐만, 장관직책을 요구하지 마시오. 왜냐하면 만일 당신이 요구하지 않았는데도 그 직책에 임명이 되면 당신은 도움을 받을 수 있

155_ Ibn Hibban.

156_ Muslim.

157_ Abu Dawood, Ibn Majah, and Al-Tirmizi.

으나 만일 당신의 요구에 의해 그 직책에 임명이 된다면 당신은 혼자 그에 대한 책임을 져야 하기 때문이요."[158] 다음은 아나스(Anas)가 전하고 있는 예언자의 말씀이다.

"판사의 직책을 원하면서 추천서를 수집하는 자는 자기 자신에게 위탁해야 하나 임명을 받은 자는 그를 안내하기 위해 알라께서 그에게 한 천사를 보낼 것입니다."[159]

하지만 자기 자신 외에는 어떤 분야의 전문가가 없다는 것을 알고 있고 자신이 그 직책을 맡지 않으면 공공이익에 피해를 준다면 그는 당연히 스스로를 소개해야 한다. 꾸란은 요셉이 통치자에게 자신을 소개한 이야기를 다음과 같이 전하고 있다.

> "요셉이 말하길, 이 땅의 창고들을 저에게 맡겨주소서. 저의 충분한 지식으로 그것을 관리하겠습니다." (12:55)

이러한 것들이 바로 정부와 공공기관 및 다른 분야의 직업을 찾는 사람들에 대한 이슬람의 기본 안내다.

금지된 직업의 형태

지금까지는 정부, 공공기관 또는 사기업체의 고용인으로서의 직업선택과 가능성에 관해 언급했다. 물론 이슬람의 명분과 공익과 무슬림에게 피해를 주지 않는 조건에서였다. 그러나 무슬림에 대항해서 전쟁을 하는 군대의 장교나 군인으로서의 직업, 무슬림에 대항한 무기 생산업체에서의 직업, 이슬람과 이슬람을 추종하는 자들에게 적대시하는 기관에서의 직업은 하람이다.

마찬가지로 부정이나 하람인 것 그리고 하람을 증진시키는 직종에 종사하는 것도 하람이다. 예를 들어 이자를 취급하는 업무, 알코올을 판매하는 업소, 나이트클럽, 카바레, 춤 교습소, 모든 종류의 퇴폐업

158_ Al-Bukhari and Muslim.

159_ Abu Dawood and Al-Tirmizi.

소 등 이슬람이 금기하고 있는 분야에서 일하는 것 역시 하람이다.

하람인 것을 사용하지 않을 뿐만 아니라 직접적으로 하람에 개입하거나 연루된 것이 아니라고 말한다 해도 그것은 정당한 변명이 되지 않는다. 앞서 언급했듯이 하람을 돕고 지원하는 것도 하람이라는 것이 이슬람의 기본원칙이기 때문이다. 예언자는 이자 계약서를 작성한 자와 그에 대한 증인이 되어 준 자 그리고 그 이자를 소비한 자 모두를 질책하셨다. 마찬가지로 알코올을 유통시키거나 날라다 주는 자, 그리고 그것을 마시는 자도 질책하셨다.

피할 수 없는 환경 때문에 무슬림이 그러한 직종에서 일을 할 수도 있다. 그러나 그것은 어디까지나 임시적이어야 하고 그 동안에 알라께서 펼쳐 놓은 직종들 중에서 자신에게 어울리는 일을 찾아야 한다. 왜냐하면 알라께서는 하람을 피하여 일을 찾는 자들을 위해 항상 문을 개방하고 있기 때문이다.

무슬림은 항상 유혹에 경계해야 한다. 하람으로 유인될 수 있는 의심스러운 것도 피해야 한다. 비록 이익의 크고 작음을 불문하고 믿음을 허약하게 하고 종교와 타협하게 할 수 있는 것도 피해야 한다. 다음은 이와 관련한 예언자의 말씀이다.

"의심나게 하는 것은 모두 피하고 의심나지 않게 하는 것을 지향하시오."160

"피해가 될 수도 있는 두려움을 포기하지 않는 자는 알라를 공경하는 위상에 이르는 못하는 자이지요."

생활비를 버는 일반적 규범

이슬람은 무슬림에게 자신이 원하는 아무 방식대로 생활비를 버는 것을 허용하지 않는다. 오히려 공동체 공공의 복지를 우선으로 하는 기준에 근거하여 합법적인 방법과 불법적인 방법으로 차별화하고 있

160_ Ahmad, Al-Tirmizi, Al-Nisai, Al-Hakim, and Ibn Hayyan.

다. 한 개인의 이익을 위한 거래방법이 다른 사람에게 손실을 주는 것이라면 그것은 하람이고, 공동체 또는 공정한 상호합의에 의한 관련 당사자 모두에게 이익이 되는 거래는 할랄이라는 것이 이슬람의 원리원칙이다. 다음은 이와 관련한 알라의 말씀이다.

> "믿는 자들이여, 너희들 가운데 너희들의 재산을 부정하게 삼키지 말라. 서로가 합의한 교역에 의한 것이 되어야 하느니라. 너희 자신들을 살해하지 말라 알라께서는 너희에게 자비를 베푸시는 분이시니라. 만일 증오와 부정으로 그런 행위를 하는 자가 있다면 그를 불지옥으로 이르게 하리니 알라께는 그런 일이 쉬움이니라." (4:29-30)

이 절은 거래의 두 가지 원칙을 제시하고 있다. 첫째는 관계 당사자 상호합의에 의한 거래가 되어야 한다는 것이고, 둘째는 한쪽의 이익이 다른 쪽에 손실을 주지 말아야 한다는 것이다. "너희 자신들을 살해하지 말라"는 문구의 의미에 대해 학자들은 두 가지 견해를 피력한다. 첫 번째는 "서로를 죽이지 말라"로 해석하였고 두 번째는 "자신의 손으로 자신을 죽이지 말라"로 해석하였다. 이 두 가지 견해 모두, 자신의 이익을 위해 상대방에게 손실을 입히는 자는 피해자의 피를 흘리게 하면서 상대방, 즉 피해자도 자신에게 그렇게 할 수 있다는 문을 열어주는 것이어서 결국 양쪽 모두 피해를 본다는 뜻을 담고 있다. 절도, 뇌물, 도박, 기만, 사기, 위조, 이자 등에 관한 업무는 비록 상호합의에 의해 이루어진 것이라 할지라도 "너희 자신들을 살해하지 말라"는 알라의 말씀이 함축하고 있는 두 번째 조건을 만족시키지 않는다.

제 3 장 결혼과 가정생활에서의 할랄과 하람

01 욕구와 성욕

알라께서는 인간을 창조한 후 그를 지상의 대리자(Khalifah)로 두셨다. 그리고 남녀로 하여금 지상에 사람을 퍼트리고 그들로 하여금 이 땅을 관리하고 다스리도록 하셨다. 이러한 목적은 인간이 이 땅에 계속 존재하고 살아가면서 번성할 때만 가능한 일이다. 인간이 이 땅에서 번성하기 위해서는 농사도 지어야 하고, 공산품도 생산해야 하고, 건물도 지어야 하고, 창조주도 받들어야 한다. 이 땅에 자손을 퍼뜨리도록 하기 위해 창조주는 인간에게 욕구와 추진력을 주어 종의 보존을 위한 다양한 활동을 하게 한다. 인간이 자신의 생존을 위해 충족시켜야 할 욕구들 중에는 먹고 마시는 것이 있다. 하지만 성욕은 단지 종의 보존만을 위한 것이다. 성욕은 자신의 욕구를 만족시키고 충족시키는 강한 추진력을 가진 힘이다. 인간은 다음의 세 가지 형태의 성욕을 갖고 있다.

첫 번째 형태는 종교, 도덕, 윤리, 예절과는 무관하게 아무런 제약을 받지 않고 아무 때 아무 곳에서나 자유롭게 성욕을 만족시키는 것이다. 이것은 자유연애와 성의 개방을 주창하는 자들의 입장이다. 왜냐하면 그들은 어떠한 종교도 믿지 않기 때문이다. 이 철학은 인간을 동물의 형이하학적 신분으로 끌어내린다. 만일 이 철학이 보편화된다면 가족의 구조와 모든 사회는 파괴되고 말 것이다.

두 번째 형태는 성생활을 금지하고 부부간의 성생활을 전멸시키는 것이다. 이것은 종교적 금욕주의자들이 주도한 철학이다. 이 철학은 인간을 수도원으로 몰아넣어 결국 인간으로 하여금 세상과 현실을 등지게 만든다. 본능적인 성욕을 금지하고 성의 기능을 마비시키는 그런 발상은 알라의 계획과 목적에 위배되는 것이요 종의 보존을 위한 자연의 섭리와 모순되는 것이다.

세 번째 형태는 성의 욕구와 충동을 만족시키는 규범을 두어 그 규범에 따라 성생활을 하도록 하는 철학이 있다. 성생활을 금지하지도 않고 동물의 세계처럼 성생활의 고삐를 풀어놓지도 않는다. 이것은 합법적인 결혼을 통한 성생활을 허용하고 간음과 간통을 금지하는 계시 종교의 철학이다. 특히 이슬람은 정당하게 성적 욕구를 인정하고 합법적인 결혼을 통해 성의 욕구를 충족시키도록 하게 한다. 그러나 혼외정사는 물론 유혹행위를 엄격하게 금지하고 있을 뿐만 아니라 하물며 독신주의와 여성기피주의까지 금지한다.

이것은 타당한 중용의 입장이다. 만일 결혼이 허용되지 않는다면 성적 본능은 인간 종족 보존을 위해 아무런 역할을 하지 못할 것이다. 한편 간음과 간통이 금지되지 않았다면 가족의 기반은 파괴되었을 것이다. 분명히 안정된 가족의 그늘에서만 자비와 사랑과 애정과 타인을 위한 봉사정신과 마음이 나온다는 것은 의심할 여지도 없거니와 이러한 것이 없이는 단결된 공동체가 나올 수 없다는 것도 두말할 필요도 없다고 본다. 그래서 만일 가족제도가 없다면 사회도 없을 것이며 가족과 사회를 통한 인간의 발전도 기대할 수 없다.

지나(Zina: 간음과 간통)

계시 종교인 유대교, 기독교, 그리고 이슬람교가 모두 간음과 간통을 금지하였을 뿐만 아니라 사회에 역행하는 범죄에 대항하여 싸워왔다는 것은 놀랄 일이 아니라 기정사실이다. 마지막 계시 종교인 이슬람은 간음과 간통을 매우 엄격하게 금지하고 있다. 왜냐하면 이것은 혈통과 계보의 혼란을 초래하고 어린이 학대, 가족관계 붕괴, 성병, 도덕적 해이를 가져오며 더 나아가는 성문란과 윤리의 파괴를 가져오기 때문이다. 다음은 이와 관련한 알라의 말씀이다.

> "간음하거나 간통하지 말라. 실로 그것은 부끄럽고 죄악으로 가는 길이니라." (17:32)

이미 알고 있는 것처럼 이슬람은 간음과 간통에 이르는 모든 길을 차단하고 있다. 하람에 이르는 모든 단계와 수단을 금지하고 있다. 따라서 성욕을 흥분시키는 매개체는 모두 남녀 간의 불법적인 성관계를 촉진하는 것이므로 하람일 수밖에 없다.

쿨와(Khulwah)[1]

이슬람은 마흐람(Mahram) 관계[2] 정도를 넘어선 한 남자와 한 여자 사이의 쿨와를 금지한다. 그 이유는 남녀 어느 한 사람 또는 두 사람에 대한 신뢰가 부족하기 때문이다. 사람들이 없는 곳에서 두 남녀만 있게 될 때 본능적인 성욕 때문에 일어나는 나쁜 마음과 성적 충동으로부터 보호하기 위해서다. 다음은 이와 관련한 예언자의 말씀이다.

"알라와 내세를 믿는 자는 누구를 막론하고 마흐람 없이 여자와 단 둘이 있어서는 안 됩니다. 그렇지 않으면 그들과 함께 사탄이 함께 할 것입니다."[3]

다음은 알라께서 예언자의 교우들에게 하신 말씀이다.

> "예언자의 부인으로부터 무엇을 요구할 때 가리개를 사이에 두고 말하라. 그렇게 함이 너희의 마음과 예언자 부인들의 마음을 위해 순결한 것이라." (33:53)

1_ 아무도 없는 장소에 남녀 둘만 있으면서 서로 만지고, 키스하고, 껴안고, 더 나아가 성교제까지 갈 수 있는 상황을 의미한다.

2_ 결혼이 영원히 불허된 혈통관계를 의미한다. 여성과 관련한 마흐람은 남편, 자신과의 결혼이 영원히 금지된 관계에 있는 자로 자신의 아버지, 할아버지, 아들, 남자형제, 삼촌, 조카이다.

3_ Ahmad.

이맘 꾸르따비(Al-Qurtabi)는 이 절을 다음과 같이 해석하고 있다. "이것은 남성에게 여성을 생각나게 만들고 여성에게는 남성을 생각나게 만드는 것을 의미한다. 이것은 의심과 비난의 의혹 가능성을 제거하여 그들의 명예를 보호한다. 이 명령은 어느 남자도 마흐람 없이 있는 여성에 대해 성적 생각이나 충동으로부터 자유로울 수 없다는 의미를 담고 있다. 그러한 상황을 피하는 것은 자신의 마음을 순수하게 지킬 수 있어 좋고 영혼의 건강을 위해서나 온전한 순결을 위해서도 더 좋은 일이다."[4]

예언자는 특히 칼와와 관련하여 여성들에게, 아무도 없는 곳에서 남편의 남동생이나 조카와 같은 남자들과 자리를 함께하는 것에 대해 경고하였다. 대체적으로 사람들이 재앙을 가져올지도 모르는 이 점에 대해 소홀히하고 있다. 친척 남자가 그렇지 않는 남자보다 여성에게 접근하기가 더 쉽기 때문에 더 위험할 수 있다.

그와 마찬가지로 마흐람이 아닌 아내의 친척 남자들, 즉 그녀의 삼촌, 외삼촌의 아들, 외숙모의 아들과 같은 남자들과 단 둘이 있는 것, 즉 칼와도 하람이다.

다음은 이와 관련한 예언자의 말씀이다.

"여성들만 있는 곳에 들어가지 마시오. 안사르 출신의 한 사람이 물었다. '사도님, 인척관계에 있는 자는 어떤가요?' 예언자께서 대답했다. '인척은 죽었습니다.'"[5]

이 하디스는 칼와 상태에 있는 경우 본능적인 위험에 따라 그 결과로 인한 사생활의 파괴가 있을 수 있다는 것을 의미한다. 간음이나 간통죄를 저질렀을 경우 종교는 무너지고 남편이 아내와 이혼할 때 아내는 피해를 볼 수밖에 없으며 가족들이 서로 의심과 의혹을 갖게 되면 가족관계와 사회적 관계가 갈기갈기 찢어지고 만다.

그 위험성은 단지 성적 유혹의 가능성에만 있는 것이 아니다. 남편

4_ Tafsir of Al-Qurtabi, vol. 14, p.228.

5_ Al-Bukhari and Muslim.

과 아내 사이의 사적 또는 개인적인 것에 관한 잡담이 더해지면서 가족과 부부생활에 위험을 더한다. 이러한 일로 부부관계가 망가지고 많은 가정이 파괴된다. "인척은 죽었습니다"라는 문구가 담고 있는 의미를 이븐 아씨르(Ibn Athir) 이렇게 말하고 있다. "그것은 아랍어 표현으로, '사자는 죽었다' 또는 '왕은 불이다'라는 의미와 유사하다. 즉 사자를 만나는 것은 죽음에 직면해 있다는 뜻이고 '왕은 불이다'라는 것은 왕과 대결하는 것은 불 속에 들어가는 것이나 다름이 없다는 의미와 비슷하다. 그래서 여성과 인척 남자와의 쿨와 상황은 쿨와 관계가 아닌 남자와 함께 있는 것보다 더 위험하다는 뜻이다. 왜냐하면 그 남자가 여자에게 무엇인가를 잘해 주면 그녀는 남편에게 능력이 닿지 않는 것을 요구하거나 바가지를 긁거나 남편을 못살게 하기 때문이다."

상대를 유혹적인 눈으로 쳐다보는 것

상대방을 유혹적인 눈으로 쳐다보는 것까지도 이슬람이 금기하고 있는 성의 영역에 포함된다. 왜냐하면 눈은 감정의 열쇠요 눈과 눈을 마주치는 것은 성적 욕망의 메신저로서 간음과 간통으로 이어주기 때문이다. 옛날 옛적의 한 시인은 이렇게 말했다. "모든 것은 눈에서부터 시작된다. 그리고 타오르는 한 가닥의 불꽃이 점화를 시킨다." 한편 현대의 한 시인은 이렇게 말하고 있다. "한 번 쳐다보고, 그 다음에는 미소를 짓고, 그 다음에는 고개를 끄덕인다. 한 번 말하고, 그 다음에는 약속을 하고, 그 다음에는 침대의 따뜻함을 느낀다."

이러한 이유 때문에 알라께서는 믿는 남녀에게 각자의 시선을 아래로 낮추라고 하면서 각자의 성을 보호하라고 하셨다. 다음은 이와 관련한 알라의 말씀이다.

> "믿는 남성들에게 일러 가로되 그들의 시선을 낮추고 정숙하라. 그것이 그들을 위한 순결이니라. 실로 알라께서는 그들이 행하고 있는 모든 것을 아시니라. 믿는 여성들에게 일러 가로되 그녀들의 시선을 낮추고 성기를 보호하며 밖으로 나타내는 것 외에는 유혹하는 어떤 것도 보여서는 아니 되느니라. 그리고 가슴을 가리

는 머리 수건을 써서 남편과 그녀의 아버지와 남편의 아버지와 그녀의 아들과 남편의 아들과 그녀의 형제와 그녀 형제의 아들과 그녀 자매의 아들과 여성 무슬림과 그녀가 소유하고 있는 하녀와 성욕을 갖지 못한 하인과 그리고 성에 대한 부끄러움을 알지 못하는 어린이 외에는 살결을 드러내지 않도록 하라. 또한 여성이 발걸음 소리를 내어 유혹함을 보여서는 아니 되나니 믿는 자들이여 모두가 알라께 회개하라. 그리하면 너희가 번성할 것이니라." (24:30-31)

이 두 절은 여러 가지의 교훈을 담고 있다. 이 중 두 가지는 남녀 모두에게 해당하는 것으로 각자의 시선을 아래로 낮추어 각자의 성을 보호하라는 것이며 나머지는 여성에게만 해당되는 교훈이다.

"각자의 시선을 아래로 낮추라"라는 표현과 "각자의 성기를 보호하라"라는 두 표현에는 차이점이 드러나고 있다. 성기는 온전하고 완벽하게 보호되어야 한다는 의미이고 시선을 아래로 낮추라는 것은 부분적인 것이다. 왜냐하면 필요에 따라 그리고 사람들의 일반적인 관심과 이해에 따라서 남녀가 서로 바라볼 수 있도록 허용하고 있기 때문이다.

시선을 아래로 낮추라는 것은 이성간의 상대방 앞에서 눈을 감거나 땅을 보고 고개를 숙이라는 의미가 아니다. 왜냐하면 그것은 불가능하기 때문이다. 꾸란 다른 절에서, "그대의 목소리를 낮추시오"(31:19)라는 것이 입술을 봉하라는 뜻이 아닌 것과 마찬가지이다. 여기서 시선을 아래로 낮추라는 것은 지나가는 사람의 얼굴로부터 시선을 돌리라는 뜻과 이성간에 유혹하는 매력적인 눈의 모습으로 상대방의 눈과 마주치지 말라는 의미다. 이와 관련하여 예언자가 알리(Ali bin Abi Talib)에게 한 말씀이다.

"알리, 눈이 마주쳤다면 두 번째는 마주치지 말아요. 첫 번째 눈의 마주침은 허용되지만 두 번째 눈의 마주침은 허용되지 않아요."[6]

예언자는 성에 배고파 유혹하는 눈길을 '눈의 간음'으로 간주하였다. 다음은 이와 관련한 예언자의 말씀이다.

6_ Ahmad, Abu Dawood, and Al-Tirmizi.

"눈도 역시 간음을 하는데 그것은 유혹적으로 쳐다보는 것이지요."[7]

예언자께서 유혹적으로 쳐다보는 것을 간음으로 정의한 것은 그것이 성적 충동을 일으켜 불법적으로 성적 만족을 갖게 하기 때문이다. 이것은 예수가 마태복음에서 말한 것과 일치하고 있다.

> "또 간음치 말라 하였다는 것을 너희가 들었으나 나는 너희에게 이르노니 여자를 보고 음욕을 품는 자마다 마음에 이미 간음하였느니라." (마태복음 5:27-28)

성에 배고파 유혹하는 눈길은 순결에 위험할 뿐만 아니라 마음을 흥분시켜 생각을 흐트러뜨린다.

한 시인은 이렇게 말하고 있다. "유혹하는 눈길을 보낸다면 매력적인 많은 볼거리가 당신의 마음을 연민하게 할 것이라. 당신이 본 것은 모두 당신의 것이 될 수 없고 당신의 마음은 당신이 본 작은 것에 만족하지 않을 것이라."

타인의 아우라('Awrah)[8] 모습을 보는 것

다른 사람의 아우라, 즉 가려져야 할 부분을 보아서는 안 된다. 예언자는 누구든 타인의 아우라를 보지 말라고 했다. 남녀 이성 간에는 말할 것도 없지만 동성 간에도 마찬가지다. 무심코든 어떤 뜻을 갖든 관계없이 타인의 아우라를 보는 것은 하람이다. 다음은 이와 관련한 예언자의 말씀이다.

"남자는 다른 남자의 아우라를 쳐다보아서도 안 되고 여자도 다른 여자의 아우라를 쳐다보아서는 안 되며, 남자가 다른 남자의 옷 속으로 들어가도 안 되고 여자가 다른 여자의 옷 속으로 들어가도 안 됩니다."[9]

7_ Al-Bukhari.

8_ '감추어져야 할 것'이란 의미와 함께 동성간 또는 이성간을 막론하고 다른 사람들 앞에서 가려야 할 신체의 부분이란 뜻을 담고 있다.

9_ Ahmad, Abu Dawood, and Al-Tirmizi.

이 하디스에 언급된 남자의 아우라 부분은 배꼽에서 무릎까지다. 이븐 하즘(Ibn Hazm)과 일부 말리키법학 추종자들은 무릎을 포함시키지 않는다. 한편 이방인에 대한 무슬림 여성의 아우라는 얼굴과 손목을 제외한 신체 전부가 해당된다. 하지만 아버지나 남자 형제처럼 여성의 마흐람이 되는 남자 앞에서의 여성 아우라는 다르다.

아우라를 바라다보는 것을 비롯해서 손으로 신체의 일부를 만지는 것도 물론 하람이다. 그러나 필요와 어쩔 수 없는 경우, 예를 들어 긴급구조, 진료를 할 때나 치료를 받을 경우에는 아우라 부분을 쳐다보거나 만져도 하람이 아니다. 하지만 음탕한 눈으로 쳐다보거나 성 접촉의 의도가 있었다면 그것은 곧 죄가 된다.

남녀의 신체 부분이 노출될 수도 있는 부분

아우라 부분이 아니면 여성도 남성의 몸을 바라볼 수 있다. 배꼽에서 무릎까지를 제외한 나머지 남성의 신체부위를 바라보는 것은 하람이 아니다. 물론 음탕한 눈과 유혹의 시선이 아니어야 한다. 예언자는 아이샤에게 예언자 사원 광장에서 창던지기 시합을 하고 있는 아비시니아 남자들을 보라고 하였고 그래서 그녀는 지쳐서 피곤할 정도로 그들의 시합을 구경하였다.[10]

마찬가지로 남자도 여성의 얼굴과 손을 볼 수 있다. 이 부분은 아우라가 아니기 때문이다. 물론 음탕한 눈과 유혹의 시선이 아니어야 한다. 아이샤의 전언에 따르면 그녀의 여동생 아스마(Asma)가 속이 훤히 들여다보이는 옷을 입고 예언자 집에 왔을 때 예언자는 얼굴을 돌리며 그녀에 말했다. "아스마 처제, 여자가 생리를 시작하면 이 부븐과 이 부분을 제외하고는 신체를 노출시키지 말아요. 그리고 예언자는 자신의 얼굴과 두 손을 가리켰습니다."[11]

10_ Al-Bukhari and Muslim.

11_ Abu Dawood.

이 하디스는 다이프(Da'if), 즉 계보의 정확성이 약한 하디스로 분류되지만 이 내용을 뒷받침하는 사히흐(Sahih), 음탕한 눈과 유혹의 시선이 아니면 여성의 얼굴과 양 손을 보는 것은 하람이 아니라는 계보의 정확성이 확실한 하디스들이 있다.

요약하면 음탕한 눈과 유혹의 시선이 아닌 순수한 마음으로 아우라가 아닌 남녀의 신체부위를 바라보는 것은 할랄이다. 갑자기 또는 우연히 아우라를 보게 되는 경우 이것은 죄가 되지 않고 용서되는 부분이다. 자리르(Jarir ibn Abdullah)가 전하고 있다. "내가 사도에게 우연히 또는 갑작스럽게 아우라를 보았을 경우는 어떠냐고 질문했을 때 그분께서 이렇게 대답하셨습니다. '당신의 눈을 피하시오."[12] 당신의 눈을 피하라는 의미는 우연히 또는 갑작스럽게 본 것은 어쩔 수 없지만 고의적으로 다시 보지 말라는 뜻으로 해석된다.

여성의 치장 노출여부

인용된 꾸란 두 절에서 여자나 남자 할 것 없이 시선을 아래로 낮추라는 주제를 다루었다. 이 두 절은 또 다른 알라의 신성 교훈을 담고 있다. 다음은 이와 관련한 알라의 말씀이다.

> "밖으로 드러나는 것 외에는 유혹하는 어떤 것도 보여서는 아니 되느니라." (24:31)

여성의 꾸밈은 얼굴과 머리 같은 타고난 생김새를 포함하여 신체의 매력적인 부분을 치장하는 것이 있고 옷, 장식, 화장을 통해서 여성의 미를 높이는 인위적인 꾸밈이 있다. 이 꾸란 절은 여성들에게 밖으로 나타내는 것 외에는 치장을 드러내 보이지 말라고 언급하고 있다.

드러내 보여도 되는 예외 범위에 대해 학자들은 약간의 견해 차이를 보이고 있다. 의도적인 것이 아니라 필요할 경우 또 바람에 날려 노출되는 경우와 같이 어쩔 수 없는 경우를 의미하는 것인지 또는 습관

12_ Ahmad, Abu Dawood, Muslim, and Al-Tirmizi.

적으로, 또는 본능적으로 노출하는 경우를 의미하는지에 대한 견해차이다.

대다수 초기 무슬림 법률가들은 후자의 의미를 받아들였다. "밖으로 드러나는 것"이란 문구를 이븐 압바스는 코흘(Kohl)과 반지로 해석하였다. 아나스와 그는 유사한 해석을 내렸다. 얼굴과 손을 보여도 된다는 것은 코흘과 반지는 드러내도 된다는 의미를 담고 있는 것이라고 했다. 싸이드(Sa'id ibn Jubair), 아타('Ata), 아우자이(Al-Awzai)는 얼굴과 양손을 드러내는 것은 분명한 할랄이라고 밝혔다. 아이샤, 까타다 그리고 일부 학자들은 팔찌를 추가시켰다. 이 해석은 팔의 일부분은 드러낼 수도 있다는 것이다. 그 밖의 여러 학자들은 팔의 가장자리 부분에서부터 4인치까지는 노출될 수 있다는 것으로 해석하였다.

한편 압둘라(Abdullah ibn Mas'ud)같은 다른 학자들은 아바야(Abaya), 질바브(Jilbab), 차도르(Chaddor), 부르카(Burqa) 같은 겉옷을 입었을 때 '밖으로 드러나는 것'까지로 제한하였다.

필자는 예언자 교우들과 그들을 추종한 자들의 견해를 따르고 싶다. 이들은 얼굴, 양손, 코흘이나 반지 같은 일상적인 치장은 '밖으로 드러나는 것'이란 꾸란 문구의 해석을 적용하여 드러내는 것을 허용한다.

하지만 오늘날 여성들이 화장품으로 너무 진하게 화장한 볼, 입술, 손톱을 드러내는 것은 할랄에 포함되지 않는다. 물론 가정에서는 할랄이다. 여성들이 외출할 때 진한 화장을 하는 것은 분명히 남자들의 관심을 끄는 데 목적이 있기 때문이다. 남자들의 이목과 관심을 끌기 위한 화장은 물론 하람이다. 동시에 '밖으로 드러나는 것'을 외투나 겉옷으로 보는 해석은 받아들일 수 없다. 왜냐하면 감출 수 있는 것이 아니어서 예외로 해야 할 경우가 있기 때문이다. 예를 들어 세찬 바람으로 겉옷이 펄럭일 경우에는 감출 수가 없다. 예외를 두는 목적은 어쩔 수 없는 경우와 꼭 필요한 경우에 믿는 여성들에게 부담을 덜어주는 데 있다는 것을 생각해야 한다.

여성이 자신의 얼굴과 양손을 감싸지 않고 드러내는 것이 할랄이라는 것은 확실하다. 얼굴을 가리고 양손을 감싸게 되면 일상생활에 불편을 주기 때문이다. 특히 합법적으로 허용된 일을 하기 위해서 외출할 때는 더욱 그렇다. 어린아이들을 돌보기 위해 일을 해야만 하는 미망인들과 가정 형편이 어려워 남편과 가정을 돕기 위해 일을 나가야 할 여성들은 말할 것도 없다. 얼굴을 가리고 양손을 감싼 상태에서 일을 한다는 것은 여성에게 어려움과 정신적 고통을 주게 된다. 꾸르투비는 이렇게 말하고 있다.

"얼굴과 양손은 습관적으로 가리거나 감싸지 않는다. 하물며 예배나 메카 순례 등 신앙생활에서도 얼굴과 손을 가리지 않는다. 아이샤의 전언에 근거하여 아부 다우드의 전언이 이를 뒷받침하고 있다. 아이샤의 여동생 아스마(Asma)가 속이 훤히 들여다보이는 옷을 입고 예언자 집에 왔을 때 예언자는 얼굴을 돌리며 그녀에 말했다. '아스마 처제, 여자가 생리를 시작하면 이 부분과 이 부분을 제외하고는 신체를 노출시키지 말아요.' 그리고 예언자는 자신의 얼굴과 두 손을 가리켰습니다."

이에 덧붙여, '믿는 남성들에게 시선을 아래로 하라'는 알라의 말씀을 추리해보면 예언자 시절의 여성들이 얼굴을 가리지 않았다.

만일 얼굴을 포함한 몸 전체가 가려져 있었다면 남성들에게 시선을 아래로 하라는 명령이 계시될 이유가 없었다. 왜냐하면 여성의 얼굴을 볼 수 없었기 때문이다.

이 모든 것에도 불구하고 부도덕이 퍼져 나가고 이슬람법에 대한 해이가 날로 더해가고 있어 무슬림 여성의 보호를 위해 가장 좋은 것은 가능하다면 얼굴을 포함한 모든 치장을 가리는 것이다. 이 점에 있어 아름다운 여인을 위한 경계는 더욱 필요하다. 다음은 이와 관련한 알라의 말씀이다.

> "여성들은 가슴을 가리는 머리 수건을 써야 하느니라." (24:31)

사람들이 볼 수 없도록 머리와 가슴과 목을 완전히 가리는 것은 무슬림 여성의 의무다. 다음은 이와 관련한 알라의 말씀이다.

"남편과 그녀의 아버지와 남편의 아버지와 그녀의 아들과 남편의 아들과 그녀의 형제와 그녀 형제의 아들과 그녀 자매의 아들과 여성 무슬림과 그녀가 소유하고 있는 하녀와 성욕을 갖지 못한 하인과 그리고 성에 대한 부끄러움을 알지 못하는 어린이 외에는 살결을 드러내지 않도록 하라." (24:31)

이 명령은 귀, 머리, 목, 가슴, 발목까지의 치장이 마흐랍 관계가 없는 남자들에게 보이지 않도록 요구하고 있다. 물론 드러나 있는 것, 즉 얼굴과 손의 노출은 하람이 아니다.

다음 12종류의 사람은 이 하람에서 제외된다.

(1) 남편: 남편과 아내는 서로를 기쁘게 하는 상대방의 모든 것을 볼 수 있다. 이는 하디스에 근거한다. 다음은 이와 관련한 예언자의 말씀이다.

"당신의 아내 앞이 아니면 당신의 아우라를 보호하시오."

(2) 아버지: 할아버지와 외할아버지

(3) 시아버지: 시아버지는 아버지로 간주되기 때문이다.

(4) 아들: 손자와 외손자.

(5) 의붓아들: 의붓어머니는 어머니로 간주되기 때문이다.

(6) 형제: 아버지와 어머니 쪽 형제와 의붓형제.

(7) 형제의 아들: 그 남자와 고모 사이의 결혼이 하람이기 때문이다.

(8) 자매의 아들: 그 남자와 고모 사이의 결혼이 하람이기 때문이다.

(9) 친척 여성, 무슬림 여성: 비무슬림 여성은 무슬림 여성의 치장을 볼 수 없다.

(10) 그들의 오른 손이 소유하고 있는 자들: 이슬람은 자신의 노예를 가족 구성원으로 보기 때문이다. 일부 법률가들은 여성 노예로만 한정하고 있다.

(11) 성욕이 결핍된 남성 하인: 육체적 또는 정신적인 이유로 성욕이 결핍된 남성 하인. 이 경우는 반드시 두 조건이 뒤따라야 한다. 첫째는 주인의 집에서 함께 거주하고 성욕이 결핍된 자라야 한다.

(12) 여성의 아우라를 모르고 아직 성이 발달하지 않은 어린 아이들. 그러나 성적 충동을 느끼는 기미가 보이면 아직 사춘기에 이르지 않았다 하더라도 여성은 그를 마흐람이 아닌 자로 대하여야 한다.

다음의 하디스는 삼촌과 외삼촌을 언급하지 않고 있다. 왜냐하면 그들은 습관적으로 아버지와 동일한 위상을 갖고 있기 때문이다. 다음은 이와 관련한 예언자의 말씀이다.

"삼촌은 그의 아버지와 같습니다."[13]

여성의 아우라

여성의 몸은 어느 신체 부위를 막론하고 노출하지 않는 가려야 할 아우라다. 그러므로 여성의 몸을 노출시키는 것은 하람이다.

그래서 앞서 설명했던 것처럼 무슬림 여성이 마흐람이 아닌 남성과 비무슬림 남성에게 얼굴과 양손을 제외한 나머지 부분의 신체를 노출시키는 것은 하람이다. 무슬림 여성의 얼굴과 양손의 노출은 할랄이라고 피력한 라지(Al-Razi)의 견해를 지지한다. 이 두 부분은 일상생활을 하는 데 필요하고 무엇을 주고받는 데 필요하기 때문이다. 그 대신 노출하지 않아도 생활에 불편을 주지 않는 신체부위는 감싸야 한다. 물론 우연한 사고와 어쩔 수 없는 경우와 필요에 의한 경우는 예외이다. 라지는 이렇게 말하고 있다. "얼굴과 양손을 노출시키는 것은 필요하므로 법률가들은 그것은 아우라가 아니라는 것에 동의할 수밖에 없다. 발은 노출할 필요가 없다. 그래서 그들은 두 발은 아우라인가 아닌가라는 것에 대해 의견을 달리한다."[14]

앞에서 언급한 마흐람이 되는 12가지 범주에 해당하는 관계자들에게 여성의 머리, 귀, 목, 가슴 상위부분, 팔, 다리 노출은 할랄이다. 다른 신체부위, 즉 등, 배, 허벅지, 두 가지의 비밀스러운 곳은 남편 외에

13_ Muslim.

14_ Tafsir of Fakhr Al-Din Al-Razi, vol. 20, pp.205-206.

남녀를 불문하고 어떤 누구에게도 노출하지 않는다.

앞서 인용한 꾸란 절의 해석은 일부 다른 학자들의 해석에 더 근접한다. 일부 다른 학자들은 마흐람과 다른 무슬림 여성들에게는 배꼽에서 무릎까지가 여성의 아우라라고 말한다. 꾸란 절의 의도는 일부 학자들의 견해를 지지하는 것 같다. 마흐람에게의 아우라는 집안일을 하고 있는 동안 노출되지 않는 부분이 아우라라고 이들은 해석한다. 즉 일상적인 일을 행하는 과정에서 노출될 수 있는 부분은 여성의 마흐람이 볼 수도 있다는 것이다.

이것이 바로 알라께서 믿는 여성들에게 외출할 때는 느슨한 겉옷을 입어 자신들을 가리라고 명령한 이유다. 왜냐하면 이러한 방법으로 믿지 않는 여성들과 흐트러진 여성과 식별될 수 있기 때문이다. 알라는 예언자에게 명령하여 다음의 메시지를 이슬람 공동체 전원에게 전하라고 하셨다. 다음은 이와 관련한 알라의 말씀이다.

> "예언자여, 그대의 아내들과 딸들과 믿는 여성들에게 외출을 할 때는 겉옷(베일)을 입으라고 이르라. 그렇게 함이 가장 편리하며 그렇게 함으로써 구별되고 시달림을 받지 않느니라." (33:59)

이슬람 이전 시대의 일부 여성들은 목이나 가슴 윗부분, 머리를 노출시켜 매력적인 몸매를 하고 외출하였다. 그리고 불량하고 음탕한 남자들이 그녀들 주위를 맴돌았다.

그러자 믿는 여성들은 겉옷을 입어 성적 자극을 줄 수 있는 신체부위를 가리라는 계시가 내려진 것이다. 왜냐하면 여성의 외모에 따라 순결하고 믿는 여성이라는 것을 짐작할 수 있고 또한 음탕한 남자 또는 위선자들이 여성을 치근거리는 일이 적어지기 때문이다.

이 계시가 내려진 이유는 여성의 부정한 행실 또는 불신이 두려워서가 아니라는 것은 분명하다. 물론 일부 사람들 중에는 그렇게 말하는 자도 있다. 비행 청소년, 음탕한 남자들 또는 사악한 남자들로부터의 위험 때문이다. 왜냐하면 자신을 드러내고 요염하게 활보하면서 남성을 유혹하면 남자는 그녀에 대해 성적 욕망을 갖게 되기 때문이다. 다음은 이와 관련한 알라의 말씀이다.

> "예언자의 아내들이여, 너희는 다른 여성들과 같지 않나니 만일 너희가 알라를 두려워한다면 남성들에게 상냥한 말을 하지 말라. 마음에 병든 남성들이 너희에게 욕정을 갖게 되나니 필요하고 예의바른 말만 하라." (33:32)

따라서 무슬림 여성은 자신의 몸을 감싸서 자신을 보호해야 한다는 것이 이슬람의 주장이다. 그러므로 몸을 감싸는 것은 노파를 제외한 모든 무슬림 여성에게 의무이다. 다음은 이와 관련한 알라의 말씀이다.

> "나이가 들어 부부생활을 원하지 아니하는 여성들이 유혹을 하는 부분을 제외하고는 옷을 벗어도 죄악은 아니라. 그러나 자제하는 것이 그녀들에게 더 좋으니라. 실로 알라께서는 모든 것을 아시며 가장 현명하신 분이시니라." (24:60)

나이든 노파란 생리가 종료되었으며 결혼이나 성의 욕망이 없고 남성들이 전혀 매력을 느끼지 못하는 여성을 가리킨다. 이 여성들은 차도르, 아바야, 부르카, 질바브 같은 겉옷을 입지 않아도 된다고 하였다. 그러나 자신들의 치장을 드러내기 위한 것이 아니고 단지 편안함만을 위한 것이어야 한다. 그럼에도 불구하고 겉옷을 걸쳐 몸을 가리는 것이 자신의 명예를 지키고 의혹으로부터 더 많은 보호를 받는다. 다음은 이와 관련한 알라의 말씀이다.

> "그러나 자제하는 것이 그녀들에게 더 좋으니라." (24:60)

여성의 대중목욕탕 출입

여성의 아우라를 보호하려는 이슬람의 관심과 적절한 겉옷 착용과 관련하여 예언자는 무슬림 여성들에게 대중목욕탕 출입을 경고하였다. 또한 무슬림 여성이 다른 여성 앞에서 자신의 몸을 노출시켜 다른 여성들의 잡담이나 저속한 대화의 주제가 되는 것을 몹시 혐오하였다. 다음은 이와 관련한 예언자의 말씀이다.

"알라와 내세를 믿는 자는 누구를 막론하고 속옷을 입지 않고 대중목욕탕에 들어가지 말아야 하며 알라와 내세를 믿는 자는 누구를 막론하고 아내가 대중목욕탕에 가지 않도록 해야 합니다."15

아이샤는 이렇게 말했다.

"사도께서는 처음에 대중목욕탕 출입을 금지하셨다가 후에 남자는 속옷을 입고 들어가는 것을 허용하셨습니다."16

여성에게도 예외는 있다. 따뜻한 물이 효험이 있는 과로회복이나 질병치료 또는 산후 여성은 대중목욕탕 출입이 할랄이다. 다음은 이와 관련한 예언자의 말씀이다.

"남성은 속옷을 입지 않고는 대중목욕탕에 들어가서는 안 됩니다. 여성의 경우는 몸이 아프거나 산후가 아니면 그곳에 들어갈 수 없습니다."17

이 하디스 전달 과정에는 다소의 약점이 있지만 이슬람의 일반적 규범이 뒷받침하고 있다. 왜냐하면 환자들에게 예배와 그 밖의 다른 의무사항에서 예외를 허용하고 있기 때문이다. 하람으로 경고는 하고 있지만 필요하고 유익한 경우에는 할랄이라는 예외 규범이다. 또한 압둘라(Abdullah ibn 'Abbas)에 근거하여 하킴이 전하는 하디스도 이를 뒷받침하고 있다. 압둘라는 예언자가 한 말을 다음과 같이 전하고 있다.

"대중목욕탕 같은 건물을 짓지 마시오. 이 말에 일부 사람들이 물었다. '사도님, 대중목욕탕은 묻은 때를 씻어주고 환자에게 도움이 됩니다.' 이에 예언자가 대답했다. '누구든 그곳에 들어가는 자는 나체를 가려야 합니다.'"18

15_ Al-Mondhari는 Al-Targhib에서 이렇게 말하고 있다. 이 하디스는 Al-Nisai와 Al-Tirmizi가 전한 것으로 그들은 이 하디스를 Hasan(좋은 것)으로 분류하였고 Al-Hakim에 의하면 Sahih(바른 것)으로 분류하였다.

16_ Abu Dawood, Al-Tirmizi, and Ibn Majah.

17_ Ibn Majah, Abu Dawood.

18_ Hakim.

여성이 아무런 이유나 목적 없이 대중목욕탕을 들어간다면 그녀는 하람에 빠진 것이어서 예언자의 비난을 받는다. 압둘말리흐(Abdulmalih)가 전하고 있다. 홈스 아니면 다마스커스에서 몇 여성이 아이샤를 찾아왔을 때 아이샤가 그 여성들에게 물었다. "여러분은 여성이 대중목욕탕에 들어가는 지역에서 왔습니까? 나는 사도께서 이렇게 말한 것을 들었습니다. '남편의 집이 아닌 밖에서 옷을 벗는 여성은 주님과 그녀 사이에 있는 베일을 찢는 것입니다.'"

예언자께서 한 말씀을 움므 쌀마(Umm Salmah)가 전하고 있다.

"자신의 집이 아닌 곳에서 옷을 벗는 여성이 있다면 알라께서는 당신과 그녀 사이에 있는 베일을 찢을 것입니다."

이슬람은 예외를 제외하고는 여성의 대중목욕탕 출입을 엄격하게 제한한다. 비록 네 겹의 벽으로 둘러싸여 있고 여성 전용이라 할지라도 그렇다. 수영장이나 바닷가에서 나체의 모습을 하고 누어 아무런 수치심을 느끼지 못한 채 성에 굶주린 자들의 눈과 마음을 유혹하고 자극하는 그 모습을 상상해보라. 그들은 분명히 자신들과 자비로운 주님 사이에 있는 베일을 조각조각 찢어버린 것이다. 이렇게 방치한 남자들도 죄에 동참한 것이나 다름없다. 왜냐하면 남자는 여성을 보호해야 할 의무가 있기 때문이다.

여성의 매력적인 신체부위의 노출

무슬림 여성의 윤리와 예절은 비무슬림 여성 및 이슬람 이전 여성과 무척 많이 다르다. 무슬림 여성들은 순결과 명예와 자존심과 정숙함이 우선시된다. 한편 이슬람 이전 사회의 여성들은 노출과 유혹이었다.

성적 충동을 자극시키기에 충분한 신체부위를 노출시키는가 하면 걸음걸이는 요염한 자세였고 입은 자극적인 표현이었다. 몸은 사치품과 섹시한 옷으로 장식되어 있었다.

여성들은 다양한 방법으로 자신들의 몸매와 매력을 뽐냈다. 꾸란 해설자는 예언자의 부인들과 관련한 알라의 말씀에 대한 해석을 일부 언급하였다.

"너희 가정에서 머물며 옛 무지의 시대처럼 치장하여 내보이지 말라." (33:33)

여성들은 남성들 사이에 끼어서 함께 걸었다고 무자히드는 풀이했고, 까타다는 유혹적이고 관능적인 자세로 거리를 활보하였다고 말하고 있다. 한편 무까틸은 이렇게 표현했다. "매력을 표출하기 위해 천 하나를 머리에 얹고는 동여매지도 않았으며, 목걸이와 귀고리와 다른 장식품들로 치장하고서 자극적이고 요염한 패션을 하였다."

이슬람 이전의 여성들이 자신들을 표출하는 방법은 남성들과 자유롭게 어울리는 것, 관능적인 자세를 하고 거리를 활보하는 것, 장식품들과 머리와 목의 매력을 자랑할 목적으로 훤히 비추는 머리 수건을 쓰는 것 등이 있었다. 그러나 창조주의 계시에 무지한 현대시대의 여성들도 순결과 명예에는 아랑곳하지 않고 자극적이고 관능적 모습으로 자신들을 표출하고 있어 마치 이슬람시대 이전의 양상이 나타난 것처럼 보인다.

무슬림 여성이 자신을 다스리는 방법

무슬림 여성에게 요구되는 예의바른 행실은 자신의 매력을 제멋대로 표출하지 않는 것이다. 예의바른 행실에는 다음의 요구사항들이 따른다.

(1) 눈의 시선을 아래로 낮춘다. 무슬림 여성의 가장 값진 장식품은 순결과 정숙함이고 정숙함의 가장 좋은 표현은 눈의 시선을 아래로 낮추는 것이다. 다음은 이와 관련한 알라의 말씀이다.

"믿는 여성들에게 일러 가로되 그녀들의 시선을 낮추고" (24:31)

(2) 남녀 간에 살결이 접촉되지 않도록 남성들과 혼합하지 않는다. 오늘날의 극장, 대학 강의실, 방청석, 버스, 전차 등에서처럼 혼합하여 앉

지 않는다. 예언자께서 한 말을 마으깔(Ma'qal ibn Yasar)이 전하고 있다.

"할랄이 아닌데 여성과 몸을 접촉하느니보다는 철사 쑤시개로 머리를 찌르는 것이 더 좋을 것입니다."19

(3) 무슬림 여성의 옷은 다음과 같은 요건이 요구되는 이슬람 예절과 일치해야 한다.

① 얼굴과 양손을 제외한 몸 전체를 가리는 옷이어야 한다.

② 속이 비쳐 보이지 않는 것이어야 한다. 다음은 이와 관련한 예언자의 말씀이다.

"지옥에 거주하는 자들 중에 옷을 입었으나 나체의 모습을 했던 여성, 유혹하고 유혹을 당한 여성들이 있지요. 이들은 천국에 들어가지도 못할 뿐만 아니라 천국의 향수도 그녀들에게는 이르지 않습니다."

옷을 입었으나 나체의 모습을 한 여성이란 속이 훤히 들여다보이는 옷을 입은 여성을 말한다. 바니 타밈(Bani Tamim) 부족 출신의 몇 여성이 속이 들여다보이는 옷을 입고 아이샤를 찾아온 적이 있었다. 이 모습을 본 아이샤가 말했다. "여러분이 믿는 여성이라면 이 옷은 여러분에게 어울리지 않습니다." 또 다른 경우가 있었다. 속이 들여다보이는 옷에 역시 머리가 훤히 비치는 스카프를 한 신부가 아이샤 앞에 나타났을 때 아이샤가 말했다. "이와 같은 옷을 입은 여성은 꾸란 누르 장(Surat Al-Nur)을 믿지 않는 자와 같습니다."20

③ 여성의 옷은 몸에 꼭 끼지 않아야 한다. 신체의 섬세한 곡선미가 뚜렷하게 표출되지 않도록 하기 위해서다. 오늘날 서구사회에서 보편화된 선정적이고 물질만능주의 문화를 상징하는 형태의 의상들을 의미한다. 그곳의 패션 디자이너들은 경쟁적으로 앞가슴을 드러내고 허리와 엉덩이가 튀어 나오게 하는 여성의 옷들을 디자인하여 남성들의 성적 욕망을 자극하는 데 열을 올리고 있다. 이러한 옷들을 걸치고 다니는 여성을 가리켜 옷을 입은 나체의 여인이라 일컫는다.

19_ Al-Tabarani and Al-Baihaqi.

20_ 꾸란 누르 장은 여성의 순결, 의상, 남녀 관계에 관한 내용을 많이 담고 있다.

④ 여성은 남성용, 특히 현대의 남성들이 입는 바지를 입지 말아야 한다. 다음은 이와 관련한 예언자의 말씀이다.

"남자를 흉내내는 여자와 여자를 흉내내는 남자는 저주를 받을 것입니다. 그러므로 여자가 남자 옷을 입는 것은 하람이고 그 반대의 경우도 마찬가지입니다."

⑤ 옷을 선택할 때는 비무슬림 여성을 모방하지 말아야 한다. 유대교, 기독교 및 타종교를 믿는 여성들의 의상도 마찬가지이다. 왜냐하면 이슬람은 비이슬람적인 유행을 따르지 않는다. 성적 충동을 유발시키고 눈에 띄는 독특한 외형에 집착하는 그들의 의상과 구별하기 위해서이다. 다음은 이와 관련한 예언자의 말씀이다.

"어떤 민족을 모방하는 자는 누가 되었든 그는 그 민족의 일원이지요."

⑥ 무슬림 여성은 고귀하고 정숙한 자세로 걷고 사업과 관련된 필요한 대화만 나누어야 한다. 얼굴에 알랑거리는 모습을 보여서도 안 되고 요염한 자태로 걸어서도 안 된다. 연애 유희적인 자세는 나쁜 마음을 가진 여성의 특징이다. 다음은 이와 관련한 알라의 말씀이다.

> "너희는 다른 여성들과 같지 않나니 만일 너희가 알라를 두려워한다면 남성들에게 상냥한 말을 하지 말라. 마음에 병든 남성들이 너희에게 욕정을 갖게 되나니 필요하고 예의바른 말만 하라." (33:32)

⑦ 무슬림 여성은 향수, 짤랑거리는 장식품, 구둣소리 등으로 남성의 관심을 끌려고 해서는 안 된다. 다음은 이와 관련한 알라의 말씀이다.

> "발걸음 소리를 내어 유혹함을 보여서는 아니 되나니." (24:31)

이슬람 이전 시대의 여성들은 남자들이 지나갈 때 구둣소리를 내거나 짤랑거리는 목걸이를 흔들어 자신을 알렸다. 꾸란은 이러한 행위를 금지하였다. 왜냐하면 이런 행위는 남자의 관심을 끌어 유혹하도록 하는 여성의 나쁜 의도가 숨어 있기 때문이다. 여성의 진한 향수 사용도 마찬가지다. 진한 향수 사용은 남성들의 성적 욕망을 자극시키기 때문이다. 다음은 이와 관련한 예언자의 말씀이다.

"진한 향수를 바르고 남성들의 집단을 통과하여 가는 여자는 간음한 자와 같지요."[21]

그렇다면 무슬림 여성은 죽을 때까지 집에만 머물러 있다가 죽어서 무덤으로 가기 위해 밖으로 나온다고 말하는 일부 사람들이 있다. 이것은 이슬람이 바라는 것이 아니다. 그와는 반대이다. 예배하기 위해 외출할 수 있다. 학교가고 시장가기 위해서는 당연히 나와야 한다. 해외 유학을 위해서 그리고 메카 성지순례와 예루살렘 성지방문을 위해서 해외여행을 하고 해외에서 체류해야 한다. 이처럼 종교적 목적과 현실생활의 목적을 위해 국내외를 여행해야 한다. 초기 이슬람 시대에 살았던 예언자 교우들의 부인들도 그렇게 하였고 후기 시대의 무슬림 여성들도 그랬다. 예언자와 함께 전투와 전쟁에 동참한 여성들도 있었다. 칼리프 시절 그리고 그 이후의 통치자 시절에도 그랬다. 예언자는 그의 아내 사우다(Saudah)에게 이렇게 말했다.

"알라께서는 당신이 필요로 하는 것을 위해 당신에게 외출을 허락하셨습니다."[22]

"여러분의 아내가 이슬람 사원에 가고 싶어 하거든 이를 막지 마시오."[23]

"여자노예가 이슬람 사원에 가기를 원하거든 이를 막지 마시오."[24]

마흐람 관계에 있지 않는 다른 남자의 어떤 신체 부위도 보지 말라는 일부 엄격한 학자들의 견해도 있다. 이들은 움므 쌀마의 노예였던 나브한(Nabhan)에 근거하여 티르미지가 전하고 있는 하디스에 근거한 이슬람 규범을 적용하고 있기 때문이다. 이븐 움므 마크툼(Ibn Umm

21_ Abu Dawood, Al-Tirmizi, Al-Nisai, Ibn Khazimah, and Ibn Hibban.

22_ Al-Bukhari.

23_ Al-Bukhari.

24_ Muslim.

Maktum)이 예언자의 두 아내 움므 쌀마(Umm Salmah)와 마이무나(Maimunah) 집에 들어왔을 때 예언자께서 두 아내에게 이렇게 갈했다. "베일을 쓰시오." 그러자 두 아내가 말했다. "그는 장님이라 우리를 볼 수 없어요." 다시 예언자가 대답했다. "당신들도 장님이라 그를 볼 수 없나요?"

하지만 연구자들은 이 하디스가 정확하게 전달되지 않았다고 말한다. 한편 이 하디스를 얘기하는 사람은 움므 쌀마이고 전달자는 그녀의 노예 나브한이며 그는 사건에 대해 관심도 없었고 전할 아무런 이유도 없었다고 말한다. 이 하디스가 건전한 것(Sahih)이라 가정하더라도 이것은 단지 예언자께서 아내들에게 예언자의 아내로서 다른 여성들에 비해 더욱 정숙하고 더욱 높은 도덕적 위상을 요구하기 위해 매우 엄격했을 뿐이었다고 말한다. 즉 이 하디스는 예언자의 아내들에게만 연관된 것이라는 것이다. 아부 다우드와 다른 저명한 학자들도 이 하디스는 예외적으로 예언자의 아내들에게만 적용되는 것이라고 했다. 다음 하디스의 중요성은 토론의 여지없이 어느 경우에나 모두에게 적용된다는 것이다.

예언자는 파티마(Fatimah bint Qais)에게 그녀의 남편이 움므 샤리크(Umm Sharik) 집에서 죽었을 때 기다리는 법정기간('Iddah)을 지키라고 지시했다. 그런데 뒤에 마음을 바꾸고 이렇게 말했다.

"나의 교우들이 그녀의 집에 모이므로 그곳에 가서 이븐 움므 다크툼과 함께 머무시오. 왜냐하면 그는 장님이기 때문이요. 만일 당신이 베일을 벗어도 그는 당신을 보지 못할 것이요."[25]

남자 손님을 위한 여성의 대접

무슬림 여성은 남편이 동석하고 있을 경우 이슬람이 권장하는 옷차림과 말씨와 자세로 손님들을 접대할 수 있다. 손

25_ Tafsir of Al-Qurtabi, vol. 11, p.228.

님들은 자연스럽게 부인을 볼 수 있고 부인 역시 자연스럽게 손님을 볼 수 있으며 남자 손님과 무슬림 여성 사이에 성적 개입의 위험이 없는 한 여성이 손님을 대접하는 것은 아무런 문제가 되지 않는다.

싸흘(Sahl ibn Sa'd Al-Ansari)이 이야기한 것을 부카리와 무슬림 및 그 밖의 하디스 전언자들이 전하고 있다. "아부 싸이드 싸아디(Abu Usaid Al-Sa'adi)가 예언자와 교우들을 그의 결혼식에 초대하였다. 그런데 아내 움무 우싸이드(Umm Usaid) 혼자서 음식을 요리하여 가져다 날랐다. 그녀는 몇 개의 종려나무 열매를 돌 항아리에 있는 우유에 하룻밤 동안 넣어 두었다. 예언자가 식사를 마치자 그녀는 종려나무를 이겨서 넣은 우유를 가지고 왔습니다."

이슬람의 어른으로 불리는 이븐 하자르(Ibn Hajar)는 이렇게 말했다. "우리는 이 하디스에서 무슬림 여성은 남편과 집에 찾아온 손님을 접대하고 남편은 부인에게 접대한다는 것을 알았다. 그러나 무슬림 여성이 방문자를 대접할 때는 유혹의 위험이 없을 때에만 허용된다. 이슬람이 권장하는 옷차림이어야 하며 현대사회의 서구 여성들의 옷차림으로 남자 손님을 접대하는 것은 하람이다."

변태 성욕은 큰 죄

성욕에 대한 이슬람의 규범은 불법적 성관계와 불륜을 금지하고 있을 뿐만 아니라 그것으로 유인하는 모든 통로와 수단과 방법도 금지하고 있다.

호모섹스, 즉 동성애나 예언자 롯의 백성들이 저질렀던 성관계와 같은 탈선된 성적 관계도 물론 하람이다. 이런 왜곡된 성관계는 자연의 질서에 역행되는 것이며 타락한 성생활이요 여성의 권리를 침해하는 범죄다.

불순하고 불결한 이러한 행위들이 공동체에 퍼지게 되면 자연스러운 삶의 패턴이 망가지고 이러한 행위에 습관화된 자들은 색욕의 노예가 되어 순수한 성과 도덕과 깨끗한 생활패턴을 짓밟게 된다. 이와 관련된 이야기로는 꾸란에 언급된 예언자 롯의 백성들이 보여준 교훈만으로도 충분하다. 롯의 백성들은 수치스러운 비행에 빠져 합법적이고 자연스러운 성생활을 버리고 비합법적이고 비자연적이며 불결한 성생활을 추구했다. 이러한 것이 바로 예언자 노아로 하여금 그들의 백성들에게 다음의 말을 하도록 한 것이다.

> "너희는 우주의 모든 피조물 가운데서 남성에게만 접근하려 하느냐? 주님께서 너희를 위해 창조하신 너희 배우자들을 버려두려 하느냐? 실로 너희는 한계를 넘어선 백성들이라." (26:165-166)

이들 백성들이 보인 가장 이상하고 부끄러운 것 중의 하나는 그들의 본성이 왜곡되어 있었고, 이성을 잃었고, 도덕이 무너져 있었고, 취미가 완전히 타락되었다는 것이다. 하물며 자신들에게 징벌을 내리기 위해 알라께서 사람의 형상을 해서 내려 보낸 천사들에 대한 그들의 태도는 변태적이었다. 꾸란은 이들에 관한 이야기를 언급하고 있다.

> "천사들이 롯에게 이르렀을 때 아브라함은 그들을 보호할 힘이 없어 슬퍼하며 오늘은 괴로운 날이라고 하더라. 그의 백성들이 서둘러 그에게 왔으나 그들은 이미 사악한 행위를 일삼고 있었노라. 이때 롯이 말하길, 백성들이여! 여기 순결한 내 딸들이 있느니라. 알라를 경외하라. 그리고 나의 손님 앞에서 나를 저주하지 말라. 너희들 중에 정직한 자가 한 사람도 없느냐? 이때 그들이 말하길, 우리가 당신의 딸들을 원하지 않는다는 것을 당신이 알고 있으며 또한 당신은 우리가 원하는 것이 무엇인지 알 것이요. 이에 롯이 말하길, 내게 너희를 제지할 수 있는 힘이 있거나 강력한 후원을 얻을 수 있다면 좋으련만 라고 말하니 천사들이 말하길, 롯이여! 우리는 주님으로부터 온 사도들이라 그들이 결코 당신을 해치지 못하리라 그러므로 당신의 가족과 함께 어둠을 타고 떠나라. 그리고 너희 가운데 누구도 뒤돌아보지 말라. 그들에게 있었던 재앙이 당신의 아내에게도 있을 것이요 아침이 그들에게 징벌이 내려질 시간이라. 그 아침이 다가오고 있지 않느냐?" (11:77-81)

이슬람 법률가들은 이들의 혐오스러운 행위에 대한 징벌에 대해서 서로 다른 의견들을 갖고 있다. 이들에게 간음한 자 또는 간통을 저지른 자에 대한 형벌과 동일한 징벌이 가해져야 하는가 아니면 직접적이든 간접적이든 연루자 모두에게 사형이 선고되어야 하는가? 한편 그러한 형벌은 너무 가혹하고 잔인하다고 보는 학자도 있지만 모두가 이구동성으로 이슬람사회를 정화시키고 탈선된 요소들을 제거하여 깨끗한 사회를 만들어야 한다는 데는 의견이 일치하고 있다.

수음(手淫), 즉 자위행위에 관한 규범

성적 긴장으로부터 자신을 구하지 않으면 안 될 정도로 절박할 경우 젊은이는 손에 의한 자위행위를 할 수도 있다. 대다수 학자들은 이것을 하람으로 간주한다. 이맘 말리크는 다음의 꾸란 절에 근거하여 하람으로 판단하였다.

> "자신들의 순결을 지키는 자들이라. 아내와 오른 손이 소유한 하인들은 제외로 그들은 나무랄 데가 없노라. 그러나 그 한계를 넘어 욕망을 가진 자 실로 그들은 죄인들이니라." (23:5-7)

손에 의한 자위행위를 하는 자를 한계를 넘어 욕망을 가진 자로 보기 때문이다.

한편 이맘 아흐마드(Ahmad bin Hanbal)는 정액을 몸에서 넘쳐흐르는 것으로 보고 이것이 흘러나오게 하는 것은 허용된다고 보았다. 이븐 하즘이 아흐마드의 해석을 지지하고 있다. 하지만 한발리 학파의 추종자들은 다음의 두 가지 조건이 충족될 때 손에 의한 자위행위가 허용된다고 했다. 첫째는 간음이나 간통에 빠질 위험에 처할 때, 둘째는 결혼할 능력이 없는 경우이어야 한다는 조건을 달았다.

성적 흥분으로 하람에 빠질 위험한 상황에서는 이맘 아흐마드의 견해가 더 보편적이라고 필자는 생각한다. 예를 들어, 해외에서 유학이나 일을 하고 있는 한 젊은 청년에게 감당하기 어려울 정도로 유혹이 있을 때 지나치지 않고 습관화되지 않도록 주의를 하면서 자위행위로 성적 긴장과 충동을 해결하는 것은 문제가 되지 않는다고 본다.

이보다 더 좋은 방법은 결혼할 능력이 없는 젊은 청년은 단식을 통하여 문제를 해결하라고 한 예언자의 충고이다. 왜냐하면 단식은 욕망을 자제할 수 있는 의지를 길러주고 알라에 대한 두려움을 강화시켜 주기 때문이다. 다음은 이와 관련한 예언자의 말씀이다.

"청년 여러분 중에 능력이 있는 자는 결혼을 하시오. 아내는 여러분의 눈을 아래로 하게하여 여러분의 순결을 지켜줄 것입니다. 그러나 능력이 없는 자는 단식을 하시오. 왜냐하면 단식은 성적 충동을 식혀주는 수단이기 때문입니다."[26]

26_ Al-Bukhari.

결 혼

이슬람은 독신주의를 불허

한편 이슬람의 입장은 혼외정사를 불허한다. 그래서 이슬람은 간음과 간통을 금지하고 거기에 이르는 모든 통로를 차단한다. 반면에 타고난 성적 본능을 억지로 자제하는 것도 반대한다. 따라서 이슬람은 모든 사람들에게 결혼할 것을 촉구하는 동시에 금욕주의와 거세를 금지한다.

결혼할 능력이 있는 무슬림이 알라를 위해 헌신한다는 이유로 결혼하지 않고 세상과 등지고 살아가는 무슬림이 있다면 이슬람은 이를 받아들이지 않는다. 예언자는 금욕주의 성향을 보인 일부 교우들에게 금욕주의는 이슬람의 바른 길을 탈선하고 예언자의 전통(Sunnah)을 거역한 것이며 이슬람의 체제를 기독교인의 생각으로 대체하려는 잘못된 행위라고 선언했다. 아부 꿀라바(Abu Qulabah)가 전하고 있다. "예언자의 일부 교우들이 이 세상을 포기하기 위해 아내들을 버리고 신부나 승려같이 되어 버렸다. 그러자 예언자께서 그들에게 매섭게 말했다. '여러분 전 세대 백성들이 망한 것은 금욕주의와 독신주의 때문이었습니다. 그들은 자신들에게 지나친 요구를 했습니다. 그러자 알라께서 그들에게 고난을 주셨습니다. 여러분은 아직까지 수도원과 절에 남아 있는 그들을 볼 수 있습니다. 알라만을 경배하고 그분께 그 어떤 것도 비유하지 말며 메카 대순례와 소순례를 하시오. 그리고 바르게 사는 자가 되시오. 그러면 모든 일이 당신을 위해 바르게 될 것입니다.'"[27]

아부 꿀라바는 그들과 관련되어 계시된 꾸란 절을 인용했다.

"믿는 자들이여, 알라께서 너희에게 허락한 것을 금기하지 말 것이며 범주를 벗어나지 말라. 실로 알라께서는 범주를 벗어난 자를 사랑하지 아니 하시느니라." (5:87)

무자히드가 전하고 있다. "우스만('Uthman ibn Maz'un)과 압둘라(Abdullah ibn 'Umar)를 포함한 일부 무슬림들이 부인들과 관계를 끊고 거세한 후 허름한 누더기 옷으로 갈아입으려고 마음먹자 이와 관련하여 전 계시에 이어 또 계시가 내려졌다."[28]

부카리와 그 밖의 전언자들에 의해 전해진 이야기다. 세 사람이 예언자의 아내들을 찾아와 예언자께서 어떻게 신앙생활을 수행하였느냐고 물었다. 대답을 듣고 나더니 이렇게 말했다. "우리와 그분 사이에 무엇이 다르기에 사도는 알라로부터 과거의 죄와 미래의 죄까지 용서받았을까?" 그리고 그들 중의 한 사람이 말했다. "나는 밤을 새워가며 예배를 할 것입니다." 다른 사람이 말했다. "나는 여자와 어떤 관계도 갖지 않고 결혼도 결코 하지 않을 것입니다." 그들의 이러한 말을 듣고 예언자는 그들의 잘못을 지적하고 그들이 바른 길에서 벗어나 있다고 설명했다. "나는 알라를 가장 두려워하는 자입니다. 그래서 나는 단식을 합니다. 그렇지만 단식을 깨뜨리기도 합니다. 예배도 드리고 잠도 자고 여자들과 결혼도 했습니다. 이러한 나의 전통에서 멀리하는 자는 나와 전혀 관계가 없습니다."

싸으드(Sa'd ibn Abi Waqqas)는 이렇게 말했다. "사도께서는 우스만('Usman bin Maz'un)이 독신으로 살고 있는 것을 반대하셨습니다. 만일 그에게 독신생활이 허락되었다면 우리는 거세를 했을 것입니다."[29] 모든 세대의 젊은이들에게 예언자는 이렇게 말했다.

27_ Abdurazaq, Ibn Jarir, and Ibn Al-Mundhir.

28_ Ibn Jarir in his Tafsir.

29_ Al-Bukhari and Muslim.

"젊은이들이여, 아내를 부양할 능력이 있는 자는 결혼하시오. 그리하면 다른 여성들을 쳐다볼 필요가 없고 여러분의 순결을 지킬 수 있습니다."30

이 말씀에 근거하여 일부 학자들은 아내를 부양할 능력이 있는 무슬림의 결혼은 의무라고 하면서 그러한 사람이 결혼을 피하는 것은 허용되지 않는다고 하였다. 한편 다른 학자들은 죄에 빠지는 것을 두려워해야 한다는 것을 이 의무사항에 추가하였다.

사실상 무슬림 남성이 가난 때문에 또는 가족 부양이 두려워 결혼을 자제하는 것은 적절하지 못하다. 최선을 다하여 일자리를 찾아다니면서 알라께 도움을 간구해야 한다. 왜냐하면 자신의 순결을 보호하기 위해 결혼한 자는 알라께서 돕는다고 약속했기 때문이다. 다음은 이와 관련한 알라의 말씀이다.

> "너희 가운데 독신들과 너희 가운데의 성실한 하인들과 하녀들을 결혼시켜주라 그들이 가난하다면 알라께서 은혜를 베풀어 풍요롭게 하여주실 것이니라." (24:32)

다음은 이와 관련한 예언자의 말씀이다.

"다음의 세 부류는 알라의 도움을 받을 권리가 있지요. 첫 번째 부류는 순결한 삶을 위해 결혼하고자 하는 자, 두 번째 부류는 노예로부터 해방되고 싶어서 주인에게 돈을 지불하고 자유의 몸이 되기를 원하는 자, 그리고 세 번째 부류는 알라를 위해 싸우는 자입니다."31

청혼할 때의 맞선

무슬림 남성은 결혼서약 전에 청혼할 여성의 얼굴을 볼 수 있다. 만일 결혼 전에 여자를 보지 않았는데 결혼 후에 그녀가 마음에 들지 않았다면 후회할 수 있기 때문이다. 눈은 마음의 사

30_ Al-Bukhari.

31_ Ahmad, Al-Nisai, Al-Tirmizi, Ibn Majah, and Al-Hakim.

도, 즉 전달자다. 눈과 눈이 마주칠 때 남녀의 마음과 정신도 만날 수 있다. 아부 후라이라가 전한 내용을 무슬림이 전하고 있다. 어떤 사람이 예언자를 찾아와 안사리 출신의 한 여성과 결혼서약을 했다고 말하자 예언자께서 물으셨다. "그녀의 얼굴을 보았소?" 보지 않았다고 그 남자가 대답하자 예언자가 말했다.

"그러면 다시 가서 그녀를 보시오. 왜냐하면 일부 안사르 출신자의 눈에는 무엇인가 결점이 있습니다."

알무기라(Al-Mughirah ibn Shu'bah)가 말했다. "한 여성에게 청혼을 했을 때 사도께서 그녀를 보았느냐고 나에게 물으셨습니다. 그녀를 보지 못했다고 했더니 그분께서 이렇게 말씀하셨습니다. '가서 보시오. 왜냐하면 둘 사이에 사랑을 더하여 줄 수도 있어요.' 그래서 나는 그녀의 부모를 찾아가 예언자의 충고를 말씀드렸습니다. 그런데 못마땅하게 생각하는 것 같았습니다. 그녀가 방에서 우리의 대화를 듣고 이렇게 말했습니다. '예언자께서 나를 쳐다보라고 말했다면 그렇게 하세요.' 그래서 나는 그녀의 얼굴을 보았고 그리고 그녀의 얼굴이 마음에 들어 결혼하였습니다."32

예언자는 무기라와 다른 남자들에게 몇 명의 여자를 볼 수 있는 가에 대해 특별히 언급하지 않았다. 일부 학자들은 여성의 얼굴과 손만 보는 것으로 제한하였다. 하지만 얼굴과 손을 보는 것은 누구에게나 허용되지만 결혼서약 전에는 성욕이 배제된 조건이다.

다음은 이와 관련한 예언자의 말씀이다.

"여러분 중에 여성에게 청혼할 때, 만일 그녀에게서 결혼을 수인할 수 있는 어떤 것을 볼 수 있다면 그렇게 하시오."33

일부 학자들은 서로 간에 극과 극의 견해를 말하고 있지만 가장 좋은 방법은 중용이다. 한 연구원은 여자가 아버지나 형제 또는 어머니 등 가족 여성들 앞에 자연스럽게 나타날 때 여자를 보는 것이 현대시대

32_ Ahmad, Al-Tirmizi, Ibn Majah, Ibn Hibban, and Darimi.

33_ Abu Dawood.

에 가장 적절한 방법이 될 수 있다고 하였다. 그 연구원은 다음과 같이 말하고 있다. "언급된 위의 하디스 내용에 근거하여 남자는 여자가 이슬람이 권장하는 옷을 입고 아버지 또는 샤프롱 같은 여성의 보호자를 동반하고 친척 방문 또는 공원에 나갈 때 함께 동행하면서 그녀의 개성, 취미, 취향 등을 알아볼 수도 있다. 위의 하디스 내용 중에, '만일 그녀에게서 결혼을 유인할 수 있는 어떤 것을 볼 수 있다면 그렇게 하시오'라는 표현에 근거한 것이다."34

만일 결혼할 의향이 사실이라면 남자는 여자 또는 여자 가족 몰래 여자를 볼 수 있다. 자리르(Jarir ibn 'Abdullah)가 자신의 아내와 관련하여 이야기했다. "결혼 전에 나는 나무 밑에 숨어서 그녀를 바라보곤 하였습니다."

무기라와 관련된 하디스에서 처녀의 아버지는 관습이라는 것을 이유로 결혼할 의도를 가진 무슬림 남자에게 자신의 딸을 볼 수 없도록 막을 수 없다는 것을 알 수 있다. 왜냐하면 관습과 전통은 이슬람법의 통제를 받아야지 영원한 신법이 일시적이고 임시적인 인정법에 종속될 수 없는 일이기 때문이다. 한편 오늘날 서구문화를 모방하는 무슬림들이 늘어나고는 있지만 약혼한 사이라고 해서 두 남녀가 보호자를 동행하지 않고 극장, 클럽 또는 쇼핑센터를 자유로이 드나들도록 허용하는 것은 아버지나 중매인의 권한 남용이다. 그러나 극과 극은 이슬람의 본질에 위배되는 것이다.

금지된 청혼

재혼을 위해 기다려야 할 법정기간('Iddah)을 채우지 못한 이혼녀 또는 과부에게 청혼하는 것은 하람이다. 이 기간은 전 남편과 이루어진 결혼의 일부이므로 그 영역을 침범해서는 안 되기 때문이다. 그러가 이 기간이라 할지라도 간접적인 암시나 제의를 통해

34_ Al-Bahi Al-Khooli, Al-Mar'ah Bain Al-Bait wa Al-Mujtama'.

서 결혼의사를 전할 수는 있다. 직접적으로 드러난 청혼은 하지 않는다. 다음은 이와 관련한 알라의 말씀이다.

> "이혼한 여성에게 약혼을 제의하거나 마음에 뜻을 두는 것은 죄가 아니니라." (2:235)

마찬가지로 이미 다른 남성과 약혼했거나 결혼설이 오가고 있는 여성에게 청혼하는 것도 하람이다. 청혼을 받고 수락한 여성은 사람들로부터, 특히 청혼자와 그의 형제들로부터 보호와 사랑을 받을 권리를 갖기 때문이다. 그러나 첫 번째 구혼자가 청혼을 종료하거나 두 번째 구혼자에게 허락할 경우에는 문제가 되지 않는다. 무슬림은 사도께서 한 말씀을 다음과 같이 전하고 있다.

"믿는 자는 다른 믿는 자의 형제입니다. 그러므로 그의 형제가 물건을 흥정하고 있을 때 다른 형제가 그보다 비싼 값으로 경매하지 아니하며 이미 청혼을 제의받은 여성에게 청혼하지 않습니다. 그러나 그 형제가 그것을 포기할 때는 문제되지 않습니다."

다음은 부카리가 사도께서 한 말씀을 다음과 같이 전하고 있다.

"다른 사람과 혼담이 오가고 있는 여성에게 청혼하는 것은 하람이나 청혼자가 청혼을 철회하거나 양보할 때는 문제가 되지 않습니다."

여성의 동의

결혼에 관한 결정권은 여성에게 있다. 아버지나 보호자도 이 권리를 짓밟거나 여성의 희망을 무시하는 것은 허용되지 않는다. 다음은 이와 관련한 예언자의 말씀이다.

"결혼한 경험이 있는 여성은 그녀의 보호자보다 자신의 결혼 결정에 대해 더 많은 권리를 가지며 처녀일 경우에는 반드시 그녀의 동의가 있어야 합니다. 그리고 그녀의 침묵은 그녀의 동의로 간주됩니다."[35]

이븐 마자와 일부 다른 전언가들은 다음의 하디스를 전하고 있다.

35_ Al-Bukhari and Muslim.

"한 처녀가 예언자를 찾아와 자신의 뜻과는 무관하게 자신을 조카와 약혼을 시켰다고 털어놓자 예언자는 이 여성에게 선택할 권한을 행사하도록 허용하였다. 그러자 그녀가 말했다. '저는 저의 아버지와 합의를 보았지만 결혼에 대한 결정권은 아버지에게 있지 않다는 것을 모든 여성들에게 알려주고 싶어요.'"

처녀의 아버지는 종교가 건전하고 성격이 좋은 남자로부터 딸에게 청혼이 들어왔을 때 딸의 결혼을 지연시켜서는 안 된다. 다음은 이와 관련한 예언자의 말씀이다.

"다음 세 가지는 미루거나 지연시켜서는 안 됩니다. 그것은 바로 예배 시간이 되었을 때의 예배드리는 것, 사람이 죽으면 서둘러 장례식을 치루는 것, 그리고 동등한 위상의 남자가 딸에게 청혼을 해 왔을 때 결혼시키는 것이지요."[36]

"종교와 성격이 좋은 남자가 당신의 딸에게 청혼을 하면 그의 요구에 동의하시오. 만일 그렇게 하지 않으면 지상에 큰 재앙이 내릴 것입니다."[37]

결혼이 금지되는 대상

다음 사항에 해당하는 여성과는 결혼이 영원히 금지된다.

(1) 아버지의 아내: 이혼이나 미망인이 되어도 마찬가지다. 이슬람 이전 시대에는 이러한 결혼이 허용되었다. 그 후 이슬람이 그러한 결혼을 금지시켰다. 왜냐하면 아버지와 결혼한 여성은 어머니의 위상이 되기 때문이다. 이러한 금지는 아버지의 명예를 보호하기 위해서다. 어머니의 위상을 가진 여성과의 결혼은 남녀 모두의 성생활을 단절시켜 결국 명예와 존경이 기반이 되는 가족관계가 파괴된다.

(2) 어머니와 양가의 할머니

36_ Al-Tirmizi.

37_ Al-Tirmizi.

(3) 딸, 손녀와 외손녀

(4) 누나 또는 여동생, 계부 또는 계모의 딸

(5) 고모, 계부 또는 계모 관계로 맺어진 고모

(6) 외숙모, 계부 또는 계모 관계로 맺어진 외숙모

(7) 형의 딸

(8) 누나의 딸

이러한 친척 관계에 있는 여성들은 남자에게 결혼이 금지된 대상, 즉 무하르라마트(Muharramat)가 되고 남자는 그녀들을 보호하는 대상, 즉 마흐람(Mahram)이므로 이들과의 결혼은 영원한 하람이며 그 이유는 다음과 같다.

① 어머니, 누나, 여동생, 딸 같이 가장 가까운 관계에 있는 여성과의 결혼은 아무런 성적 자극을 주지 않으며 또한 본능적으로 인간의 본성에 혐오감을 준다. 하물며 동물의 세계에서도 근친 교미를 피하는 동물들이 있다. 고모에 대한 남자의 존경심은 어머니에 대한 존경심과 같고 이와 마찬가지로 고숙은 아버지에 대한 존경심과 같다.

② 가족은 근친상간의 관계가 없이 정답게 어울려 살아야 한다. 이슬람법은 그러한 근친상간의 관계가 되는 뿌리를 차단하다.

③ 혈통으로 맺어진 친척 간에는 자연스러운 사랑과 애정이어야 하므로 이슬람법은 그러한 근친상간을 금지시켜 사랑과 친족관계를 확대해 가는 데 목적을 둔다. 그래서 결혼 대상자를 가문 밖에서 찾도록 하고 있다. 각자의 결혼을 통하여 사랑의 영역을 확대하고 새로운 사람을 애정의 연결고리 안으로 지속적으로 끌어들이는 것이다. 다음은 이와 관련한 알라의 말씀이다.

> "알라의 증표 가운데 하나는 너희 자신에게서 배필을 지으신 후 그 배필과 함께 살게 하고 서로 간에 사랑과 자비를 두셨느니라." (30:21)

④ 남자와 위에 언급한 여성들 사이의 자연스러운 사랑과 애정의 감정은 지속적으로 발전되고 강화되어 가야 한다. 만일 이들 남녀 사이

에 결혼이 허용된다면 불화와 분열, 가족의 붕괴, 사랑과 애정의 파괴, 단결되어야 하고 영속되어야 할 가족의 구조를 해체하는 원인만 제공할 것이다.

⑤ 근친결혼에 의한 자손들은 결점과 허약함이 있을 수 있다. 가문 구성원 중에 육신의 결함이나 정신적 결함이 있을 때 후손에 가서 결함이 더욱 집중될 수도 있다.

⑥ 여성은 자신의 권리를 옹호하여 주고 문제가 발생할 때 남편에 대항하여 보호하여 줄 어떤 사람이 필요하다. 만일 여성을 옹호할 수 있는 이들 여성이 대항자가 된다면 어떻게 되겠는가?

양육으로 금지된 결혼

(1) 유모: 낳지는 않았지만 어렸을 때 젖을 먹인 유모와의 결혼은 하람이다. 젖을 먹인 여인은 어머니와 같은 위상이요 유모의 젖이 그의 뼈와 살이 되었기 때문이다. 젖을 먹이는 여인의 감정에는 의식적 또는 무의식적으로 모성애를 갖게 되어 그 아이와의 친족관계 정서를 느낀다. 비록 아이가 성장하여 성인이 되면서 이러한 정서가 사라진다 하더라도 유모와 그 남자 사이에는 무의식적으로 모성애와 친족관계 느낌이 남아 있다.

하지만 유모관계에 의한 결혼금지는 수유가 젖을 떼기 전, 즉 생후 2년 동안 젖이 아이의 주요 영양분 역할을 했을 때만 효력을 갖는다. 또 다른 조건은 각각 다섯 경우에 아이가 충분한 젖을 먹었을 때이다. 충분한 젖을 먹었을 때란 아이가 스스로 젖을 떼는 경우로 정의된다. 이 주제와 관련된 하디스들을 조사한 결과 최소한 다섯 종류로 정의하는 것이 선호되고 있는 견해다.

(2) 같은 젖을 먹고 자란 누나와 여동생: 수유를 한 여성이 그 아이의 어머니인 것처럼 그 어머니의 딸은 그의 누이나 여동생이 되고 그 어머니의 자매는 이모가 된다. 다음은 이와 관련한 예언자의 말씀이다.

"혈통이란 이유로 하람인 것처럼 양육에 의한 것도 하람입니다."[38]

그러므로 같은 젖을 먹고 자란 누이나 여동생, 젖을 먹인 여자의 형제, 젖을 먹인 여자의 조카 모두는 무하르라마트(Muharramat)로 이들과는 결혼이 영원히 금지된다.

법률적인 관계로 금지된 결혼

(1) 장모: 장모와의 결혼은 그녀의 딸이 결혼서약을 한 이후부터는 영원한 하람이다. 왜냐하면 아내의 어머니는 자신의 어머니와 같은 위상을 갖기 때문이다.

(2) 의붓딸: 계모가 전 남편에게서 낳은 딸로써 자신의 아버지가 계모와 이미 동침에 들어간 후라면 그 여성과의 결혼은 영원한 하람이다. 그러나 아직 동침에 들어가지 않고 이혼했으면 그녀와의 결혼이 가능하다.

(3) 며느리: 자신이 낳은 아들의 아내를 말하며 양자의 며느리가 아니다. 사실상 이슬람은 남의 자식의 성을 자신의 성으로 바꾸어 입양시키는 제도를 폐기하였다. 왜냐하면 자신의 성을 갖고 태어난 것이 아닌데 자신의 성으로 바꾸는 것은 본질적으로 모순이다. 즉 하람을 할랄로 할 수 없고 할랄을 하람으로 할 수 없기 때문이다. 다음은 이와 관련한 알라의 말씀이다.

> "알라께서는 양자로 택한 아들을 너희의 아들이라고 하지 아니 하도록 하셨느니라." (33:4)

다른 남자의 성을 갖고 있는 아이의 성을 입으로 또는 글자로 자신의 성으로 바꾸는 것은 본질적으로 모순이며 그러므로 하람일 수밖에 없다.

이 세 가지 유형의 여성과 결혼하는 것은 하람이다. 왜냐하면 자연스럽고 평화로운 관계유지가 어렵기 때문이다.

38_ Al-Bukhari and Muslim.

두 자매를 동시에 아내로 맞이하는 것

이슬람 이전 시대의 관행과는 반대로 이슬람은 두 자매를 동시에 아내로 둘 수 없도록 하였다. 왜냐하면 만일 그렇게 될 경우 이슬람이 원하는 사랑과 자매관계가 무너지기 때문이다. 꾸란은 두 자매에 관해 언급을 하였고 예언자는 이에 덧붙여 말했다.

"한 여성과 그녀의 고모를 동시에 아내로 맞이할 수 없고, 한 여성과 그녀의 외숙모를 동시에 아내로 맞이할 수 없습니다."[39]

"만일 그렇게 하는 자가 있다면 그는 친족관계를 끊게 될 것입니다."[40]

이슬람은 친족관계를 강화시킬 것을 권장하므로 친족관계를 끊는 결혼은 허용하지 않는다.

기혼 여성

기혼 여성은 어떠한 남자하고도 결혼이 허용되지 않는다. 다만 다음의 두 조건이 충족되었을 경우는 다른 남자와 결혼이 가능하다.

(1) 남편과 사별했거나 이혼한 여성.

(2) 법적으로 기다려야 하는 기간, 즉 잇다('Iddah)를 채운 여성. 임신한 여성은 출산한 날로부터 이 기간이 종료된다. 남편이 사별한 경우 임신이 되지 않는 경우라면 잇다의 기간은 4개월 10일이다. 한편 남편과 이혼했을 경우 그리고 임신 여부를 알 수 없는 경우의 잇다 기간은 세 번째 생리주기가 왔을 때까지이고, 생리를 하지 않는 여성은 3개월이다. 다음은 이와 관련한 알라의 말씀이다.

> "이혼한 여성은 생리 삼주기 동안을 기다려야 되나니 이는 알라께서 자궁 속에 창조된 것을 숨기는 것을 막고자 함이니라." (2:228)

39_ Al-Bukhari and Muslim.

40_ Ibn Hibban.

"생리 기간이 끝나버린 여성이라도 너희가 생리 여부를 의심할 경우에는 그녀들을 위해 정해진 기간은 삼 개월이며 월경이 아직 보이지 않는 여성도 마찬가지라. 또한 임신한 여성의 기간은 출산할 때까지라. 알라를 두려워한 자에게는 알라께서 그의 일을 쉽게 하여 주시니라." (65:4)
"남편이 죽어 과부를 남길 때 그 과부는 4개월 10일을 기다려야 하느니라." (2:234)

결혼이 금지된 15가지 범주 중의 14가지가 다음의 꾸란 절에 언급되었다.

"너희 아버지들이 결혼한 여자들과 결혼하지 말라. 과거에 지나간 것은 제외되나 그것은 수치요 증오이며 저주받은 악습이니라. 너희들에게 금지된 것이 있으니 어머니들과 딸들과 누이들과 고모들과 외숙모들과 형제의 딸들과 누이의 딸들과 너희를 길러준 유모들과 같은 젖을 먹고 자란 양녀들과 아내들의 어머니들과 너희 부인들이 데려와 너희의 보호를 받고 있는 의붓딸들이니라. 너희가 아직 그녀들과 부부생활을 하지 아니했다면 너희가 그들의 딸들과 결혼해도 죄악이 아니나 너희 아들들의 아내들과 결혼은 금지라. 또한 너희가 두 자매를 동시에 부인으로 맞아도 아니 되나 지나간 것은 예외라. 실로 알라께서는 관대하시고 자비로운 분이시니라. 이미 결혼한 여성과도 금지되나 너희들의 오른손이 소유한 것은 제외라. 이것은 알라의 명령이며 이 외에는 너희를 위해 허락이 되었으며 간음이 아닌 합법적 결혼을 원할 경우 혼인금을 지불해야 되나니 너희가 그들과 결혼함으로써 욕망을 추구했다면 그녀들에게 혼인금을 줄 것이니라. 그 의무가 행해진 후에는 쌍방의 합의에 의한 것에 관하여는 너희에게 죄악이 아니거늘 실로 알라께서는 모든 것을 아시고 현명하시니라." (4:22-24)

한 여성과 그 여성의 자매를 동시에 부인으로 둘 수 없다는 것은 앞서 언급된 하디스에 근거한 것이다.

무쉬리크(Mushrik) 여성[41]

무쉬리크 여성, 즉 우상을 숭배하는 여성과 알

41_ 무쉬리크(Mushrik)란 쉬르크(Shirk)를 저지른 자 또는 알라에게 사신들을 비유하는 믿음, 또는 우상 숭배자.

라에게 잡신을 비유하는 여성들과의 결혼은 금지다. 다음은 이와 관련한 알라의 말씀이다.

> "믿음이 없는 여성과 결혼하지 말라. 믿음을 가진 여성 노예가 믿음이 없는 매혹의 여자보다 더 나으니라. 또한 믿음이 없는 남성들이 믿음을 가질 때까지 딸들을 결혼시키지 말라. 믿음을 가진 노예가 믿음이 없는 매혹의 남성보다 더 나으니라. 이들 모두는 너희를 지옥으로 유혹하나 하나님은 너희를 천국으로 인도하사 관용을 베푸시며 사람들에게 그분의 징표들을 분명하게 하시니 그들로 상기하게 될 것이니라." (2:221)

이 절은 무슬림 남성의 무쉬리크 여성과의 결혼 그리고 무슬림 여성의 무쉬리크 남성과의 결혼을 하람으로 선언하고 있다. 왜냐하면 믿음의 제도와 구조 사이에 넘을 수 없는 너무나 큰 강이 있기 때문이다. 이슬람은 인간을 천국으로 안내하고 있지만 쉬르크(Shirk)는 인간을 지옥으로 유도하고 있다. 무슬림은 창조주 알라를 믿고 그분의 사도들과 내세를 믿지만 무쉬리크들은 창조주 알라께 다른 잡신들을 비유하면서 알라의 사도들을 거역하고 내세를 부정하기 때문이다. 결혼은 한 지붕 밑에서 사랑의 조화를 이루는 삶이다. 그런데 믿음이 서로 다르고 종교적 관행이 서로 다른 남녀가 한 지붕 밑에서 조화를 이루며 평화롭게 공존할 수 있겠는가?

유대교 및 기독교 여성신자들과의 결혼

이슬람은 무슬림 남성에게 유대교 및 기독교 여성신자들과의 결혼을 합법적으로 허락한다. 왜냐하면 그들은 아흘룰 키탑(Ahl Al-Kitab), 즉 동일한 창조주 알라 하나님께서 내린 경전을 믿는 사람들이기 때문이다. 비록 그들이 경전의 내용을 왜곡하고 변경시켰지만 그들은 뿌리가 같은 계시의 종교를 갖고 있기 때문이다. 그래서 이슬람은 그들과의 거래에 약간의 예외를 두고 있다. 다음은 이와 관련한 알라의 말씀이다.

"오늘날 너희에게 좋은 것들이 허락되었으니 성서를 받은 자들의 음식이 너희에게 허용되었고 그리고 너희의 음식도 그들에게 허용되느니라. 그리고 너희에게 허용되는 것은 믿음이 강한 순결한 여성들이며 그대 이전에 성서를 받은 자들의 여성들도 너희가 그녀들에게 혼인금을 지불하고 그녀들과 화목하게 살 때는 허용되거늘. 그러나 간음을 해서도 아니 되며 내연의 처를 두어서도 아니 되나니 믿음을 부정하는 자는 누구든 그의 일이 공허하게 되며 내세에서 손실자가 되느니라." (5:5)

이것이 바로 다른 종교에서 거의 찾아보기 힘든 이슬람의 관용이요 특징이다. 성서의 백성들이 저지른 본래 성서의 왜곡과 변경 등 오류와 실수에도 불구하고 이슬람은 무슬림 남성에게 유대교 여신도 또는 기독교 여신도와의 결혼을 허용한다. 배우자와 동반자로써 그리고 가정의 주인으로, 자식들의 어머니로, 평안의 원천으로, 생의 동반자로써 받아들이며 그녀의 종교를 보장한다. 꾸란이 그들과의 결혼비법을 언급하고 있다.

"알라의 또 다른 증표 가운데 하나는 너희 자신에게서 배필을 지으신 후 그 배필과 함께 평안하게 살게 하고 서로 간에 사랑과 자비를 두셨느니라." (30:21)

그런데 반드시 알아두어야 할 경고가 있다. 부모로부터 물려받아 이슬람을 믿는 이름뿐인 무슬림 여성보다 믿음이 있는 여성, 그 믿음을 실천하는 여성, 자신의 종교를 사랑하는 무슬림 여성을 선택하여 결혼하는 것이다. 다음은 이와 관련한 예언자의 말씀이다.

"여자의 종교를 보고 결혼하시오."[42]

물론 신앙생활의 정도, 가문이나 사회적 지위를 떠나서 무슬림 여성이 기독교 여신도나 유대교 여신도보다 결혼 대상으로 우선시되어야 하는 것은 분명하다. 만일 비무슬림 여성이 배우자가 될 경우 자신의 믿음에 영향을 주고 태어날 자식들에게 영향을 줄 것이라는 한 점의 의혹이라도 있다면 무슬림 남성은 반드시 무슬림 여성을 택해야 한다.

만일 한 나라에 무슬림 인구가 적을 경우, 예를 들어 비무슬림 국

42_ Al-Bukhari.

가로 이민하여 살고 있는 무슬림 이민자들의 경우 그곳의 비무슬림 여성들과의 결혼을 피해야 한다. 물론 무슬림 여성도 비무슬림 남성과의 결혼을 피해야 하는 것은 두말 할 필요가 없다. 비무슬림 여성들과 결혼한다는 것은 결혼할 수 없는 무슬림 여성 숫자가 늘어난다는 의미다. 이러한 상황은 무슬림 공동체에 피해를 줄 수 있다. 이러한 피해는 비무슬림 여성들과의 결혼을 임시 불허함으로써 피할 수 있다.

무슬림 여성의 비무슬림 남성과의 결혼

무슬림 여성의 비무슬림 남성과의 결혼은 하람이다. 유대교 신자나 기독교 신자를 막론하고 허용되지 않는다. 다음은 이와 관련한 알라의 말씀이다.

> "믿음이 없는 남성들이 믿음을 가질 때까지 딸들을 결혼시키지 말라." (2:221)

다음은 이주한 무슬림들과 관련한 알라의 말씀이다.

> "그녀들이 진실한 신자들이라는 것을 발견하게 되면 그녀들을 불신자들에게로 보내지 말라. 그녀들은 믿음이 없는 자들에게 허락된 자가 아니며 또 불신자들 역시 그녀들에게 허락된 자가 아니니라." (60:10)

성서의 백성들을 위한 예외 규정에 관한 본문은 없다. 그래서 위의 절에 기준하여 모든 무슬림들은 이 금지에 대하여 동일한 견해를 피력한다.

한편 무슬림 남성의 유대교 여신도와 기독교 여신도와의 결혼은 할랄인 반면에 무슬림 여성의 유대교 남신도와 기독교 남신도와의 결혼은 하람이다. 이 차이에 대한 근거는 이렇다. 첫째 남자는 가장으로써 가족을 부양한다. 아내를 위한 책임이 있다. 이슬람은 종교의 자유와 기독교 또는 유대교를 믿는 아내의 신앙생활의 자유를 허용하면서 부인의 권리를 보호한다. 반면에 유대교나 기독교 같은 타종교는 아내에게 타종교의 자유를 허용하지 않고 권리를 보장하지 않는다. 경우가 이러하건대 종교의 자유도 없고 권리도 보장되지 않는 타종교인의 아내가 될 경우 무슬림 여성들의 미래가 어떻게 되겠는가?

종교가 서로 다른 남녀 간의 결혼은 여성의 종교에 대한 남편의 존중에서만 가능할 수 있는 일이다. 그렇지 못할 경우 부부간의 좋은 관계는 결코 발전할 수 없을 것이다. 무슬림은 유대교와 기독교가 비록 왜곡되고 변질되었지만, 이슬람교와 같은 뿌리에서 출발하였다고 믿으며 창조주 알라께서 모세에게 토라(Taurah)를 계시하고 예수에게 복음서(Injil)를 내렸으며, 모세와 예수 모두 알라의 택함을 받은 예언자들이라는 것을 무슬림들은 믿고 있다. 따라서 무슬림의 유대교인 아내 또는 기독교인 아내는 그녀의 종교와 성서와 예언자를 존중하는 남편의 보호를 받고 한 지붕 밑에서 살아간다. 그런데 이와는 반대로 유대교인들과 기독교인들은 이슬람이 그들과 뿌리를 같이하고 있다는 것도 인정하지 않고 이슬람의 예언자도 성서도 인정하지 않는다. 상황이 이러한데 무슬림 여성이 어떻게 그들과 살아갈 수 있으며 그녀의 종교와 신앙생활과 이슬람의 금기사항과 의무사항이 어떻게 보호를 받을 수 있겠는가? 종교가 다른 이러한 남편의 밑에서 무슬림 여성이 자신의 종교를 지키면서 신앙생활을 보장받기란 불가능할 수밖에 없다.

여기서도 이슬람이 왜 무슬림 남성에게 무쉬리크 여성과의 결혼을 금지하는지를 이해할 수 있다. 왜냐하면 이슬람은 절대적으로 쉬르크, 즉 창조주 알라를 부정하거나 다신론적 사고를 받아들이지 않는다. 그래서 무신론자나 다신론자들과 사랑의 조화를 이루면서 함께 산다는 것은 불가능하다.

무슬림과 우상 숭배 여성과의 결혼을 고대 아랍 시인은 이렇게 읊고 있다.

하늘의 별과 땅의 산이 결혼하다니
어떻게 하늘과 땅이 결혼할 수 있느냐?
그녀는 하늘처럼 높지 않는가?
그리고 그 산은 예멘 산처럼 낮지 않는가?

간음한 여인과 간통한 여인

자니야트(Al-Zaniyat)란 단어는 매춘을 통해 돈을 버는 여성을 의미한다. 마르싸드(Marthad ibn Abu Marthad)가 이슬람 이전 시대에 자신과 성관계를 가졌던 아나끄('Anaq)란 여인과 결혼을 할 수 있도록 하여 달라고 요청했다는 이야기가 있다. 이와 관련되어 다음의 계시가 내려졌다.

> "간통한 남자는 간통한 여자 또는 알라를 믿지 아니한 여자 외에는 결혼할 수 없으며 간통한 여자는 간통한 남자 또는 알라를 믿지 아니한 남자 외에는 결혼할 수 없노라. 이들은 믿는 자들과의 결혼이 금지되니라." (24:3)

예언자는 계시된 이 절을 암송하고서 마르싸드에게 이렇게 말했다. "그녀와 결혼하지 마시오."[43]

알라께서는 무슬림 남성들에게 순결하고 믿는 여성 그리고 성서의 백성들 중에 정숙한 여인들과의 결혼을 허락하셨다. 마찬가지로 "간음이 아닌 합법적 결혼을 하라고 하셨다."(4:24) 따라서 이 명령을 받아들이지 않거나 준수하지 않는 자가 있다면 그는 무슬림이 아니고 무쉬리크다. 이 명령을 받아들이고 준수하면서 결혼이 금지된 매춘녀와 결혼한다면 그 자신도 매춘남이 되는 것이다.

본절은 매춘 남녀에게 태형의 형벌이 가해진다는 절이 계시된 후에 계시되었다. 다음은 이와 관련한 알라의 말씀이다.

> "간통한 여자와 남자 각각에게는 백대의 가죽 태형이니라." (24:2)

이것은 형사적 체형이며 24장 3절에 언급된 형은 민사적 형벌이다. 왜냐하면 정숙한 여인과 결혼할 권리를 박탈하는 것은 시민권이나 국적, 또는 어떤 범죄에 대한 형으로써 다른 시민권을 박탈하는 것과 같기 때문이다.

이븐 까이임(Ibn Al-Qayim)은 앞서 인용된 절의 의미를 설명한 후

43_ Abu Dawood, Al-Nisai , and Al-Tirmizi.

말을 계속했다. "꾸란에 언급된 법은 인간의 본성과 이성이 요구하는 것이다. 알라께서는 무슬림 남성에게 남창(男娼)이 되는 것을 금지하셨다.

왜냐하면 알라께서는 남창이 되는 것을 혐오하고 멸시하는 본능으로 인간의 본성을 두셨기 때문이다. 사람들이 누구를 매도할 때 가장 나쁜 말로 그를 '매춘부의 남편'이라고 부르는 이유가 바로 여기에 있다. 알라께서는 무슬림 남성이 그런 사람이 되기를 원하지 않는다

금지하는 또 다른 이유는 이 여성의 죄가 남편과 사회의 악이 되기 때문이다. 이 여인은 남편의 잠자리를 더럽히고 알라께서 원하는 순수 혈통을 이탈하게 만들고 알라께서 인간에게 베푼 인간의 고결함을 파괴하고 자연스러운 공동체 기능에 역행하기 때문이다. 간음과 간통은 가문과 혈통에 심각한 교란을 일으킨다. 이슬람의 미덕 중의 하나가 바로 매춘녀와의 결혼을 금지하는 것이다. 그러나 그녀가 진실로 회개하고 임신이 안 되었다는 것이 확인될 때는 예외가 될 수 있다.[44]

더더욱 매춘녀는 수치스럽고 타락한 여인이다. 결혼은 남녀 간의 사랑과 애정과 자비가 기본이 되어야 한다는 알라의 말씀이다. 그런데 수치스럽고 타락한 여인이 어떻게 도덕적인 사랑의 대상이 될 수 있는가? 결혼 대상자의 생각과 품행과 성격이 서로 엇비슷해야 진실한 사랑과 이해가 가능해지는 것이다. 수치스러운 것과 도덕적인 것은 천성으로 보나 도덕적 관점에서 정반대로 양립할 수 없다. 두 사람 사이에 사랑이나 애정은커녕 동정심도 생기지 않는다. 다음은 이와 관련한 알라의 말씀이다.

> "순결치 못한 여성은 순결치 못한 남성을 위해서 순결한 남성은 순결한 여성을 위해서 훌륭한 여성은 훌륭한 남성을 위해서 훌륭한 남성은 훌륭한 여성을 위해서 있느니라." (24:26)

44_ Ighathat Al-Lahfan, vol. 1, pp.66-67.

임시결혼 또는 계약결혼

이슬람에서의 결혼은 하나로 묶는 계약에 의한 강한 결속이다. 남녀가 영원히 함께 자신의 이익과 상대방의 이익을 성취하고 꾸란에 언급된 사랑과 애정을 갖고 살겠다는 의도가 바탕이 된다. 마찬가지로 인간의 종을 영속화하기 위해 출산을 하여 사회적 목적을 달성하는 것도 이슬람이 말하는 결혼의 의미다. 다음은 이와 관련한 알라의 말씀이다.

> "알라께서는 너희를 위해 너희 중에서 짝을 이루게 하여 아들과 자손을 갖게 하느니라." (16:72)

아랍어의 무뜨아(Mut'a)는 남녀 두 사람 간의 일정금액을 조건으로 한 합의에 의한 일정기간 동안의 일시적 결혼을 의미한다. 이 결혼의 목적은 실현되지 않는다. 한편 예언자는 이슬람법이 제정되기 전 장기 해외여행이나 군사원정 때 이 결혼을 허용했으니 이슬람법이 완성되면서 영원한 하람이 되었다.

초기에 일시적 결혼이 허용되었던 이유는 이슬람 이전 시대에서 이슬람시대로 넘어오는 전환기였다. 이슬람 이전에는 매춘이 아랍세계에 보편화되어 널리 퍼져 있었다. 이슬람 시대가 열리면서 군사원정에 참가한 병사들이 오랫동안 아내와 떨어져 있었던 관계로 군의 사기가 떨어지고 이에 대한 불평불만이 일기 시작했다. 당시 무슬림들 중에는 믿음이 독실한 자도 있었지만 그렇지 않은 아랍인들도 많았다. 믿음이 약한 자들이 간음과 간통을 저지르지 않을까 하는 두려움을 갖게 되었다. 왜냐하면 이것은 큰 죄요 사악한 행실이기 때문이다. 한편 믿음이 강한 자들은 스스로 거세할 준비를 하였다. 이와 관련한 이야기를 이븐 마스우드가 언급하고 있다. "사도와 함께 원정을 나간 적이 있었다. 물론 아내들은 함께하지 않았다. 그래서 우리는 사도에게 이런 질문을 했다. '거세를 해야만 되지 않을까요?' 이 말을 듣고 예언자는 거세를 금지하면서 혼인금으로 옷을 주면서 일정 기간 동안의 계약결혼을 허락하셨다."[45]

그렇게 하여 일시적 결혼은 믿음이 약한 자나 강한 자 모두에게 문제의 해결책이 되었다. 그것은 온전한 부부생활을 위한 최종 법제정을 향한 한 단계였다. 최종 법안의 목표는 영속성, 순결, 안정, 출산, 사랑, 애정, 자비가 함께한 혼인법을 제정하는 과도기에 있었다. 알라께서 알코올과 이자취득에 관한 금지조치를 취하는 과정에서도 단계적으로 그리고 서두르지 않고 천천히 단계별로 조치를 취해나갔다는 것을 우리는 알고 있다. 이 두 가지는 이슬람 이전 사회의 뿌리 깊은 사회악이었다. 이와 같은 방법으로 예언자도 성에 관한 문제를 단계적으로 다루면서 처음에는 간음과 간통으로부터 멀리하게 하는 조치로서 임시결혼을 허용하면서 동시에 영속적인 결혼관계로 접근시켜 나갔다. 그런 후 임시결혼을 단호하게 금지시켰다. 이에 관한 이야기는 알리와 다른 교우들에 의해 전해졌다. 무슬림이 사히흐(Sahih)에서 이 내용을 전하고 있다. 주하니(Al-Juhani)가 메카 정복 때 예언자와 함께하고 있었다. 예언자는 일부 병사들에게 임시결혼을 허락하였다. 주하니가 말했다. "메카를 떠나기 전 사도께서는 임시결혼을 금지하셨습니다." 다른 전언에서도 이에 관한 말씀을 발견할 수 있다.

"알라께서는 임시결혼을 부활의 날까지 금지하셨습니다."

어머니나 딸과의 결혼이 절대적인 하람인 것처럼 일시적 결혼도 그와 같은 절대적인 하람인가? 아니면 돼지고기와 죽은 고기가 하람이지만 예외가 있는 것처럼 일시적 결혼도 이와 같은 하람인가? 라는 문제가 남는다. 어쩔 수 없는 환경과 꼭 필요한 경우에 하람인 돼지고기와 죽은 고기가 일시적으로 허용되는 것처럼 간음이나 간통을 저지를 두려움이 있을 때 일시적 결혼은 허용될 수 없는가? 라는 문제이다.

절대 다수의 교우들은 이슬람이 제정된 후의 일시적 결혼은 절대적 하람이라는 견해를 가졌다. 그러나 이븐 압바스는 필요할 경우에는

45_ Al-Bukhari and Muslim.

허용될 수 있는 다른 견해를 피력했다. 어떤 사람이 그에게 일시적 결혼을 해도 되느냐는 질문을 받고 그렇게 해도 된다고 대답했다. 그러자 그의 하인이 물었다. "그것은 여성 숫자가 적을 때 가장 어려운 조건하에서만 허용되는 것이 아닌가요?" 이븐 압바스는 그렇다고 대답했다.[46] 그런데 후에 사람들의 생각이 느슨해지면서 필요한 조건이 아닌데도 일시적 결혼이 늘어나자 그의 생각을 바꿔 자신의 해석을 철회하였다.[47]

일부다처

이슬람은 자연과 조화를 이루는 생활의 종교로 복잡한 상황들에 대한 해결책과 극단주의를 피하는 해결책을 인간에게 제공하고 있다. 이러한 이슬람의 특징은 아내를 한 명 이상 둘 수 있다는 입장에서도 분명하게 제시되고 있다. 이슬람은 개인적 또는 사회적 문제로 매우 절박한 인간의 문제를 풀기 위해 무슬림에게 한 명 이상의 여성과 결혼하는 것을 허용한다.

이슬람 이전의 많은 종교들과 국가들은 제한이나 조건 없이 다수의 여성들과 결혼하는 것을 허용하였다. 한 남자가 10명 이상 아니 100명 이상의 아내를 두기도 했다. 한편 이슬람은 부인의 숫자를 정확하게 제한하고 조건을 제시했다.

제한과 관련하여 최대 4명의 아내로 못을 박았다. 가일란 싸까피(Ghailan Al-Thaqafi)가 이슬람을 수락하기 전까지 그는 10명의 아내를 두고 있었다. 그가 이슬람을 수락했을 때 예언자는 그에게 이렇게 말했다.

"4명의 아내만 두고 나머지는 이혼하시오."[48]

마찬가지로 당시 8명 또는 5명의 부인을 두고 있다가 이슬람을 수락한 자들에게도 4명의 부인만 남기라고 하였다.

46_ Al-Bukhari.

47_ Zad Al-Mi'ad, vol. 4, p.7.

48_ Al-Shafi'i, Ahmad, Al-Tirmizi, Ibn Majah, Ibn Abi Shaiban, Al-Darqutni, and Baihaqi.

9명의 아내를 두었던 예언자는 알라의 사업을 위해 알라에 의해 이 조건에서 제외되었다. 예언자의 사후 무슬림 공동체의 필요성 때문이었다.

공정성과 공평성의 조건

이슬람이 한 명 이상의 아내를 허용하면서 무슬림에게 요구하는 첫 번째 조건은 공정성과 공평성의 신뢰다. 두 명 이상의 아내를 둘 경우 일상생활에 필요한 것들을 아내들에게 공정하고 공평하게 제공하는 것이다. 먹고 마시는 것에서부터 가옥, 옷, 생활비용, 부부생활과 자녀들에 대한 시간배분도 공정하고 공평해야 한다. 이러한 모든 의무를 공정하고 공평하게 다할 수 없으면 한 명 이상의 아내가 허용되지 않는다. 다음은 이와 관련한 알라의 말씀이다.

> "그녀들에게 공정할 수 없을 것이라는 염려가 된다면 단 한 여성의 부인만 두라." (4:3)

다음은 이와 관련한 예언자의 말씀이다.

"두 아내를 두고서 공정하고 공평하게 해주지 못하는 자는 부활의 날 자신의 몸 한쪽 부분을 질질 끌며 한쪽으로 기울게 될 것입니다."[49]

공정하고 공평한 대우는 부인들의 권리다. 부인들에 대한 남편의 마음과 사랑이 아니다. 왜냐하면 마음과 사랑의 균등배분은 인간의 능력 밖의 일이기 때문이다. 이 불균형은 알라께서 용서하신다고 했다. 다음은 이와 관련한 알라의 말씀이다.

> "너희가 최선을 다한다 해도 절대로 아내들을 공평하게 할 수 없으리라. 그러나 한 부인에게 치우쳐 다른 부인들을 매달린 여인처럼 만들지 말라." (4:139)

이것이 바로 예언자가 아내들을 위한 남편의 시간을 공평하게 분배하라고 한 이유다. 다음은 이와 관련한 예언자의 말씀이다.

49_ The Compilers of Sunan and Ibn Hibban, and Al-Hakim.

"알라여! 이것은 제가 다스릴 수 있는 것 안에서 제가 분배한 것입니다. 당신께서는 통제하시나 제가 통제할 수 없는 것에 대해서는 저에게 책임을 지우지 마소서."[50]

어떤 특정 아내에 가는 마음과 사랑을 자제할 수가 없다는 의미다.

예언자는 공평성을 지키기 위해 여행을 떠나려고 할 때마다 추첨을 통해 아내와 동행하였다.[51]

일부다처가 허용되는 이유

이슬람은 모든 인류를 위한 알라의 마지막 메시지다. 그래서 이슬람은 모든 시대와 모든 공간을 초월한 총괄적인 법전이다. 어떤 한 도시의 시민들만을 위한 법이 아니다. 유목민들이나 추운 지역과 열대 지역에 사는 사람들이나 어느 특정 시대 또는 어느 특정 기간의 사람들만을 위한 법이 아니고 지난 세대와 오는 세대 모두를 위한 법이다.

이슬람은 개인이나 공동체를 불문하고 모든 사람들의 욕구와 이익을 인정한다. 사람들 중에는 자식에 대한 욕망이 강한 사람이 있다. 그런데 아내가 불임이나 치료가 불가능한 만성병 환자이거나 또는 다른 문제로 임신이 불가능한 경우가 있다. 이를 위해 이혼하는 것보다는 첫 번째의 아내의 모든 권리를 보장해주면서 한 번 더 결혼하는 것이 쌍방에게 더 좋지 않겠는가?

성욕이 무척 강한 남자가 있을 수 있다. 그런데 그의 아내는 그렇지 못하다. 만성질환 또는 사고로 남편과의 성생활이 불가능하다. 그런데 남편은 자신의 강한 성욕을 자제하지 못한다. 이 남자가 매춘녀에게 매달리는 것보다 아내의 모든 권리를 보장해주면서 한 번 더 결혼하는 것이 쌍방에게 더 좋지 않겠는가?

여성의 숫자가 남성의 숫자보다 월등히 많아질 시기가 있을 수 있다. 특히 장기간의 전쟁 후에는 이런 현상이 자연적으로 나타난다. 이

50_ The Compilers.

51_ Al-Bukhari and Muslim.

러한 상황에서의 공동체의 목적과 여성의 이익은 무엇인가? 결혼도 못 해보고 일생을 허비하는 것이 여성에게 이익이 되겠는가? 결혼과 가정을 통해서만이 맛볼 수 있는 평안함, 사랑, 애정, 브호, 모성애 등 이 모든 것들을 어디서 어떻게 얻을 수 있겠는가?

미혼 여성이 남성 숫자보다 월등히 많아질 때의 가능한 대안은 다음 세 가지 중 하나를 선택하는 길밖에 없다.

① 인생의 참맛을 전혀 느끼지 못하고 평생을 쓰디쓴 박탈감 속에서 사는 길.

② 매춘녀가 되어 호색적인 남자들의 성적 장난감이 되는 것.

③ 한 명 이상의 아내를 보호하고 사랑을 나눌 수 있는 능력 있는 남자의 아내가 되어 행복을 공유하는 것.

분명히 마지막 대안이 가장 올바른 해결책이며 이 문제 해결의 치료약이다. 이것이 바로 이슬람의 정의다. 다음은 이와 관련한 알라의 말씀이다.

"믿음을 가진 자들에게는 알라보다 훌륭한 재판관이 어디 있느냐." (5:50)

서구인들은 이슬람의 일부다처제를 혐오스러운 것으로 간주하면서 적대시하고 있다. 그러면서 자신들은 제한 없이 마음대로 여자 친구를 가진다. 법적 책임이나 도덕적 책임에 대한 구체적인 언급도 없다. 이런 비종교적이고 비도덕적인 남녀 간의 성문란으로 인한 여성의 수치심과 여기에서 태어난 사생아들의 일생을 고려하지 않고 있다. 법으로는 일부일처를 채택하고서 현실적으로는 다부다처와 같은 성의 타락을 초래하여 사생아를 양산하게 만들고 아무런 법적 보호를 받지 못하는 사생아의 어머니들을 양산하는 제도 그리고 조건부로 일부사처를 허용하면서 다부다처와 같은 성의 타락을 예방하고 사생아 출산이 차단되어 사생아의 어머니가 뿌리를 내리지 못하게 하는 제도 중 어느 쪽이 합리적이고 현실적인가?

남편과 아내의 관계

꾸란은 결혼의 정신적 목표를 강조하면서 그것을 부부생활의 토대가 되도록 한다. 이 목표는 건전한 부부간의 성생활을 통한 마음의 평안 속에서 실현된다. 건전한 부부생활은 두 가문간의 튼튼한 고리가 되고 양 가문간의 사랑과 애정의 영역을 확대시켜 준다. 여기서 태어나는 아이들은 부모의 관심과 사랑을 먹고 성장한다. 다음은 이와 관련한 알라의 말씀이다.

> "알라의 또 다른 증표 가운데 하나는 너희 자신에게서 배필을 지으신 후 그 배필과 함께 평안하게 살게 하고 서로 간에 사랑과 자비를 두셨느니라. 실로 그 안에는 생각하는 백성을 위한 증표가 있느니라." (30:21)

부부간의 성관계

동시에 꾸란은 남편과 아내 사이의 육감적인 면과 육체적 관계에 소홀히하지 않는다. 꾸란은 인간을 가장 바른 길로 안내하고 있다. 인간의 본능인 성적 요구를 충족시키면서 동시에 해악이 되는 성적 탈선을 피하게 한다.

이런 이야기가 있다. 유대교 사람들과 조로아스터 교인들은 극단적으로 생리하는 여성과의 모든 접촉을 피한다고 한다. 한편 기독교인들은 생리를 하는 중에도 성관계를 갖는다고 한다. 이슬람 이전의 아랍인들은 생리를 하는 여성과는 함께 먹지도 않고 음료수를 같이 마시지 않고 자리도 함께하지 않았다. 유대교 사람들과 조로아스터 교인들이 그랬던 것처럼 이들도 생리하는 여성과 멀리하기 위해 그들을 다른 거처로 가도록 했다.

일부 무슬림들이 생리 중에 있는 아내와의 관계에서 허용된 것과 금지된 것이 무엇이냐고 예언자에게 물었다. 이와 관련되어 다음의 계시가 내려졌다. 다음은 이와 관련한 알라의 말씀이다.

> "사람들이 그대에게 여성의 생리에 관해 묻거든 이는 깨끗한 것이 아니라. 일러 가로되 생리 중에 있는 여성과 멀리하며 생리가 끝날 때까지 가까이하지 말라. 그러나 생리가 끝났을 때는 가까이하라. 이는 알라의 명령이니라. 알라께서는 항상 회개하는 자와 함께하시며 스스로 깨끗하게 하는 자들을 사랑하시니라." (2:222)

일부 사람들은 꾸란의 '파으질루 니싸아(생리 중에 있는 여성과 멀리하며)'를 생리 중에 있는 부인과 한 집에서 함께 살지 말라는 것으로 이해하였다. 그러자 예언자께서 이 계시의 정확한 의미를 설명하였다. 다음은 이와 관련한 예언자의 말씀이다.

"부인이 생리 중에 있을 때 성관계만 멀리하라고 했을 뿐이지 외국인들처럼 아내를 집 밖으로 내보내라고 말하지 않았소."

메디나에 살고 있던 유대교인들이 이 말을 듣고 이렇게 말했다. "이 사람은 우리가 변경하지 않은 것 중에 어떤 것도 버리기를 원하지 않습니다."[52]

그래서 무슬림은 생리하는 부분만 제외하고 아내의 모든 것을 애무하고 즐긴다. 이 점에 있어서의 이슬람의 입장은 항상 그렇듯이 중용이다. 생리 중에 있는 아내를 멀리하기 위해 다른 거처로 보내는 극단적인 행위를 하지도 않고 생리 중의 아내와 성관계를 갖는 또 다른 극단적인 행위도 취하지 않는다.

최근의 의학적 연구에 의하면 생리의 피는 일종의 독성분을 갖고 있어 생리를 통해서 그 피를 내보내지 않을 경우 건강에 해롭다고 한다. 그래서 생리 중일 때 성관계를 피해야 하는 이유를 그들은 발견하

52_ Tafsir of Al-Razi, vol. 6, p.66.

였다. 생리분비물 때문에 생식기가 극도로 충혈이 되고 신경기관들이 극도로 자극되므로 성관계는 결과적으로 신경조직들을 더욱 자극하여 생식기에 염증을 유발하는 원인이 된다고 하였다.

금지된 성관계

육체적 관계에 관한 계시가 내려졌다. 다음은 이와 관련한 알라의 말씀이다.

> "여성들은 너희들이 가꾸어야 할 경작지와 같나니 너희가 원할 때 경작지로 가까이 가라. 그리하여 씨를 뿌리되 너희 스스로를 위해 조심스러워야 하고 알라를 공경할 것이며 언젠가 그분을 영접하게 되리라는 것을 알고 믿음을 가진 자들에게 복음을 전하라." (2:223)

인도의 왈리율라 데흐라비(Waliyula Dehlavi) 학자는 본절이 계시된 경우와 그것의 의미를 다음과 같이 설명한다. "유대교인들은 불필요하게 어떠한 신성 계시의 근거도 없이 성관계의 자세를 제한하였다. 메디나의 안사르 주민들은 그들의 친구들로써 그들의 관행을 따르면서 이렇게 말하곤 하였다. '만일 남편이 아내의 뒤에서 질을 통해 부인과 성관계를 가졌다면 그의 자식은 사팔뜨기가 될 것입니다.' 그래서 '너희가 원할 때 경작지로 가까이 가라'는 것은 정신적인 것으로 남편이 부인의 등에 올라가서 하던 또는 앞에 올라가서 하든 질을 통한 성관계는 문제가 되지 않는다는 것이다. 이것이 가능한 것은 종교나 사회적 정서와는 아무런 관계가 없고 전적으로 개인 사생활의 취향에 의한 것이기 때문이다. 이러한 말은 유대교인들의 엉터리 말장난으로 알라께서는 이를 폐기하셨다."53

성관계의 자세를 규정하는 것은 종교의 기능이 아니다. 하지만 부인과의 성관계에서 알라를 두려워하고 그분을 만나게 된다는 확신을 갖고 있는 무슬림은 부인의 항문과 성관계를 피해야 한다. 다음은 이와

53_ Hujjat Allah Al-Baligha, wol.2, p.134.

관련한 예언자의 말씀이다.

"부인의 항문에 접근하지 마시오."[54]

예언자는 다시 그러한 성관계를 예언자 롯 시대에 있던 동성연애[55] 및 동물적 행위로 언급하였다. 안사르 출신의 한 여성이 뒤에 올라 질을 통해서 하는 성관계에 대한 질문을 하였을 때 예언자는 꾸란 절을 암송하여 대답했다.[56]

"여성들은 너희들이 가꾸어야 할 경작지와 같나니 너희가 원할 때 경작지로 가까이 가라."

우마르가 어느 날 예언자를 찾아와 이렇게 말했다. "사도님, 저는 망했습니다." 그러자 예언자가 물었다. "무엇이 당신을 망하게 했소?" 이에 우마르가 대답했다. "어제 밤에 저는 아내를 엎어 눕게 하였습니다." 즉 뒤에 올라 질을 통해 성관계를 가졌다고 했다. 이에 대해 예언자는 아무 말이 없었다. 그 때 위에 인용된 꾸란이 계시되었다. 그리고 이렇게 말했다.

"질을 통해서라면 앞에서든 뒤에서든 관계없어요. 그러나 항문을 통해서 그리고 생리 중일 때는 성관계를 갖지 마시오."[57]

남편과 아내는 각자의 비밀스러운 것을 보호할 것

꾸란은 절개가 있고 정숙한 아내들을 극찬하고 있다. 다음은 이와 관련한 알라의 말씀이다.

> "부인은 헌신적으로 남편을 따를 것이며 남편의 부재시 남편의 명예와 자신의 순결을 보호할 것이니라." (4:34)

반드시 보호되어야 할 비밀스러운 것들 중에는 배우자와의 성적

54_ Ahmad, Al-Tirmizi, Al-Nisai and Ibn Majah.

55_ Ahmad, and Al-Nisai.

56_ Ahmad.

57_ Ahmad and Al-Tirmizi.

관계를 모임에서나 친구들 앞에서 이야기하지 않는 것이다. 다음은 이와 관련한 예언자의 말씀이다.

"부활의 날 알라가 보는 앞에서 가장 치욕스러운 위치를 차지하게 될 자는 아내와 성관계를 갖고 나서 아내의 비밀스러운 것과 남편의 비밀스러운 것을 이야기하는 자이지요."[58]

다음은 아부 후라이라가 전하고 있는 내용이다.

"사도께서 우리 앞에서 예배를 인도하셨다. 예배를 마치고 나서 청중을 향해 이렇게 말씀하셨습니다 : 여러분, 자리에 앉아 있으세요. 혹시 여러분 중에 아내에게 가서 문을 닫고 커튼을 친 다음에 일을 본 다음 밖으로 나와, '나는 이것을 하였고 나의 아내와 그것을 하였습니다'라고 말한 남성이 있습니까?' 청중은 말이 없었다. 그러자 이번에는 여성 쪽을 향해 질문하셨습니다. '여러분 중에 그런 것에 관해 말한 여성이 있습니까?' 그러자 한 여성이 자신의 모습을 양 무릎 위로 올려 사도께서 자신을 알아보도록 하여 자신이 하는 말을 듣도록 하였다. '예, 알라께 맹세하지만 남자들도 그렇게 하고 여자들도 그렇게 해요.' 이 말을 듣고 예언자께서 말씀하셨습니다. '이렇게 하는 자들은 어떤 것들과 유사한지 알고 있나요? 이렇게 하는 자는 수컷과 암컷 마귀가 거리에서 서로 만나 사람들이 보는 앞에서 자신들의 욕구를 충족시키는 것과 같지요."[59]

이렇듯 분명하게 문제를 부각시키는 것은 무슬림으로 하여금 그러한 저질스럽고 품위를 떨어뜨리는 언행을 멀리하도록 하여 그런 사탄을 닮지 않도록 하기 위해서이다.

58_ Ahmad, Abu Dawood, and Al-Bazzar.

59_ Compilers of Sunan.

피임과 산아제한

결혼은 의심할 바 없이 인간의 종을 보존하는 가장 근원적인 것이며 인간의 종이 지속적으로 보존되기 위해서는 또한 지속적인 출산이 뒤따라야 한다. 따라서 이슬람은 다자녀를 두라고 하면서 다자녀 가정을 권장한다. 동시에 이슬람은 정당한 이유와 필요에 따라 가족계획도 허용한다.

예언자 시절의 일반적 피임방법은 성관계가 절정에 달했을 때 질 안에다 사정하지 않고 질 밖에 사정하는 것이었다. 이와 관련한 꾸란이 계시될 때까지 예언자의 교우들도 이런 방법으로 피임을 하였다. 자비르가 전하고 있다. "꾸란이 계시될 때까지 예언자 시절의 교우들은 질 밖에 사정하여 피임을 하였습니다."[60]

그는 사히흐(Sahih Muslim)에서 이렇게 말했다. "우리는 예언자 시절에 질 밖에다 사정을 하여 임신을 피했습니다. 예언자께서 이런 사실을 알고서도 이 방법을 금지하지 않았습니다."

한 남자가 예언자를 찾아와 이렇게 말했다. "저에게 한 노예 여성이 있습니다. 저는 남자가 원하는 것을 하고 싶습니다. 그러나 저는 그녀가 임신되는 것은 원하지 않습니다. 그래서 저는 질 밖으로 사정을 하여 그녀의 임신을 피합니다. 그런데 유대인들은 이 방법의 피임을 두고 살아 있는 아이를 살해하는 것이라고 하였습니다." 이 말을 듣고 예언자께서 대답했다.

60_ Al-Bukhari and Muslim.

"유대인들이 잘못입니다. 만일 알라께서 아이를 창조하기를 원하신다면 당신은 그것을 막지 못할 것입니다."[61]

즉 질 밖에 사정을 하여 임신을 피하려 노력해도 자신도 모르는 사이에 정자 한 방울이 질에 떨어져 임신이 된다는 것이다.

우마르가 참석한 한 모임에서 어느 누가 이 피임방법을 언급했다. "질 밖의 사정은 살아 있는 아이를 살해하는 것이라고 누가 말했습니다." 그러자 알리가 말했다. "일곱 단계가 완성되기 전에는 그렇지 않습니다. 흙으로 빚어짐, 정자의 한 방울, 한 방울의 응혈, 세포형성, 뼈의 형성, 살의 형성, 창조가 바로 그것입니다." 그러자 우마르가 말했다. "당신 말이 맞아요. 당신의 장수를 빌어요."

피임을 위한 타당한 이유

피임을 위한 타당한 첫 번째 이유가 되는 경우는 임신이나 출산이 여성의 생명과 건강에 위험할 때이다. 믿을 만한 전문의사의 실험과 견해에 따라 피임의 타당성을 결정할 수 있다. 다음은 이와 관련한 알라의 말씀이다.

> "너희가 너희 스스로를 파멸로 이끌지 말라." (2:195)
> "너희 자신들을 살해하지 말라. 진실로 알라께서는 너희에게 자비를 베푸시는 분이시니라." (4:29)

또 다른 타당한 이유가 되는 경우는 자식들에 대한 양육 부담이 가정을 더욱 어렵게 만들어 하람에 빠질 수 있다거나 필요를 충족시키기 위해 하람을 수락할 가능이 있다고 판단될 때이다. 다음은 이와 관련한 알라의 말씀이다.

> "알라께서는 너희로 하여금 편안함을 원하지 어려움을 원하지 않으시니라." (2:185)
> "알라께서는 너희가 곤경에 있는 것을 원치 아니 하시느니라." (5:6)

61_ Abu Dawood, Ibn Majah, Al-Nisai, and Al-Tirmizi.

아이의 건강과 그 아이의 부양도 타당한 이유가 될 수 있다. 우사마(Usamah ibn Zaid)에 근거하여 무슬림이 사히흐(Sahih)에서 이렇게 전하고 있다. "어떤 사람이 사도를 찾아와 이렇게 말했다. '저는 아내와 질 밖의 사정 방법으로 피임을 하고 있습니다.' 그러자 예언자가 물었다. '왜 그렇게 하지요?' 그가 대답했다. '아이를 위해서입니다.' 다시 예언자가 말했다. '만일 임신이 해가 된다면 페르시아 사람과 그리스 사람들에게도 해가 됩니다.'"

또 다른 타당한 이유가 되는 경우는 새로운 임신 또는 새로 태어날 아이가 앞서 태어난 아이의 수유에 해가 되어 그 아이에게 피해가 될 수 있는 경우, 젖을 먹고 있는 아이가 있는데 임신이 그 아이를 허약하게 만들게 될 수도 있다는 두려움이 있을 때이다. 예언자는 공동체 복지에 큰 관심을 갖고 있었다. 그래서 해가 되는 것으로부터 피할 것을 설득하였다. 예언자는 사적으로 이런 견해를 말한 적이 있었다.

"비밀리에 여러분의 자식을 살해하지 마시오. 왜냐하면 길라(Ghilah)는 타고 있는 자를 덮쳐 그를 말에서 던져버리지요."62

하지만 예언자는 수유 중에 있는 부인과 성관계를 갖는 것까지 금지하지 않았다. 왜냐하면 예언자 시절 당시 두 강대국이었던 페르시아 사람들과 그리스인들은 아이에게 아무런 피해를 주지 않는데도 그러한 관습을 행하고 있었기 때문이다. 더더욱 수유를 해야 하는 2년 동안 성관계를 자제한다는 것은 큰 고통이 될 수 있다는 점을 염려하였다. 다음은 이와 관련한 예언자의 말씀이다.

"나는 길라를 금지하고자 합니다. 그런데 페르시아 사람들과 그리스인들을 고려하였습니다. 그리고 나는 그들이 임신 중에도 아이들에게 수유하는 것을 보았습니다. 그런데 결과는 아이들에게 아무런 피해를 주지 않았습니다."63

이븐 까이임은 이 하디스와 이전 하디스 "비밀리에 여러분의 아이

62_ Abu Dawood.

63_ Muslim.

를 살해하지 마시오"라는 하디스를 연계하여 설명했다.

"예언자께서 말씀하시길 임신은 마치 말에 타고 있는 자를 떨어뜨리는 것처럼 수유 중에 있는 아이에게 해가 됩니다. 그러나 아이를 살해할 정도는 아니지요. 부인이 수유 중에 있을 때는 임신이 될 수 있는 성관계만 피하라고 했지 금지하지 않았습니다. 수유 중에 있는 아이의 건강을 생각해서 임신이 될 수 있는 성관계를 피할 것을 권고하려 했습니다. 그러나 그것은 특히 젊은 남편에게 어려운 일입니다. 이것이 오히려 공동체에 더 많은 피해가 될 수도 있습니다. 이 문제를 조정하기 위해 성관계를 금지하지 않는 쪽을 택했습니다. 당시 두 강대국에서 여성들은 임신 중에도 아이들에게 수유를 하였지만 건강에 아무런 피해를 주지 않았습니다. 그래서 예언자는 금지하시는 것을 자제하였습니다."[64]

현대 시대에는 새로운 피임방법이 다양해지고 가능해졌다. 예언자께서 의도한 목표, 즉 임신이 수유 중에 있는 아이에게 피해를 주지 않는 목표를 달성하기 위해서다. 동시에 수유 중에 있는 아내와의 성관계를 피하는 어려움도 피하게 하는 것이 목표였다. 이러한 견해로 보아 두 자녀 사이의 수유 기간은 30개월 또는 2년의 수유기간을 완전히 채우고자 할 경우는 33개월이 가장 이상적이라는 것이 이슬람의 입장이다.

이맘 아흐마드(Ahmad ibn Hanbal)는 피임을 하려면 아내의 동의가 요구된다는 견해를 갖고 있다. 왜냐하면 아내는 성생활을 만끽할 권리와 아이를 원하는지 아니면 그렇지 않는지를 결정할 권리를 갖기 때문이다. 아내의 동의를 받지 않고 질 밖의 사정을 하여 피임하는 것을 우마르가 금지하였다는 보고가 있다. 이것이 바로 여성의 권리가 보장되지 않았던 한 시대에서 여성의 권리를 보장하는 주목할 만한 이슬람의 입장이다.

낙 태

이슬람은 이유가 타당할 때에만 불임을 허용할

64_ Miftah Dar Al-Sa'adah, p.620. Zad Al-Mi'ad, vol. 4, p.26.

뿐 낙태는 허용하지 않는다.

무슬림 법학자들은 태아가 완전히 형성되고 영혼이 들어간 후의 낙태는 하람이라는 데 의견을 같이하고 있다. 동시에 이 상태에서의 낙태는 죄악으로 간주하고 무슬림들에게 낙태를 금지한다. 왜냐하면 완전히 살아 있는 인간에 역행하는 범죄를 구성하는 것이기 때문이다. 법학자들은 만일 태아가 산 채로 낙태되어 죽었다면 디야(Dıya), 즉 위자료를 지불하고, 죽은 채로 낙태되었다면 보다 적은 금액의 위자료를 지불해야 한다고 주장한다.

하지만 예외적인 상황도 있다. 태아가 완전히 형성된 후 태아가 자궁에서 계속 성장해 갈 때 그것이 모친의 사망을 초래할 결과를 낳게 되는 경우에는, 두 가지 악 중에서 조금이라도 적은 쪽의 악, 즉 낙태가 우선이라는 것이 이슬람법의 원리라고 법학자들은 주장한다. "어머니는 태아의 근원이다. 그러므로 우선적으로 어머니의 생명이 유지되어야 한다. 어머니에게는 의무와 책임이 있다. 어머니는 가족의 기둥이다. 아직 인격이 형성되지 않고 이 세상에 태어나지도 않는 태아를 위해 어머니의 생명이 희생되어서는 안 된다. 그리고 태아를 위해 어머니가 충족시켜야 할 책임과 의무가 없기 때문이다."65

이맘 가잘리(Al-Ghazzali)는 피임과 낙태를 분명하게 구별하고 있다. "피임은 낙태와 같은 것이 아니다. 낙태는 인간의 존재를 부정하는 죄악이다. 존재는 단계가 있다. 존재의 첫 단계는 남자의 정자가 자궁에 안착하여 여성의 난자와 혼합하는 것이다. 그런 후 생명을 받게 된다. 이것을 교란시키는 것은 일종의 죄다. 그것이 조금 발전하여 핏덩이가 되었을 때 낙태하는 것은 더 큰 죄다. 그것이 생명을 얻고 창조가 완성되었을 때의 낙태는 더 심각하고 더 큰 죄가 된다. 태아가 살아 어머니로부터 분리된 후 낙태가 된다면 그 죄는 극에 이른다.66

65_ Shaik Shaltut, *Al-Fatwa,* p.164.

66_ Al-Ihya, *Al-Nikah*, p.74.

이 혼

앞서 언급했듯이 결혼은 알라께서 남녀를 결합시키는 수단 중에서 가장 강한 끈이요, 고리다. 혼자일 때는 개인이지만 결혼 후부터는 배우자가 된다. 그 후부터는 배우자의 행복과 슬픔이 다른 배우자의 행복과 슬픔이 된다. 꾸란은 이 고리를 아름답고 생생하게 묘사하고 있다.

> "남편은 아내를 위한 의상이요 남편은 아내를 위한 의상이니라." (2:187)

남편은 아내를 보호하고, 감싸주고, 지원하고, 치장하여 주며, 동시에 부인도 남편을 그렇게 한다는 의미다.

배우자 각자는 상대방으로부터 인정받을 권리와 품위를 떨어뜨리지 않는 권리를 갖는다. 이러한 상호권리는 남녀의 본능적인 것과 천성적인 차이를 제외하고는 동등해야 한다. 다음은 이와 관련한 알라의 말씀이다.

> "여성도 남성과 동일한 권리를 가지나 남성이 여성보다 한 단계를 더 갖느니라." (2:228)

여기서 다라자(Darajah), 즉 한 단계란 가족의 보호자 및 안내자로서의 역할을 의미한다.

어떤 사람이 예언자에게 질문을 하였다. "사도님, 부인이 남편에게 요구할 수 있는 권리가 무엇인가요?" 예언자께서 대답했다.

"남편이 먹고 마시는 것으로 아내를 부양할 것이며, 남편이 입는 옷으로 아내를 입힐 것이며, 아내의 얼굴을 때리지 말 것이며, 아내를 추하게 만들지 말 것이며, 집안에서 일어나는 것이 아닐 때는 아내와 단절하지 않는 것입니다."67

따라서 남편이 아내에게 의식주를 제공하는 데 소홀히하는 것은 하람이다. 다음은 이와 관련한 예언자의 말씀이다.

"남자가 배우자를 부양함에 소홀히하는 것은 허용되지 않습니다."

부인의 얼굴을 구타하는 것 역시 하람이다. 왜냐하면 그것은 그녀의 명예를 모욕하는 행위일 뿐만 아니라 여성 신체의 가장 아름다운 부분을 손상시킬 위험이 있기 때문이다. 아내가 공개적으로 거역할 경우 아내를 달래고 교육시키기 위해 모든 수단과 방법을 다 동원했다 하더라도 고통과 상처를 주는 구타는 허용되지 않는다. 특히 얼굴이나 몸에 상처를 내는 구타는 더더욱 안 된다. 마찬가지로 아내에게 악담하거나 저주하거나 모욕적인 언사를 하는 것도 허용되지 않는다.

다음은 아내에 대한 남편의 권리에 대한 내용이다. 다음은 이와 관련한 예언자의 말씀이다.

"알라를 믿는 여성이 남편이 싫어하는데도 남편의 집에 아무나 드나들도록 하는 것은 허용되지 않습니다. 부인은 남편이 싫어할 때 외출하지 말아야 하고, 남편이 동의하지 않는 어느 누구의 지시에도 따라서는 안 되며, 잠자리를 거부해서도 안 되고, 부인이 남자보다 강할 때 남편을 구타해서도 안 됩니다. 남편이 부인보다 더 잘못일 때 탄원하여 사과를 받아낼 수 있으며 만일 남편이 아내의 탄원을 받아들여 좋은 결과로 화해가 될 경우 그녀의 탄원은 알라로부터 수락될 것입니다. 만일 남편이 아내와 화해하지 않을 경우 아내의 탄원은 알라께 이르게 될 것입니다."68

67_ Abu Dawood and ibn Hibban.

68_ Al-Hakim.

부부간의 상호 인내

남편은 부인이 자신이 인정하지 않고 싫어하는 어떤 행위를 하였다 하더라도 인내해야 한다. 천성적으로 불완전한 인간과 함께하고 있다는 것을 인식해야 하고 아내의 부족한 점을 아내의 장점으로 채울 줄 알아야 한다. 다음은 이와 관련한 예언자의 말씀이다.

"믿는 남자는 믿는 여자를 싫어해서는 안 됩니다. 그녀의 부족한 점이 당신을 불쾌하게 할 수 있지만 그녀의 장점은 당신을 기쁘게 하여 줄 것입니다."

다음은 이와 관련한 알라의 말씀이다.

> "여성들에게 친절하라. 만일 너희가 그녀들을 싫어한다면 이는 알라께서 주신 풍성한 선행의 일부를 싫어함과 같은 것이니라." (4:19)

한편 이슬람은 남자들에게 자신들이 싫어하는 것을 아내에게서 발견했다 하더라고 관용을 베풀고 인내할 것을 요구한다. 그리고 아내에게는 자신의 능력과 외모가 허용하는 범위에서 남편을 즐겁고 기쁘게 해 줄 것을 요구하며 남편이 화난 상태로 하룻밤을 보내지 않도록 경고한다. 다음은 이와 관련한 예언자의 말씀이다.

"자신의 예배가 자신의 머리 위로 한 뼘의 거리만큼도 오르지 않는 세 부류의 사람이 있지요. 그들은 바로 합동예배를 집전하고 있으나 사람들이 싫어하는 자, 남편이 화난 상태로 하룻밤을 보내게 하는 여성, 그리고 형제끼리 싸우는 두 사람이지요."[69]

아내의 불응과 다툼

가족을 부양해야 하는 천성적인 능력과 책임 때문에 남자는 가족과 가정의 어른이 될 수밖에 없다. 따라서 아내는 남편에게 순종해야 하고 협력해야 한다. 따라서 아내가 남편에게 거역하거나 불응하여 분란을 야기하는 것은 허용되지 않는다. 선장이 없는

69_ Ibn Majah and Ibn Hibban.

배, 즉 가장이 없는 가정은 흔들리다가 가라앉는다. 만일 남편이 아내에게서 불응과 거역의 징조를 느낀다면 남편은 최선을 다해 부드러운 언행과 이치에 맞는 설득으로 아내의 행실을 바로잡아야 한다. 이렇게 했는데도 설득이 되지 않는다면 잠자리를 피하여 여성의 본능적인 감정을 일깨워 본래의 상태로 회복되도록 한다. 이럴 경우 부인은 화목한 모습으로 남편에게 응하여 올 수도 있다. 만일 이 접근방법도 아무 효력이 없다면 손으로 가볍게 때려 줄 수 있다. 이때 반드시 얼굴과 다른 민감한 신체부위는 피해야 한다. 이것으로도 해결이 되지 않는다면 아픔이나 약간의 상처를 유발할 정도로 회초리나 다른 도구를 사용할 수 있다. 그러나 이러한 도구를 사용한 구타는 조심스러워야 한다. 예언자께서 그의 하인에게 화나 났을 때 다음과 같이 말씀하셨다.

"만일 부활의 날 끼싸스(Qisas), 즉 동등한 처벌이 두렵지 않다면 미스와크(Miswak), 이 칫솔로 당신을 때렸을 것이요."70

아내를 구타하는 일에 대하여 예언자는 남자들에게 다음과 같이 충고하였다.

"주인이 자신의 노예를 때리는 것처럼 남편은 그날 밤 동침할 아내를 그처럼 때려서는 절대 안 됩니다."71

예언자의 몇 교우들이 아내들을 때린다는 소식을 접한 예언자께서 다음과 같이 말했다는 보고가 있다.

"분명히 이들은 가장 훌륭한 자들 중에 포함되지 않습니다."72

이맘 하피즈(Al-Hafiz ibn Hajar)가 이렇게 말하고 있다. "'가장 훌륭한 자는 아내를 때리지 않습니다'라고 말한 예언자의 말씀은 아내를 때리는 것이 허용된다는 것으로 볼 수 있다. 그러나 구체적으로 말하면 그것은 이슬람의 예절을 보호하기 위한 것으로 단지 아내의 본분에서 탈선을 한다거나 남편에게 거역할 때에만 허용된다. 먼저 충고한다. 이

70_ Ibn Sa'd.

71_ Ahmad.

72_ Ahmad, Abu Dawood, and Al-Nisai.

것이 무의미하고 경고를 통한 문제해결이 가능하다면 그렇게 한다. 그러나 힘의 사용은 허용되지 않는다. 왜냐하면 그것은 미움과 증오를 유발하고 이것은 다시 결혼생활에 큰 상처를 남기기 때문이다. 힘은 단지 알라에 대항하는 죄가 염려될 때에만 허용된다. 니사이(Al-Nisai)가 아이샤의 말을 전하고 있다. '예언자께서는 아내들에게는 물론 하인들에게까지도 손을 댄 적이 없었습니다. 그분께서는 손으로 그 어떤 것도 때려본 적이 없습니다. 그러나 알라를 위해서, 또는 알라께서 금기한 것을 위반했을 경우에는 알라를 대신하여 힘을 사용하였습니다.'"[73]

이 모든 접근방법이 실패하고 부부간에 불화의 골이 깊어진다면 양 가문과 이슬람 공동체가 개입하여 문제를 풀어야 한다. 아내와 남편 가문에서 각각 선의와 건전한 판단력을 가진 두 사람이 이 부부를 만나 문제해결을 위해 노력한다. 노력의 정도와 성실성에 따라 좋은 결과가 나올 수도 있다. 알라께서 이 부부 사이에 화해를 조성하여 줄 수도 있다. 화해를 위해 알라께서 다양한 접근방법을 제시하셨다.

> "순종하지 아니하고 품행이 단정치 못하다고 생각되는 여성에게는 먼저 충고를 하고 그 다음으로는 잠자리를 같이하지 말 것이며 세 번째는 가볍게 때려 줄 것이니라. 그러나 다시 순종할 경우는 아내에게 해로운 어떠한 수단도 강구하지 말라. 진실로 알라께서는 가장 위대하시니라. 너희 부부 사이에 헤어질 우려가 있다면 남자 가족에서 한 사람 여자 가족에서 한 사람씩 중재자를 선임할 것이니라. 만일 부부가 화합을 원한다면 알라께서는 그들을 다시 한 마음으로 돌리어 주시나니 알라께서는 모든 것을 아시고 능통하시니라." (4:34-35)

이 혼

모든 방법과 노력이 실패로 돌아간다면 남편은 이슬람법에 따라 최후의 해결책을 강구할 수 있다. 현실적 요구와 어쩔 수 없는 필요에 따라 이혼을 통해 문제를 해결할 수밖에 없다. 이슬람은 이혼의 조건을 제시하고 있다. 이슬람은 이혼을 좋아하지도 않고 권

73_ Fath Al-Bari, vol. 9, p.249.

장하지도 않는다. 어쩔 수 없이 마지못하여 허용한다. 다음은 이와 관련한 예언자의 말씀이다.

"허용된 것 중에서 알라가 가장 싫어하는 것은 이혼입니다."74

이혼은 허용된 것이지만 알라께서 가장 혐오하는 것이라고 했다. 이것은 피할 수 없는 환경에서만 허용된다는 의미다. 함께 사는 것이 서로에게 고문이 되고 서로 간에 미움과 증오가 깊어져 알라의 경계선을 지킬 수 없으며 각자의 의무와 책임을 다할 수 없을 경우에 이혼은 불가피할 수밖에 없다. 다음은 이와 관련한 알라의 말씀이다.

> "만일 그들이 이혼한다 하여도 알라께서는 그분의 풍요로움으로 그들 각자에게 은혜를 베푸시나니 실로 하나님은 관대하시고 자비로운 분이시니라." (4 130)

이슬람 이전 시대의 이혼

이슬람 종교만이 이혼을 허용하는 것은 아니다. 이슬람 이전에도 몇몇 공동체를 제외하고는 이혼은 전세계 방방곡곡에서 허용되고 있었다. 남편이 부인에게 분노를 느끼면 정당한 이유나 명분도 없이 아내를 집에서 쫓아냈던 것이 일반적인 현상이었다. 그리고 아내는 이에 대한 법적 호소권도 갖지 못했고 위자료 청구권이나 물질적 보상을 받을 권리도 갖지 못했다.

문명의 시대가 열리는데 그리스에서는 조건도 없고 제한도 없는 이혼이 허용되었다. 로마법하에서는 법관에게 결혼을 무효화할 수 있는 권력이 주어졌다. 예비부부가 결혼서약서에 이혼 금지조항을 넣는다 해도 법관이 무효로 결정을 내리면 결혼의 의미가 없었다. 왜냐하면 이혼이 결혼계약의 일부분으로 간주되었기 때문이다. 로마 초기 문명 시절의 종교적 결혼은 이혼이 금지되었다. 그러나 남편에게는 아내에 대한 절대적 권력이 주어졌다. 예를 들어 어떤 환경에서는 남편이 아내를 살해하는 것도 합법적이었다. 시간이 지나면서 종교법은 이혼을 허

74_ Abu Dawood.

용하는 시민법과 일치하게 되었다.

유대교에서의 이혼

유대교는 아내의 위상을 향상시키면서 이혼의 폭은 확대하였다. 그들의 종교법에 따라 만일 아내에게서 도덕적 비행이 입증되면 남편은 의무적으로 이혼을 해야만 했다. 남편이 아내의 잘못을 용서하고 싶어도 어쩔 수 없었다. 마찬가지로 아내가 결혼 후 10년 동안에 임신을 못하면 남편은 의무적으로 이혼을 해야만 했다.

기독교에서의 이혼

기독교는 앞서 언급한 종교들 중에서 독특했다. 기독교의 복음서는 예수의 말을 인용하여 유대교와는 다르게 이혼을 금지하고 이혼남과 이혼녀와의 결혼을 금지하였다. "또 일렀으되 누구든지 아내를 버리거든 이혼 증서를 줄것이니라 하였으나 나는 너희에게 이르노니 누구든지 음행한 연고 없이 아내를 버리면 이는 저로 간음하게 함이요 또 누구든 버린 여자에게 장가드는 자도 간음함이니라."[75](마태복음 5:31-32) 또 예수는 그들에게 이렇게 말했다. "이르시되 누구든지 그 아내를 내어버리고 다른 데 장가드는 자는 본처에게 간음을 행함이라. 또 아내가 남편을 버리고 다른 데로 시집가면 간음을 행함이니라."(마가복음 10:11-12)

이에 대한 이유를 복음서는 다음과 같이 표현했다. "이런한즉 이제 둘이 아니요, 한몸이니 그러므로 하나님이 짝지어 주신 것을 사람이 나누지 못할지니라 하시니"(마태복음 19:6) "그러므로 하나님이 짝지어 주신 것을 사람이 나누지 못할지니라 하시더라."(마가복음 10:9) 의미상 이 말은 옳다. 그러나 그것을 이혼금지의 이유로 하였다는 것은 이상할 뿐이다. 인간이 직접 결혼을 했지만 그것은 알라께서 두 사람을 부부로

75_ Farid Wajdi, *Al-Isalm Din 'Am Khalid*, p.171.

묶어 이 결혼을 허락하고 합법화했다는 의미다. 모든 것을 알라께로 돌리는 것은 맞다. 인간이 직접 이혼을 했어도 알라께서 타당한 사유와 어쩔 수 없는 필요에 따라 이혼을 허락하고 합법화하면 이혼 역시 알라로부터 비롯된 것이다.

여기서 인간은 어느 누구도 알라께서 묶은 것을 분리시키지 않는다는 것이 분명해진다. 묶고 분리시키는 것은 알라이시기 때문이다. 간음과 간통으로 부부를 분리시키는 분이 알라가 아닌가? 그렇다면 다른 이유로 부부를 이혼시키지 못할 이유가 어디에 있는가?

이혼에 관한 기독교 교파의 견해

신약성경은 간음과 간통일 경우의 이혼금지는 예외로 하고 있다. 하지만 일부 가톨릭 교파는 이 예외조항조차도 멀리하려고 그 이유를 다음과 같이 설명하고 있다. "간음과 간통의 경우 예외적으로 이혼이 허용된다는 의미가 아니다. 왜냐하면 기독교 법에 이혼은 존재하지 않기 때문이다. '부정한 경우를 제외하고'라는 문구는 그 결혼 자체가 무효라는 것을 의미한다. 왜냐하면 법을 위반했기 때문이다. 그래서 그것은 외관상으로만 결혼이지 실질적으로는 간음이며 예외가 아니다. 따라서 그런 경우 남편은 부인을 떠날 수 있다. 아니 떠나야 한다."76

개신교 교단은 복음서 원본에 언급된 것에 더하여 부인의 간음과 간통, 남편에 대한 배신 및 다른 특정한 사유에 때라 이혼을 허용한다. 그러나 이들 교단들 중에서도 일부는 이혼을 허용하면서도 이혼남 또는 이혼녀의 결혼은 금지한다.

이집트의 동방정교회는 복음서 원문에 근거하여 신자들에게 부인의 간음과 간통의 경우 이혼할 권리를 허용한다. 3년이 지났는데도 임신이 되지 않을 때, 만성병, 회복이 불가능한 부부간의 장기간 불화 등

76_ 곱틱 가톨릭 연구소, 마태복음에 근거한 복음서 논평에서.

의 경우에도 이혼을 허용한다. 이 부분은 복음서 원본에 없는 내용이다. 이러한 이유로 이 교단의 보수파들은 이러한 이혼을 허용하는 파들과 이혼남과 이혼녀에게 결혼을 허용하는 파들을 비난했다. 이에 근거하여 이집트 기독교의 한 법관은 남편과의 이혼을 신청한 기독교 여성의 소송을 기각했다.

법정은 판결에서 이렇게 말했다. "일부 교회 지도자들과 지역 총회 위원들은 시대적 발전에 따라 신앙심이 허약한 자들의 목적을 충족시킬 생각으로 복음서에 근거하지 않는 이혼을 허용하였다. 기독교의 율법은 분명히 간음을 제외하고는 이혼을 허용하지 않는다. 그리고 이혼한 자가 결혼할 때는 그 결혼을 불결한 것으로 보면서 그 자체를 간음으로 간주했다."

이혼에 관한 기독교인들의 고수에 따른 결과

이혼에 관한 기독교의 비타협적인 고수의 결과로 서구 사람들은 입법화에 호소할 수밖에 없게 되었다. 불행스럽게도 이혼 문제에 있어 많은 미국인들이 하찮은 이유들을 들어 극히 소극적 입법으로 갔다. 쉽게 이루어지는 이혼은 부부간의 신성한 고리와 끈을 이완시켜 결국 가족의 기반을 무너뜨린다고 서구의 일부 철학자들은 경고하고 있다. 한 저명한 판사는 서구사회의 결혼이 사소한 이유로 파기되는 상거래 비슷한 부부관계로 대체될 때가 멀지 않았다고 하면서 종교적 유대감이나 사랑이 없이 모든 종교의 가르침에 역행하는 단순한 성욕과 쾌락을 즐기기 위해 상업적인 결혼으로 변해간다고 경고하였다.

민사법을 통해서 각 개인의 문제를 규정하는 현상은 모든 종교의 가르침에 위배된다. 이러한 현상은 기독교 서구세계를 제외하고는 지구촌 어느 곳에서도 발견되지 않는다. 힌두교나 불교나 조로아스터교조차도 각 종교의 가르침에 따라 그들의 개인적 문제를 다룬다. 그들 중에 일부는 특정한 상황에서 자신들이 믿는 종교의 가르침에 상반되는 민법을 만들어내기도 한다. 그러나 결혼이나 이혼 그리고 가족생활과 연관된 개인적인 문제에 있어서는 민법을 만들지는 않는다.[77]

이혼에 관한 기독교의 입장은 영구적이 아닌 임시법

예수의 가르침은 유대교인들이 제정한 신법에 소개된 지나친 부분을 시정하기 위한 것이었다는 결론을 피할 수 없을 것이다. 이혼에 관한 것을 포함한 예수의 가르침은 결코 모든 인류를 위한 영구적인 법 제정이 아니었다. 마태에 근거한 복음서에 보면 예수가 바리새 사람들과 나눈 대화내용이 있다.

"하나님이 자기 형상 곧 하나님의 형상대로 사람을 창조하시되 남자와 여자를 창조하시고"(창세기 1:27) "이러므로 남자가 부모를 떠나 그 아내와 연합하여 둘이 한 몸을 이룰지로다."(2:24)

"사람이 아내를 취하여 데려온 후에 수치스러운 일이 그에게 있음을 발견하고 그를 기뻐하지 아니하거든 이혼 증서를 써서 그 손에 주고 그를 자기 집에서 내어 보낼 것이요 그 여자는 그 집에서 나가서 다른 사람의 아내가 되려니와 그 후부도 그를 미워하여 이혼 증서를 써서 그 손에 주고 그를 자기 집에서 내어 보내었거나 혹시 그를 아내로 취한 후부가 죽었다 하자 그 여자가 이미 몸을 더럽혔은즉 그를 내어 보낸 전부가 그를 다시 아내로 취하지 말지니 이 일은 여호와 앞에 가증한 것이라 네 하나님 여호와께서 네게 기업으로 주시는 땅으로 너는 범죄케 하지 말지니라."(신명기 24:1-4)

"예수께서 이 말씀을 마치시고 갈릴리에서 떠나 요단강 건너 유대 지경에 이르시니 큰 무리가 좇거늘 예수께서 거기서 저희 병을 고치시더라 바리새인들이 예수께 나아와 그를 시험하여 가로되 사람이 아무

77_ 'Abdulwahid Wafi, *Huquq Al-Insan fil Islam*, p.88.

연고를 물론하고 그 아내를 내어버리는 것이 옳으니이까 예수께서 대답하여 가라사대 사람을 지으신 이가 본래 저희를 남자와 여자로 만드시고 말씀하시기를 이러므로 사람이 그 부모를 떠나서 아내에게 합하여 그 둘이 한 몸이 될지니라 하신 것을 읽지 못하였느냐 이러한즉 이제 둘이 아니요 한몸이니 그러므로 하나님이 짝지어주신 것을 사람이 나누지 못할지니라 하시니 여쭤오되 그러하면 어찌하여 모세는 이혼 증서를 주어서 내어버리라 명하였나이까? 예수께서 가라사대 모세가 너희 마음의 완악함으로 인하여 아내 내어버림을 하락하였거니와 본래는 그렇지 아니하니라 내가 너희에게 말하노니 누구든지 음행한 연고 외에 아내를 내어버리고 다른 데 장가드는 자는 간음함이니라. 제자들이 가로되 만일 사람이 아내에게 이같이 할진대 장가들지 않는 것이 좋사옵니다."(마태복음 19:1-10)

이 대화의 내용을 보면 단지 여자의 부정만 이혼을 허용하고 있다. 예수는 모세의 법이 이혼을 남용하고 있는 부분만 시정할 의도였다. 이것은 분명히 일정 기간의 한시적인 해결책에 불과하다. 그래서 이 한시적인 법은 예언자 무함마드를 통하여 영구적이고 보편적인 이슬람법에 의해 폐기되었다.

예수가 모든 인류를 위한 영구적인 법으로 만들려는 생각을 가졌다고 생각하기는 이치에 맞지 않는다. 가장 성실했던 예수의 제자들이 그러한 법령에 소스라치게 놀라며, "아내와의 관계가 그와 같다면 결혼할 가치도 없고 결혼하라고 충고할 이유도 없습니다."라고 한 말에서 볼 수 있다. 이것은 다시 말해 남자가 여자와 결혼한 순간부터 제거하기 어려운 멍에를 짊어지고서 그리고 서로가 미움과 증오심을 갖고 한시적으로 함께 산다는 것은 얼마나 비참한 일인가! 라는 의미다. 한 현자는 적절한 표현을 써서 말했다. "인생에 있어 가장 큰 고통은 당신을 따르지도 않고 당신을 홀로 두지도 않는 아내입니다." 한 시인은 이렇게 말했다. "세상을 어렵게 사는 자 중에 하나는 우정이 없는 자와 대화를 나누는 것입니다."

이혼에 관한 이슬람의 규범

이슬람법은 이혼을 제한하기 위해 이혼의 과정에 여러 가지 장애물을 두었다. 이혼의 범위를 가능한 최대한으로 좁혔다.

어찌할 수 없는 필요에 의한 이혼이 아닌 경우 그리고 앞서 언급한 분쟁을 조정하기 위한 모든 수단들이 물거품이 되는 경우를 제외한 이혼은 불법이자 하람이다. 일부 법률가들은 이혼이 남편과 아내 두 사람에게 피해를 주고 재물만 탕진하고 불필요하게 두 사람의 이익에 손상만 입힌다고 말한다. 다음은 이와 관련한 예언자의 말씀이다.

"자신에게 또는 타인에게 해를 끼치지 마시오."78

알라와 사도는 다양한 성을 만끽할 목적으로 배우자와 이혼하고 다른 사람과 결혼한 사람들을 좋아하지 아니하며 사도는 이런 사람들을 가리켜 다우와끄(Zawwaq), 즉 맛을 보는 자들이라 불렀다. 다음은 이와 관련한 예언자의 말씀이다.

"나는 맛을 보는 남자도 좋아하지 않고 맛을 보는 여자도 좋아하지 않습니다."79

"알라께서는 맛을 보는 남자도 좋아하지 않고 맛을 보는 여자도 좋아하지 않습니다."80

압둘라('Abdullah ibn 'Abbas)가 말했다. "필요할 경우에만 이혼하시오."

생리 중의 아내와 이혼하는 것은 하람

이혼이 필요불가결이라 할지라도 아무 때나 남자의 마음대로 이혼하는 것은 허용되지 않는다. 어느 정도의 기간은 기다려야 한다. 이슬람법에 따르면 적절한 기간은 생리가 완전히 끝나고

78_ Ibn Qadamah, *Al-Mughni*, vol. 7, p.77.

79_ Al-Tabarani and Al-Darqutni.

80_ Al-Tabarani.

깨끗한 상태가 시작되는 시간까지 또는 산후 배설물이 종료되는 시간까지이다. 남편이 아내와 성관계를 재개하기 전 또는 임신했을 때 그리고 남편이 아내의 임신을 알았을 때까지이다.

생리 중 또는 분만 후 배설물이 종료될 때까지 이혼이 금지되는 이유는 그 기간에 성관계가 하람이고 성관계를 가질 수 없어 신경 긴장으로 남자가 이혼 생각을 할 수도 있기 때문이다. 그러므로 남자는 아내의 생리가 완전히 끝날 때까지 기다렸다가 이혼을 해야 한다. 그리고 만일 이혼할 마음에 변화가 없다면 다시 성관계를 갖기 전에 이루어져야 한다.

생리 중의 이혼이 하람인 것처럼 마찬가지로 만일에 전 생리 종료 후 남편이 성관계를 가졌다면 생리가 완전히 끝나고 다시 정상으로 회복되는 기간까지의 이혼도 하람이다. 왜냐하면 임신의 가능성도 배제할 수 없기 때문이다. 아내가 자신의 아이를 가졌다는 사실을 알게 되면 남편은 자궁에 있는 자신의 태아를 위해 결혼 상태로 있기를 바라면서 이혼을 다시 생각할 수도 있다. 하지만 아내가 정상적인 기간에 있고 남편이 다음 생리까지 부인과 성관계를 갖지 않았거나 또는 아내가 임신을 하고 남편이 그 사실을 알았을 때 이혼 생각이 마음 속 깊이 자리잡은 반감의 결과라는 것을 확신할 수 있게 되면 남편은 이혼 절차를 밟을 수 있다. 우마르의 아들 압둘라가 생리 기간에 있는 아내와 이혼했다는 내용이 부카리가 수집한 사히흐(Sahih) 총서에 소개되고 있다. 우마르가 이 사실을 예언자에게 알렸을 때 예언자는 화를 내면서 다음과 같이 말했다. "그는 아내를 다시 데려와야 합니다. 그리고 만일 그가 이혼을 원한다면 그렇게 할 수 있습니다. 그러나 그녀의 생리가 완전히 끝나고 정상적인 상태로 돌아온 후이며 그녀와 다시 성관계를 갖지 않아야 합니다. 왜냐하면 알라께서 이혼을 위해 기다려야 할 기간을 정해두셨기 때문입니다. 알라께서 이렇게 말씀하셨습니다.'예언자여, 너희가 여성과 이혼하고자 할 경우 정하여진 기간을 두고 이혼하되 그 정하여진 기간을 헤아릴 것이니라."(65:1)

"아내를 데려오라고 명령하시오 그런 후 생리가 완전히 끝나고 정상적으로 돌아왔거나 임신이 확인되었다면 이혼하도록 하시오."

이런 문제가 남는다. 금지된 기간에 아내와 이혼했을 경우 그 이혼은 유효한 것인가 아니면 그렇지 않은가? 비록 남편에게 죄가 되기는 하지만 그 이혼은 유효하다는 것이 지배적인 견해이다. 하지만 일부 법률가들은 알라께서 합법화하지 않았기 때문에 효력이 없다고 주장한다. 불법적인 것은 무엇이 되었든 간에 옳지 않기 때문에 강행될 수 없다는 것이다. 아부 다우드는 우마르의 아들 압둘라가 질문받은 내용을 전하고 있다. "생리 중에 있는 아내와 이혼하는 자에 대해 당신은 무어라고 말하겠습니까?" 그러자 그는 질문자에게 아내가 생리 중에 있을 때 이혼했는데 이혼 선언에 관계없이 이혼한 아내를 다시 불러들이라고 예언자께서 명령했다고 대답했다.

이혼의 맹세는 하람

"특별한 사건이 있을 경우, 또는 당신이 이런 짓 또는 저런 행동을 하면 나는 이혼하겠소"라고 위협하면서 이혼의 맹세(Yamin)를 하는 것은 허용되지 않는다. 이슬람에서의 맹세는 특별한 형태가 있는데 이것 외에는 허용되지 않는다. 그것은 곧 알라의 이름으로만 맹세하는 것이다. 다음은 이와 관련한 예언자의 말씀이다.

"알라의 이름 외에 다른 이름으로 맹세하는 것은 쉬르크를 저지르는 것입니다."81 "맹세를 하고자 원하는 자는 누구든 알라의 이름으로 맹세하거나 또는 침묵을 지켜야 합니다."82

기다리는 기간 동안 이혼녀는 남편의 집에서 체류

이슬람법은 기다리는 기간('Iddah) 동안 이혼녀

81_ Abu Dawood, Al-Tirmizi, and Al-Hakim.

82_ Muslim.

는 남편의 집에 머물러 있을 것을 요구한다. 이 기간에 집에서 나가는 것은 허용되지 않는다. 그와 마찬가지로 이 기간 동안에 남편이 정당한 명분 없이 이혼녀를 집 밖으로 쫓아내는 것도 허용되지 않는다. 이것은 첫 번째 이혼선언과 두 번째 이혼선언 기간 중 기다리는 기간 중 재혼 절차가 필요 없이 부부가 다시 합칠 수 있는 길을 열어놓기 위해서다. 그 기간 중이라도 이혼녀가 한 집에 있게 되면 상호간의 동정과 사랑이 다시 불붙을 가능성도 배제할 수 없기 때문이다. 한편 그녀의 임신상태가 확실하면 남편의 마음에 변화가 올 수도 있다. 어떤 경우이든 간에 충분한 시간을 주어 전반적인 상황을 재고하도록 해야 한다. 시간이 치료약이 될 수 있다. 미움의 감정이 애정과 화해로 변하여 두 사람간의 사랑이 회복될 수 있기 때문이다. 다음은 이와 관련한 알라의 말씀이다.

> "주님을 두려워 하라. 아내가 문란한 성행위를 하지 않았을 경우에는 그녀들을 가정으로부터 내보내지 말며 그녀들 스스로 나가게 해서도 아니 되나니 이것이 바로 알라의 법이라. 누구든 알라의 법을 위반한 자는 자기 스스로를 욕되게 한 자이니라. 그 후 알라께서 다시 재결합하게 하려 하시는지를 너희는 모르기 때문이니라." (65:1)

만일 이혼을 해야만 된다면 상호간의 비방, 상호간의 상처, 상호간의 권리침해 없이 명예롭게 헤어져야 한다. 다음은 이와 관련한 알라의 말씀이다.

> "그녀들이 정하여진 기간을 채웠을 때 정당하게 재결합을 하든지 아니면 정당하게 이혼해야 되느니라." (65:2)
> "두 당사자가 동등한 조건으로 재결합을 하든지 아니면 이혼을 해야 하느니라." (2:229)
> "이혼한 여성들에게도 능력에 따라 부양금을 주어야 하거늘 이것은 의로운 신앙인들의 의무이니라." (2:241)

반복된 이혼

이슬람은 무슬림에게 세 가지 형태의 이혼을 허용한다. 생리가 완전히 끝나고 정상 상태에 있으며 이 기간에 성관계를 갖지 않았을 때 이혼을 선언하는 형태가 있다. 남편은 아내와 한 차례 이혼을 하고 기다려야 하는 기간, 즉 잇다('Iddah)를 보내게 한다. 이 잇다 기간 동안에 부부는 재결혼할 필요 없이 화해할 시간을 갖는다. 만일 화해 없이 이 잇다 기간이 종료되었다면 이 부부는 완전히 이혼된 상태이다. 이때 각자는 다른 사람과 결혼할 수도 있고 서로가 원할 경우 재결혼을 할 수도 있다. 이때는 새로운 결혼계약서가 요구된다.

첫 번째 이혼 후 만일 남편이 아내와 화해를 하였으나 다시 적대감정과 불화가 재개되고 화해나 중재가 실패로 끝난다면 위에 언급된 대로 두 번째 이혼을 할 수 있다. 이 경우 역시 잇다 기간 동안에 재결혼 없이 재결합할 수 있다. 잇다 기간 후에는 새로운 결혼계약서가 요구된다.

두 번째 이혼 후 다시 화해가 되었음에도 불구하고 결혼이 불가피하다면 세 번째 이혼이 가능하다. 두 사람 사이의 적대감이 깊어 동거가 불가능하다는 분명한 증거가 입증되어야 한다. 만일 세 번째 이혼이 일어난다면 잇다 기간에 남편은 이혼한 부인에게로 돌아갈 수 없다. 그러나 이혼한 부인이 다른 남자와 합법적으로 결혼하고 합법적으로 그 남자와 이혼한 후에는 세 번째 이혼한 남자와의 재결합이 가능하다. 단순히 첫 번째 남편에게 결혼이 허용될 수 있도록 하기 위해 형식적으로 결혼하고 이혼한 후 재결합하는 것은 허용되지 않는다.

그러나 단 한 번에 세 번 이혼선언을 하는 것은 알라의 법을 거역하고 이슬람의 바른 길에서 이탈한 행위가 된다. 어떤 사람이 단 한 번에 세 번 이혼선언을 했다는 소식을 접한 소식을 접한 예언자는 화를 내며 일어서 이렇게 말했다.

"내가 여러분 가운데 있는데 알라의 경전을 가지고 장난하는 자가 있습니까? 그러자 한 남자가 일어서서 말했다. '제가 그를 살해하면 안 될까요?'"83

명예로운 화해 또는 이혼

남편이 부인과 이혼을 하고 잇다 기간이 지났을 때 남자에게는 두 가지 대안이 있다. 명예로운 화해, 즉 평화롭게 그리고 조화를 이루면 살겠다는 의도로 아내에게로 돌아가든지 또는 아내에게 피해나 고통을 주지 않기 위해 또는 아내를 자유롭게 하여 주기 위해 이혼하는 방법이 있다. 잇다 기간 동안 아내에게 거친 말을 해서도 안 되며 서로의 권리가 침해당해서도 안 된다. 잇다 기간 종료 예정일 바로 전에 아내에게로 돌아가는 것도 허용되지 않는다. 왜냐하면 잇다 기간을 더 연장시켜 여성에게 더 고통을 줄 수 있을 뿐만 아니라 다른 남자와 결혼할 기회조차 박탈하는 것이 되기 때문이다. 이슬람 이전에는 이런 경우가 비일비재하였다. 알라께서는 이런 방법으로 여성에게 피해를 주는 이런 비열한 행위를 엄격하게 금지하였다. 다음은 이와 관련한 알라의 말씀이다.

> "아내와 이혼을 하고 법정기간을 채웠을 때 그녀들에게 돌아오거나 아니면 그녀들을 자유롭게 하여 줄 것이며 그녀들을 괴롭히기 위해 또는 부당한 이익을 취하기 위해 그녀들에게 돌아오지 말라. 이를 위반하는 자는 곧 자기 자신을 우롱한 것이니라. 그리고 알라의 말씀을 조롱하지 말라. 너희에게 베풀어진 알라의 은혜에 감사하고 성서와 지혜를 내려주신 은혜에 감사하라. 알라께서는 너희에게 이를 권고하시니 알라를 공경하라. 알라께서는 모든 것을 알고 계시니라." (2:231)

이 고상한 꾸란을 조금만 고찰해 본다면 일곱 가지 교훈을 발견할 것이다. 경고에 경고를 하고 있다. 상기시키고 또 상기시키고 있다. 조금이라도 마음에 감정이 있고 들을 수 있는 귀를 가진 자라면 충분히 이해하고도 남을 것이다.

83_ Al-Nisai.

이혼녀의 재혼의 권리

잇다 기간이 종료된 후부터는 전 남편, 보호자 등 어느 누구를 막론하고 이혼녀의 재혼을 막을 수 없다. 그녀와 청혼을 한 남자는 이슬람법의 절차를 밟아야 하며 어느 누구도 이 두 사람의 결혼에 간섭할 수 없다. 현대사회에서조차도 일부 남성들은 전 아내가 다른 남자와 재혼하는 것을 막거나 전 아내와 하물며 여자 집안까지 위협하는 경우가 있다. 이슬람 이전에 있었던 것과 다를 바가 없다. 이혼녀의 일부 집안이나 보호자들은 이혼했던 부부가 재결합하는 것을 막기도 한다. 꾸란은 화해가 더 좋다고 하였다.

> "만일 한 여성이 남편의 부당한 대우와 냉대를 두려워할 때 그 둘 사이의 화해는 죄가 아니며 화해가 최선의 방책이니라." (4:128)
>
> "아내와 이혼하고 법정기간을 채웠을 때 당사자의 상호 동의에 의해 합당한 조건하에 그녀들이 전 남편들과 재혼하고자 한다면 이를 방해하지 말라. 이것은 알라를 믿고 내세를 믿는 신앙인들을 위한 교훈이며 그것은 또한 너희들을 위해 보다 고결하고 청결케 하기 위한 과정이라. 알라께서는 너희들이 모르는 것을 알고 계시니라." (2:232)

여성의 이혼소송 권리

남편과의 결혼생활을 지탱할 수 없는 여성은 쌍방 합의에 따라 받았던 혼인금(Mahr)이나 장식품을 반환하고 이혼할 권리를 갖는다. 한편 남자는 그가 여성에게 주었던 것 이상을 요구할 수 없다. 다음은 이와 관련한 알라의 말씀이다.

> "너희가 그녀들에게 주었던 지참금을 되돌려 취하는 것은 허용되지 아니하나 두 당사자가 알라의 법 수행을 두려워 할 경우는 제외이니라." (2:229)

싸비트(Thabit ibn Qais)의 아내가 예언자를 찾아와 이렇게 말했다. "사도님, 저는 인격과 종교를 존중하여 싸비트에게 가까이 하지 않습니다. 그러나 저는 그에게 화를 내는 죄를 짓고 싶지 않습니다." 그러자 예언자께서 그로부터 무엇을 받았느냐고 물었다. 정원을 받았다고 그녀가 대답하자 그 정원을 그에게 돌려주겠느냐고 예언자께서 물었다. 그렇다고 그녀가 대답하자 예언자께서 싸비트에게 말했다.

"정원을 돌려받고 한 번의 이혼선언을 하시오."84

타당한 이유가 없으면서, 남편으로부터 부당한 대우를 받은 적이 없으면서, 또는 이혼을 요구할 수용 가능한 사유가 없으면서 남편에게 이혼을 요구하는 것은 하람이다. 다음은 이와 관련한 예언자의 말씀이다.

"확실하고 분명한 사유가 없으면서 남편에게 이혼을 요구하는 여성은 천국의 향수를 맡을 수 없습니다."85

부당한 대우 금지

남편이 이혼할 목적 또는 결혼할 때 주었던 것을 돌려받을 목적으로 부인을 부당하게 대우하거나 부인에게 고통을 주는 행위는 하람이다. 남편이 주었던 것을 돌려받을 수 있는 경우는 부인이 음란한 행위를 했을 때만 가능하다. 다음은 이와 관련한 알라의 말씀이다.

> "너희가 그녀들에게 준 것의 일부를 빼앗기 위해 그녀들을 학대해서도 아니 되니라. 그러나 그녀들이 분명한 비행을 저질렀을 경우는 예외이니라." (4:19)

남편이 다른 여자와 결혼할 목적으로 부인을 미워하여 이혼하고자 할 때 남편은 아내로부터 아무것도 되돌려받을 수 없다. 다음은 이와 관련한 알라의 말씀이다.

> "만일 너희가 아내를 다른 아내로 대체하려 하거든 너희가 그녀에게 준 금액 가운데서 조금도 가져올 수 없느니라. 너희는 그것을 부정하게 취득하려 하느냐? 그것은 분명한 죄악이니라. 어떻게 되돌려받으려 하느냐? 너희는 이미 서로가 동거하여 생활하였고 그녀들은 너희로부터 엄숙한 맹세를 받지 않았더냐?" (4:20-21)

84_ Al-Bukhari and Al-Nisai.

85_ Abu Dawood.

결별하겠다는 맹세는 하람

여성의 권리를 위한 이슬람의 관심 중에 하나는 아내에게 화를 내지 않도록 하는 것이다. 잠자리를 피하기 위해 남편이 여성에게 화를 내 여성의 접근을 차단함으로써 동침할 수 있는 여성의 권리에 피해를 줄 수도 있기 때문이다. 만일 남자가 이러한 성관계 회피를 맹세한다면 4개월 동안 진정할 기간이 주어지고 그런 후 원상태로 돌아갈 수 있다.

만일 남자가 이성을 되찾아 4개월이 종료되기 전에 성관계를 재개한다면 알라께서 그의 월권을 용서하고 회개할 수 있도록 문을 열어주신다. 하지만 남자는 깨진 맹세 기간 동안 줄곧 참회를 해야 한다. 한편 이 기간이 종료되고 그가 부인에게로 돌아가지 않았다면 아내는 아내의 권리를 소홀이 했을 때 내려진 처벌 같이 이혼을 당하게 된다.

일부 법률가들은 4개월이 종료되면 이혼은 자동적이며 법정에서의 재판이 필요 없다고 주장한다. 하지만 일부는 기간이 만료되는 때 이 문제는 사법기관에 제기되어 화해 아니면 이혼의 판결을 받아야 한다고 주장하는 견해도 있다.

아내에 대한 이러한 남자의 회피는 이슬람법에 알일라(Al-Eela)르 표현되어 있다. 다음은 이와 관련한 알라의 말씀이다.

> "아내와 멀리하고자 하는 자는 4개월을 기다려야 되니라. 만일 그간에 다시 돌아온다면 실로 알라께서는 관용과 자비를 베푸실 것이니라. 만일 이혼을 하고자 맹세했다면 실로 알라께서는 모든 것을 들으시고 모든 것을 아시느니라." (2:226-227)

이 4개월의 기간은 남편에게 충분한 시간을 주어 냉철하게 자신을 되돌아보고 스스로 관계를 회복할 수 있도록 하는 데 있다. 또한 이 4개월은 여성이 정상적으로 최대한 인내할 수 있는 기간으로 간주된다. 꾸란 해설가들은 이 견해를 지지하는 사건을 소개하고 있다. 어느 날 밤 우마르 칼리프가 메디나 순찰을 하고 있을 때 한 여성의 노래 소리를 들었다. 그 노래의 가사내용은 이러했다.

“밤이 너무 길어요. 내 주변이 너무 캄캄해요. 나는 잠이 들지 않아요. 왜냐하면 나와 함께 놀아줄 친구가 없어서 그래요. 나는 알라께 맹세하지만 나는 그분 외에는 아무것도 두렵지 않아요. 이 침대가 한쪽에서 다른 쪽으로 흔들리고 있어요.”

사실을 조사한 결과 그녀의 남편이 오랫동안 군사원정에 나가 있다는 것을 알고서 우마르는 미망인이 된 그녀의 딸 하프사에게 질문을 했다. 당시 하프사는 예언자가 세상을 떠난 후 미망인으로 남아 있었다. “여성이 남편과 떨어져 얼마 동안 참을 수 있지?” 그녀가 대답했다. “4개월 정도요.” 그 후 우마르는 결혼한 남자의 경우 아내와 4개월 이상 떨어져 있지 않도록 결정을 내렸다.

부모와 자식과의 관계

이슬람의 혈통 보호

자식은 부모의 혈통과 인격을 이어받는다. 자식은 부모에게 기쁨의 존재다. 부모가 세상을 떠나고 나면 자식은 부모의 화신이 되어 부모의 혈통과 인격을 갖는다. 자식은 부모의 모습과 형상을 닮는다. 성격과 정신적 특징을 닮고, 좋은 점과 그렇지 않는 점을 닮고, 아름다운 점과 그렇지 않는 점을 닮는다. 그래서 자식은 부모의 몸과 마음의 한 부분이다.

알라께서는 결혼을 명령하면서 동시에 간음과 간통을 금지하셨다. 정통성과 순수한 혈통을 이어가기 위해서다. 다른 물이 섞이지 않고 자식은 누가 자신의 부모인가 그리고 부모는 누가 분명한 자신의 아들과 딸인가를 알기 위해서다. 여성은 결혼을 통해 남성에게 보존된다. 그러므로 결혼한 여성이 남편에게 충실하지 않는 것은 하람이다. 또한 자신의 모든 것이 남편에게 보존되어 있는데 그것을 다른 남자에게 접근하게 하는 것도 역시 하람이다. 그래서 결혼을 통해서 아내에게서 태어난 자식은 남편의 자식이 되는 것이다. 아버지측에서 그것을 확인할 아무런 이유도 필요 없고 공표할 이유도 필요 없다. 어머니측에서도 그것에 대한 사실여부를 따질 이유가 없다. 다음은 이와 관련한 예언자의 말씀이다.

"아이는 태어난 침대의 것이지요."[86]

86_ Al-Bukhari and Muslim.

남편이 자식의 혈통을 부인하는 것은 하람

정식 결혼을 한 남편이 아내에게서 태어난 아이가 자신의 혈통이 아니라고 부인하는 것은 하람이다. 그러한 부정행위는 아내와 아이에게 가장 추한 수치스러움을 가져다 준다. 나쁜 소문 하나만으로 의심을 품고 갑자기 생각을 바꾸어 그러한 행위를 하는 것은 허용되지 않는다. 하지만 만약 아내가 자신을 배반했다는 확실한 증거가 있을 경우에는 이슬람법은 그 아이의 양육을 남자에게 강요하거나 그 아이에게 그의 상속자가 되도록 강요하지 않는다. 남자가 평생 동안 의심과 의혹의 피해자가 되는 것을 이슬람은 원하지 않는다.

이러한 궁지에서 빠져 나오는 길은 리안(Li'an)으로 알려진 이슬람법에 있다. 비록 증거는 확보하지 못했지만 아내가 다른 남자와 성관계를 가져 출산을 했다는 확신이 서거나 강한 의심이 생길 때 남자는 이 문제를 법정에 소송할 수 있다. 법관은 남편과 아내를 출석시켜 다음의 꾸란에 기술된 방법으로 서로가 서로에게 알라의 저주가 있기를 빈다. 다음은 이와 관련한 알라의 말씀이다.

> "자기의 아내를 간통죄로 고소하면서 자신 외에는 아무 증인도 없는 자의 경우에는 알라께 맹세하고 자신의 말이 사실이라는 것을 네 번 증언하게 하라. 그리하면 그는 정직한 자 중에 있느니라. 그의 다섯 번째의 맹세에서 거짓말이 드러난다면 그에게 알라의 저주가 있을 것이니라. 그러나 아내가 알라의 이름으로 그 남자의 거짓증언을 네 번 증언하면 그녀에게는 벌이 면제되며 다섯 번째로 그녀 남편의 증언이 진실이라면 알라의 진노가 그녀에게 있을 것이니라." (24:6-9)

이 절차가 끝나면 부부는 영원한 이혼이 되며 태어난 아이는 어머니의 소속이 된다.

법적 양자 결연은 하람

합법적 결혼을 통한 아내에게서 태어난 아이를 자신의 아들이 아니라고 하는 것이 하람인 것처럼 마찬가지로 자신이 낳은 자식이 아니면서 법적으로 자신의 아들이라는 양자제도를 이슬람은 허용하지 않는다. 여러 사회의 사람들처럼 이슬람 이전의 아랍인들도 가문의 계보를 잇도록 하기 위해 자신이 원하는 남의 자식을 양자로 택하곤 하였다. 타반나(Tabanna), 즉 자신이 선호하는 아이를 입양하여 무타반나(Mutabanna), 즉 그 입양아는 자신의 아들이라고 공표하고 입양된 가족과 입양아는 의무와 권리를 갖게 된다고 하면서 그 아이에게 그 가문의 성과 이름을 갖게 한다. 입양은 입양아의 실제 아버지가 있고 그의 혈통이 분명한데도 효력을 갖고 있다.

이러한 관행은 이슬람 초기 시절에 보편화되어 있었다. 예언자의 지위를 받기 전에 있었던 일로 무함마드도 자이드(Zaid ibn Harithah)를 양자로 삼았다. 그는 이슬람 이전에 빈번히 발생했던 한 전투에서 포로로 잡힌 아이었다. 하킴(Hakim ibn Hizam)이 고모 되는 카디자에게 그 아이를 데려왔다. 카디자가 무함마드와 결혼한 후 그 아이를 남편에게 주었다. 자이드를 낳은 아버지와 삼촌이 자이드의 거처를 알고 무함마드를 찾아와 자이드를 돌려달라고 요구했다. 그러자 무함마드는 자이드에게 기회를 주었다. 친부모에게로 돌아가든지 아니면 자신과 함께 사는 것을 그의 선택에 맡긴 것이다. 그러자 그는 후자의 것을 택하였다. 그러자 무함마드는 그를 노예상태에서 해방시키고 양자로 삼으면서 그의 이름은 무함마드의 성을 따서 자이드 빈 무함마드(Zaid ibn Muhammad)로 불리어졌다. 그리고 그가 노예 상태에서 해방된 자들 중에서 최초로 이슬람을 받아들인 인물이 되었다.

그렇다면 이와 같은 이슬람 이전 시대의 양자제도에 대해 이슬람은 어떤 견해를 갖고 있는가? 이슬람은 이러한 양자제도를 자연의 질서를 왜곡하고 사실을 위조하고 현실을 무시한 것이라고 주장한다. 낯선 사람, 특히 전혀 모르는 남자 아이를 가족의 구성원으로 받아들여 그에게 아내의 모든 비밀을 허용하는 것은 일종의 기만이요 그는 여성과 함께할 수 있는 무하라마(Muharramah)도 아니며 아내는 양자의 본어머니가 아니기 때문이다. 아버지의 딸은 양자의 누이가 아니고 아버지의 누이는 양자의 고모가 아니다. 더더욱 양자가 재산 상속권을 갖는 것은 상속권을 가진 친척들의 권리를 빼앗는 것이 되기 때문이다. 이러한 상황은 친척들의 권리를 침해하여 그들의 상속권을 찬탈한 침입자가 되어 친척들 간에 반감을 유발시킨다. 그러한 분노는 종종 형제간에 그리고 친척간에 불화를 가져오고 이것이 싸움으로 발전한다. 이러한 이유가 바로 꾸란이 이슬람 이전 시대의 양자제도를 완전히 폐기한 것이다. 다음은 이와 관련한 알라의 말씀이다.

> "알라께서는 양자로 택한 아들을 너희의 아들이라고 하지 아니 하도록 하셨느니라. 그것은 단지 너희 입으로 하는 말일 뿐이라. 알라께서는 너희에게 진리를 말씀하시며 옳은 길을 제시하여 주시느니라. 그들을 부를 때는 그를 낳은 아버지의 이름으로 부르라. 그것이 알라께서 보시기에 정의로운 것이니라. 그러나 너희가 그를 낳은 아버지 이름을 모를 경우에는 믿음을 가진 그의 형제 또는 보호자의 이름으로 부르라." (33:4-5)

"양자로 택한 아들을 너희의 아들이라고 하지 아니 하도록 하셨느니라. 그것은 단지 너희 입으로 하는 말일 뿐이라"라는 꾸란의 의미를 잘 생각해봐야 한다. 양자로 공표하는 것은 객관적 현실을 담고 있지 않는 실없는 말에 불과하다. 남의 자식을 자신의 아들로 받아들이겠다는 이 단순한 선언은 현실을 바꾸지 못하고 사실을 왜곡할 뿐이다. 낯선 사람은 친척이 되지 않는다. 이방인이 혈통이 될 수 없고 아들이 될 수 없다. 이 단순한 말의 표현이 한 인간의 피를 양자의 혈관에 흐르게 할 수 없다. 양자에 대한 부성애(父性愛)와 모성애(母性愛)가 생산되지 않는다. 양부모의 인격과 육체적 형상과 정신적 특성과 이성적 가치가 양자에게 전달되지 않는다.

그래서 이슬람은 양자제도와 관련된 재산상속의 모든 효력을 정지시켰고 양자가 이혼한 여자와 결혼하는 것도 금지시켰다. 재산상속건에 있어 꾸란은 혈통과 결혼으로 이루어진 관계에 기준해서만 유산상속권을 갖도록 하였다. 다음은 이와 관련한 알라의 말씀이다.

"피를 나눈 친척들이 알라의 성서에서 볼 때는 다른 자보다 더 가까이 있는 자들이니라." (8:75)

다음은 결혼과 관련된 것으로 꾸란은 알라의 말씀이다. 친자식의 아내, 즉 미망인 며느리와의 결혼은 영원히 금지되고 있다. 다음은 이와 관련한 알라의 말씀이다. 그러나 양자가 이혼한 여성은 다르다. 왜냐하면 혈통을 이어받은 자식의 아내가 아니고 이방인의 여자이기 때문에 양자의 아내가 이혼한 상태에 있다면 결혼이 허용된다.

"너희 아들의 아내와 결혼하는 것은 금지라." (4:23)

법적 양자제도의 폐기에 관한 선례

양자를 두는 관행은 이슬람 이전 아랍사회에 깊이 뿌리내려져 있었다. 그러한 관행을 버린다는 것은 쉽지 않다. 그러나 알라께서는 양자제도의 관습과 효력을 근절시키기 위해 말씀과 실천으로 옮기셨다. 이 문제와 관련된 모든 의심을 일소하기 위해 알라께서는 사도로 하여금 모범을 보이도록 하셨다. 모든 신자들이 양자가 이혼한 여성들과 쉽게 결혼할 수 있도록 한 것이다. 더 분명하게 하기 위해 할랄도 알라께서 제정한 것이요 하람도 알라께서 제정한 것이라는 것을 분명하게 알도록 하셨다.

자이드는 하리스의 아들이었다가 무함마드의 양자가 되었다. 양자가 된 자이드는 예언자 조카 자이납(Zainab bint Zahsh)과 결혼했다. 그런데 자이드는 그녀와의 결혼생활이 행복하지 못했다. 자이드가 노예 출신이었다는 것 때문에 귀족 출신의 자이납이 못마땅하게 생각하고 있었기 때문이다. 아내에 대한 불만이 커지면서 자이드는 이 불만을 예언자에게 털어놓았다. 예언자는 계시를 통해 자이드가 자이납과 이혼하고 자신이 그녀와 결혼 하게 될 것이라는 것을 알고 있었다. 종종 허약한 인간의 감정이 그를 지배하면서 사람들을 대하기가 두려워졌다. 하지만 자이드가 자신에게 불평을 말할 때마다 예언자는 충고했다.

"당신의 아내를 잘 붙들고 알라를 두려워하렴."

이 점에 대하여 알라께서는 계시를 통하여 예언자에게 충고하면서 동시에 강한 의지를 갖고 옛 시대의 잔재일소에 전력을 다하라고 하셨다. 이 경우가 바로 양자의 아내가 이혼했을 때 그녀와 결혼할 수 있다는 선례를 남겨야 하는 것이었다. 다음은 이와 관련한 알라의 말씀이다.

> "알라께서 은혜를 베푸셨고 그대가 은혜를 베풀었던 그에게 너희 아내를 네 곁에 간직하라 그리고 알라를 두려워하라고 그대가 말한 것을 상기하라. 그때 그대는 알라께서 밝히셨던 것을 그대 마음속에 숨기었고 사람들을 두려워하였으나 그대가 더욱 두려워할 것은 알라이니라. 자이드가 그녀와의 결혼생활을 끝냈을 때 알라께서는 필요한 절차와 함께 그녀를 그대의 아내로 둘 것이니 이는 양자가 아내와 이혼했을 때 장래에 믿는 자들이 이혼녀와 결혼함에 어려움이 없도록 함이니라. 이것은 이행되어야 할 알라의 명령이니라." (33:37)

꾸란은 이 점에 있어 예언자를 보호하고 있다. 그것은 허용된 것이라고 하면서 오명을 제거하고 있다. 다음은 이와 관련한 알라의 말씀이다.

> "알라께서 예언자에게 명령한 것을 이행하는 것은 죄가 아니거늘 그것은 이전에 지나갔던 하나님의 길이며 알라의 명령은 절대적 법령이니라. 그들은 알라의 말씀을 전하고 그분을 공경하며 알라 외에는 어느 것도 두려워하지 아니 하였노라. 계산하시는 분은 알라 한 분만으로 충분하느니라. 무함마드는 너희 가운데 어느 한 사람의 아버지가 아니며 알라의 사도이자 마지막으로 온 예언자라. 실로 알라께서는 모든 것을 아시는 분이시니라." (33:38-40)

양자들임 그리고 양육, 교육, 보호

위에서 설명했듯이 이슬람이 폐기한 양자들임의 형태는 남자 아이를 혈통으로 이루어진 가족 구성원이 된다는 것, 유산 상속권, 친모가 아닌 여성과 자유 접촉, 결혼금지 등에 관한 것이었다. 양자들임(Tabanna)이란 단어는 다른 의미로도 사용된다. 이것은 이슬람에서 금지하지 않는다. 즉 이슬람에서 말하는 양자란 고아나 버려진 아이를 집으로 데려와 양육하고 교육시키면서 마치 자신의 아들처럼 보호한다는 의미이다. 내 자식에게 먹이는 것을 먹이고 내 자식에게 입히는 것을 입히고 내 자식을 사랑하는 것처럼 사랑한다는 것을 말한다. 하지만 양부모는 그 아이를 자신들이 낳은 아이라고 생각하지 않는다. 이슬람법에 따라 자신의 자식들에게 보장된 권리를 양자에게 주지 않는다. 이것이 바로 이슬람 종교의 장점으로 그렇게 하는 자는 천국에 들어가는 보상을 받는다고 하였다. 다음은 이와 관련한 예언자의 말씀이다.

"나 그리고 고아를 부양하는 자는 천국에 있는 자들과 같지요. 그런 후 예언자는 집게손가락과 엄지손가락 사이를 약간 벌려서 그와 같이 가까이 있음을 가리켰다."87

라끼뜨(Laqit)는 버려진 아이를 주어 온 것으로 고아(Yatim)로 간주된다. 이브누 싸빌(Ibn Al-Sabil), 즉 여행자도 보호의 대상이 된다고 하였다.

친자식이 없을 경우 그리고 양부가 양자에게 그의 재산을 주고 싶을 경우에는 그가 살아 있을 동안에 자신이 원하는 만큼을 줄 수 있고 사망 전에 유산의 3분의 1까지 줄 수 있다.

다른 남자 정자의 인공수정

이슬람은 지나(Zina), 즉 간음과 간통을 금지하고 양자들임을 불허하면서 혈통과 가계를 보호한다. 그래서 외부요인의 개입을 차단하면서 깨끗한 족보보존을 강조한다. 마찬가지로 정액기증자가 남편의 것이 아닌 다른 남자의 인공수정은 허락하지 않는다. 이러한 경우와 관련하여 쉐이크 샬루트(Al-Shaik Al-Shalut) 교수는 이렇게 말하고 있다.

"그것은 비열한 범죄이자 큰 범죄로 간음과 간통의 부류에 속한다. 간음과 다른 남자의 정자 인공수정은 둘 다 본질적으로나 결과적으

87_ Al-Bukhari and Abu Dawood.

로 유사하다. 즉 이 두 경우는 전적으로 남편에게 속한 경작지(자궁)가 고의적으로 다른 남자의 것이 경작되는 경우와 다를 바 없다. 이 형태의 범죄에 대한 형량도 이슬람법에 언급된 간음과 간통죄에 적용되는 형량과 동일해야 할 것이다.

남편의 것이 아닌 다른 남자의 정자를 기증받아 인공적으로 수정하는 것은 의심할 바 없이 더 심각한 범죄요 이슬람에서 말하는 입양보다 더 혐오스러운 범죄이다. 왜냐하면 그러한 인공수정에 의해 태어난 아이는 간음의 죄와 연관되어 양자들임의 결과를 구체화하고 외부 요인이 혈통에 의한 가문의 계보에 끼는 것을 합법화하기 때문이다. 이것은 신법은 물론 인간의 본성이 혐오하는 것이다. 이렇게 되면 도덕과 혈통에 근거한 고귀한 인간과 인간의 끈과 고리가 동물의 본성과 위치로 떨어질 것이다."88

친부가 아닌 사람을 아버지라 부르는 것

이슬람이 정당한 이유 없이 친자가 아니라고 하는 것을 하람이라고 했던 것처럼 마찬가지로 자신을 낳아준 친부가 아닌 사람을 아버지라 부르는 것도 하람이다. 예언자는 이러한 행위를 창조주와 그분의 피조물로부터 저주받을 혐오스러운 악의 항목으로 분류하였다. 알리(Ali)는 설교단에 올라가 몇 편의 하디스를 읽었다. 다음은 예언자가 하신 말씀 가운데 일부다.

"친부가 아닌 다른 사람을 아버지라 부르는 자, 그리고 자신의 주인이 아닌 다른 사람을 주인님이라 부르는 자가 있다면 그는 알라와 천사들과 사람들로부터 저주를 받을 것입니다. 알라께서는 부활의 날 그러한 사람의 어떠한 회개나 어떠한 보상금도 수락하지 않을 것입니다."89

싸으드(Sa'd ibn Abi Waqqas)는 예언자가 하신 말씀을 다음과 같이

88_ Al-Shaik Al-Shalut, *Al-Fatwa*, p.300.

89_ Al-Bukhari and Muslim.

전하고 있다.

"친부가 아닌 사람을 자신의 아버지라고 주장하는 사람이 있다면 그에게는 천국이 금지될 것입니다."[90]

자식 살해 금지

이슬람은 혈통에 의한 가계를 중시하면서 자식과 부모와의 관계, 즉 자식에 대한 부모의 권리와 의무 그리고 부모에 대한 자식의 권리와 의무를 중요시한다. 그래서 이슬람은 각자의 권리를 옹호하기 위해 어떤 부분은 하람, 즉 금지하고 있다.

자식은 생존의 권리를 갖는다. 그래서 부모는 자식의 생명을 빼앗을 권리가 없다. 아들과 딸에 관계없이 자식을 살해해서도 안 되고 이슬람 이전 시대처럼 여아를 생매장해도 안 된다. 다음은 이와 관련한 알라의 말씀이다.

> "난이 두려워 너희의 자녀를 죽이지 말라. 그들과 너희에게 일용할 양식을 베푸는 것은 나 알라이니라. 그러므로 그들을 살해하는 것은 큰 죄악이니라." (17:31)
> "산채로 매장된 여아가 질문을 받노라. 어떠한 잘못으로 살해되었느냐?" (81:8-9)

경제적 이유, 즉 가난이 두려워서, 또는 생활고 때문에, 또는 딸의 탄생이 수치스러워서 등 동기와 원인에 관계없이 자식을 살해하는 행위는 야만적인 사전 살인이다. 이러한 행위는 인간이 인간에 대한 최악의 학대다. 무엇이 가장 큰 죄악이냐는 질문을 받고 예언자는 이렇게 대답했다.

"여러분을 창조한 알라 외에 다른 것에 신성을 부여하는 행위이며 그 다음에는 먹을 것이 걱정되어 자식을 살해하는 것입니다."[91]

예언자는 이슬람을 수락하는 남녀로부터 맹세를 받아냈다. 이 맹세는 자식을 살해하지 않는다는 내용도 담고 있었다. 그래서 이슬람은

90_ Al-Bukhari and Muslim.
91_ Al-Bukhari and Muslim.

자식 살해를 어떤 이유를 불문하고 완전하게 금지하였다. 다음은 이와 관련한 알라의 말씀이다.

> "그대를 찾아와 그 어떤 것도 알라께 비유하지 아니하고 도둑질하지 아니하며 간음하지 아니하고 자식들을 살해하지 아니하며 스스로 허위를 조작하여 중상하지 아니하고 그대의 일에 거역하지 아니할 것이라고 맹세한다면 그녀들의 맹세를 받아들이라." (60:12)

자식에게 좋은 이름을 작명해 주는 것도 부모의 의무다. 아이가 성장했을 때 웃음거리나 당황스럽게 만들 수 있는 이름을 작명해서는 안 된다. 노예를 의미하는 이름, 창조주 또는 알라 외에 다른 것의 숭배자라는 뜻을 가진 작명은 하람이다. 예를 들어 압두 나비(Abdu Al-Nabi), 또는 압두 마씨흐(Abdu Al-Masih), 즉 예언자의 종 또는 메시아 예수의 종이란 이름이다. 예언자는 인간이다. 인간이 인간의 종이 될 수 없다. 예수도 예언자이자 인간이다. 인간을 지배하는 것은 오직 창조주 알라밖에 없으므로 압둘라(Abdullah), 즉 알라의 종은 좋은 이름 중의 하나이다.

자식에게는 생계와 교육과 적절한 보호를 받을 권리가 있다. 그러므로 부모가 자식의 적절한 요구에 소홀히하는 것은 하람이다. 다음은 이와 관련한 예언자의 말씀이다.

"여러분 각자는 보호자인 동시에 보호를 받아야 할 자에 대해 책임이 있습니다."[92]

"양식의 제공을 받아야 할 자에게 양식을 제공하지 않는 것은 죄입니다."[93]

"알라께서 각 보호자에게 보호를 받아야 할 자들에게 의무를 다했는지 그리고 가족에게도 의무를 다했는지 질문할 것입니다."[94]

92_ Al-Bukhari and Muslim.

93_ Abu Dawood, Al-Nisai, and Al-Hakim.

94_ Ahmad, Al-Nisai, and Abu Dawood.

자식들에 대한 공평한 대우

자식들을 공평하고 동등하게 대우하는 것은 아버지의 의무다. 특히 물질적 공정성은 중요하다. 따라서 특별한 필요성 또는 합당한 이유 없이 자식들을 정신적으로 편애하고 물질적으로 불평등하게 대하는 것은 하람이다. 형제간의 질투와 미움 대로는 적대감까지 유발될 수 있는 문제이기 때문이다. 이것은 어머니에게도 동일하게 적용된다. 다음은 이와 관련한 예언자의 말씀이다.

"자식들 간에 공정하시오. 자식들 간에 공정하시오. 자식들 간에 공정하시오."95

이 하디스의 배경은 이렇다. 바시르(Bashir ibn Sa'd Al-Ansari)의 아내가 남편에게 정원과 노예를 아들 누으만(Al-Nu'man)에게 주라고 하면서 예언자를 찾아가 이에 대한 증인이 되어달라고 부탁하라고 하였다. 그래서 바시르가 예언자를 찾아가 아내가 말한 대로 이야기 했다. 그러자 예언자께서 다른 형제가 있느냐고 물었다. 그렇다고 대답하자 다시 예언자께서 각자에게 동일하게 나누어 주었느냐고 물었다. 아니라고 바시르가 대답하자 예언자가 말했다.

"이것은 옳지 않아요. 나는 공평하지 않는 것에는 증인이 결코 될 수 없어요."96

"불공정한 것에 나를 증인으로 세우지마시오. 여러분이 여러분의 자식들 각자에 대한 권리를 갖고 있는 것처럼 여러분의 자식들 각자도 부모로부터 공평하고 동등한 대우를 받을 권리를 갖고 있습니다."97

"알라를 두려워하시오 그리고 여러분의 자식들을 공정하고 동등하게 대하시오."98

아흐마드(Ahmad ibn Hanbal)는 신체장애의 자녀가 있을 경우 그에

95_ Muslim, Ahmad, and Abu Dawood.

96_ Ibn Hibban.

97_ Abu Dawood.

98_ Al-Bukhari and Muslim.

게는 우선권과 특별한 대우가 허용되지만 그 밖에는 허용되지 않는다고 하였다.99

상속에 관한 이슬람법 준수

아버지가 자식의 유산 상속권을 박탈하는 것은 하람이다. 예를 들어 여자의 상속권 또는 사랑하지 않는 아내의 자식들의 상속권을 박탈하는 것들이다. 마찬가지로 술책을 써서 친척의 상속권을 빼앗는 것도 하람이다. 상속은 알라께서 지식과 공정성과 지혜로써 정해놓은 제도이다. 이 제도에 근거하여 상속받을 권리가 있는 자가 상속을 받아야 하고 그리고 인간은 알라께서 규정해 놓은 제도를 따라야 한다. 그러므로 상속분배에 있어 이 제도를 탈선한 자는 주님을 배반한 자다. 꾸란 세 곳에서 유산 상속에 관한 내용이 언급되고 있다. 다음은 이와 관련한 알라의 말씀이다.

> "알라께서 너희 자녀의 상속에 관한 말씀을 하셨나니 아들에게는 두 명의 딸에 해당하는 양을 그리고 두 명 이상의 딸만 있을 때는 상속의 삼분의 이를, 그리고 단지 한 명의 딸만 있다면 절반이니라. 부모에게는 각기 육분의 일씩을, 그리고 그것은 한 명의 자손만 두었을 경우라. 자손이 없을 경우 상속자는 부모로 어머니에게 삼분의 일을, 만일 고인의 형제들이 있다면 남긴 유산 가운데서 유언한 몫과 부채를 지불한 후 어머니에게는 육분의 일이라. 부모들과 자식들 중 어느 쪽이 너희에게 더 유용한지 너희는 모르니라. 그것은 알라로부터 할당된 몫이거늘 알라께서는 모든 것을 아시고 현명하시느니라." (4:11)
>
> "너희 아내들이 남긴 것 가운데 너희에게 절반이며 이때는 아내에게 아이가 없을 때라. 아내에게 자손이 있을 때는 아내가 남긴 것 가운데서 사분의 일이며 유언과 부채를 지불한 이후라. 너희가 남긴 것 가운데 부인에게는 사분의 일이며 너희에게 자손이 없을 때라. 너희에게 자손이 있다면 부인에게는 팔분의 일이며 유언과 부채를 지불한 이후라. 한 남자 또는 한 여자에게 상속받을 자손과 부모가 없어먼 친척이 상속자이거나 또는 여자가 상속자일 때 한 형제와 한 자매 각자에게 육분의 일이 그 이상일 때는 유산은 유언과 부채를 지불한 후 삼분의 일이라. 이것

99_ Al-Mughni, vol. 5, p.605.

은 알라께서 제정하신 법이거늘 알라께서는 모든 것을 아시고 관대한 분이시라. 이것은 알라께서 내리신 범주이거늘 알라와 그분의 사도께 복종하는 자는 누구든지 밑으로 강물이 흐르는 천국에 들어가 그곳에서 영생하며 영광을 만끽할 것이니라. 그러나 알라와 그분의 사도에게 순종하지 아니하고 알라의 범주를 거역하는 자는 누구든지 지옥에 들어가 그곳에서 기거하며 고통스러운 운명을 맞게 될 것이니라." (4:12-14)

"그들이 그대에게 질문하리니 일러 가로되 상속받을 자식이나 부도가 없고 자매만 있을 경우 그 자매에게는 그가 남긴 것 가운데 절반이 상속되며 아이를 남기지 못한 여성이 있을 경우 그녀의 형제가 그녀의 유산을 상속받으며 만일 두 자매가 있다면 그 둘에게는 남긴 것 가운데 삼분의 이가 상속되며 남매와 자매들이 있을 때는 남매는 자매의 두 배를 상속받느니라. 이처럼 알라께서는 너희에게 규범을 내리셨으니 알라께서는 모든 일에 만사형통하심이니라." (4:176)

따라서 유산에 관한 알라의 법을 위반한 자는 그에게 약속된 벌을 기다려야 한다. 다음은 이와 관련한 알라의 말씀이다.

"알라와 그분의 사도에게 순종하지 아니하고 알라의 범주를 거역하는 자는 누구든지 지옥에 들어가 그곳에서 기거하며 고통스러운 운명을 맞게 될 것이니라." (4:14)

불효는 가장 큰 죄 가운데 하나

자식은 부모에게 친절하고 순종하고 부모의 명예를 지켜할 의무가 있다. 이것은 자식에 대한 부모의 권리다. 특히 자식에 대한 어머니의 권리는 더욱 강조된다. 임신, 출산의 고통, 수유, 양육 등으로 수고하고 고생하기 때문이다. 다음은 이와 관련한 알라의 말씀이다.

"나는 부모에게 효도하라고 부드럽고 상냥하게 대하라고 하였느니라. 어머니는 고통으로 아이를 잉태하고 고통으로 아이를 출산하느니라. 임신을 하고 젖을 뗄 때까지의 양육 기간은 삼십 개월이니라." (46:15)

어떤 사람이 예언자를 찾아와 질문하였다. "어떤 일이 보상을 받을 가치가 있는 것인가요?" 예언자께서 대답했다. "당신의 어머니이지요." 다음에는 어떤 것이냐고 그 남자가 물었고 어머니라고 예언자는 대답했다. 또 다음에는 어떤 것이냐고 그 남자가 물었고 이번에도 예언자는 어머니라고 대답했다. 또 다음에는 어떤 것이냐고 그 남자가 묻자 이번에는 아버지라고 대답하셨다.[100]

예언자는 꾸란에 언급되어 있는 것처럼 어떤 것을 알라에게 비유하는 것 다음으로 부모에 대한 불효를 큰 죄로 선언하였다. 다음은 이와 관련한 예언자의 말씀이다.

"내가 여러분에게 삼대 죄를 알려주지 않았습니까? 라고 묻자 참석자들이, '그렇습니다'라고 대답했다. 그러자 예언자가 말했다. '어떤 것을 알라에게 비유하는 것, 부모에 대한 불효, 그리고 거짓말과 거짓 증언입니다. 그러므로 이것들을 조심하시오.'"[101]

"천국에 들어가지 못할 세 부류의 사람이 있지요. 부모에 대한 불효자, 포주와 몸을 파는 남녀 그리고 남자를 모방한 여자입니다."[102]

"알라께서는 모든 죄에 대한 징벌을 부활의 날까지 연기시켜 주시나 부모에 대한 불효자는 그렇지 않습니다. 알라께서는 그가 죽기 전까지 그가 살아 있는 동안에 벌을 주실 것입니다."[103]

이슬람은 부모에게 친절할 것을 강조한다. 특히 부모가 나이가 들었을 때 더욱 그렇다. 근력이 떨어지고 힘이 약해질 때는 주의와 보호가 더욱 필요하고 감정이 더욱 민감해지므로 더 많은 배려와 관심이 필요하기 때문이다. 다음은 이와 관련한 알라의 말씀이다.

> "주님께서 명을 내리셨노라. 그분 외에는 아무것도 경배하지 말며 부모에게 효도하라. 부모 중에 한 분 또는 두 분 모두 나이가 들었을 때 그들을 멸시하거나 대꾸하지 말고 고운 말을 쓰라. 그리고 부모에게 공손하고 자세를 낮추며 겸손하고 기

100_ Al-Bukhari and Muslim.

101_ Al-Bukhari and Muslim.

102_ Al-Nisai, Al-Bazzar, and Al-Hakim.

103_ Al-Hakim.

도하라. 주여, 이 두 분에게 은혜를 베풀어 주소서! 이 두 분은 어려서부터 저를 양육하여 주셨습니다." (17:23-24)

꾸란 해설가는 이 절을 해석하면서 이렇게 말하고 있다. "부모에게 우프(못마땅한 표현)보다 더 작은 어떤 표현을 한다 해도 알라께서는 그것까지도 금지하셨을 것입니다."

부모를 모욕하는 것은 큰 죄

앞의 내용에 덧붙여 예언자는 부모를 모욕하거나 저주하는 것을 금지하였을 뿐만 아니라 그것을 큰 죄로 선언하였다. 다음은 이와 관련한 예언자의 말씀이다.

"큰 죄 중에는 자신의 부모를 저주하는 죄가 있습니다. 함께하고 있던 참석자들이 이 말을 듣고, '자신의 부모를 저주하는 정신병자가 있을까?'라고 의아해하면서 물었다. '자신의 부모를 어떤 형태로 저주한단 말입니까?' 예언자가 대답했다. '다른 사람의 아버지를 저주하자 그의 아들이 저주한 아들의 아버지를 저주하였고 다른 사람의 어머니를 저주하자 그의 아들이 저주한 아들의 어머니를 저주하였습니다.'"104

지하드를 위한 부모의 동의

이슬람은 부모를 기쁘게 하는 것을 무척 중요시한다. 그래서 아들이 부모의 동의 없이 자의로 군대 및 지하드를 위해 떠나는 것을 금지한다. 비록 알라를 위해 싸우러 나가는 것이 밤 새워가며 예배하고 한낮에 단식하는 것보다 더 중요하지만 이슬람은 그러한 경우조차도 부모의 동의를 요구한다. 압둘라(Abdullah ibn 'Amr ibn Al-'As)가 다음 내용을 전하고 있다.

"어떤 사람이 예언자를 찾아와 지하드에 참석할 수 있도록 허락을

104_ Al-Bukhari and Muslim.

요구했다. 그러자 예언자가 물었다. '당신의 부모가 생존하여 있습니까?' 그렇다고 대답하지 다시 예언자가 말했다. '지하드는 부모를 섬기는 것입니다.'"[105]

이 내용은 부모를 모시는 것이 알라를 위한 지하드보다 더 큰 의무라는 뜻이다. 압둘라가 전하고 있다.

"어떤 사람이 예언자를 찾아와 말했다. '알라로부터의 보상을 받고 싶습니다. 그래서 메디나에로의 이주와 지하드를 위해 당신께 맹세합니다.' 그러자 부모가 생존해 있는지의 여부를 물었다. 그렇다고 그 사람이 대답하자 예언자가 말했다. '진심으로 알라로부터 보상을 받고 싶은가요?' 그렇다고 대답하자 다시 예언자가 말했다. '그렇다면 집으로 돌아가 부모를 잘 돌보시오.'"[106]

"어떤 사람이 예언자를 찾아와 말했다. '메디나에로의 이주와 지하드를 위해 당신께 맹세하기 위해 왔습니다. 그런데 부모는 울면서 말리고 있습니다.' 이 말을 듣고 예언자가 말했다. '그렇다면 집으로 돌아가 당신이 부모와 함께 있으면서 웃도록 만들어 주시오.'"[107]

아부 싸이드(Abu Said)가 전하고 있다.

"어떤 사람이 예언자와 함께하려고 예멘에서 메디나로 이주하여 왔다. 예언자가 그에게 물었다. '예멘에 당신의 친척이 있나요?' 그곳에 부모가 있다고 그 사람이 대답하자 예언자가 그에게 다시 물었다. '당신이 이곳으로 이주하는 것에 대해 부모의 동의를 받았습니까?' 그렇지 않다고 그 사람이 대답하자 예언자가 그에게 말했다. '집으로 돌아가 부모의 동의를 구하시오. 만일 부모가 동의하면 지하드를 위해 떠나고 그렇지 않으면 집에 남아서 부모를 돌보시오.'"[108]

105_ Al-Bukhari and Muslim.

106_ Muslim.

107_ Al-Bukhari.

108_ Abu Dawood.

비무슬림 부모

이슬람 미덕 중의 하나는 부모에 대한 예절과 효도이다. 그래서 이슬람은 부모가 비무슬림이며 비록 그 부모가 이슬람 종교를 떠나라고 자식에게 압력을 넣고 강요한다 하더라도 부모에 대한 불효와 경시는 하람이다. 다음은 이와 관련한 알라의 말씀이다.

> "나는 모든 인간에게 부모를 존경하라 했거늘 어머니는 잉태하고 2년간 젖을 먹이므로 말미암아 허약하여지니라. 내게 감사하고 그리고 네 부모에게 감사하라. 마지막으로 돌아올 곳은 바로 알라뿐이니라. 그러나 부모가 너희로 하여금 너희가 알지 못하는 것을 숭배케 하여 나를 불신하게 한다면 그것에 대해서는 부모를 따르지 말되 현세에서 부모에게 순종하고 내게로 향해 회개하는 자의 길을 따르라. 그 후 너희는 내게로 귀의하리니 그때 내가 너희에게 너희가 행한 일들을 알려 줄 것이니라." (31:14-15)

무슬림은 창조주 알라를 부정하고 거역하라는 부모의 권유와 압력은 따르지 않아도 된다는 것이 이 두 절이 제시하고 있는 내용이다. 왜냐하면 창조주 알라를 부정한다거나 어떤 것을 그분에 비유하는 것은 가장 큰 죄가 되기 때문이다. 그러나 자신의 믿음이 부모의 영향을 받지 않도록 하면서 부모가 살아 있는 동안 부모에 대한 존경과 효도를 의무화하고 있다. 믿음에 충실한 신자들의 모범을 본받으며 모든 것을 알라께 의탁한다. 왜냐하면 심판의 날에는 자기를 낳아 길러주신 부모도 자식의 죄를 대신할 수 없고 자식도 부모의 죄를 대신 할 수 없기 때문이다.

제 4 장 무슬림 일상생활에서의 할랄과 하람

믿음과 관습

믿음(Iman)은 이슬람 사회의 기반이며 토대이다. 일위일체(Tawhid)의 믿음은 이 믿음의 핵심이요 골격이며 이슬람의 본질이다. 일위일체의 믿음을 지키도록 하는 것이 이슬람의 모든 가르침과 이슬람법의 기본 목표다. 그러기 위해서는 우상숭배와 신성한 메시지에 대한 무지로 생겨난 쉬르크의 모든 잔재들을 제거하고 이슬람제도에 역행하는 것에 대항하여 깨끗한 무슬림 사회를 만들어가야 한다.

우주에 대한 창조주의 법 존중

이슬람이 무슬림의 마음에 고취시키고 있는 근본적인 믿음 중의 하나가 바로 우주에 대한 창조주의 섭리와 법을 존중하는 것이다. 인간이 하늘 아래 살고 있는 땅을 비롯한 이 거대한 우주는 어떠한 안내나 통제 없이 우연히 또는 스스로 움직이고 있지 않다는 것 그리고 인간들이나 어떤 피조물의 욕망에 따라 이 우주가 움직이지 않는다는 것에 대한 믿음이다.

> "아마도 그 진리가 저들의 욕망에 부합되었다면 하늘과 땅과 그리고 그 안에 있는 모든 것들이 타락하였을 것이라." (23:71)

그와는 반대로 우주는 꾸란이 여러 곳에서 언급하고 있는 것처럼 영원한 법칙에 따라 운행되고 있다.

"그대는 알라의 법칙에서 어떠한 변화도 발견하지 못할 것이요 어떠한 변형도 발견치 못할 것이니라." (35:43)

무슬림들은 주님의 책과 예언자의 전통에서 우주의 섭리와 법을 존중하고 이해하여 알라께서 확립한 것들을 활용하면서 성직자, 협잡꾼, 사기꾼들이 근거 없이 퍼트리며 주장하는 이설을 거절해야 한다는 것을 배웠다.

미신과 신화에 대항한 전쟁

예언자 시절에 점쟁이들이나 예언가들이 아랍 사회에 퍼져 있었다. 이들은 유령(Jinn)과 접촉하거나 또는 다른 비밀 출처를 통해 과거의 사건과 미래의 사건을 아는 척하였다. 그러자 예언자는 지식이나 신의 안내나 성서에 근거하지 않는 이들의 속임수와 기만에 대해 계시된 알라의 말씀을 인용하여 선전포고를 하였다.

"일러 가로되 알라 외에는 하늘과 땅 사이에 있는 비밀을 아는 자 없으며 또 죽은 후 저들이 언제 부활되는지 아는 자 없느니라." (27:65)

따라서 불가시계는 천사들이나 유령들(Jinns)이나 어떤 인간에게도 알려져 있지 않다. 예언자는 주님의 명령을 실행하기 위해 다음의 꾸란 절을 선포하였다.

"만약 보이지 아니한 것을 알 수 있는 권능이 내게 있었다면 나는 더하여 복을 받았을 것이며 내게는 어떠한 불행도 없게 하였을 것이라." (7:188)

다음은 솔로몬을 위한 유령들에 관한 알라의 말씀이다.

"유령들은 만일 자신들이 보이지 않는 세계를 알았다면 비참한 고통의 상태에서 살지 않았을 것이라는 것을 깨달았노라." (34:14)

따라서 불가시계를 안다고 주장하는 자는 어느 누구를 막론하고 알라와 진리에 대하여 거짓말을 지껄이면서 사람들을 기만하고 있을 뿐이다.

한 사절단이 예언자를 찾아온 적이 있었는데 그들은 예언자가 불가시계를 안다고 주장하는 부류로 생각했다. 그래서 그들은 손에 무엇인가를 감추고 그것이 무엇인지 예언자에게 알아맞히어 보라고 했다. 그러자 예언자는 그들에게 분명히 말했다.

"나는 점쟁이가 아닙니다. 점쟁이들은 모두 불지옥에 있게 될 것입니다."

예언가의 말을 믿는 것은 불신의 행위

이슬람은 점쟁이들뿐만 아니라 점치는 자들을 찾아가 점을 치고 그들이 말하는 것을 믿는 자들까지도 불신의 행위를 하는 자들로 간주한다. 다음은 이와 관련한 예언자의 말씀이다.

"점쟁이에게 가서 무엇인가를 간청하고 그가 말하는 것을 믿는 자의 예배는 40일 동안 수락되지 않습니다."[1]

"점쟁이를 찾아가 그가 말하는 것을 믿는 자는 누구를 막론하고 예언자 무함마드에게 계시된 것을 불신한 자입니다."[2] 다음은 이와 관련한 알라의 말씀이다.

> "일러 가로되 내가 알라의 보물을 갖고 있다고 말하지 아니하며 보이지 아니한 것을 내가 보고 있다고 말하지 아니하며 내가 너희에게 온 천사라고 말하지 아니하고 다만 나는 나에게 계시된 것을 따를 뿐이라" (6:50)

만일 이러한 분명한 사실과 꾸란의 말씀을 알고서도 미래를 점치고 불가시계의 비밀을 말하는 자들을 믿는 무슬림이 있다면 그는 알라의 사도에게 계시된 것을 분명히 부정한 것이다.

화살을 통한 점술

위에 언급된 이유 때문에 이슬람은 화살을 통

1_ Muslim.

2_ Al-Bazzar.

한 점술도 하람으로 간주한다. 이슬람 이전의 아랍인들은 점술을 걸고 세 개의 화살을 쏘았다. 하나의 화살에는, "나의 주님께서 나에게 명령하였다"라는 글씨가 새겨져 있었고, 다른 화살에는, "나의 주님께서 나에게 금지하였다"라는 문구가 있었으며 세 번째 화살은 아무것도 없었다. 그들이 여행 또는 결혼, 또는 공격 등 어떤 것을 하려고 계획했을 때 이러한 화살들이 보관되어 있는 사당으로 가서 닥치는 대로 화살을 뽑아 화살에 새겨진 문구의 명령에 따랐다. 만일 아무것도 새겨진 것이 없는 화살이 뽑힐 경우에는 명령의 문구가 새겨진 화살이 뽑힐 때가지 계속해서 화살을 무작위로 뽑았다. 모래, 조개껍질, 차 잎사귀, 카드, 종려나무 잎사귀, 책 펼치기, 손금, 커피잔에 의존한 점 등에 의존해서 어떤 것을 결정하는 관습들도 화살을 통한 점술행위와 같은 행위로 하람이다.

이슬람은 이러한 모든 관습을 금지하고 그러한 행위를 죄로 간주한다. 다음은 이와 관련한 알라의 말씀이다.

> "화살에 점성을 걸고 잡은 것이거늘 이것들은 불결한 것이니라." (5:3)

다음은 이와 관련한 예언자의 말씀이다.

"점쟁이들에게 자문을 구하거나 화살을 통한 점술행위 또는 흉조 때문에 여행에서 돌아온 자는 천국의 높은 자리에 오르지 못할 것입니다."3

마 술

마찬가지로 이슬람은 마술과 마술을 행하는 자들을 비난한다. 다음은 이와 관련한 알라의 말씀이다.

> "만일 저들이 믿음을 갖고 악을 멀리하였다면 저들에게는 마술을 배운 것보다 더 좋은 알라의 보상이 있다는 것을 저들은 알았어야 할 것이니라." (2:103)

3_ Al-Nisai.

예언자는 마술을 큰 죄 가운데 하나로 간주하였다. 마술은 개인을 망하기 하기 전에 공동체를 망하게 한다고 했다. 내세가 오기 전에 현세에서 마술을 행하는 자들을 타락시킨다고 했다. 다음은 이와 관련한 예언자의 말씀이다.

"망하게 하는 일곱 가지를 피하시오. 이 말을 듣고 사람들이 물었다. '사도님, 그것들은 무엇인가요?' 예언자가 말했다. '쉬르크, 즉 알라께 어떤 것을 비유하는 행위, 마술, 정당한 이유 없이 알라께서 신성시한 인간의 생명을 빼앗는 것, 이자를 취하는 것, 고아의 재산을 갈취하는 것, 전쟁터에서 도주하는 것, 정숙하고 믿는 여성을 중상 모략하는 것이지요."[4]

일부 법률가들은 마술을 불신행위 또는 불신으로 유인하는 행위로 간주하고 일부는 마술로 사회가 타락하는 것을 막기 위해 마술사를 처형해야 한다고까지 주장한다. 꾸란은 마술행위의 악으로부터 알라께 보호를 간구하라고 가르치고 있다. 다음은 이와 관련한 알라의 말씀이다.

"매듭으로 마술을 부리는 자들의 재앙으로부터 보호를 구하며" (113:4)

즉 매듭을 풀기 위해 매듭에 입김을 불어 마술을 보이는 방법이었다. 다음은 이와 관련한 예언자의 말씀이다.

"매듭에 입김을 불어 마술을 부리는 자는 그리고 그렇게 마술을 부리는 자는 무쉬리크, 즉 어떤 것을 알라께 비유하는 자이지요."[5]

무슬림이 점성가에게 자문을 구하고 불가시계에 대하여 점쟁이의 말을 믿는 것이 하람인 것처럼 마술사에게 도움을 청하거나 마술을 행하거나, 병을 치료하고 어떤 시련에서 벗어나는 방법을 찾기 위해 이들에게 의논하고 자문을 구하는 것도 하람이다. 사도는 다음과 같은 말로 그러한 사람들과 의절하였다.

4_ Al-Bukhari and Muslim.

5_ Al-Tabarani.

"우리 무슬림 중에는 운수를 보거나 그렇게 하는 자, 점을 치거나 그것을 요구하는 자, 마술을 부리거나 자신을 위해 마술을 부탁하는 자가 없지요."6

압둘라(Abdullah ibn Mas'ud)가 말했다. "점성가에게 가는 자, 마술을 부리는 자, 점쟁이와 그가 말하는 것을 믿는 자들은 무함마드에게 계시된 것을 불신합니다."7

예언자께서 말했다.

"알코올 중독자, 마술을 믿는 자, 친척간의 우호관계를 단절한 자는 천국에 들어가지 못할 것입니다."8

마술사에게만 해당되는 것이 아니고 마술을 믿는 자, 마술을 부리는 마술사를 격려하는 자, 그리고 그가 말하는 것을 믿는 자까지 포함한다. 하람인 것을 마술로 보이는 것은 더 큰 죄가 된다 부부간을 이간질시키는 마술 또는 신체에 상처를 주거나 고통을 주는 마술 등 구경꾼들에게 모방 심리를 일으켜 그들에게 피해를 주는 마술은 더욱 큰 죄이다.

주문과 부적

어떤 병을 치료하기 위해 또는 어떤 질병이나 재앙으로부터 보호를 받을 목적으로 주문이나 부적 또는 조개껍질 같은 것을 걸어놓는 것도 같은 부류로 역시 하람이다. 21세기에 사는 오늘날에도 문에다 말굽형의 편자를 걸어놓은 일부 사람들이 있다. 과학시대에 사는 현대사회에서도 지식과 상식이 없는 서민들을 이용하여 돈을 챙기려는 협잡꾼들이 많다. 그들에게 부적을 써주고 그들을 위해 주문을 외어준다. 이러한 행위들이 악마의 침입으로부터 보호하여 주고 귀신들을 쫓아내며 불운을 막아준다고 믿게 한다.

6_ Al-Bazzar.

7_ Al-Bazzar.

8_ Ibn Hibban.

질병의 보호 및 치료와 관련하여 이슬람은 이미 입증된 치료방법을 사용해야 한다는 것을 강조한다. 돈벌이 협잡꾼들의 그럴듯한 거짓 술책에 넘어가서는 안 된다.

다음은 이와 관련한 예언자의 말씀이다.

"구제책을 찾으시오. 병을 두신 분께서 그것을 낳게 하는 치료방법도 주셨습니다."[9]

"다음의 세 가지에는 치료약이 들어 있습니다. 꿀을 섭취하는 것, 피를 빼는 부항, 뜸입니다."[10]

이 세 가지 치료형태는 오늘날의 약물치료, 수술, 열과 전기를 활용한 치료법을 모두 포함하고 있다. 구술이나 조개껍질을 걸어놓은 것, 주문과 부적, 마법 같은 비의학적인 방법으로 병을 예방하고 치료하려 하는 것은 무지요 잘못이며 알라의 법에 역행하는 것으로 이러한 행위는 일위일체의 창조주를 부정하는 행위가 된다.

우끄바('Uqbah ibn 'Amir)가 열 명으로 구성된 일행에 끼어 예언자를 찾아가 충성의 맹세를 했을 때 예언자는 아홉 번째까지의 맹세를 수락했다. 그런데 열 번째 사람이 맹세를 자제했다. 그러자 아홉 명의 일행이 그에게 그 이유를 묻자 그는 대답을 않고 예언자가 대답을 했다. "그의 팔에 부적이 있어요." 그러자 그는 부적을 떼고 예언자에게 열 번째로 충성의 맹세를 하였고 그리고 예언자는 그 맹세를 수락하면서 이렇게 말했다.

"부적을 갖고 있는 자는 어떤 것을 알라께 비유하는 자입니다."[11]

또 이렇게 말했다.

"알라께서는 부적을 갖고 다니는 자의 희망을 채워주시지 않을 것이요, 바닷조개 껍질을 걸어놓는 자는 알라의 보호를 받지 못할 것입니다."[12]

9_ Ahmad.

10_ Al-Bukhari and Muslim.

11_ Ahma and Al-Hakim.

12_ Ahmad.

우므란('Umran ibn Hasin)이 전하고 있다. 예언자께서 팔목걸이가 걸려 있는 어떤 사람의 팔목을 보고서 그에게 말했다. "재앙이 있을 것이요. 이것이 도대체 뭐요?" 그가 대답했다. "허약함으로부터 저를 보호받기 위한 것입니다." 그러자 예언자께서 말했다.

"진실로 이것이 당신의 허약함을 더욱 허약하게 만들 것이요. 그러므로 그것을 던져버리시오. 왜냐하면 당신이 그것을 그대로 두고 죽으면 당신은 결코 성공할 수 없을 것이요."13

예언자의 이러한 가르침은 교우들의 마음속 깊이 스며들어갔다. 그래서 그들은 그러한 오류와 그릇된 관습을 거절하면서 믿지도 않고 받아들이지도 않았다. 이사('Isa ibn Hamzah)가 전하고 있다. "나는 열병에 걸린 압둘라(Abdullah ibn Hakim)를 방문하여 이렇게 말했다. '왜 주문(呪文)을 한번 해보지 않나요?' 그가 대답했다. '나는 알라에게 보호하여 주기를 간구하고 있습니다.'" 다른 전언에서 그는 이렇게 대답했다. "그렇게 하는 것보다 죽는 편이 더 좋습니다." 다음은 이와 관련한 예언자의 말씀이다.

"주문을 하는 자는 누구나 그것에 의존하지요."14

압둘라(Abdullah ibn Mas'ud)는 아내가 그녀의 목에다 매듭을 한 실타래를 걸고 있는 것을 보고 그것을 빼내 자르면서 이렇게 말했다. "압둘라의 가문은 어떤 것을 알라께 비유하는 것으로부터 해방된 가문이요." 그리고 사도께서 한 말을 전했다. 다음은 이와 관련한 예언자의 말씀이다.

"주문을 외우는 것, 부적을 붙이거나 몸에 지니고 다니는 것, 그리고 마력은 쉬르크입니다."

누가 그에게 이렇게 말했다. "압두라흐만의 아버지(Abu Abdurahman), 우리는 주문 외우는 일과 부적을 붙이는 일에 익숙한데 마력은 무엇입니까?" 그가 대답했다. "여성들이 남편으로 하여금 자신들을 사랑하게

13_ Ahmad.

14_ Al-Tirmizi.

하는 그런 어떤 것이지요."[15] 그러므로 마력은 일종의 마술이다.

만일 다른 사람이 알아듣지 못하도록 주문을 외래어로 외운다면 마술과 불신이 혼합된 것이라고 학자들은 말하면서 그것은 하람이라고 하였다. 그러나 이해가 되고 창조의 이름, 즉 알라가 언급된다면 권장될 수 있다고 했다. 왜냐하면 그것은 알라에게 간구하는 것이지 치료나 약을 의미하는 것이 아니기 때문이다. 이슬람 이전 시대의 주문은 마술, 쉬르크, 비이성적인 지껄임이 서로 혼합된 주문이었기 때문이다.

이런 말이 전해오고 있다. 압둘라가 아내에게 이슬람 이전 시대에 있었던 주문 외우기를 금지했더니 아내가 그에게 말했다. "어느 날 외출했을 때 이슬람 이전의 주문 외우는 것을 보았어요. 그때 나의 한쪽 눈에서 눈물이 나오기 시작했어요. 그런데 내가 주문을 외우자 눈물이 그쳤다가 주문을 외우지 않자 다시 눈물이 나오기 시작했어요." 마스우드의 아들 압둘라가 말했다. "그것은 사탄이요. 당신이 사탄에 복종하면 사탄은 당신 혼자 두고 떠났다가 당신이 복종하지 않으면 사탄이 그의 손으로 당신의 눈을 찌르지요. 그러나 예언자께서 했던 것처럼 당신이 그렇게 한다면 당신에게 좋을 거예요. 아마 당신의 눈을 치료할 거예요. 당신의 눈을 물로 씻고 이렇게 말해 봐요. '모든 인간의 주님이신 알라여, 이 상처를 제거하여 주소서. 당신은 치료하는 분이십니다. 당신 외에는 치료하는 분이 없습니다. 그 병이 남지 않게 하여 주소서!'"

징조와 조짐

어떤 사물, 어떤 장소, 어떤 시간, 어떤 개인 등을 통해서 불운을 제거하려는 미신이 아직까지도 현존하고 있다. 먼 옛날 예언자 살레 시절의 백성들은 살레에게 이렇게 말했다. 다음은 이와 관련한 알라의 말씀이다.

15_ Ibn Hibban.

"저들이 말하길, 우리는 너와 함께하고 있는 사람들로 말미암아 불행을 당하고 있노라." (27:47)

"그러나 그들에게 길운이 있을 때면 이것은 우리 덕분이라 그러나 불운이 그들에게 닥칠 때면 이것은 모세와 함께 있었기 때문이라고 그들은 말하더라." (7:31)

알라께서는 불신자들에게 재앙을 보낼 때마다 그들은 그 이유를 예언자들에게로 돌렸다. 다음은 이와 관련한 알라의 말씀이다.

"우리는 분명히 당신들로부터 악운을 점쳤으니" (36:18)

그러자 예언자들이 대답하고 있다.

"너희의 악운은 너희 자신에서 오는 것이라." (36:19)

즉 불운이나 악운은 외부에서 오는 것이 아니라 인간 자신에서 온다는 교훈이다. 즉 알라와 그분의 사도들에 대한 불신과 거만과 오만이 원인이다.

이슬람 이전의 아랍인들은 다양한 형태의 종교 역사를 갖고 있었다. 이슬람이 뿌리내리면서 미신행위가 사라지고 그와 동시에 건전하고 이성에 근거한 종교의 길을 걷기 시작했다. 예언자는 불운이나 악운을 점성술이나 마술의 부류로 분류하였다. 다음은 이와 관련한 예언자의 말씀이다.

"운을 행하는 자나 운을 보아주는 자, 점성을 보는 자와 점성을 행하여 주는 자, 마력을 행하는 자와 마력에 의존하는 자 모두는 우리의 일행이 아니지요."16

"모래 위에 선을 그어 운을 보는 것, 새를 날려 운을 점치는 것, 돌을 던져 운을 보는 것은 모두가 쉬르크입니다."17

모래 위에 선을 그어 운을 점치는 미신행위는 오늘날까지도 남아 있다.

16_ Al-Tabarani.

17_ Abu Dawood, Al-Nisai and Ibn Hibban.

이렇듯 운을 점치는 행위는 과학에 근거하지 않는 비현실적 것으로 인간의 약한 마음을 악용하는 미신이다. 정상적인 사람이라면 어떤 특정 인물, 또는 특정 장소, 새의 울음소리, 눈꺼풀의 움직임, 어떤 단어의 청취를 통해서 어떤 것에 흉조나 길조를 어떻게 믿을 수 있겠는가! 만일 마음이 허약하여 어떤 것을 통해 운을 보려하는 사람이 있다면, 특히 어떤 것을 결정하거나 행위에 들어갈 때 허약함에 넘어가지 말고 강함 마음을 가져야 한다. 다음은 이와 관련한 예언자의 말씀이다.

"인간은 다음의 세 가지에서 반드시 해방되어야 합니다. 그것은 의심, 운보기와 점치기 그리고 시기심입니다. 만일 의심이 생기거든 하려고 하지 말고, 길조가 나쁘거든 뒤돌아보지 말고, 시기심이 생기거든 따르지 마시오."[18]

이러한 방법을 따르게 되면 이 세 가지는 실질적인 행동으로까지 영향을 미치지 않고 마음에 떠오르는 단순한 생각으로 남게 된다. 그러면 알라께서 관용을 베풀게 될 것이다. 이와 관련하여 예언자께서 세 번이나 반복하여 말했던 것을 이븐 마스우드가 전하고 있다.

"길조와 흉조를 알려고 점을 치는 것은 쉬르크입니다."

이븐 마스우드가 덧붙여 전하고 있다. "어느 누구나 이로부터 완전히 벗어날 수는 없습니다. 그러나 알라에게 의탁하는 자는 그러한 영향에서 벗어납니다."[19] 인간의 허약한 마음 때문에 이 영향에서 완전히 벗어날 자는 없지만 알라를 믿고 그분께 의지하면 이 허약함은 제거된다.

무지한 관습에 대항한 도전과 공격

이슬람은 맹목적인 그리고 무지한 믿음과 이성과 도덕과 예절에 위협이 되는 미신, 즉 이슬람 이전 시대의 무지한 관습들에 도전하고 그것들을 공격한다. 그것들이 쇼비니즘, 오만, 거만,

---

18_ Al-Tabarani.

19_ Abu Dawood and Al-Tirmizi.

부족 찬양을 통한 부족주의 등을 만들어내기 때문이다.

이슬람은 쇼비니즘을 불허

이에 대한 이슬람의 첫 번째 조치는 모든 종류의 쇼비니즘 단체를 무력화시키는 것이다. 그래서 무슬림이 쇼비니즘에 접근하는 것을 금지한다. 예언자는 쇼비니즘에 빠진 자 또는 쇼비니즘으로 끌어들이는 자에 대해서는 어떠한 책임도 없다고 선언했다. 다음은 이와 관련한 예언자의 말씀이다.

"쇼비니즘 단체로 불러들이는 자는 우리와 함께하는 일행이 아닙니다. 쇼비니즘 단체를 위해 싸우는 자도 역시 우리의 일행이 아니며 쇼비니즘 단체를 육성한 자도 우리의 일행이 아닙니다."[20]

이슬람은 특정 피부색이나 특정 민족에 대한 차별이나 지역주의가 없다. 어떤 민족에 대한 우월주의나 타민족 타문화에 대한 비하를 허용하지 않는다. 알라와 내세를 믿는 자들이 옳고 그름에 관계없이 또는 정의와 부정과는 무관하게 자신의 민족만 지지하고 옹호하는 것을 허용하지 않는다.

와씰라(Wathilah ibn Al-Asqa')가 전하고 있다. 사도에게 쇼비니즘이 무엇이냐고 물었더니 이렇게 대답하셨습니다.

"당신의 사람들을 그릇되게 후원하는 것입니다."[21]

다음은 이와 관련한 알라의 말씀이다.

> "믿는 자들이여, 알라의 증인으로써 너희 자신에게 또는 너희 부모님과 친척들에게 거역될지라도 정의를 엄격히 준수하라." (4:135)
> "타인에 대한 증오로 공정을 잃어서는 아니 되나니 정의롭게 행동하라." (5:8)

"박해자이건 또는 박해를 받는 자이건 당신의 형제들을 지원하시오"라는 표현은 이슬람 이전 사람들이 말로 지껄였던 문구다. 예언자

20_ Abu Dawood.

21_ Abu Dawood.

는 이 문구의 의미를 미묘한 방법으로 변경시켰다. 이슬람에 대한 믿음이 예언자 교우들의 마음에 확고히 뿌리내리자 예언자는 이 문구를 그들에게 다시 반복했다. 그러자 그들이 충격을 받고 말했다. "사도님, 우리는 박해받는 자들을 어떻게 지원해야 하는지 알고 있습니다. 그런데 박해자를 어떻게 지원하란 말입니까?" 예언자가 대답했다.

"그로 하여금 잘못을 멈추게 하시오. 그것이 그를 지원하는 것입니다."[22]

지역주의 또는 민족주의를 부르짖는 것은 무지시대의 산물로 이슬람, 예언자, 그리고 꾸란은 이것을 완전히 부정한다는 것이 위 하디스가 담고 있는 교훈이다. 이슬람은 믿음 이외의 것에 대한 충성, 믿음으로 맺어진 형제애, 믿음과 불신에 의한 차별 외에는 어떠한 우월주의도 인정하지 않는다. 만일 그러한 사람이 있다면 비록 그가 시골 사람, 친척, 혈통이 같은 형제, 이슬람을 적대시하는 불신자라 할지라도 모두가 무슬림의 적이다. 다음은 이와 관련한 알라의 말씀이다.

> "그대는 알라와 내세를 믿는 자들이 알라와 그분의 사도를 거역하는 무리들을 설사 그들이 아버지 자식 또는 형제들이나 천척들 중에 있는 자라 할지라도 좋아하지 않음을 보게 될 것이니라." (58:22)
>
> "믿는 자들아 너희의 아버지들과 형제들이 믿음보다 불신을 택한다면 그들을 보호자로 삼지 말라." (9:23)

의미 없는 계보와 피부색

부카리가 전하고 있다. 아부 다르르(Abu Dharr)와 빌랄(Bilal) 이 두 사람은 초기 이슬람 시절의 무슬림 지도자로 아비시니아 출신이다. 이 두 사람은 한 때 서로 싸우고 서로 비난했던 관계였다. 아부 다르르는 그의 분노를 참지 못하고 빌랄에게 이렇게 말했다. "너는 흑인 여성의 자식이야!" 빌랄이 이 사실을 예언자에게 알리

22_ Al-Bukhari.

자 예언자는 아부 다르르에게 이렇게 말했다.

"그의 어머니를 이유로 그를 비웃고 조롱하고 있나요? 아직도 당신의 마음에는 무지시대의 영향이 남아 있나요?"23

예언자가 한 말씀을 아부 다르르가 전하고 있다.

"보시오. 여러분은 백인보다 더 우월한 것 없고 흑인보다 더 우월한 것 없습니다. 우월함은 단지 알라를 두려워하는 정도에 있습니다."24

"여러분 모두는 아담의 자손들이요 아담은 흙으로 창조되었습니다."25

이슬람은 선조들의 이름을 언급해가면서 가문이나 족보나 계보를 자랑하는 것을 금지합니다. "나는 누구의 아들이야" 또는 "나는 백인이고 너는 흑인이야" 또는 "나는 아랍인이고 너는 비아랍인이야"라고 말하는 것도 하람이다. 혈통이나 가문이나 족보의 기원은 모두가 아담에서 비롯되었기 때문이다. 다음은 이와 관련한 예언자의 말씀이다.

"여러분의 계보는 어느 누구에게 언급할 가치가 하나도 없습니다. 여러분 모두는 아담의 자손들이기 때문입니다. 창조주 알라를 두려워하는 정도를 제외하고는 우월한 사람이 없습니다."26

"인간은 모두가 아담과 하와로부터 왔습니다. 부활의 날 알라께서는 여러분의 혈통이나 계보를 묻지 않을 것입니다. 알라께서 보시기에 가장 명예스러운 자는 알라를 가장 두려워한 자입니다."27

예언자는 부모와 조상을 자랑하는 자들을 신랄하게 공격했다. 다음은 이와 관련한 예언자의 말씀이다.

"죽은 조상에 대한 자랑을 단념하시오. 그들은 지옥의 땔감이 되어 있거나 코로 똥을 말고 있는 딱정벌레보다 못한 것이 되어 있을 수

23_ Al-Bukhari.

24_ Al-Bukhari.

25_ Ahmad.

26_ Al-Bazzar.

27_ Ahmad.

있습니다. 알라께서는 이슬람 이전 시대에 있었던 자랑과 조상에 대한 허풍을 제거하셨습니다. 알라를 두려워하는 자가 있을 것이고 사악한 죄인이 있을 것입니다. 모든 사람은 아담의 자손들이며 아담은 흙에서 창조되었습니다."[28]

파라오 왕들이나 고대 페르시아 통치자들 중에 그들의 조상을 자랑했던 사람들은 이 하디스를 주시해야 한다. 사도께서 언급한 대로 그들의 조상들은 그들이 아랍인이건 비아랍인이건 또는 이슬람 이전의 사람들인 누구를 막론하고 지옥의 땔감에 불과했다는 것을 알아야 한다.

라마단 달에 있었던 마지막 메카 순례 때 무슬림들이 모인 성지에서 예언자는 그의 마지막 대중연설에서 이슬람의 기본원리를 강조했다.

"사람들이여, 여러분의 주님은 한 분이십니다. 아랍인이 비아랍인에게 우월하지 않고 비아랍인이 아랍인보다 우월하지 않으며 백인이 흑인보다 우월하지 않고 흑인이 백인보다 우월한 것 없습니다. 우월과 우열은 창조주 알라를 두려워하는 정도에 달려 있을 뿐입니다."[29]

고인에 대한 통곡

이슬람 이전의 무지한 관습들 중에 고인을 위한 통곡, 비탄, 과도한 슬픔의 표현이 있었다. 이슬람은 이러한 관습을 폐기하였다. 죽음은 한 인간으로서의 끝도 아니고 존재의 소멸도 아니라는 것이 이슬람의 가르침이다. 죽음은 한 세상에서 다른 세상으로 가는 과정이요 여행이다. 통곡이 죽은 자를 소생시키거나 알라께서 내린 운명을 바꿀 수 없다. 믿는 자들은 자신에게 닥치는 다른 재앙들을 받아들이는 것처럼 인내를 갖고 다음의 꾸란을 암송하면서 품위 있게 죽음을 받아들여야 한다.

28_ Abu Dawood and Al-Tirmizi.

29_ Ahmad.

"오! 주여, 저희는 알라로부터 와서 당신에게로 돌아가나이다." (2:156)

고인에 대한 이슬람 이전 통곡이나 곡은 무슬림들에게 엄격하게 금지되었다. 다음은 이와 관련한 예언자의 말씀이다.

"자신의 뺨을 때리거나 옷을 찢거나 이슬람 이전 시대처럼 곡을 하고 통곡하는 것은 우리에게 없는 일입니다."[30]

무슬림은 조의를 표시하는 띠를 매지 않고 표식을 하지 않으며 치장을 제거하고 슬픔을 표시하기 위해 평상복을 벗고 상복으로 갈아입지 않는다. 조의를 표시하기 위해 검정 옷을 입는 것은 하람이다. 사망한 남편을 애도하는 미망인도 마찬가지다. 하지만 아내는 남편이 사망할 때 남편과의 신성한 결혼 유대관계를 위해 4개월 10일 동안의 조의기간(Iddah)을 준수해야 한다. 이슬람에서 이 기간은 사망한 남편과의 연장관계로 이 기간에는 어떤 청혼도 받아들일 수 없다. 그래서 이 기간 동안의 미망인은 조의 표식을 하거나 치장과 재혼 생각을 삼가야 한다. 하지만 고인이 남편이 아닐 경우, 예를 들어 아버지, 형제 또는 아들이 사망했을 경우에는 3일 이상 조의를 하는 것은 하람이다. 부카리가 움무 하비바(Umm Habibah)와 자흐쉬의 딸 자이납과 관련한 이야기를 전하고 있다. 이 두 여인은 예언자의 아내였다. 움무 하비바의 아버지가 죽었을 때 아부 수피안과 자이납의 남동생이 각각 자신들에게 향수를 뿌리고 이렇게 말했다. "알라께 맹세하지만 나는 향수가 필요하지 않습니다. 그런데 사도께서 다음과 같이 말한 것을 들었습니다. '알라를 믿고 종말을 믿는 여인이 3일 이상 조의를 표하는 것은 하람입니다. 그러나 남편을 잃은 미망인의 조의 기간은 4개월 10일입니다.'"[31]

고인이 된 남편에 대한 조의 기간 준수는 의무이므로 이를 위반해서는 안 된다. 어떤 여성이 예언자를 찾아와 이렇게 말했다. "저의 사위가 죽었는데 딸의 눈이 아파요. 코흘(Kohl)을 사용해도 될까요?" 예언자

30_ Al-Bukhari.

31_ 사히훌부카리의 장례서 317쪽.

는 세 번이나 안 된다고 대답했다.[32]

즉 미망인은 이 기간 동안에는 치장이나 장식을 하지 않아야 한다는 의미다. 슬픔 그리고 슬픔의 표현은 자연스러운 것이므로 슬퍼하거나 울 수는 있다. 그러나 곡을 하거나 통곡은 허용되지 않는다. 칼리드(Khalid ibn Walid)가 죽었을 때 우마르가 몇몇 여인들의 울음소리를 듣고 그 여인들이 자신들의 머리에 흙을 뿌리고 큰 소리로 울지 않는 한 고인을 위해 울도록 두라고 했다.

32_ Al-Bukhari.

상 거 래

알라께서는 서로가 독립하여 살도록 인간을 창조하셨다. 각 개인은 각자가 필요한 모든 것을 소유하고 있지 않다. 어떤 사람은 자신에게 필요 이상으로 남는 것이 있는가 하면 다른 것을 필요로 한다. 마찬가지로 다른 사람은 그 반대의 경우가 있다. 알라께서는 이들로 하여금 잉여상품을 서로 교환하거나 매매를 통하여 필요로 하는 것을 충족시키도록 하셨다. 왜냐하면 이러한 거래는 사회적 그리고 경제적 삶의 기능을 자연스럽게 만들어 사람들로 하여금 생산적이 되도록 격려하고 있다.

예언자의 임무가 시작된 초기에 아랍에는 다양한 거래형태와 물물교환이 있었다. 예언자는 이슬람법의 원리에 모순되지 않은 한 거래형태는 인정하고 이슬람의 목표와 목적에 역행되는 상거래는 불허하면서 금지시켰다. 금지품목들의 상거래를 비롯하여 부당이익 및 과다이익의 상거래, 상거래 당사자의 한쪽에 피해를 주는 부정거래 등을 금지한 것이다.

하람상품 거래금지

이슬람이 금지하고 있는 품목의 상거래는 하람이다. 돼지고기, 알코올 등 금지된 식품을 비롯하여 우상들, 십자가, 동상 같은 금지품목의 거래다. 그러한 품목의 판매와 거래를 허용한다는 것은 사람들에게 거래를 증진시키고 선전하게 되어 하람인 것에 접근하게 만들어 쉽게 행하도록 격려하는 꼴이 된다. 한편 그러한 품목의 거래를 금지하는 것은 그것들에 관심을 갖지 않게 하여 접근과 사용을 자제하도록 한다. 그렇게 하여 금지품목에 접촉하는 것을 막는다. 다음은 이와 관련한 예언자의 말씀이다.

"분명히 알라와 사도께서는 술과 죽은 동물의 고기와 술과 우상들을 금지하셨습니다."33

"알라께서 어떤 것을 금지하실 때는 그것에 대한 사고파는 것도 금지하셨습니다."34

불확실한 것과 가상적인 것 판매금지

예언자께서는 불확실하거나 교환이나 인도될 상품의 분량이 명시되어 있지 않아 분쟁 또는 소송을 일으킬 수 있는 모든 종류의 거래를 금지했다. 상품인도와 대금결제에 대한 보증이 없는 거래의 종류도 포함된다. 따라서 예언자는 종마 또는 암컷 낙타 공매를 금지했다. 왜냐하면 물속에 있는 물고기나 하늘에 있는 조류들은 아직 잡힌 것이 아니어서 불확실하고 자궁에 있는 암낙타의 새끼도 태어날 때까지는 불확실하기 때문이다.35

예언자는 아직 여물지 않은 과일들을 밭떼기로 거래하는 사람들을 보았다. 만일 식물 마름병이나 자연재앙에 의해 수확이 어렵게 된다면 판매자와 구매자는 손실책임 문제를 놓고 분쟁을 하게 된다. 그래서 예언자는 과일이 분명히 양호한 상태, 즉 상품으로서 가치가 될 때까지는 판매를 금지했다.36 그렇지 않으면 현장에서 제거해야 한다. 마찬가지로 곡식이 완전히 영글기 전의 이삭 상태로 판매하는 것도 금지했다. 다음은 이와 관련한 예언자의 말씀이다.

33_ Al-Bukhari and Muslim.

34_ Ahmad and Abu Dawood.

35_ The Prohibition of Al-Gharar in Sahih Muslim 참조.

36_ Al-Bukhari and Muslim.

"만일 알라께서 열매가 영글지 않도록 한다 해도 여러분은 형제의 재물을 가져가겠습니까?"37

그렇지만 불확실한 것 모든 것의 판매가 금지된 것은 아니다. 집의 기반이나 외벽이나 내벽 안에 무엇이 있는지 알려져 있지 않거나 불확실해도 집은 살 수 있다. 판매가 금지된 것은 분쟁이나 충돌을 일으킬 수 있는 불확실한 요소가 분명히 있거나 타인의 돈을 부정하게 착복하려는 의도가 있는 경우이다. 다시 말하면 불확실성의 위험이 작다면 경험과 관습에 따라 결정될 수 있다. 이 경우의 판매는 하람이 아니다. 당근이나 양파, 무 같은 식물의 뿌리는 비록 그것들이 수확되지 않고 땅속에 있다 하더라도 판매가 가능하며 농장의 오이나 수박 같은 것도 수확 전에 판매가 가능하다. 말리키 법학파의 법해석에서는 위험의 정도가 낮은 필수품의 판매가 모두 허용된다.38

가격조작과 속임

이슬람에서 시장은 자유롭다. 수요와 공급의 법칙이 적용되기 때문이다. 예언자 시절에 물가가 올라가자 사람들이 시장가격을 고정시켜 달라고 요구했다. 그러자 예언자 이 요구에 다음과 같이 답변했다.

"가격을 결정하는 분, 주시는 분, 주시지 않는 분, 일용할 양식을 주시는 분은 오직 알라 한 분뿐이십니다."39

이 말씀과 더불어 예언자는 개인의 자유에 있어 불필요한 개입은 부정한 것이므로 누구든지 그러한 일은 그것을 따르는 자를 비난하지 말고 알라를 만나야 한다고 선언했다. 하지만 인위적 힘에 의한 사재기, 가격조작과 담합은 자유시장과 공익을 교란시켜 개인의 자유와 이익에 피해를 준다. 이러한 상황에서는 가격통제가 허용된다. 사회의 요

37_ Al-Bukhari.

38_ Al-Qawa'id Al-Nuraniyyah, p.118.

39_ Ahmad, Abu Dawood, Al-Tirmizi, Ibn Majah, Al-Dari and Abu Y'ala.

구를 충족시키고 부정한 탐욕의 노예가 된 상인들의 책략을 저지시켜 소비자들을 보호하기 위해서이다. 왜냐하면 위에 언급된 하디스의 교훈에 따르면 가격통제가 어떠한 환경에서도 하람이라는 의미가 아니기 때문이다. 가격통제가 소비자의 피해를 줄이고 부정을 예방하는 조건이라면 허용된다는 의미를 담고 있다. 시장을 완전히 환경의 흐름에 맡겨야 한다고 할 때 가격통제가 때로는 부정하고 금지되어야 하지만 때로는 정당하고 허용될 수 있다고 학자들은 견해를 피력한다.

만일 가격통제가 수용할 수 없는 가격을 강요하여 알라께서 허용한 적절한 이윤을 허락하지 않는다면 그것도 하람이다. 만일 가격통제가 공정하다면, 예를 들어 다른 경쟁상품 가격과 동일한 가격으로 판매하게 하여 더 많은 이익을 제한하는 것은 허용된다. 물론 상황이 필요할 때에 국한된다.

위에 인용된 하디스는 첫 번째 상황의 경우에 적용된다. 따라서 상인들이 아무런 부정 없이 상관습에 따라 상품을 판매할 때 수요와 공급의 법칙에 따른 가격 인상은 알라께서 허용한 상황이며 이런 경우 통제가격으로 상품을 파는 것은 불공평한 강요가 된다.

두 번째 상황은 소비자의 절대적 필요가 있을 때 상품 판매자는 정해진 이윤 이외의 것을 인상하지 못하고 상품을 팔아야 하는 경우다. 상품원가로 팔아야 하는 경우도 있다. 여기서 가격통제의 의미는 알라께서 요구하는 정의의 기준에 따라 유사상품에 필적하는 가격을 확립하는 것을 말한다.

상품축적과 독점

이슬람은 판매와 구입이 이루어지는 시장에서의 개별적 그리고 자연스러운 경쟁의 자유를 보장하면서도 한편으로는 소비자와 경쟁자를 희생시켜, 특히 먹고 마시는 생활필수품의 가격독점을 통한 폭리를 취해 부를 축적하려는 자들을 신랄하게 비난한다. 이런 측면에서 예언자는 강한 어조로 상품축적이나 사재기를 비난하였다. 다음은 이와 관련한 예언자의 말씀이다.

"알라께서는 가격 인상을 목적으로 40일 동안 식품을 독점하는 자와의 관계를 단절하지요."[40]

"가격이 인상될 때까지 상품을 쥐고 있는 자는 죄인이지요."[41]

여기서 '죄인'이란 역사에서 폭군들에게 적용되었던 것과 같은 징벌을 받을 자들을 가리킨다. 다음은 이와 관련한 알라의 말씀이다.

> "파라오와 하만과 저들의 군대가 죄인들이었기 때문이라." (28:8)

다음은 이와 관련한 예언자의 말씀이다.

"상품을 축적해 두는 자는 악이라. 만일 가격이 하락하면 그는 슬퍼하고 가격이 올라가면 좋아하는 자라."[42]

상품축적 또는 사재기 하는 상인들의 이기심과 욕심을 폭로하고 있다.

"좋은 상품을 시장에 내놓은 자들은 풍요의 축복을 받을 것이나 그것들을 축적해 두고 있는 자들은 저주를 받을 것입니다."[43]

상거래에서 이익을 만드는 방법은 두 가지가 있다. 하나는 상품을 축적해 두었다가 유사상품이 고갈되어 필요한 소비자가 그 상품을 찾을 수 없게 될 때 소비자로 하여금 공급자가 원하는 비합리적인 가격으로 사도록 만드는 것이다. 다른 방법은 상품을 시장에 내놓고 적절한 가격으로 상품을 팔아 더 많은 상품을 구입하여 같은 방법으로 판매하는 것이다. 당연히 후자의 상거래 방법이 공익에 기여하게 되고 따라서 그는 알라의 축복을 받게 된다는 것이 위에 언급된 하디스의 가르침이다.

상품축적과 가격독점에 관한 중요한 하디스들을 예언자의 교우였

40_ Ahmad, Al-Hakim, Ibn Abu Shaibah, and Al-Bazzar.

41_ Muslim.

42_ Razi가 Jami'ah에서 본 하디스를 언급하고 있다.

43_ Ibn Majah and Al-Hakim.

던 마깔(Ma'qal ibn Yassar)이 전하고 있다. 마깔이 중병으로 침대에 누어 있을 때 우마이야 제국의 통치자 우바이둘라('Ubaidullah ibn Ziyad)가 그를 방문했다. 그의 병세를 묻고 나자 우바이둘라가 물었다. "제가 어떤 사람의 피를 부정하게 흘리게 한 사건을 아십니까?" 모른다고 마깔이 대답하자 그는 또 물었다. "제가 무슬림의 상품가격에 개입한 사건을 아십니까?" 이번에도 마깔은 모른다고 대답하고 수행원들에게 그를 일으켜 앉히라고 했다. 수행원들이 그렇게 하자 마깔이 말했다. "우바이둘라, 들으시오. 나는 사도로부터 들은 것을 당신에게 말해주겠소. 그분께서 이렇게 말씀하셨소.

"가격인상을 목적으로 무슬림의 상품가격에 개입한 자는 부활의 날 알라께서 그를 불 속에 앉힐 것입니다."

우바이둘라가 물었다. "당신은 이 말을 사도로부터 들었습니까?" 마깔이 대답했다. "두 번 이상 들었지요."[44]

이 원문과 앞서 언급한 하디스 내용을 근거로 하여 학자들은 다음의 두 가지 조건에 따라 상품축적, 가격독점, 가격담합은 하람이라는 결론을 내렸다. 축적과 독점은 그 당시 그 지역 소비자들에게 피해를 입히기 때문이고 두 번째는 축적과 독점의 목적이 가격을 인상시켜 부당이익을 취하기 때문이다.

자유시장 개입

예언자께서 금지한 상품축적에 관한 또 다른 관행은 시골 사람들을 대신한 도시 유통업자들의 판매다. 학자들은 이러한 상황을 다음과 같이 설명한다. 어떤 시골사람이 물건을 가져와 현지 시장가격으로 판매하려고 할 때 도시 상인이 그에게 접근하여 그 물건을 당분간 자기에게 맡겨달라고 말한다. 가격이 오르면 그를 대신해서 그것을 팔겠다고 한다. 만일 시골에서 온 사람이 그의 물건을 판매

44_ Ahmad and Al-Tabarani.

한다면 그는 합리적이고 합당한 가격을 받을 것이다.

이러한 관행은 이슬람이 시작되었을 때까지도 아랍사회에 널리 보편화되어 있었다. 아나스는 이렇게 말했다. "시골 생산자를 대신한 도시 거주인의 판매는 무슬림에게 금지되었습니다. 비록 피를 나눈 형제 사이라도 그렇습니다."45 여기에서 공익이 개인 이익에 우선허야 한다는 것을 알 수 있다. 다음은 이와 관련한 예언자의 말씀이다.

"도시 거주민은 시골에서 온 생산자를 대신하여 물건을 팔지 말아야 합니다. 만일 사람들이 홀로 있게 된다면 알라께서 서로에게 양식을 주실 것입니다."46

"만일 사람들이 홀로 있게 된다면 알라께서 서로에게 양식을 주실 것입니다"라는 예언자의 말씀은 상거래의 기본 원칙을 확립하는 것으로 시장, 시장가격 형성, 판매는 내부 경제적 수요와 자유경쟁에 맡겨야 한다는 것을 강조하면서 시장가격의 조작을 금지하고 있다. "도시 거주민은 시골에서 온 생산자를 대신하여 물건을 팔지 말아야 합니다"라는 하디스가 담고 있는 내용에 대한 질문을 받고 이븐 압바스는 이렇게 대답했다. "도시에 거주하는 자는 시골 생산자를 대신한 판대자, 즉 중개상인이 되어서는 안 된다는 뜻입니다."47 만일 시골 생산자가 도시의 현 시세를 물어온다면 그 도시의 거주민은 자문료나 중개료를 받지 말고 현 시세를 말해주어야 한다는 가르침이다. 왜냐하면 좋은 충고와 자문은 종교와 신앙의 일부분이기 때문이다. 다음은 이와 관련한 예언자의 말씀이다.

"종교는 좋은 충고와 자문을 해주는 것입니다."48

"누가 당신에게 충고나 자문을 구하거든 그에게 충고하고 자문하여 주시오."49

45_ Al-Bukhari and Muslim.

46_ Muslim.

47_ Al-Bukhari.

48_ Muslim.

49_ Ahmad.

하지만 중개인과 관련하여 위에 언급된 상황에서 자신의 이익을 도모하기 위해 공익을 소홀히할 수도 있다.

중개업은 할랄

위에 언급된 경우를 제외한 다른 중개업은 이슬람에서 허용된다. 그것은 구매자와 판매자 사이를 연결시키고 거래를 중재하여 쌍방의 일을 돕고 쌍방, 또는 최소한 한쪽에게 이익을 발생시켜 주기 때문이다.

현대사회는 과거보다 중개인을 더 많이 필요로 하고 있다. 수출입 관련 상거래가 다변화되고 복잡해졌을 뿐만 아니라 상품구입과 도소매 거래에서 중개인들이 중요한 역할을 하고 있기 때문이다. 그러므로 중개인의 노동제공에 대한 대가는 당연한 것이다. 중개료는 고정가격이 될 수도 있고 중개된 상품의 량과 가격에 따라,또는 거래 당사자 간의 합의에 따라 중개료가 결정될 수도 있다. 이와 관련하여 부카리는 다음의 하디스를 전하고 있다.

"이븐 시린, 아타, 이브라힘 그리고 하산은 중개인들이 부과한 중개료에 아무런 잘못이 없다고 보았다. 이븐 압바스가 말했다. '갑이 을에게, 이 옷을 파세요. 만일 당신이 이러저런 가격 이상을 받고 판다면 당신은 추가 수입을 올릴 것입니다.' 이븐 시린이 말했다. '갑이 을에게, 이 가격에 이것을 팔면 이익이 될 것이니 그 이익금을 나와 당신이 분배하지요.' 예언자께서 말씀하셨다. '무슬림은 조건을 준수해야 합니다.'"[50]

착취와 사기판매는 하람

시장의 가격농간을 막기 위해 예언자는 나좌쉬(Najash)를 금지했다.[51] 구매할 의도가 없으면서 다른 구매자로 하여금

50_ Al-Bukhari.

51_ Al-Bukhari and Muslim.

더 높은 가격을 제시하도로 유도하기 위해 높은 가격을 제시하는 것이라고 이븐 우마르가 이 용어의 의미를 설명했다. 이렇게 여러 차려 가격농간을 통해 물건 값을 올린다. 이러한 가격농간을 막기 위해 예언자는 상품이 시장에 도착하기 전 중도에서 거래되는 것을 금지하였다.[52] 이러한 거래를 금지한 이유는 수요와 공급의 힘에 의해 가격이 결정되는 시장이 상거래를 위한 가장 좋은 장소이기 때문이다. 만일 상품이 시장에 도착하기 전에 중도에서 갑이 을로부터 상품을 구매했을 때 현지 시장가격을 알지 못하고 판매하는 을은 사기를 당할 수도 있기 때문이다. 갑이 이런 방식으로 을로부터 상품을 구입했을 때 상품이 시장에 도착한 후 을은 이 거래를 취소할 수도 있다.[53]

속임과 기만은 하람

이슬람은 모든 형태의 사기와 기만을 금지한다. 팔고 사는 상거래에서뿐만 아니라 사람과 사람 간에 이루어지는 다른 거래에 있어서도 마찬가지다. 어떠한 상황에서드 무슬림은 속세적인 이익에 앞서 믿음에 정직하고 충실해야 한다.

다음은 이와 관련한 예언자의 말씀이다.

"거래를 하는 양 당사자는 결별하지 않는 한 거래를 취소할 수 있습니다. 만일 양 당사자가 진실을 말하고 모든 것을 분명하게 밝힌다면 거래 당사자는 축복을 받을 것이나 거짓말을 하고 어떤 것을 취소한다면 축복은 지워질 것입니다."[54]

"어떤 상품에 대해 분명하게 설명하지 않고 그것을 판매하는 것은 하람이나 상품의 결점을 설명했다면 하람이 아닙니다."[55]

한 양곡 상인을 지날 때 예언자에게 호기심이 생긴 적이 있었다.

52_ Muslim, Ahmad and Ibn Majah.

53_ Muslim.

54_ Al-Bukhari.

55_ Al-Hakim and Al-Baihaqi.

그래서 예언자는 손을 양곡 깊숙이 넣었다. 그런데 마르지 않은 축축한 부분이 손에 잡혔다. 예언자가 물었다. "상인, 축축한 이것은 무엇이지요?" 상인이 대답했다. "비가 와서요." 예언자가 그 상인에게 말했다.

"사람들이 이 축축한 양곡을 볼 수 있도록 위에 두지 그러지 않았습니까? 속이는 자는 우리의 일원이 아닙니다."

다른 전언에서는 이렇게 말하고 있다. 곡식 더미를 지나가고 있을 때 그 곡식 더미의 주인이 좋은 양곡이라고 소개했다. 예언자가 손을 넣어 꺼내어 보고 나쁜 것이 들어 있다는 것을 알고서 그 상인에게 말했다.

"질이 좋은 것과 나쁜 것을 구별하여 판매하시오. 우리를 속이고 기만하는 자는 우리의 일원이 아닙니다."[56]

초기 무슬림들은 판매상품의 결점을 숨기지 않고 사실 그대로 설명했다. 거짓말하지 않고, 속이지 않고, 기만하지 않았다. 이븐 시린이 양 한 마리를 팔면서 구매자에게 이렇게 말했다. "그 양의 결점을 말해드리겠습니다. 사료를 주면 차버리는 결점을 갖고 있습니다." 하산(Al-Hasan ibn Salih)이 여성 노예를 팔면서 구매자에게 말했다. "우리와 자리를 함께하고 있을 때 피를 한번 토한 적이 있습니다." 비록 한번이었는데도 불구하고 하산은 낮은 가격을 받더라도 그 사실을 말해주어야 한다는 양심을 갖게 되었다.

빈번한 맹세

기만 중의 하나는 판매자가 거짓말 맹세[57]로 흥정을 부추기고 가격을 올리는 것이다. 예언자는 상인들에게 맹세를 피하라고 하면서 특히 거짓말 맹세를 강하게 금지했다. 다음은 이와 관련한 예언자의 말씀이다.

56_ Ahmad.

57_ "알라의 이름을 걸고 맹세하지만 이것은 사실입니다" 라는 표현으로 사실이 아니면서도 알라의 이름을 팔아 사실인 것처럼 속이고 기만하는 것.

"맹세를 통해 상품판매와 가격을 올릴 수 있을지 모르지만 그 대신 그에게 갈 축복이 지워집니다."[58]

예언자는 상거래에서 자주 맹세하는 것을 인정하지 않았다. 왜냐하면 첫째는 사람을 속이고 기만할 수 있으며, 둘째는 알라의 이름에 대한 존중을 감소시키기 때문이다.

길이와 저울의 눈금을 속이는 것

소비자를 기만하는 또 다른 방법은 길이와 무게를 속이는 행위이다. 꾸란은 6장 마지막 부분에서 이러한 거래형태의 양상을 소개하면서 10가지의 의무사항을 언급하고 있다. 다음은 이와 관련한 알라의 말씀이다.

> "치수와 무게를 공평하게 하라. 알라께서는 누구에게도 무거운 짐을 주지 아니하고 그가 할 수 있는 짐을 주시느니라." (6:152)
>
> "물건을 잴 때는 제대로 재고 무게를 달되 저울의 균형을 이루게 하라 이것이 선이요 내세에서 가장 좋은 재산이니라." (17:35)
>
> "저울을 속이는 자들에게 재앙이 있을 것이라. 그들은 타인으로부터 받을 때는 저울이 넘치게 하여 받으나 그들이 타인에게 줄 때는 무게를 가볍게 하여 주노라. 그들은 자신들이 부활되리라 생각하겠느냐? 그 날은 위대한 날로 모든 것이 온누리의 주님 앞에 서는 날이니라." (83:1-6)

무슬림은 길이를 재거나 무게를 달 때 겸허하게 가능한 한 정직해야 한다. 비록 완전하게 정확하지는 못하더라도 길이나 무게를 조금이라도 내려서는 안 된다. 알라께서 인간이 감당할 수 없을 정도의 짐을 주지 않는다고 하셨기 때문이다. 상거래에 정직하지 못했던 한 민족에 대한 이야기가 꾸란에 언급되고 있다. 그 민족은 길이와 무게를 속여 결국 비참하게 되었다는 이야기다. 알라께서 한 사도를 보내 그 민족을 믿음으로 안내하여 정의와 정직으로 인도하도록 하셨다. 이 민족에게

58_ Al-Bukhari.

예언자 슈아이브를 보내 경고하고 가르치도록 하였다. 다음은 이와 관련한 알라의 말씀이다.

> "저울을 공정하게 하라. 부정하게 하여 타인에게 손실을 끼치지 말며 균형이 되도록 무게를 달고 사람의 정당한 권리를 보류하지 말며 지상에 해악을 퍼뜨리지 말라." (26:181-183)

무게와 길이와 관련한 정확성은 다른 모든 인간관계와 업무에서의 정확성과 연관된다. 무슬림이 두 가지 기준, 즉 자신에게 적용하는 기준과 타인에게 적용하는 서로 다른 기준을 갖고 있는 것은 하람이다. 이 기준은 친척과 가까운 사람들에게 적용하고 저 기준은 공익에 적용하는 모순된 기준이어서는 안 된다. 자신을 위해서는 완벽한 권리를 요구하는 기준을 적용하면서 다른 사람들의 권리를 축소시키고 빼앗는 두 가지 기준을 이슬람은 허용하지 않는다.

장물 구매금지

범죄와의 전쟁을 위해 그리고 범죄자를 최소한으로 줄이기 위해 이슬람은 무슬림에게 장물을 비롯하여 부정한 방법에 의해 취한 물건 구입을 금지한다. 장물을 구입하는 것은 강탈과 도둑과 부정 취득을 더욱 부채질하여 사회악을 부추기기 때문이다. 다음은 이와 관련한 예언자의 말씀이다.

"훔친 물건인줄 알거나 눈치채면서도 장물을 구입하는 자는 공범입니다."[59]

일부 국가에서 경과조치가 허용되고 있는 반면에 이슬람은 절도 또는 불법으로 취득하는 재물에 대한 경과조치를 허용하지 않는다. 단순히 시간이 경과했다고 해서 하람(Haram)이 할랄(Halal)로 변경될 수 없고 주인의 권리가 바뀔 수 없기 때문이다. 그러나 일부 법에서는 이에 대한 경과조치를 허용하고 있다.

59_ Al-Baihaqi.

이자 금지

이슬람은 거래를 통한 자본금 증식은 허용한다. 다음은 이와 관련한 알라의 말씀이다.

"믿는 자들이여, 너희들 가운데 너희들의 재산을 부정하게 삼키지 말라. 서로가 합의한 교역에 의한 것이 되어야 하느니라." (4:29)

동시에 이슬람은 이율의 낮고 높음에 관계없이 이자(Riba) 수입을 통해서 재산을 증식하려는 자들의 모든 길을 차단한다. 이자를 취하는 유대교인들을 비난한다. 그들의 성서에서도 이자가 금지되고 있기 때문이다. 꾸란 제2장 마지막 부분에서 알라는 이자를 금지하고 있다.

"믿는 자들이여, 알라를 공경하라. 만일 너희들이 믿는 자들이라면 추구하는 이자를 포기하라. 만일 너희가 그렇게 하지 않는다면 알라와 사도께서 너희에게 경고할 것이며 너희가 회개한다면 원금은 갖되 부정을 저지르지도 말고 부정을 당해서도 아니 되느니라." (2:278-279)

예언자는 이자와 이자를 거래하는 자들에 대항하여 전쟁을 선포하면서 이자 수수가 사회에 미치는 위험을 경고하였다. 다음은 이와 관련한 예언자의 말씀이다.

"이자와 성매매가 한 공동체에 성행하면 그 공동체의 백성들은 알라의 징벌을 받게 될 것입니다."60

계시종교들 중에서 이슬람 이전의 유대교도 역시 이자를 금지했다. 다음은 이와 관련한 구약성경의 내용이다.

"네가 만일 너와 함께한 나의 백성 중 가난한 자에게 돈을 꾸이거든 너는 그에게 채주 같이 하지 말며 변리를 받지 말 것이며" (출애굽기 22:25)

이슬람 이전의 기독교도의 경우는 어떤가? 다음은 이와 관련한 신약성경의 내용이다.

60_ Al-Hakim.

"무릇 네게 구하는 자에게 주며 네 것을 가져가는 자에게 다시 달라지 말며"(누가복음 6:30)

그러므로 구약성경의 내용이 왜곡되어 '나의 백성'이란 문구가 본래는 광의적 의미로 사용되었으나 신명기에서 보듯이 후대에 와서 유대인들에게만 적용되는 것으로 제한이 되었다.

"타국인에게 네가 꾸이면 이식을 취하여도 가하거니와 너의 형제에게 꾸이거든 이식을 취하지 말라 그리하면 네 하나님 여호와께서 네가 들어가서 얻을 땅에서 네 손으로 하는 범사에 복을 내리시리라."(신명기 24:20)

이자 금지 목적

이슬람이 이자 수수(授受)를 엄격하게 금지하는 이유는 인간을 위한 도덕적, 사회적, 경제적 복지에 대한 깊은 관심과 배려 때문이다. 이슬람학자들은 이자금지 목적 설명을 위한 건전한 토론을 해왔다. 그 결과 최근의 연구 결과는 그들의 토론을 확대하면서 그들의 정당성을 재확인하고 있다. 라지(Imam Al-Razi)는 그의 책 『꾸란 해설』에서 이렇게 말하고 있다.

"첫째, 이자를 취하는 것은 대가도 주지 않고 다른 사람의 재산을 착취하는 것을 의미한다. 왜냐하면 1원을 빌려주고 2원을 받을 때 무노동으로 1원을 추가로 더 받는 것이 된다. 인간의 재산은 자신의 욕구를 충족시키기 위해 있고 그것은 신성한 것이다. 하디스에 따르면 인간의 재산은 피처럼 신성하다고 했다.[61] 이것은 곧 아무런 대가를 치루지 않고 취하는 것은 하람이라는 뜻이다.

둘째, 이자에 대한 의존은 돈을 벌기 위한 인간의 노동을 소홀히하게 만든다. 왜냐하면 1원으로 노동을 하지 않고도 이자 수익을 통해 재산증식을 하기 때문이다. 따라서 노동의 가치는 감소되고 사업 운영의

61_ Abu Na'im.

수고와 상거래와 산업에 대한 투자위험을 피하려 한다. 이것은 인간의 공익을 감소시키고 더 나아가 산업, 무역, 건축과 건설 등 자본이 필요로 하는 분야에 태한 투자 감소를 초래할 수 있다.

셋째, 이자를 허용하는 것은 서로가 서로에게 좋은 일을 하는 사람들에게 실망을 준다. 만일 이자가 금지된다면 사람들은 돈을 빌려주면서 빌려간 사람의 사업이 번창하여 더 많은 보상이 돌아오도록 격려하고 보살필 것이다. 그러나 이자가 허용된다면 차용자는 차용금액보다 더 많은 것을 돌려주어야 한다. 따라서 차용자는 고리대금업자에 대한 선의와 우정이 약해진다.

넷째, 고리대금업자는 더욱더 부자가 되어 갈 것이고 차용자는 더욱더 가난해질 것이다. 만일 이자가 허용된다면 부자는 가난한 자를 착취할 것이다. 이것은 자비와 자선의 정신에 정면으로 위배된다.

이자가 합법적인 나라에서는 강자가 약자의 수고에서 이익을 챙긴다. 결과적으로 부익부 빈익빈의 사회가 되고 계층 간의 갭이 넓어질 수밖에 없다. 사회적, 경제적 계급이 생겨나 부자에 대한 약자와 빈민층과 하급 계층의 시기와 질투와 분노를 자아내게 만들고 부자와 상류층은 가난한 자와 하류층에 대한 무관심과 냉대와 멸시를 초래하게 할 수 있다. 계층 간의 갈등이 일어나고 사회적, 경제적 구조가 깨지면서 극단적인 폭동의 원인이 되고 사회질서가 위협받게 된다. 최근의 역사는 이자제도에 바탕을 둔 경제가 정치와 국가의 안정과 세계평화에 위협이 되고 있다는 것을 입증하고 있다.

이자를 주고받는 자, 기록을 담당한 자, 증인

의심할 바 없이 원금에 이자를 붙여서 대부하는 자는 알라와 사람들의 저주를 받을 자들이다. 그러나 이슬람은 대부자에게뿐만 아니라 이자를 주고 돈을 빌리는 자와 기록을 담당한 자 그리고 증인에 이르기까지 그 책임을 묻는다. 다음은 이와 관련한 예언자의 말씀이다.

"알라께서는 이자를 취하는 자, 이자를 주는 자, 계약서를 작성하는 자, 계약에 증인이 되는 자 모두를 저주하셨습니다."[62]

하지만 어떤 강압에 굴복하여 이자를 지불하기로 하고 돈을 차용했다면 이자와 관련한 죄는 대부자에게만 있다. 강압적인 조건은 다음을 충족시킬 때만 가능하다.

(1) 이자를 주고서라고 돈을 빌리지 않으면 안 될 경우이다. 자신의 욕구를 보다 극대화하기 위해서 또는 더 낳은 환경을 만들기 위해서는 안 된다. 음식, 옷, 약값이나 치료비 등 생활에 절대적으로 필요한 경우에만 해당된다.

(2) 필요한 금액을 초과해서는 안 된다. 9원이 필요한데 10원을 빌려서는 안 된다는 의미다.

(3) 차용인은 계속해서 그가 처한 곤경에서 빠져나갈 출구를 찾아야 하고 무슬림 형제들은 어려움에 처한 형제를 도와야 한다. 만일 다른 방법이 없다면 한계를 벗어나지 않는 조건 그리고 알라께 용서를 구하면서 이자지급 조건으로 돈을 빌린다. 왜냐하면 알라께서는 관용과 자비를 베푸는 분이시기 때문이다.

(4) 차용인은 알라께서 곤경에서 빠져나갈 길을 마련해 줄 때까지 이자를 싫어하고 그렇게 한 것에 대해 회개하고 있어야 한다.

사도는 부채로부터 구해달라고 알라께 기도

이슬람은 일상적인 생활의 중용과 검소한 경제생활을 강조하고 있다는 것을 무슬림은 반드시 알고 있어야 한다. 다음은 이와 관련한 알라의 말씀이다.

"낭비하지 말라 했으니 알라께서는 낭비하는 자를 사랑하지 아니 하시느니라."

62_ Ahmad, Abu Dawood, Al-Nisai, Ibn Majah, and Al-Tirmizi.

(6:141)

"친척과 불쌍한 사람과 여행자에게도 자선을 베풀되 낭비하지 말라. 실로 낭비는 사탄의 친구로 사탄은 주님의 은혜에 감사할 줄 모르니라" (17:26-27)

꾸란은 무슬림들에게 알라를 위해 재산의 일부만을 지출할 것을 요구하고 있다. 자신의 소득에서 일부를 지출한다고 해서 빈곤해지는 것은 아닐 것이다. 생활의 중용을 지키고 검소한 경제적인 생활을 한다면 이자를 주면서 돈을 빌리지 않아도 될 것이다. 예언자는 무슬림이 부채를 지고 있음을 싫어하셨다. 왜냐하면 부채는 밤에는 마음의 걱정거리가 되고 낮에는 굴욕이 되기 때문이다. 그래서 예언자는 부처를 지지 않도록 하여 달라고 알라께 기도했다.

"알라여, 부채의 짐을 짊어지지 않고 사람들의 노여움을 사지 않도록 하여 주소서."[63]

"불신과 부채로부터 보호하여 주소서. 어떤 사람이 물었다. '부채를 불신과 동격으로 간주합니까?' 예언자가 대답했다. '그렇습니다.'"[64]

"알라여, 죄와 부채로부터 보호하여 주소서. 어떤 사람이 물었다. '당신께서는 왜 부채로부터 보호하여 달라는 기도를 자주 합니까?' 예언자가 대답했다. '부채가 있는 자는 거짓말을 하고 약속을 자주 위반하기 때문입니다.'"[65]

돈을 빌리는 것은 윤리와 도덕에 위험 요소가 될 수도 있다는 교훈을 암시하고 있다.

예언자는 부채를 상환할 재산을 남기기 않고 죽은 한 무슬림을 위해 기도를 하지 않은 적이 있었다. 사람들에게 교훈을 주어 부채를 지지 않도록 하기 위해서였다. 그러나 알라께서 전리품을 풍요롭게 하여 주었을 때 죽은 고인의 부채를 상환해 주고 그를 위해 장례예배를 인도

63_ Abu Dawood.

64_ Al-Nisai and Al-Hakim.

65_ Al-Bukhari.

하였다.[66] 그리고 이렇게 말했다.

"순교자의 모든 것이 용서되나 그의 부채만은 제외입니다."[67]

이 하디스를 접한 무슬림은 절박한 경우가 아니면 결코 돈을 빌려서는 안 된다. 절박한 사정에서 돈을 빌렸다 하더라도 상환해야 한다는 마음을 항상 갖고 있어야 한다. 다음은 이와 관련한 예언자의 말씀이다.

"상환하겠다는 마음으로 돈을 빌린다면 알라께서 그에게 상환할 수 있도록 도와줄 것이나 그렇지 않을 경우에는 알라께서 그를 파산하게 하실 것입니다."[68]

따라서 무이자 융자는 할랄이다. 그렇다면 긴박한 상황 또는 피할 수 없는 사정 때문에 이자를 주고 융자하는 것은 어떻게 되는가?

후불거래

물건 구입방법으로 가장 좋은 것은 현금구매다. 상호합의에 의한 신용구매도 허용된다. 예언자는 일정 기간 안에 지불하는 조건으로 자신의 갑옷을 저당잡히고 유대인들로부터 곡식을 구입했다.[69]

많은 상인들이 월부판매를 하는 것처럼 구매자가 신용구매를 요구할 경우 판매자는 가격을 인상하는 것에 대하여 한 법률가 단체는 이러한 판매형태는 하람에 해당된다는 견해를 내놓고 있다. 시간경과에 따른 가격인상은 시간에 따른 재산증가로 이것은 이자소득과 유사하다고 보기 때문이다. 하지만 대다수 학자들은 가격인상을 조건으로 한 월부판매를 허용한다. 왜냐하면 기본적인 원칙은 할랄이고 이 거래가 하람이라는 원문도 없고 또한 가격인상이 이자와 유사하지 않기 때문이다. 그뿐만 아니라 노골적인 착취나 부정한 인상이 아니라면 판매자는

66_ Jabir and Abu Hurairah.

67_ Muslim.

68_ Al-Bukhari.

69_ Al-Bukhari.

적절하고 타당한 상품 가격을 요구할 수 있기 때문이다. 샤우카니(Al-Shawkani)는 이렇게 말한다. "합법적인 근거를 들어 샤피법학 추종자들과 하나피 법학 추종자들, 자이드(Zaid ibn 'Ali), 무아이드(Al- Muaidb illah) 그리고 대다수 학자들은 그 거래를 합법으로 간주한다."70

선불거래

후불거래와는 반대로 특정상품을 특정기간에 특정가격으로 지정장소에 인도하는 조건으로 상품 값을 미리 지불하는 선불거래는 할랄이다. 이 형태의 거래는 예언자가 메디나에 도착했을 때부터 보편화되어 있었다. 예언자는 이 거래가 이슬람법에 저촉되지 않도록 하기 위해 몇 가지 조건을 덧붙였다. 이븐 압바스가 전하고 있다. "사도께서 메디나에 오셨을 때 그곳 사람들은 1년 또는 2년 전에 과일값을 선불했었다." 다음은 이와 관련한 예언자의 말씀이다.

"선불을 하고 물건을 구입할 때는 반드시 특정 용량과 무게, 그리고 특정 시간이 전제되어야 합니다."71

용량과 무게와 시간을 제한하는 것은 불확실성과 오해를 없애기 위해서다. 이와 유사한 거래로 몇 그루의 종려나무 열매를 선불로 구입하는 관행이 있었는데 예언자는 이 거래를 금지했다. 왜냐하면 과수를 해치는 진딧병 같은 것으로 알 수 없는 손실의 가능성을 배제할 수 없기 때문이다. 그래서 종려나무 열매 등 과일이나 곡식에는 어떤 특정한 조건을 적용하지 않고 그것의 용량과 무게는 조건을 붙일 수 있다. 하지만 만일 과수나 전답주인이 그들의 절박한 사정 때문에 착취되는 것은 하람이다.

자본과 노동의 협력

알라께서는 능력과 지혜에 따라 사람들에게 능

70_ Nail Al-Awtar, vol. 5, p.153.

71_ Al-Bukhari and Muslim.

력과 부를 분배하였다고 말할 수 있을 것이다. 자본은 없지만 능력과 경험을 가진 많은 사람들이 있는가 하면 자본은 많지만 능력이 부족하거나 경험이 없는 사람들이 있다. 그래서 자본가는 능력이 있는 사업가와 노동자들에게 자본을 투자하고 사업가와 노동자는 능력과 노동을 투자하여 상호이익을 위한 사업을 통해서 쌍방의 합의에 따른 수익 배분을 할 수 있지 않는가! 능력은 자본의 부족함을 충족시키고 자본은 능력의 부족함을 충족시킴으로서 완전한 협력이 되는 것이다. 특히 규모가 큰 사업은 많은 자본과 많은 인력을 필요로 한다. 능력이 있는 사업가들로 하여금 자본을 그러한 대규모 사업에 투자하게 하여 자본가와 노동자에게 이익이 되게 하고 국가와 사회의 공익에 이바지하게 하는 것이 이슬람 경제의 핵심이다.

이슬람법은 자본과 경영, 자본과 노동 간의 협력을 금지하지 않는다. 사실상 이슬람법은 상호간의 협력을 위해 확실하고 공평한 기반을 확립하였다. 자본주가 노동자와 협력을 희망한다면 협력의 결과에 대한 분배에 동의해야 한다. 이슬람법은 소위 무다리바(Al-Mudaribah) 또는 끼라드(Al-Qirad)라 말하는 상호협력을 통해 거래에서 양 당사자는 손익을 공동 분담한다는 쌍방 계약조건의 원칙에 합의를 해야 한다는 조건을 제시하고 있다. 계약에 따라 갑이 50% 또는 30% 또는 25%의 손익을 갖는다면 을은 50% 또는 70% 또는 75%의 손익을 갖게 된다. 만일 손실이 발생했다면 손실 부분은 자본금에서 충당된다. 왜냐하면 노동자는 이미 노력과 땀을 흘렸기 때문이다. 이러한 배려는 놀랄 일이 아니다. 자본주는 자본의 손실을 보았지만 노동자는 시간과 노력의 손실을 보았기 때문이다.

이것이 조합계약에 관한 이슬람법이다. 반대로 손익에 관계없이 자본주에게 정해진 일정액의 이익이 보장된다면 그것은 분명히 공평성을 위반한 것이다. 경험과 노동을 투자한 노동자의 권익에 역행하는 투자자만을 위한 특혜가 된다. 뿐만 아니라 투자는 항상 위험이 있을 수 있다는 투자의 현실에도 모순이 된다. 노동도 제공하지 않고 위험도 감당하지 않는 투자자의 이익만을 보장하는 혐오스러운 이자의 본질과 다를 것이 없다.

예언자는 무자라아(Al-Muzara'ah), 즉 다음의 농작물 협동생산을 금지했다.[72] 하나는 특정 넓이의 농지에서 특정 양(量)의 농작물을 생산해야 한다는 계약에 의한 협동생산이다. 이러한 거래는 이자 거래나 도박과 유사하다. 농작물의 양은 계획과 계약대로 생산되지 않을뿐더러 때로는 이런저런 이유, 특히 자연재해로 농작물 수확을 전혀 할 수 없는 상황도 벌어질 수 있기 때문이다. 이럴 경우 갑 또는 을 중에서 한쪽은 자신의 몫을 가질 수 있으나 다른 한쪽은 100% 손실을 볼 수밖에 없다. 이것은 형평성과 정의에 위배된다.

그래서 계약에 의한 협동생산은 하람이다. 법률가의 합의에 근거하면 이러한 형태, 즉 특정 넓이의 농지에서 특정 양의 농작물을 생산해야 한다는 계약은 유효하지 않다. 이러한 계약은 갑이나 을 한쪽이 큰 손실을 볼 수 있기 때문이다. 갑이나 을 한쪽이 일정금액을 받는 조건으로 계약을 했다. 그런데 이익금이 그 약정금액을 초과하지 못했다. 그래도 한쪽은 약정금액 전액을 받을 수 있다. 한편으로는 많은 이익이 발생했지만 약정금액밖에 받을 수 없어 손해를 보게 된다. 이것이 바로 정의와 공정성 원칙에 기반을 둔 이슬람 정신이다.

공동출자

허용된 목적 사업에 자본을 투자하거나 능력과 경험이 풍부한 사업가에게 자본을 맡겨 공동투자에 참여하도록 하는 것이 할랄인 것처럼 무역을 비롯한 허용된 사업을 위해 다른 자본가들과 공동출자하는 것도 할랄이다.

다양한 일과 사업들이 있다. 집약적인 노동력을 필요로 하는 사업들이 있고 전문 지식이 요구되는 사업, 그리고 거대 자본이 들어가는

72_ Muslim.

사업들이 있다. 개인 단독으로 그러한 사업들을 추진하기가 어렵거나 불가능한 것도 많다. 그러나 공동출자에 의해 공동의 목적을 달성할 수 있다. 다음은 이와 관련한 알라의 말씀이다.

"좋은 일과 정의를 위해 서로 협력하라." (5:3)

개인과 공동사회를 위해 좋은 결과를 창출하는 행위와 사회악을 제거하는 행위는 올바른 것이요 올바른 행위요 여기에 좋은 의도가 더해진다면 그것은 신앙이다.

이슬람은 그러한 공동의 노력만으로 만족하지 않고 이러한 노력이 이자, 불확실한 것, 부정, 사기, 기만 등 하람의 영역을 벗어나 할랄의 범주에서 이루어지는 사업이라면 격려하고 현세와 내세에서 알라의 축복이 있을 것이라는 것을 약속한다. 다음은 이와 관련한 예언자의 말씀이다.

"알라께서는 갑이나 을 서로가 상대방을 기만하지 않는 한 갑과 을 모두를 도와주시지오. 그러나 그들 중에 한쪽이 상대방을 기만한다면 알라께서 갑과 을로부터 그것을 거두어 가십니다."[73]

다음은 신성 하디스(Hadith Qudsi)에서 언급된 예언자의 말씀이다.

"나는 갑과 을과 함께 세 번째 파트너가 될 것입니다. 그러나 서로가 서로를 기만하지 않을 때입니다. 만일 갑과 을 중에 한쪽이 다른 쪽을 기만한다면 나는 그들에게서 떠날 것입니다."[74]

라지(Razi)는 자미으(Jami'ah)에서 다음 내용을 추가하고 있다.

"그리고 사탄이 울 것입니다."

보험회사

오늘날의 생명보험, 위험보험, 사고보험과 같은 다양한 보험에 관한 중요한 주제로 화제를 돌려본다. 이러한 보험회

73_ Al-Darqutni.

74_ Abu Dawood and Al-Hakim.

사들에 관한 이슬람의 입장과 규범은 어떠하며 이슬람은 이를 인정하는가?

이 질문에 대답하기에 앞서 먼저 그런 보험회사들의 본질은 무엇이고 피보험자와 보험회사와의 관계는 무엇인지 먼저 묻고 싶다. 달리 말해서 피보험자 각 개인은 보험회사 소유주들의 파트너인가? 만일 그렇다면 이것은 이슬람의 정신과 일치하므로 피보험자와 보험회사는 손익을 함께 갖고 있어야 한다.

위험보험과 관련하여 피보험자는 일 년 기간의 특정 할증금, 즉 보험료를 지불한다. 만일 보험계약서에 약정된 형태의 사고가 일 년 동안 발생하지 않았다면 보험회사는 보험금 전액을 갖고 피보험자에게는 아무것도 돌아가지 않는다. 반대로 어떤 재앙이 일어났다면 피보험자는 약정금액을 받는다. 이러한 거래형태는 무역이나 공동회사와는 거리가 멀다.

생명보험의 경우 2만 달러의 보험을 약정하고 첫 번째 할부금을 지불한 후 사망했다면 그 보험의 계약상 상속자가 2만 달러 전액에 대한 권리를 갖는다. 만일 사업이었다면 그가 지불한 할부금에다 수익에 대한 비율이 더해진다. 다시 만일 피보험자가 일부만 지불하고 그의 할부금을 지불하지 못했다면 보험계약의 조건에 따라 전액 또는 그가 이미 지불한 금액에서 많은 것을 잃게 된다. 이슬람법 구조에서 볼 때 이것은 효력이 없는 조건이다.

피보험자와 보험회사가 각자의 이익과 일치하므로 기꺼이 계약에 들어간다는 말은 무게가 없다. 이자를 바탕으로 한 돈을 차용하는 자와 대부업자가 행하는 것과 다를 것이 없으므로 이 두 당사사자는 도박꾼이다. 당사자간의 상호합의는 정의와 균형에 기반을 두지 않는 거래여서 효력을 갖지 못한다. 불확실성과 착취의 흔적을 벗어나지 않고 있다. 자신과 타인에게 해가 되지 않는 정의가 최후 기준이다. 그러므로 어떤 상황에서는 한쪽이 모든 것을 취하고 다른 쪽은 이익이 보장되지 않는 조항의 거래는 무효이다.

보험회사는 합작회사인가?

분명한 것은 피보험자와 보험회사와의 관계는 합작이 아니라는 것이다. 문제는 여기에 있다. 이 관계의 본질은 무엇인가? 상호 협력관계인가? 보험회사는 상호간에 도움을 주기 위해 각자가 몫을 지불한 구성원들로 조직된 협동조합인가?

보이지 않는 미래의 재앙에 대비해 구성원들이 서로 돕는다는 뜻에 바탕을 둔 협동기구를 설립하기 위해 돈을 모으는 데는 다음 조건이 충족되어야 한다.

(1) 할당된 금액을 지불하는 각 구성원은 형제애 정신에 근거하여 기부금으로 내야 한다. 이런 기부금 모금에서 필요한 자에게 도움이 돌아가도록 한다.

(2) 모금된 기부금의 일부를 투자할 경우 단지 할랄 분야의 사업에만 투자해야 한다.

(3) 자신의 몫을 조합에 기부하는 자는 어떤 사고 또는 재앙에 부딪혔을 때 사전에 결정된 금액을 받는다는 조건이 없어야 한다. 그것보다는 단체기금 또는 모금된 기금의 형편에 따라 손실금 전액 또는 일부를 도움받는 것이다.

(4) 기부된 돈은 기부자가 낸 선물이므로 기부자가 그것을 되돌려 가져가는 것은 하람이다.[75]

각 개인이 매달 일정 금액을 환불할 권리도 없이 그리고 미래의 어떤 사고와 재앙이 있을 때 약정금액을 가져간다는 조건도 없이 기부금으로 설립된 무슬림 협동조합과 기구와는 달리 보험회사들, 특히 생명보험회사는 어떠한 경우에도 이 조건들을 충족시키지 못한다. 그 이유는 다음과 같다.

(1) 피보험자는 보험료를 기부금으로 내지 않으며 그러한 생각은 그들에게 전혀 없다.

75_ Muhammad Al-Ghazali, *Al-Islam and Socialism*, p.131.

(2) 보험회사는 돈을 사업에 투자하거나 이자를 받는 조건으로 융자를 한다. 이러한 형태는 하람이므로 무슬림이 이러한 형태의 사업에 참여하는 것은 하람이다. 가장 보수적인 법률가들이나 온건주의 법률가들 모두가 이 점에 동의하고 있다.

(3) 보험기간이 만료될 때 피보험자는 자신이 지불한 보험료에 일정 금액이 추가되어 보험회사로부터 되돌려받는다. 이것은 단지 이슬람에서 금지되고 있는 이자의 개념에 불과하다.

더 나아가 보험은 사람들 간의 협력 개념과는 모순이 된다. 협력의 원칙은 부자보다는 가난하고 필요로 하는 자에게 더 많이 지급되는 것이다. 그런데 많은 보험료를 낼 수 있는 부자가 사망했을 때 또는 어떤 사건에서 가난한 자보다 더 많이 되돌려 가져간다.

수정 및 변경

위험보험은 이슬람 원리에 근접시켜 '보상을 조건으로 한 기부'의 계약방식으로 변경이 가능하다고 본다. 재앙에 의한 사건이 발생할 때 피보험자는 손실전액 또는 손실의 일부를 지원받는 조건으로 보험회사에 보험료를 기증한다. 이러한 거래형태는 일부 이슬람법학파에서 허용하고 있다. 그러한 변경은 효과적이며 보험회사는 이자를 근거한 사업으로부터 자유로워진다. 그렇게 되면 위험보험이 합법적이 될 수 있다. 그러나 생명보험은 위에서 보았듯이 이슬람 거래와는 너무나 거리가 멀다.

이슬람 보험제도

보험회사들의 형태와 관행들을 관찰해보면 못마땅하다. 그렇다고 이슬람이 보험개념 자체를 반대하는 것이 아니다. 단지 수단과 방법이 못마땅하다는 것이다. 만일 이슬람의 거래형태와 충돌하지 않는 다른 보험형태 및 관행이 있다면 이슬람은 그것을 환영할 것이다.

어떤 경우에서든 이슬람 제도는 이미 무슬림들과 이슬람 국가에서 살고 있는 사람들에게 다른 형태의 보험을 보장하였다. 이슬람의 가르침과 이슬람법이 적용되는 보험 형태이다.

이것은 개인 간의 상호협력을 통해서 또는 정부 또는 이슬람 통치국가에서 살고 있는 모든 사람들을 위한 바이툴말(Bait Al-Mal), 즉 재무성 또는 보험을 총괄하는 회사를 통해 이루어진다.

이슬람법에는 위험에 대비한 개인을 위한 보험이 있으며 재앙을 당했을 때의 그것을 극복하기 위한 지원 규정도 있다. 앞서 언급한 것처럼 재앙으로 인해 어려움에 빠진 자는 재정지원요구가 허용된다. 특히 행정당국에 완전지원 또는 자립할 수 있도록 지원을 요청할 수 있다.[76]

상속자에 대한 보험도 있다. 다음은 이와 관련한 예언자의 말씀이다.

"나는 고인 자신보다 각 무슬림에게 더 가까이에 있습니다. 만일 고인이 재산을 남겼다면 그것은 상속자의 것이며, 만일 그가 부채 또는 어린 아이들이 딸린 아내를 남겼다면 그는 그것들을 나에게 남긴 것으로 그것은 나의 책임입니다."[77]

나의 책임이란 이슬람 정부의 책임이란 의미이다.

무슬림들을 위해 이슬람이 법으로 제정한 가장 큰 보험 형태는 자카트(Zakat)라 불리는 이슬람 기금이 있다. 부채에 시달리는 자(Gharimin)는 이 기금에서 지원을 받을 수 있다. 초기 일부 법학들은 가리민(Gharimin) 용어를 '화재로 집을 잃은 자' 또는 '홍수, 상거래 파산, 그 밖의 다른 재앙으로 재산을 잃은 자'로 해석하였다. 일부 법률가들은 이 범주에 해당한 자는 손실금액 전액까지도 자카트 기금에서 받을 수 있다고 주장한다.

경작지 활용

무슬림이 경작지를 소유하고 있다면 곡식을 재

76_ Qubaisah, *Work and Earning a Livelihood*, pp.127 참조.

77_ Al-Bukhari and Muslim.

배하든지 나무를 심어 경작지를 활용해야 한다. 그러한 경작지를 경작으로 활용하지 않는다면 그것은 알라의 은총을 거절하고 부를 낭비하는 것이어서 이슬람 정신에 맞지 않는다. 그래서 예언자는 경작지를 방치하는 것을 금지하였다. 이와 관련하여 땅 소유주는 경작지 방법을 선택할 수 있다.

자가 경작

경작지 소유자가 선택할 수 있는 방법은 자가 경작이다. 이것은 권장사항이다. 또한 알라로부터 보상을 받는다. 왜냐하면 그가 재배한 농장의 농작물 덕분에 사람이 먹고 짐승들이 먹고 새들이 먹기 때문이다. 앞서 언급했듯이 예언자 교우들 중에 메디나 후원자들(Ansar)은 주로 농사를 지었다.

경작지 임대

땅 소유주가 스스로 경작을 할 수 없을 경우 다른 사람에게 임대할 수 있고 임차인은 땅 소유주의 농기구, 노동자, 종자, 경작용 가축을 이용해서 경작할 수 있다. 그러한 경우 땅 소유주는 이슬람에서 바람직한 인물이 된다. 이와 관련하여 예언자가 한 말씀을 아부 후라이라가 전하고 있다.

"경작지를 갖고 있는 자는 스스로 경작을 하든지 아니면 다른 형제에게 임대를 주어야 합니다."78

자비르는 이렇게 말하고 있다. "예언자 시절 우리는 일부 농경지에 작물을 심어 탈곡하지 않고 이삭이 있는 상태로 두기도 하였다." 이런 방법으로 예언자는 이렇게 말씀하셨다.

"경작지를 가지고 있는 자는 스스로 경작을 하든지 또는 그 땅을 다른 형제에게 빌려주든지 아니면 전대(轉貸)해야 합니다.79

78_ Al-Bukhari and Muslim.

79_ Ahmad and Muslim.

초기 일부 학자들은 이 하디스의 의미에 관하여 경작지는 자가 경작을 하든지 아니면 무상으로 그 땅을 빌려주는 것으로 해석했다. 후자의 하디스 경우 경작지는 소유주의 것으로 남아 있으나 농작물은 생산자의 것으로 남는다.

경작지의 소유주가 스스로 경작할 수 없을 경우 다른 사람에게 무상으로 임대하여 주라는 예언자의 명령은 반드시 그렇게 따라야 한다는 의무가 아니라 권장사항이었다는 것이 이븐 압바스의 견해다. 부카리가 전하는 바에 따르면 아므르(Amr ibn Dinar)는 이렇게 말했다. "나는 이븐 압바스의 가장 가까운 친구 중의 한 사람인 타우스에게 말했다. '나는 당신께서 공동경작을 그만두었으면 합니다. 왜냐하면 사람들이 예언자께서 그것을 금지하셨다고 주장합니다.' 타우스가 대답했다. '여러분 중에 가장 지식과 상식이 많은 자는 이븐 압바스로 그는 나에게 예언자께서 그것을 금지하지 않고 다음과 같이 말했다는 것을 알려주었습니다 : 경작지를 무상으로 빌려주는 것이 유상으로 임대하는 것보다 더 좋은 일이지요.'"80

생산물의 일정량을 받는 제도

경작지 소유주가 선택할 수 있는 세 번째 대안은 경작 의사가 있는 자에게 땅을 임대하고 임차인은 자신의 경작도구, 모종, 가축 등을 이용하여 경작하되 쌍방의 합의에 따라 총생산량에서 일정한 비율을 갖는 제도이다. 임대인도 임차인의 경작도구, 모종, 가축 등을 이용할 수 있다. 이러한 제도를 무자라아(Al-Muzarah), 즉 공동경작이라 부른다.

이븐 우마르, 이븐 압바스, 자비르(Jabir ibn 'Abdullah)에 근거하여 부카리와 무슬림이 전하고 있는 내용에 따르면 예언자는 카이바르 주민들에게 경작지를 제공하고 그에 대한 대가로 생산량의 절반을 취하였다.

이 하디스 내용에 근거하여 이러한 형태의 공동경작은 할랄이라

80_ Al-Bukhari.

고 하면서 학자들은 이렇게 말한다. "예언자께서는 사망할 때까지 그렇게 하였고 그 이후의 정통 칼리프들도 역시 세상을 떠날 때까지 그렇게 하였으며 마찬가지로 그 이후의 지도자들도 그렇게 하였다. 예언자의 아내들도 죽을 때까지 그렇게 하였다. 이러한 관행은 폐기된 것으로 볼 수 없다. 왜냐하면 폐기는 예언자께서 생존하여 있을 동안 그렇게 했을 때만 유효하기 때문이다. 그분께서 죽을 때까지 그렇게 하였고, 그의 후계자 정통 칼리프들이 한 사람도 반대하지 않고 그 뒤를 따랐는데 누가 그것을 무효화할 권리를 갖고 있는가? 만일 이러한 관행이 실질적으로 예언자 시절에 폐기되었다면 왜 그러한 관행이 계속되었겠는가? 정통 칼리프들과 후계자들이 예언자의 폐기를 숨겼겠는가? 아무도 언급하지 않았고 폐기에 관한 소식도 알리지 않았는데 폐기되었다고 전한 자는 어디에 있는가?

금지된 경작 금지

예언자 시절에 보편화되었던 경작의 관행을 예언자는 교우들에게 금지했다. 그것은 땅 소유주가 농민에게 경작지를 제공하면서 지정된 경작지의 수확물은 땅 소유주의 것으로 하고 나머지 땅에서 생산된 것은 농부의 몫으로 한다든지 또는 그것을 공등 분배하는 관행이다. 그러나 때로는 지정된 경작지에서의 생산은 좋으나 나머지 경작지에서의 생산이 좋지 않을 경우 또는 그 반대의 경우라 할지라도 땅주인과 농부 둘 중에 한쪽은 모든 것을 갖게 되고 다른 한쪽은 아무 것도 가질 수 없거나 소량만 갖게 되는 경우도 발생한다. 마찬가지로 총생산이 특정량을 초과하지 못할 때 땅주인은 자기 몫을 다 챙길 수 있으나 농부는 아무것도 가질 수가 없다.

이러한 거래는 분명히 불확실성과 위험을 담고 있어 이슬람 정의에 모순된다. 땅주인과 농부는 총생산량에서 합의된 비율에 따라 각자의 몫을 가져야 한다는 것이 예언자가 보는 정의이다. 수확이 풍성하면 양쪽 모두에게 풍성하게 분배되고 소량이면 둘 다 소량이, 그리고 생산이 없으면 둘 다 아무것도 분배되지 않아야 한다. 이것이 이슬람이 말하는 쌍방에 대한 공정한 분배이다.

부카리는 라피(Rafi' ibn Khadij)가 한 말을 이렇게 전하고 있다. "우리는 가장 좋은 농토를 갖고 있는데 우리 중의 한 명이 그의 땅을 임대하면서 일부 경작지를 자신의 몫으로 지정하였다. 그런데 재앙이 지정된 경작지에 타격을 주었고 나머지 경작지에는 피해가 없었다. 때로는 그 반대의 상황이 벌어졌다. 이에 따라 예언자는 그러한 거래를 금지하셨다."

무슬림은 라피(Rafi' ibn Khadij)가 한 말을 이렇게 전하고 있다. "예언자 시절에 사람들은 자신의 땅을 제공하면서 자신의 몫은 물이 흐르는 곳, 또는 땅 변두리, 또는 땅주인이 지정한 곳에서 생산된 것을 받는 조건을 붙였다. 그런데 때로는 땅주인이 지정한 땅에서의 수확이 좋지 않고 그렇지 않은 땅에서의 수확이 좋게 나왔다. 때로는 그 반대의 현상이 벌어졌다. 사람들 모두가 이 방식 외에는 투자를 하지 않았다. 그러자 예언자께서 이 관행을 금지시켰다."

다시 부카리가 라피(Rafi' ibn Khadij)에 근거하여 이렇게 전하고 있다. "예언자께서 물었다. '여러분들의 경작지는 어떻게 하고 있습니까?' 사람들이 대답했다. '경작지의 일부분에서 생산되는 것을, 때로는 보리의 일정량을, 때로는 종려나무 열매의 일정량을 받기로 하고 땅을 제공했습니다.' 예언자께서 말했다. '그렇게 하지 마시오.'" 이 내용이 담고 있는 의미는 땅주인이 일정량을 간접비로 취하면서 또 나머지 부분에서 정한 비율에 따라 자신의 몫을 갖는 것을 말한다. 예를 들어 땅주인이 자신이 지정한 땅의 4분의 1 지역에서 생산된 전량과 나머지 4분의 3땅에서 생산된 전량의 2분의 1을 추가로 갖는 것을 말한다.

이 하디스는 정의사회를 구현하고 신자들 간의 갈등과 불화의 요소를 제거하려고 노력한 예언자의 모습을 보여주고 있다. 자이드(Zaid ibn Thabit)가 전하고 있다. 두 사람이 예언자를 찾아와 땅에 대해 논쟁을 하자 예언자께서 하신 말씀이다.

"만일 이런 분쟁이 여러분들 사이에서 일어난다면 여러분의 농장을 내놓지 마시오."[81]

땅주인과 농부는 서로가 서로에게 너그럽게 대해야 한다. 땅주인은 생산물을 너무 많이 요구하지 말아야 하고 농부는 경작지를 잘 보살펴야 한다.

이븐 압바스가 전하고 있다. 예언자는 협력경작을 금지하지 않았지만 땅주인과 농부에게 서로가 서로를 생각하라고 이븐 압바스가 전하고 있다.[82] 누가 타우스에게 이렇게 말했다. "아부 압두라흐만, 협력경작을 포기하지 않습니까? 예언자께서 그것을 금지하지 않았던가요?" 그가 대답했다. "나는 농부를 보살피고 그에게 그의 몫을 줄 것입니다."[83] 그의 관심은 농부가 무엇을 얻든 또는 굶주리든 관계없이 자신의 이익만 챙기려고 하지 않고 농부를 돕고 보살폈다. 이것이 바로 진정한 무슬림 사회이다.

소량의 대가를 받고 농부에게 땅을 빌려주는 것보다 땅을 경작하지 않고 그대로 가지고만 있기를 원하는 땅주인도 있을 수 있다. 대가로 돌아오는 것이 너무 적다는 이유에서일 것이다. 이 점을 생각한 우마르(Umar ibn Abdulaziz) 칼리프는 관련자들에게 다음과 같이 칙령을 발표했다. "3분의 1, 4분의 1, 5분의 1, 10분의 1까지의 이율로 여러분의 땅을 임대하시오. 그리고 땅을 경작하지 않는 상태로 두지 마시오."

현금을 받고 땅 임대

땅주인이 선택할 수 있는 네 번째 대안은 일정기간 동안 현금, 금이나 은을 임대료로 받고 땅을 임대하는 것이다. 저명한 일부 법률가들은 이것을 할랄로 보았고 다른 법률가들은 예언자께서 현금에 의한 땅 임대를 금지했다는 하디스를 근거로 들어 하람으

81_ Abu Dawood.

82_ Tirmizi.

83_ Ibn Majah.

로 간주하였다. 이와 관련된 하디스의 전언가들 중에는 바드르 전투에 참여했던 예언자의 교우 두 명과 라피(Rafi ibn Khadij) 자비르, 아부 싸이드, 아부 후라이라, 이븐 우마르가 있다. 이들 모두는 예언자께서 현금에 의한 농경지 임대를 절대적으로 금지했다고 하였다.84

이 금지에서 면제되는 것은 예언자께서 카이바르 주민들과의 거래에서 보여준 것처럼 총생산량에서 일정 비율을 받은 것을 조건으로 한 경작이다. 예언자는 그들에게 총생산량의 절반을 받는 조건으로 땅을 임대하였다. 이러한 관행은 예언자가 죽을 때까지 유효하였다. 예언자 사후 그 뒤를 이은 칼리프들도 비율에 근거하여 이 관행을 이어갔다.

이 문제의 법률발전을 연구하는 연구원들은 이븐 하즘이 언급한 다음의 해설을 접하게 된다. "예언자께서 메디나에 도착했을 때 그곳 주민들은 라피나 다른 학자들이 전하고 있는 것처럼 그들의 농경지를 임대하였다. 이 관행은 예언자가 이곳에 오기 전부터 분명히 보편화되어 있었고 무함마드가 예언자 직위를 받은 후에도 계속되었다. 어느 누구도 이 사실을 의심하거나 부정할 수 없다. 자비르, 아부 후라이라, 아부 싸이드, 자히르(Zahir ibn Al-Badri), 이븐 우마르, 예언자 모두가 현금에 의한 땅 임대를 금지하고 이러한 관행을 무효화시켰다. 이것은 확실히 정확하고 의심할 여지가 없다. 현금에 의한 땅 임대가 무효화되었다가 다시 회복되었다고 주장하는 자는 폐기의 확실성이 확립되지 않았기 때문에 거짓말이다. 꾸란에 의하면 그러한 주장은 하람이다. 그에 대한 증거를 입증하지 못하기 때문이다. 그는 그에 대한 증거를 발견하지 못할 것이다. 총생산량에서 합의된 비율을 받기로 하고 땅을 임대한 경우밖에 없기 때문이다. 예언자께서 이러한 관행을 금지한 후부터 예언자가 이 세상을 떠날 때까지 그렇게 계속하였다."85

초기 이슬람 법률가들의 한 단체도 같은 견해를 갖고 있다. 예멘 출신이자 제2세대 출신의 저명한 무슬림 학자 타우스 법률가는 금이나

84_ Al-Muhallah, vol. 8, p.212.

85_ Al-Muhallah, vol. 8, p.224.

은을 대가로 한 경작지 임대를 혐오하면서 총생산물에서 3분의 1 또는 4분의 1의 비율로 임대료를 받는 것은 아무런 해가 없다고 했다. 어떤 사람이 그에게 예언자께서 이를 금지했다고 따지자 그는 이렇게 대답했다. "예언자께서 지명한 예멘의 총독 무아즈(Muaz ibn Jabal)가 이곳에 도착하여 총생산물에서 3분의 1 또는 4분의 1 비율로 임대료를 받고 경작지를 임대하였으며 우리도 오늘날까지 이 관행을 계속 지켜오고 있습니다." 그의 견해에 의하면 금은을 대가로 땅을 임대하는 것은 인정되지 않으나 총생산물에서 일정 비율로 임대료를 받고 경작지를 임대하는 것은 허용된다는 것이다.

현금을 대가로 한 임대금지에 대한 추리해석

이슬람의 원리와 분명한 의문에 근거한 유추해석(Qiyas)의 결과는 현금을 대가로 한 임대는 하람이라는 것이 분명하다.

(1) 예언자는 총생산물 중에서 1톤 또는 2톤 등 고정량의 곡물을 대가로 한 경작지 임대를 금지하고 2분의 1, 3분의 1, 4분의 1 등 비율에 따른 대가로 한 경작지 임대는 허용했다. 이러한 기준이 이익분배에 있어 양 당사자에게 공평하다. 왜냐하면 농작물의 생산은 여러 가지 환경, 특히 기후환경에 따라 크게 좌우되기 때문이다. 생산량이 많으면 많은 대로, 적으면 적은 대로 일정 비율에 따라 이익이 분배되고 생산량이 없을 경우에는 쌍방이 아무것도 갖지 못한다. 하지만 한쪽, 땅주인에게만 이익을 보장해 줄 경우 다른 한쪽, 즉 농부는 노력과 땀의 대가에 대하여 아무것도 받을 수 없는 경우가 발생한다. 이런 거래는 도박이나 이자에 근거한 계약과 다를 바가 없다. 현금을 대가로 한 경작지 임대를 여기에 적용해 볼 경우 마지막에 언급되었던 관행과 금지된 경작형태 사이의 차이점은 무엇인가? 양쪽 모두 장에서 어떤 과실이 생길 것인가에 관계없이 땅주인에게는 현금의 형태의 그의 몫이 보장되

지만 임차인, 농부는 그의 노력과 땀을 가지고 얻을 것인지 아니면 잃을 것인지 도박을 하는 것이다.

(2) 물건 주인이 타인에게 그것을 임대하면서 사용료를 요구한다면 그것은 타당하다. 임차인이 그 물건을 임대하여 자신의 목적을 위해 사용할 때 그 물건은 소모되어 상품의 가치가 떨어지기 때문에 그 물건의 임대인은 임차인에게 사용료를 요구할 권리를 가질 수 있다. 그러나 토지일 경우 그것을 사용하도록 한 것은 알라이지 땅주인이 아니다. 임차인이 땅에 곡물을 재배하거나 나무를 심는다고 해서 땅값이 하락하거나 땅이 소모되는 것은 아니다. 땅은 건물이나 기계처럼 시간이 경과한다고 해서 또 그것을 사용한다고 해서 소모되거나 가격이 하락하는 것이 아니기 때문이다.

(3) 집을 빌리는 자는 그 집에 거주함으로써 즉시 이익을 취하고 기계를 빌리는 자는 그것을 사용하여 즉시 이익을 취한다. 그러나 땅을 빌려 경작하는 자는 집을 빌려 사용하는 자처럼 즉시 이익을 취하지 못할 뿐더러 이익도 보장이 안 된다. 노력과 땀의 대가도 시간이 경과한 후 늦게 나타날 뿐만 아니라 대가를 얻을 수도 있고 아무것도 얻을 수 없는 경우도 생긴다. 따라서 땅을 빌려 쓰는 경우와 집을 빌려 쓰는 경우에 적용되는 기준은 다를 수밖에 없다.

(4) 예언자는 과일이 좋은 상태로 익기 전, 곡식이 여물기 전의 밭떼기 거래를 금지했다.[86] 그 이유를 이렇게 말했다.

"만일 알라께서 과일을 허락하지 않는다면 여러분 중의 누가 형제의 재물을 취해야 하는지를 나에게 말하시오."[87]

이것을 아직 안전성이 확보되지 않은 과일판매와 관련시켜 본다. 만일 어떤 재앙으로 과일들이 부패하거나 못쓰게 된다면 그 판매는 무효가 될 것이다. 이런 경우 그 경작지 사용에 대한 대가로 어떻게 돈을 받을 수 있는가? 그리고 아직 곡물 재배도 들어가지 않았고 나무도 심

86_ Al-Bukhari and Muslim.

87_ Al-Bukhari and Muslim.

지 않았지 않는가? "만일 알라께서 과일을 허락하지 않는다면 여러분 중의 누가 형제의 재물을 취해야 하는지를 나에게 말하시오"라는 하디스의 내용이 우선권이 있지 않는가?

두다(Dudah)로 알려진 모충의 감염으로 목화밭이 피해를 입어 메마른 가지 외에는 아무것도 건지지 못한 것을 나는 목격한 경험이 있다. 그럼에도 불구하고 땅주인이 사용료를 요구하여 왔고 임차인은 계약서에 서명한 것 하나로 땅 사용료를 지불하는 것 외에는 다른 방도가 없었다. 이슬람이 추구하는 형평성과 정의는 어디에 있는가?

결과적으로 땅주인과 농부는 총생산물 중에서 비율에 따라 각자의 대가를 갖는 방법 외에는 정의가 실현될 수 없다는 사실을 부정할 수 없다.88

이슬람의 어른으로 불리는 이븐 타이미야가 땅 임대를 할랄이라고 생각했지만 총생산물에서 일정 비율에 따라 각자의 몫을 갖는 것이 이슬람의 정의와 원리에 가깝다고 했다. 그리고 이렇게 말했다. "곡물생산 참여가 권장되는 임대방식으로 이슬람법의 정의와 원리에 더 근접합니다. 왜냐하면 이 경우에는 땅주인과 농부가 손익에 함께 참여하게 되어 땅주인이 계약에 따라 손익에 관계없이 자신의 몫을 챙기고 농부는 몫을 챙길 수도 있지만 없을 수도 있는 거래와 다르기 때문입니다."89

이븐 까이임 사상가는 그의 시절 농민들에 대한 통치자들과 군부들의 압박을 다음과 같이 논평했다. "군인들과 통치자들이 알라와 사도께서 제정하신 법에 의존하고 사도의 전통을 준수하고 정통 칼리프들이 보여준 농부들과의 거래를 따랐다면 알라께서 그들에게 하늘과 땅으로부터 축복을 내렸을 것입니다. 그들의 머리 위에서 그리고 그들의 발 아래로부터 먹을 것들이 주어졌을 것입니다. 그들은 강압과 부정으로 농부들을 착취했습니다. 무지와 욕심 때문에 착취와 부정을 일삼았습니다. 그러자 알라께서 그들에게 축복을 차단하고 일용할 양식을

88_ Ibn Hazm, *Al-Muhallah*, vol. 8.

89_ Ibn Taimiyyah, *Al-Hasbah fi Al-Islam*, p.21.

주지 않았습니다.

현세에서 알라의 모든 축복을 빼앗겼으며 내세에서는 알라의 징벌을 받을 것입니다. 알라와 사도께서 제정한 법이 무엇이고 예언자 교우들이 보여준 전통이 무엇이었냐고 물으면 그들은 이렇게 대답할 것입니다. '땅주인과 농부가 총생산물에서 정해진 비율에 따라 각자의 몫을 갖는 형성평과 정의의 제도이며 알라께서 주지 않는 특권을 상대방에게 부정하게 사용하지 않는 제도입니다. 군인들과 통치자들이 저질러온 관행은 나라를 망치고 국민을 부패하게 만들어 알라의 도움과 축복을 멀리하게 하였습니다. 많은 통치자들과 군인들이 하람인 것들을 소모하였습니다. 하람인 것으로 영양을 공급받은 자는 불지옥이 그의 거주지가 될 것입니다. 형평성과 정의가 고려된 농작물재배는 예언자 시절과 정통 칼리프 시절 무슬림들의 관행이었습니다. 그들의 가문과 아부 바크르, 우마르, 우스만 알리, 메카에서 메디나로 이주하여 온 이주민들의 관행이었고 이븐 마스우드, 우바이(Ubai ibn Ka'b), 자이드(Zaid ibn Thabit) 같은 예언자 교우들의 관행이었습니다. 다른 사람들도 이 관행을 지지하였습니다. 아흐마드(Ahmad ibn Hanbal), 이삭(Ishaq ibn Rahawait), 무함마드(Muhammad ibn Ismail Al-Bukhari), 다우드(Dawood ibn Ali), 무함마드(Muhammad ibn Ishaq ibn Khazimah), 아부 바크르(Abu Bakr ibn Nasr Al-Maruzi) 같은 법률가들도 같은 견해였습니다. 라이스(Al-Laith ibn Sa'd), 이븐 아부 라일라, 아부 유스프, 무함마드(Muhammad ibn Al-Hasan) 같은 위대한 이슬람 학자들도 동일한 견해를 피력했습니다. 예언자께서는 카이바르 주민들과 협정을 맺었습니다. 자신들의 노동력과 농지개발 및 종자 값을 자신들의 비용으로 경작을 하여 총생산물의 절반을 갖기도 하였습니다. 이 협정은 예언자 시절 그리고 칼리프 우마르가 그곳의 유대인들을 그곳으로부터 추방할 때까지 유효했습니다. 종자 값은 경작자가 또는 양쪽이 공동 부담으로 할 수 있었다는 것도 사실입니다.

우마르(Umar ibn Al-Khattab)는 자신이 종자를 공급하는 조건이면

자신의 몫은 50%이고, 만일 종자를 경작자가 부담할 경우에는 경작자가 50% 이상을 갖기로 하였다.90

예언자 시절과 그분의 교우들 시절까지 전해오고 있는 것으로 보아 경작자의 몫은 결코 50% 이하가 되지 않는 것, 그리고 어떤 경우에는 그 이상이라는 것을 우리는 발견했습니다. 경작자의 돈이 최소한 50% 이상이라는 이 분배는, 예언자께서 카이바르 지역 유대교인들에 할당했던 것처럼91 우리의 마음에 와 닿습니다. 왜냐하면 생명이 없는 땅의 주인이 경작자인 인간의 몫보다 많다는 것은 비합리적이기 때문이다.

동물 및 가축 사육 동업

동물 및 가축 사육의 협동은 무슬림 국가, 특히 시골에서 보편화되어 있다. 한 동업자는 가축들의 모든 가격 또는 일부를 부담하고 다른 동업자는 사육하는 일을 맡는다. 그리고 두 동업자는 공동투자에서 나온 이익을 분배한다. 이 동업에 관한 일관성 있는 하나의 견해를 이끌어내기 위해 먼저 다양한 형태를 알아보기로 한다.

(1) 첫 번째 사업형태로 동업은 순수한 상업목적으로 시작한다. 예를 들어 소고기 사업을 위해 소를 사육하고 우유 사업을 위해 젖소를 기른다.

여기서 반드시 해야 할 것은 한 동업자는 동물이나 가축 값을 투자하고 다른 한 동업자는 운영 및 감독, 즉 노동력을 제공한다. 사육비는 어느 한쪽이 부담하지 않고 공동으로 부담한다. 판매 후 사육비와 제비용을 공제하고 남은 이익금을 가지고 계약비율에 따라 이익을 분배한다. 한 동업자가 상응하는 대가 없이 사육비 전액을 부담하는 것은 적절하지 않다. 이익금은 동업자간의 계약에 따라 분배한다.

90_ Ibn Qayyim, *Al-Turuq Al-Hikmiyyah fil Islam*, pp.248-250.

91_ Ibn Hazm, *Al-Muhallah*, vol. 8.

(2) 두 번째 사업형태는 첫 번째 사업형태와 동일하나 사업 운영자도 사육비 비용을 부담하고 그 대가로 우유에서 이익을 갖거나 경작지 쟁기질할 때 또는 물을 퍼올릴 때에 동물을 사용하는 것만 다르다. 이 사업형태는 가축의 숫자가 많을 때의 경우다. 이러한 사업형태는 문제가 되지 않는다. 한 동업자가 우유 또는 가축을 사용함으로써 정확한 비용분담이 어렵게 될 수가 있어 불확실성의 요소가 있다 해도 이 거래는 할랄로 간주된다. 위험요소는 무시할 수 있다. 이슬람법이 허용하는 그러한 계약의 또 다른 형태가 있다. 저당과 관련한 하디스에서 저당잡혀 있는 동물을 타거나 우유를 얻기 위해 동물을 사용하는 것은 허용된다고 예언자께서 언급하셨다.

"사육비를 부담한 자는 교통수단으로 또는 우유를 얻기 위해 저당잡힌 동물들을 사용할 수 있습니다."[92]

이 하디스에서 예언자는 가축 사육비를 교통수단 또는 우유로 대신하면서 균형을 맞추고 있다. 따라서 저당의 이 형태가 상호이익에 부합된다면 사육비는 교통수단 또는 우유에서 오는 이익보다 많을 수도 있고 적을 수도 있지만 사람들의 필요를 위해 가축사업 동업에도 유사한 제도를 적용할 수 있다는 본다. 위 하디스에 대한 정확한 유추해석이 되었으면 한다.

하지만 갑은 가축 값을 그리고 을은 사육비를 감당하기로 한 동업은 가축들이 어려서 교통수단이나 우유를 위해 사용될 수 없을 경우 이슬람은 그러한 제도를 인정하지 않는다. 사육비를 부담하는 자가 손실을 입고 교통수단 또는 우유에 상응하는 대가를 갖지 못하며 다른 동업자에게만 유리하기 때문이다. 이러한 제도는 분명히 이슬람이 추구하고 있는 형평성과 정의에 모순된다. 그렇지만 두 동업자가 동물을 사용할 수 있는 나이에 이를 때까지 사육비를 공동으로 부담한다면 이러한 제도는 할랄로 본다.

92_ Al-Baihaqi.

03 운동과 오락

이슬람은 실용적인 생활의 종교이다. 상상의 세계에서 떠다니는 종교가 아니라 현실과 일상적인 관심에 바탕을 두고 인간과 함께하는 종교이다. 이슬람은 인간을 천사로 간주하지 않고 먹고 마시며 시장을 오가는 죽음을 면할 수 없는 존재로 받아들인다. 이슬람은 무슬림들에게 신앙적이고 경건한 말만 하고 살라고 요구하지 않고 침묵으로 묵상을 요구하지 않고 꾸란 외에는 아무것도 듣지 말라고 하지 않는다. 알라께서는 인간을 창조하시면서 인간으로 하여금 무엇인가를 필요하게 하고 무엇인가를 바라게 하고 자신을 즐겁게 하고 생활을 즐기도록 하셨다.

시간의 분배

예언자의 일부 교우들은 정신적으로 높은 경지에까지 이르렀다. 그들은 그런 정신적 수준에 머물러 있기 위해 항상 심각해야 하고, 예배생활에 열중해야 하면서 삶의 모든 즐거움을 등져야 하고, 현실세계의 좋은 것들을 외면하면서 살아야 한다고 믿었다. 놀지도 말고 휴식도 말고 눈과 마음은 항상 내세를 향해 있어야 하고, 일상생활과 오락으로부터 멀리해야 한다고 생각했다.

예언자의 교우이면서 서기였던 한잘라(Hanzalah Al-Usaid)의 이야기를 들어보자. "아부 바크르가 나를 만나 물었습니다. '한잘라, 어떻게 지내요?' 나는 대답했다. '나 한잘라는 위선자가 되었어요.' 아부 바크르가 말했다. '스부하날라(맙소서!) 당신 지금 무슨 말을 하는 거요?' 나는 대답했다. '우리가 예언자와 함께 하고 있을 때 그분께서 지옥과 천국을 이야기하셨습니다. 우리는 마치 천국과 지옥을 보는 것 같았어요. 그리고 집으로 돌아가 아내와 아이들과 장난을 하고 재물에 관심을 갖다보면 예언자께서 하셨던 말씀을 다 잊어요.' 아부 바크르가 말했다. '알라께 맹세하지만, 나도 당신과 똑같은 경험을 했소.' 아부 바크르와 나는 예언자를 방문했다. 그리고 말했다. '사도님, 저 한잘라는 위선자가 되었습니다.' 사도께서 물으셨다. '어떻게 되었다고?' 나는 대답했다. '사도님, 저희가 당신과 함께 있을 때 당신께서 지옥과 천국을 말씀하셨습니다. 그리고 우리는 마치 그것을 보고 있는 것 같았습니다. 그리고 집으로 돌아가 아내와 아이들과 장난을 하고 재물에 관심을 갖다보면 예언자께서 하셨던 말씀을 다 잊어요.' 사도께서 말씀하셨다. '나의 생명이 그분의 손안에 있는 분께 맹세하지만, 만일 당신이 나와 함께 있을 때 당신이 그랬던 것처럼 그런 수준으로 알라를 계속 생각한다면 당신이 휴식을 취하고 일을 할 때는 천사들이 당신에게 악수를 할 것입니다. 한잘라, 이것을 할 시간과 저것을 할 시간을 잘 분배하시오.' 예언자께서는 이 말씀을 세 번이나 반복하셨다."[93]

인간으로서의 예언자

예언자의 생활 모습은 모든 인간을 위한 본보기였다. 혼자 있을 때는 혼신을 다하여 발이 부을 정도로 오랜 시간 동안 서서 주님께 기도를 하였다. 진리와 정의에 관한 한 어느 누구의 말도 관심두지 않으며 오로지 알라를 기쁘게 하는 데 최선을 다했다. 그러나 생활관습이나 사람들과의 거래에서는 한 사람의 인간이었다. 좋은 것을 즐기고, 부담이 없는 대화에 함께하고, 미소를 짓고 농담도 하였다. 그러면서도 진리에서 절대로 벗어나지 않았다. 예언자는 행복을

93_ Muslim.

좋아했고 슬픔을 싫어했다. 어려움이 있을 때는 알라께 안식처를 찾으며 슬프고 힘들 때는 이렇게 기도했다.

"알라여, 저는 괴롭고 힘들 때 당신께 안식처를 찾습니다."94

그분의 유머에 관한 얘기가 있다. 어느 날 한 노파가 예언자를 찾아와 말했다. "사도님, 제가 천국에 들어갈 수 있도록 알라께 기도하여 줄 것을 부탁드립니다." 사도는 이렇게 대답했다. "노파는 천국에 들어갈 수 없습니다." 그 노파는 천국에 들어갈 수 없다는 말에 크게 낙담을 하고 울어버렸다. 그러자 예언자는 노파가 천국에 들어가지 못하는 이유를 설명했다. 알라께서 노파를 젊은 시절의 처녀로 환원시켜 천국에 들어가도록 하셨기 때문이라고 했다. 다음은 이와 관련한 알라의 말씀이다.

> "나는 노파들을 새로이 창조할 것이니 그녀들을 처녀로 만들어 비슷한 나이 또래의 사랑스러운 여인들로 만들 것이니라." (56:35-37)

마음의 휴식

예언자의 모범을 본받아 교우들도 유머와 웃음과 운동을 통해서 몸과 마음의 휴식을 가지며 진리와 정의를 찾아 힘든 장거리 여행을 하였다. 알리(Ali ibn Abi Talib)가 말했다. "마음이 피곤하면 몸도 피곤하지요. 그러므로 유머로 마음과 몸을 대하시오. 그리고 종종 마음을 상쾌하게 하시오. 왜냐하면 마음이 피곤하면 장님이 됩니다." 아부 다르다가 말했다. "나는 진리를 위해 더 많은 것을 봉사하고 더 힘 있게 봉사하기 위해 하찮은 것들로 내 마음을 즐겁게 해 주지요."

따라서 이슬람은 마음의 휴식을 갖고 마음을 즐겁게 하기 위해 허용된 운동이나 친구들과의 운동을 장려합니다. 하지만 쾌락의 추구가 인생의 목적이 되어 종교적 의무를 잊어서는 안 된다. 심각한 상황에서 농담은 피해야 한다. 이런 말이 있다. "소금으로 적절하게 음식의 맛을 맞추듯이 유머로 적절하게 대화의 맛을 조절하시오."

94_ Abu Dawood.

무슬림은 명예와 가치를 떨어뜨리는 농담이나 비웃음을 삼간다. 다음은 이와 관련한 알라의 말씀이다.

> "믿는 자들이여! 사람이 다른 사람을 비웃지 않도록 하라. 후자가 전자보다 훌륭할 수도 있느니라." (49:11)

무슬림은 사람들을 웃기기 위해 근거가 없는 것을 사실인 것처럼 꾸며서 농담하지 않는다.

다음은 이와 관련한 예언자의 말씀이다.

"사람들을 웃기려고 거짓으로 어떤 것을 말하는 자에게 재앙이 있을 것입니다."95

허용된 운동

예언자께서 무슬림들에게 추천한 운동과 놀이는 다양하다. 이를 통해서 마음이 즐겁고 육체가 건강하고 튼튼하여지도록 하였다. 즐거운 마음과 건강한 몸으로 신앙생활을 하고 종교적 의무를 하도록 하였다. 숙련과 강한 의지가 필요한 운동, 신체적 훈련과 단련이 요구되는 운동이 있는데 이 운동들은 주로 알라를 위한 지하드(Jihad), 즉 성전을 위한 무술과 군사훈련과 연관된 것으로 다음과 같은 것들이 있다.

달 리 기

예언자의 교우들은 달리기 경주를 즐겼고 예언자는 이 운동을 장려하였다. 알리가 가장 빠른 달리기 선수였다는 이야기가 있다. 예언자는 나이 차이가 많은 아내 아이샤와 달리기를 하면서 자신도 즐기고 아내를 즐겁게 해주었다고 했다. 이것이 교우들에게 모범이 되었다. 아이샤가 말했다. "나는 예언자와 함께 달리기 경주를 하면서 그를 때리기도 하였다. 후에 나의 몸무게가 늘어났을 때 우리는 다시 달리기 경주

95_ Al-Tirmizi.

를 하였고 이때는 예언자가 승리하였다. 그러자 예언자는 몸이 퉁퉁하기 전의 아내를 가리키면서 이렇게 말했다. '이것이 저것을 상쇄하지요."(이번에 내가 승리한 여자는 바로 이전에 나를 승리한 바로 그 여자요.)96

레 슬 링

예언자는 힘이 세기로 유명한 루카나(Rukanah)와 레슬링을 한 적이 있었는데 이때 그는 예언자를 여러 번 넘어뜨렸다.97 이 사건에 대한 다른 전언이다. 예언자께서 그와 레슬링을 시작했다. 싸움이 치열해지자 루카나가 말했다. "양 한 마리 내기를 하지요."98 예언자께서 그를 제압했다. 그러자 그가 말했다. "똑 같은 조건으로 또 한번 하지요." 예언자는 다시 그를 제압했다. 그가 또 제의했고 이번에도 그는 졌다. 그 남자가 말했다. "양이 왜 없어졌냐고 아내가 물으면 무어라 말을 하지요?" 예언자가 대답했다. "한 마리는 늑대가 먹고, 한 마리는 도주했다고 말하시오." 다시 그 남자가 말했다. "그럼 세 마리째는 무어라고 핑계를 대지요?" 예언자가 대답했다. "이제 당신을 이기지 않을 테니 세 번째 양은 이겨서 가져가시오."

이 사건에 근거하여 법률가들은 아내 및 허용된 여성들과의 달리기도 할랄로 추리 해석하였다. 마찬가지로 달리기, 레슬링, 이와 유사한 운동은 존엄, 신앙심, 또는 나이를 손상시키지 않는다는 것으로 해석하였다. 예언자가 아이샤와 달리기 시합을 했을 때는 50의 나이를 넘긴 때였다.

활 쏘 기

허용된 운동들 중에는 활쏘기와 무술이 인기 종목이었다. 예언자

96_ Ahmad and Abu Dawood.

97_ Abu Dawood.

98_ 이것은 도박이 금지되기 전에 있었던 사건이거나 아니면 예언자가 이 제의를 수락하지 않았을 것이다.

는 활쏘기 경기를 하고 있는 교우들을 지나가면서 그들을 격려했다. 다음은 이와 관련한 예언자의 말씀이다.

"쏘시오. 나는 여러분과 함께하고 있소."[99]

예언자는 활쏘기가 단순한 취미나 운동에 그치지 않고 알라께서 준비하라는 명령을 내린 힘의 일종이라는 것을 깨달았다. 다음은 이와 관련한 알라의 말씀이다.

"너희가 할 수 있는 한 그들에 대항할 준비를 하라 하셨느니라." (8:60)

다음은 이와 관련한 예언자의 말씀이다.

"활쏘기는 힘입니다."

예언자는 이 말을 세 번이나 반복했다.[100] 그리고 또 이렇게 말했다.

"활쏘기 연습은 여러분을 위해 좋은 것입니다."[101]

하지만 예언자는 연습하기 위해 닭을 목표물로 삼지 말라고 경고했다.[102] 이슬람 이전의 아랍인들이 그렇게 하곤 했기 때문이다. 우마르의 아들 압둘라가 그렇게 하는 것을 보고서 이렇게 말했다. "예언자께서는 이런 방법으로 동물을 학대하거나 불필요하게 동물을 죽이는 자를 경멸하였습니다. 어떤 인간도 살아 있는 것을 희생시켜 즐기고 운동할 권리를 갖고 있지 않습니다. 같은 이유로 예언자는 동물끼리 싸움을 붙이는 것도 금지하셨습니다."[103] 일부 아랍인들은 수컷 양 싸움이나 황소싸움을 구경하면서 한쪽이 유혈낭자하여 죽어 가는 모습을 즐기며 좋아했다. 예언자께서 동물끼리 싸움을 붙이는 행위를 금지한 것은 단지 웃고 즐기기 위해 불필요하게 동물을 학대하거나 죽이는 것을 막아 동물을 사랑하도록 하는 데 있다고 학자들은 말한다.

99_ Al-Bukhari.

100_ Muslim.

101_ Al-Bazzar.

102_ Al-Bukhari and Muslim.

103_ Abu Dawood and Al-Tirmizi.

투 창

투창놀이는 활쏘기와 유사하다. 예언자는 예언자 사원에서 일부 아비시니아 사람들에게 투창 실력을 보일 수 있도록 허용했다. 그리고 아이샤로 하여금 그들의 투창실력을 구경하도록 했다. 그리고 그들을 이렇게 격려했다. "바니 아르피다여, 실력을 보여라." 바니 아르피다라 부른 것은 아랍인들 앞에서 아비시니아 사람들을 불렀던 명칭이다.

우마르가 심각한 표정으로 투창을 정지시키려 하자 예언자가 그렇게 하지 못하도록 말렸다. 아부 후라이라가 전하고 있는 바에 따르면 아비시니아 사람들이 예언자 앞에서 투창을 하고 있을 때 우마르가 들어오더니 조약돌을 주어 그들에게 던지자 예언자가 이를 말렸다고 했다.104

예언자가 사원 안에서 그러한 운동의 시범을 허용한 것은 사원은 단순히 종교적 역할만 하는 것이 아니라 현실적 문제를 다루는 장소라는 것을 보여주기 위해서다. 무슬림들은 사원에 모여 예배도 하고 놀기도 한다. 하지만 이러한 운동은 단순한 오락이 아니라 체력단련과 정신적 훈련에 그 목적이 있다. 이 하디스에 대한 해석에서 사원은 무슬림 공동체 업무의 중심지라고 학자들은 말하면서 종교와 무슬림들에게 유익한 행위는 사원 안에서 가능한 것으로 해석하였다. 현대의 무슬림들은 오늘날 사원들의 역할이 얼마나 빈곤해졌는가를 알아야 한다. 활력이 없고 힘이 없으며 노인들과 실업자들과 태만한 자들을 위한 피난처가 되어버렸다는 것을 명심해야 한다.

또한 위의 사건은 아내를 위한 여가와 오락을 위해서 예언자가 관심을 보이고 있다는 것을 보여준다. 그분의 아내 아이샤가 말했다. "사도께서는 나를 당신의 옷으로 감싸주면서 예언자 사원에서 아비시니아 사람들이 보인 투창 시범을 구경하도록 하였습니다. 그래서 나는 구경을 하였습니다. 그리고 그분께서는 내가 피곤해 하는 줄 알고 나를 위

104_ Al-Bukhari and Muslim.

해 자리에서 일어났습니다. 그 당시 나는 오락을 즐기는 나이어린 소녀로 생각되었습니다."[105]

아이샤는 또 이렇게 말했다. "나는 예언자의 집에서 장난감을 갖고 놀았습니다. 친구들이 나를 찾아와 함께 놀다가 사도가 들어오면 친구들이 숨기도 하였습니다. 그러나 사도께서는 나와 함께 놀고 있는 우리의 모습을 보고 매우 기뻐했습니다. 그래서 우리는 사도와 함께 놀기도 하였습니다."[106]

승 마

다음은 승마와 관련한 알라의 말씀이다.

> "알라께서는 말과 노새와 당나귀를 두어 너희가 승차하고 장식하도록 하였느니라." (16:8)

다음은 이와 관련한 예언자의 말씀이다.

"말의 앞머리에는 축복이 있습니다."[107]

"활쏘기와 승마를 연습하시오."[108]

"알라를 상기하지 않는 행위는 오락에 불과합니다. 그러나 다음 네 가지, 활을 쏜 후 표적지까지 오갈 때, 말을 훈련시킬 때, 가족과 놀이할 때, 그리고 수영을 배울 때는 그렇지 않습니다."[109]

우마르가 말했다. "여러분 자녀들에게 수영, 활쏘기 그리고 승마를 가르치시오." 우마르의 아들은 예언자께서 승마경주를 조직하여 승자에게 상을 주었다고 전하고 있다.[110] 이 모든 것은 무슬림들의 신체 단련과 관련한 운동을 장려하고 경쟁을 시키기 위해 예언자께서 취한

105_ Al-Bukhari and Muslim.

106_ Al-Bukhari and Muslim.

107_ Ahmad.

108_ Muslim.

109_ Al-Tabarani.

110_ Ahmad.

것들이다.

아나스가 질문을 받았다. "예언자 시절 당신은 내기를 해본 적이 있습니까? 그리고 예언자께서도 그렇게 하였습니까?" 아나스가 대답했다. "그래요. 알라께 맹세하지만, 그분께서 수브하(Subha)라는 말에 내기를 했어요. 그 말은 경주에서 우승하였고 예언자는 그 결과에 대해 기뻐했어요."111

승마에 내기를 거는 것은 돈을 지불하는 자가 경쟁자들이 아니거나 경쟁자의 한 사람이 지불한다면 할랄이다. 그러나 각자가 돈을 내놓고 승자가 모두 금액을 가지는 조건으로 하는 것은 도박이므로 하람이다. 예언자는 돈내기 하는 말을 사탄의 말이라고 정의하고 그 돈과 사료와 그 말을 타는 것을 죄로 간주하면서 이렇게 말했다.

"세 종류의 말이 있습니다. 아르라흐만(가장 자비로운 분, 알라)을 위한 말이 있고, 인간을 위한 말이 있고, 사탄을 위한 말이 있습니다. 알라를 위한 말은 알라를 위해 성전에 투입되는 말입니다. 그러므로 잘 먹이고 잘 돌보고 곳간의 똥과 오줌을 깨끗이 하시오. 이와 관련한 모든 행위는 선행으로 계산됩니다. 사탄을 위한 말은 사람들이 돈내기를 하는 말이며, 인간을 위한 말은 가난으로부터 보호해주는 말입니다."112

사 냥

사냥은 이슬람이 장려하고 있는 유익한 운동 가운데 하나다. 사냥은 무기를 통해서 사냥개나 매 같은 동물을 풀어서 할 수 있는 재미도 있고 운동도 되고 양식도 얻는 유익한 운동이다. 앞에서 이미 사냥에 관한 이슬람의 규범을 토론하였다.

하지만 이슬람은 다음 두 상황의 경우에 사냥을 금지한다. 첫 번째는 대순례(Hajj)나 소순례(Umrah), 이흐람 상태에 있는 자에게는 사냥이 금지된다. 그 이유는 알라께서 명령하셨던 것처럼 가장 평온한 상태에

111_ Ahmad.

112_ Al-Bukhari and Muslim.

있어야 할 자가 동물을 죽이거나 피를 흘리게 해서는 안 되기 때문이다. 다음은 이와 관련한 알라의 말씀이다.

> "믿는 자들이여, 순례 중에 있을 때는 짐승을 죽이지 말라." (5:95)
> "너희가 순례 중일 때 육지의 사냥은 금지라." (5:96)

두 번째 상황은 메카 성역 안에 있는 사람의 사냥이다. 이슬람이 이 지역을 야수, 새, 식물 등 모든 생물체를 위한 평화롭고 안전한 성역으로 선포했기 때문이다. 예언자는 이 지역 안에서 사냥, 나무 절단, 이 지역의 상공을 혼란시키는 것을 금지했다.[113]

주사위 놀이

도박의 요소가 있는 돈내기 놀이는 하람이다. 꾸란은 돈내기 하는 것을 음주, 우상숭배, 화살을 통한 점술의 카테고리로 분류한다. 다음은 이와 관련한 예언자의 말씀이다.

"돈내기 놀이를 하자고 친구를 부르는 자는 반드시 자선을 해야 합니다."[114]

돈내기를 하기 위해 누군가를 부른 자는 반드시 회개해야 한다는 것을 의미한다.

돈을 걸고 주사위 놀이를 하는 것은 명백한 하람이다. 일부 학자들은 돈내기가 아니라도 그것을 하람으로 간주한다. 그것을 하람으로 간주하는 자들은 바라이다가 전하고 있는 하디스에 근거하여 해석을 하였기 때문이다. 다음은 이와 관련한 예언자의 말씀이다.

"주사위 놀이를 하는 자는 돼지고기와 돼지피를 다루는 자와 같지요."[115]

"주사위 놀이를 하는 자는 알라와 그분의 사도를 거역하는 자이지

113_ Al-Bukhari and Muslim.

114_ Al-Bukhari and Muslim.

115_ Muslim, Ahmad and Abu Dawood.

요."116

이 두 하디스는 분명히 돈을 걸든 그렇지 않든 주사위 놀이를 하는 자에게 적용된다.

장기 놀이

장기는 많이 알려진 놀이다. 이에 관한 법률가들의 견해는 다양하다. 일부는 할랄이라고 말하고, 일부는 혐오사항이라고 말하고, 일부는 하람이라고 해석하기도 한다. 장기 놀이를 하람이라고 말하는 자는 이 내용을 지지하는 하디스를 인용하기 때문이다. 그러나 연구가들은 예언자가 사망할 때까지는 등장하지 아니하였으므로 이와 관련한 모든 하디스들은 위조된 것이라고 말한다.

예언자의 교우들도 이에 관하여 서로 다른 견해를 주장하였다. 이븐 우마르는 장기 놀이가 주사위 던지기 놀이보다 더 나쁘다고 하였고 알리는 돈을 걸고 할 경우에는 도박이라고 하였으며 일부는 단지 인정하지 않는다고 견해를 표방했다.

하지만 일부 교우들과 그 다음 세대의 일부 학자들은 장기 놀이를 허용하였다. 이븐 압바스, 아부 후라이라, 이븐 시린, 히샴(Hisham ibn Umrah), 싸이드(Said ibn Al-Musaiib)가 장기 놀이를 허용한 대표적 인물이다. 나 역시 이들 학자들의 견해를 지지한다. 왜냐하면 이것은 원리원칙에서 보면 허용된 것이다. 하람이라는 단서가 없기 대문이다. 더더욱 놀이와 여가의 측면에서 보면 장기 놀이는 생각을 요구하고 전략을 짜야 하는 정신적 운동이라는 점에서 더욱 그렇다. 이 점에 있어 장기 놀이는 주사위 던지기와는 반대다, 후자의 경우는 운의 놀이어서 화살을 걸고 점을 치는 것과 비슷하다. 그러나 전자는 지혜와 전략의 놀이로 활쏘기에 비유할 수 있다.

하지만 장기 놀이도 다음의 세 가지 조건을 충족시켜야만 할랄이

116_ Ahmad, Abu Dawood, Ibn Majah, and Malik.

라고 할 수 있다.

(1) 예배를 소홀히할 정도로 몰입되어서는 안 된다. 장기 놀이는 시간을 훔쳐가는 놀이이기 때문이다.

(2) 돈내기 놀이가 아니어야 한다.

(3) 놀이를 하면서 음란한 대화를 나누어서는 안 된다.

만일 이 세 가지 조건 중에서 하나라도 충족되지 않을 때의 장기 놀이는 하람이다.

노래와 감상

마음을 위로하고, 마음을 기쁘게 하고, 마음을 즐겁게 할 수 있는 오락들 중에는 노래가 있다. 이슬람은 노래를 허용한다. 다만 이슬람의 도덕과 윤리를 해치는 음란한 노래 그리고 과도하게 흥분시키는 노래만 아니면 된다.

결혼식, 출산, 아이의 탄생을 축하하고 기념하기 위해 양을 도살하여 나누어 먹는 아끼까(Aqiqa) 행사 그리고 여행에서 무사히 돌아왔을 때 기쁨을 나누고 행복한 분위기를 조성하기 위한 노래는 할랄이다. 한 여성이 메디나 출신의 남자와 결혼했을 때 예언자가 한 말을 아이샤가 전하고 있다.

"아이샤, 그들을 위한 어떤 잔치가 있었나요? 메디나 사람들은 오락을 좋아하지요."117

이븐 압바스가 말했다. "아이샤가 한 소녀를 메디나 출신 한 남자에게 시집을 보냈다. 예언자가 와서 물었다. '가수를 딸려서 보냈나요?' 아이샤가 대답했다. '보내지 않았어요.' 그러자 예언자가 말했다. '메디나 사람들은 시와 노래를 좋아해요. 당신은 가수를 딸려서 보내, 우리는 여러분을 위해 왔어요. 우리는 여러분을 위해 왔어요. 우리가 여러분을 맞이하는 것처럼 우리를 맞이하여 주세요.' 라고 말하도록 해야

117_ Al-Bukhari.

했어요."118

아이샤가 전하고 있다. 메카 미나에 있을 때 이둘아드하 명절을 맞이했다. 두 소녀가 그녀 옆에 있으면서 한 소녀은 노래를 하고 한 소녀는 드럼을 두드렸다. 예언자도 자리를 함께하고 있으면서 숄로 얼굴을 가리고 소녀들의 노래를 듣고 있었다. 아부 바크르가 들어와 노래하는 소녀들을 꾸짖었다. 그러자 예언자께서 자신의 얼굴을 가렸던 숄을 거두면서 그에게 말했다.

"아부 바크르, 그대로 두시오. 명절이요, 축제이지 않소."119

가잘리는 그의 책 『Ihya Ulum Al-Din』에서 여가수, 아비시니아 사람들이 예언자 사원에서 보인 투창 시범, 그들에 대한 예언자의 격려와 관련된 하디스를 인용하고 있다. "바니 아르피다, 계속하세요." 아내 아이샤에게, "구경하고 싶소?" 그리고 아내가 피곤해 지칠 때까지 함께하고 있다가 떠난 이야기 그리고 아내가 친구들과 장난감을 가지고 놀았던 이야기들이다. 그리고 다음과 같이 말하고 있다. "이 모든 하디스는 부카리와 무슬림이 전한 것으로 노래와 놀이는 하람이 아니라는 것을 분명히 입증하고 있다. 이로부터 다음의 내용을 추리해 볼 수 있다.

첫째, 놀이는 할랄이다. 아비시니아 사람들은 춤과 노래를 하는 관습이 있었다.

둘째, 그것은 사원에서 행하여졌다.

셋째, '바니 아르피다, 계속하세요.'라고 예언자가 말한 것은 하나의 명령이요 그렇게 해야 된다는 요구이다. 그런데 그것을 어떻게 하람으로 간주할 수 있겠는가?

넷째, 예언자는 아부 바크르와 우마르에게 놀이하는 것과 노래하는 것을 간섭하지도 말고 나무라지도 말라고 했다. 명절은 즐거운 날이요 노래는 즐겁게 하는 수단이라고 예언자께서 아부 바크르에게 말했다.

118_ Ibn Majah.

119_ Al-Bukhari and Muslim.

다섯째, 아이샤와 오랫동안 자리를 함께하고 있으면서 아이샤로 하여금 아비시니아 사람들의 시범을 구경하게 하고 가수들의 노래를 청취하도록 하였다. 이것은 여성들을 기쁘게 하고 놀이를 통해서 아이들을 즐겁게 하여 주는 것이 종교적 경건함만을 위해 그러한 오락을 금지하는 것보다 더욱 좋다는 것을 입증하였다.

여섯째, 예언자는 스스로 아이샤에게 시범을 관람하도록 격려하였다.[120]

일곱째, 드럼에 맞추어 노래하는 것은 할랄이다.

예언자의 교우들 중에서 다수와 그 다음 세대의 무슬림 학자들은 노래감상을 즐기면서 아무런 잘못을 발견하지 않았다고 전해오고 있다. 노래를 반대했다고 한 하디스들은 모두가 신빙성이 낮고 연구가들에 의해 건전하지 않은 하디스들로 밝혀졌다. 법률가 아부 바크르 아라비는 이렇게 말한다. “노래를 금지했다는 건전한 하디스는 없다.” 이븐 하즘은 이렇게 말한다. “이 주제와 관련된 모든 하디스들은 거짓이고 위조된 것들이다.”

하지만 노래는 종종 술 향연과 야간 모임이 뒤따른다. 많은 학자들은 술과 야간 모임이 뒤따르는 노래는 하람이 되며 아니면 최소한 혐오사항이 된다고 선언했다. 그들은 또 노래는 꾸란에서 언급되고 있는 잡담을 유발한다고 언급했다. 다음은 이와 관련한 알라의 말씀이다.

> “사람들 중에는 무익한 이야기로 아는 것 없이 알라의 길을 탈선케 하거나 그것을 조롱하는 자들이 있나니 저들은 굴욕적인 벌을 받게 될 것이니라.” (31:6)

이븐 하즘은 이렇게 말한다. “이 절은 알라의 길을 조롱하는 특정한 행위의 습관을 비난하고 있다. 이 범주에 들어간 자는 누구를 막론하고 불신자다. 만일 그가 꾸란 한 권을 구입했다 하더라도 그렇게 하여 조롱거리를 만들어 사람들을 방황하게 하면 그는 불신자가 된다. 알라께서 명령한 것은 바로 이러한 형태를 말하는 것이지 사람들을 알라

120_ Al-Bukhari and Muslim.

의 길에서 탈선시키지 않고 다만 오락에 빠져 말하는 잡담을 말하지 않는다.

"진리 외에는 모두가 방황이라"(10:32)라는 꾸란 절을 언급하면서 노래는 진리에서 온 것이 아니므로 방황에서 온 것이라고 말하는 자들의 반론을 이븐 하즘은 거절한다. 그는 다음과 같이 말하고 있다. "사도께서 말씀하셨습니다. '모든 행위는 마음의 의도에서 비롯됩니다. 모든 인간은 마음에 어떤 의도를 갖고 있습니다.'[121] 따라서 죄를 지을 의도로 노래를 즐기는 자는 죄인이다. 노래 이외의 것도 그와 마찬가지이다. 그러나 노래 감상을 통해 마음을 새롭게 하여 알라에 대한 의무를 다하고 선행을 행할 의도로 노래를 감상하는 자는 알라께 복종하는 훌륭한 인간이며 그의 행위는 진리이다. 알라에 대한 복종도 아니고 거역도 아닌 아무런 의도가 없는 상태로 음악을 감상하는 자는 해가 없는 것으로 그것은 공원에 나가 산책을 하거나 창가에 서서 하늘을 쳐다보거나 청색 또는 초록색 옷을 입는 자와 비슷하다."

하지만 노래에 관한 몇 가지 제한이 있다.

(1) 노래는 이슬람의 가르침에 위배되어서는 안 된다. 예를 들어 노래가 술과 음주를 부추겨 사람들로 하여금 술을 마시게 한다면 이 경우의 노래와 감상은 하람이다.

(2) 노래가 이슬람의 가르침에 위배되지는 않지만 노래하는 품행이 사람들을 하람으로 유도한다면 이 때의 노래는 하람이다. 예를 들어 노래가 성적인 자극을 유발시켜 성의 타락으로 가는 경우다.

(3) 이슬람은 모든 것에 있어 중용을 요구하면서 과도한 것을 피한다. 과도한 신앙생활도 그렇고 도를 넘어선 노래도 마찬가지다. 어떤 일에 지나칠 정도로 시간을 할당하는 것도 그렇다. 일할 시간이 있어야 하고, 생활할 시간이 있어야 하고, 신앙생활을 할 시간이 있어야 하고, 휴식과 여가를 즐길 시간이 있어야 하기 때문이다. 이런 말이 있다. "의

121_ Al-Bukhari and Muslim.

무 사항을 게을리하지 않는 한 어떤 일에만 과도해서는 안 된다."

(4) 각자가 자신을 위한 최선의 재판관이다. 어떤 형태의 노래가 자신의 마음을 흥분시켜 동물적 본능을 유발시켜 죄를 짓게 한다면 스스로 그 유혹의 문을 닫기 위해 그 노래와 감상을 피해야 한다.

(5) 이것은 일치된 견해이다. 노래가 하람 활동, 즉 술잔치 또는 음란한 모임과 연계된 것이라면 그 노래는 하람이다. 예언자는 그러한 상황에서 노래하는 자와 감상하는 자에게 가혹한 징벌을 경고했다. 다음은 이와 관련한 예언자의 말씀이다.

"나의 공동체 사람들 중에서 일부 사람들은 술에 다른 이름을 붙여 술을 마시고 악기를 동반한 가수들의 노래를 감상할 것입니다. 알라께서는 지구로 하여금 그들을 집어삼키게 할 것이며 그리고 그들 중의 일부는 원숭이나 돼지가 될 것입니다."[122]

그들의 육체가 돼지나 원숭이 모습으로 변형된다는 것이 아니라 그들의 마음이 돼지나 원숭이처럼 된다는 뜻이다.

도박은 술의 형제

이슬람은 다양한 놀이와 운동을 허용하면서 한편으로는 도박의 요인이 들어 있는 돈내기놀이는 금지한다. 이미 이에 관한 예언자의 말씀을 언급했다.

"친구에게, 우리 함께 도박하자라고 말한 자는 자선을 해야 합니다."

즉 자선을 베풀어 회개해야 한다는 뜻이다.

휴식을 취하고 여가를 즐기는 것은 할랄이나 도박과 관련된 여가는 하람이며 도박을 통해서 돈을 취하는 것도 하람이다.

도박을 엄격하게 금지하는 정당한 이유가 있다.

(1) 이슬람은 무슬림에게 알라께서 제시한 생활비 획득방법을 따

122_ Ibn Majah.

르라고 촉구한다.

목적을 달성하기 위해 자연법칙과 직접적인 수단을 활용하라고 촉구한다. 희망하는 자신의 목적을 얻기 위해 그러한 방법들을 활용하라고 촉구한다. 제비뽑기나 복권추첨을 비롯한 도박은 사람들로 하여금 어떤 운의 기회와 허황된 꿈에 의존하도록 만들어 노동하고자 하는 의욕을 상실케 하고 사행심리를 부추긴다. 힘든 일과 생산업 종사를 피하게 만든다. 도박에 의존하는 자들은 알라께서 제시한 양식을 얻는 법칙을 잃어버린다.

(2) 이슬람에서 개인의 재산은 신성하다. 합법적인 교환 또는 스스로 선물이나 자선으로 기부하지 않는 한 각 개인의 재산은 보호를 받는다. 따라서 도박을 통해서 어떤 개인의 돈을 취하는 것은 불법으로 하람이다.

(3) 도박꾼들은 말로는 그렇지 않다고 하지만 상대방에 대해 증오와 적대감을 갖는다. 항상 승자가 있고 패자가 있다. 패자는 조용한 척하지만 그의 마음에는 언제나 좌절과 분노와 후회가 뒤따르기 때문이다. 승리한 게임을 하지 못하고 돈을 잃은 것에 대한 좌절과 분노와 후회이다.

(4) 도박은 패자와 승자 모두에게 강박충동을 갖게 한다. 패자는 잃은 것을 찾기 위해 다음 도박에서 승자가 될 것이라는 희망을 갖는다. 승자는 승자대로 다음 도박에서도 또 승리할 것이라는 기대와 욕심을 갖는다. 행운은 뒤바뀐다. 패자가 승자가 되고 승자가 패자가 된다. 지난번 승리의 기쁨이 이번에는 패자의 고통으로 바뀐다. 이렇게 도박꾼들은 지속적으로 도박에 중독이 되어 도박과 절교할 수 있는 자력을 잃어버린다. 이것이 바로 도박중독이다.

(5) 이러한 중독 때문에 도박은 개인에게는 물론 사회에도 위험하다. 이러한 도박 습관은 도박자의 시간과 에너지를 낭비시켜 생산을 할 수 없는 무능력한 실업자로 만들거나 사회의 기생충이 되게 한다. 소비만 하고 생산하지 않으며 가져만 가고 주지 않는 기생충이다.

더더욱 도박중독 때문에 도박꾼은 창조주에 대한 의무와 사회에 대한 의무를 망각하거나 게을리하게 된다. 도박중독자는 종종 자신의 명예와 종교를 팔고 마작 테이블에 앉아 국가의 명예를 팔아먹는다. 이 중독은 인간의 정신과 감각을 마비시켜 모든 가치를 잃게 한다.

꾸란은 술과 도박이 개인과 가정과 국가에 얼마나 큰 피해를 주는가를 정확히 말해주고 있다. 알코올 중독은 도박중독 못지않게 더 무섭다. 술과 도박은 사탄의 행위로 우상숭배나 화살에 의한 점술처럼 불결한 것이므로 이를 피해야 한다고 꾸란을 가르치고 있다. 다음은 이와 관련한 알라의 말씀이다.

> "믿는 자들이여, 술과 도박과 우상숭배와 점술은 사탄이 행하는 불결한 것들이거늘 그것들을 피하라 그리하면 너희가 번성할 것이니라." (5:90)

복권 추첨은 도박의 일종

복권 추첨은 도박의 일종이다. 자선기구 또는 복지사업이라는 이름을 붙여 행해지고 있는 복권 추첨을 방종하거나 허가해서는 안 된다. 그럴듯한 명목으로 복권 추첨을 허락해야 한다고 생각하는 자들은 똑같은 명목으로 하람인 춤이나 예술 공연을 통해서 기금을 모으는 자들과 다를 바 없다.

알라께서는 깨끗하므로 그분께서는 깨끗한 것 외에는 아무것도 수락하지 않는다는 교훈을 이 단체는 알아야 한다.

이러한 수단으로 돈을 모으려는 사람들은 이렇게 말한다. 사회구성원들이 선과 자선과 사랑과 자비의 마음이 결여되어 있어 그 결과 복권 추첨이나 연회공연을 통하지 않고는 돈을 모을 수 있는 다른 방법이 없다고 주장한다. 그러나 이슬람은 사회의 구성원들을 위해 그러한 방법을 주장하지 않는다. 이슬람은 인간의 본성은 본래 선이라고 믿는다. 그래서 좋은 일을 위해 그 선에 호소하면 목적이 이루어진다고 믿는다. 돈을 모으는 이슬람식 방법은 정의에 호소하고 인간의 동정에 호소하고 알라와 내세에 대한 믿음의 의미를 상기시키는 것이다.

영화관 입장

많은 무슬림들이 영화나 연극공연 관람에 관한 입장을 묻는다. 할랄인가 아니면 하람인가라는 질문이다. 의심할 바 없이 영화는 중요한 교육의 도구이면서 여가의 수단이다. 영화 그 자체는 문제가 되지 않는다. 그것에 대한 판단은 그것이 좋은 일에 사용되는가 아니면 나쁜 것에 사용되는가에 달려 있다. 따라서 영화는 다음의 조건을 충족시킬 때 할랄이며 바람직한 것으로 간주될 수 있다.

첫째, 영화 내용이 건전해야 한다. 죄와 음란 내용이 배제되고 이슬람의 믿음과 도덕과 예절에서 벗어나지 않아야 한다. 성적 충동이나 성욕을 유발하는 장면, 죄를 미화시키는 장면, 상식에서 벗어난 광고, 이슬람 교리를 이탈한 내용의 장면이 없어야 한다. 이러한 것들은 모두가 하람이기 때문이다.

둘째, 영화 관람이 종교적 의무나 사회적 책임을 게을리하게 만드는 결과를 가져와서는 안 된다. 하루 다섯 번의 예배는 이슬람교의 첫 번째 의무사항이다. 그러므로 영화 관람을 위해 정해진 예배시간을 놓쳐서는 안 된다. 다음은 이와 관련한 알라의 말씀이다.

> "위선적인 기도를 행하는 자들에게 재앙이 있을 것이라. 이들은 예배생활을 태만히 하는 자들이니라." (107:4-5)

정해진 시간이 지나도록 예배를 지연시키는 자들에 관한 교훈이다. 꾸란에 술과 도박이 금지되고 있는 가장 중요한 이유 중에 하나가 바로 알라를 망각하게 만들고 예배를 보지 않게 만들기 때문이다.

셋째, 영화관에서는 남녀가 혼합해서 자리를 해서는 안 된다. 캄캄한 공간에서 쉽게 일어날 수 있는 남녀 간의 성적 유혹과 충동을 예방하기 위해서다. 다음은 이와 관련한 알라의 말씀이다.

"접촉해서는 안 될 여인과 살결을 접촉하는 것보다 머리에 쇠못을 박는 것이 여러분에게 더 복이 될 것입니다."123

123_ Al-Baihaqi and Al-Tabarani.

04

사회적 관계

이슬람 사회 구성원 간의 관계는 다음의 두 가지 원칙에 기반을 두고 있다. 첫째는 개인과 개인 간을 연결시키는 형제애의 강한 유대관계를 인식하는 것이다. 둘째는 이슬람이 보장하고 있는 각 개인의 권리와 생명과 명예와 재산에 대한 보호이다.

이 두 가지 원칙을 무시하거나 위협하는 어떤 말이나 행위나 관행은 이슬람에 의해 금지된다. 하람의 정도는 그로 인해 입을 수 있는 물질적 · 도덕적 상처의 크기에 달려 있다. 형제애와 인간의 신성권리에 피해를 주는 금지된 행위들을 꾸란은 소상하게 언급하고 있다. 다음은 이와 관련한 알라의 말씀이다.

> "믿는 자들은 한 형제라. 그러므로 싸우는 너희 두 형제 사이를 화해시키며 알라를 두려워하라. 그리하면 너희가 은혜를 받을 것이니라. 믿는 자들이여! 사람이 다른 사람을 비웃지 않도록 하라. 후자가 전자보다 훌륭할 수도 있느니라. 여성이 다른 여성을 비웃지 않도록 하라. 후자가 전자보다 훌륭할 수도 있느니라. 서로가 서로를 비방하지 말 것이며 별명으로 부르지도 말라. 믿음을 가진 후에 저속한 이름으로 부르는 것은 사악한 것이니라. 그리고 회개하지 않는 자는 실로 죄인이니라. 믿는 자들이여! 되도록 의심하지 말라. 의심하면 죄가 되는 경우도 있느니라. 서로 염탐하거나 험담하지 말라. 너희 중에 죽은 형제의 살을 먹고자 하는 자 아무도 없느니라. 실로 너희는 그것을 싫어할 것이라. 알라를 두려워하라. 실로 알라께서는 가장 너그러우시고 가장 자비로운 분이시니라." (49:10-12)

믿는 자들은 조상이 같은 인간으로서의 형제일 뿐만 아니라 믿음으로 맺어진 이슬람의 형제라는 것을 알라께서는 선포하고 있다. 이러한 형제관계는 다음 것을 요구하고 있다. 서로가 서로를 알아야 한다. 서로가 서로를 피하지 아니해야 된다. 유대관계를 맺되 그 관계를 단절하지 말아야 한다. 서로 사랑하고 미워하지 않아야 한다. 서로가 서로에게 진실하고 피상적이거나 형식적이어서는 안 된다. 서로가 함께하고 헤어지지 않아야 한다. 다음은 이와 관련한 예언자의 말씀이다.

"서로가 서로를 시기하지 말고 서로가 서로를 미워하거나 험담하지 말고 알라를 위한 형제가 되시오."[124]

무슬림이 무슬림을 회피하는 것은 하람

무슬림이 무슬림을 피하는 것은 하람이다. 관계를 단절하는 것 또는 외면하는 것도 물론 하람이다. 만일 무슬림끼리 서로 싸운다면 3일 동안 냉각기를 가져야 한다. 그 후 화해와 평화의 수단을 강구해야 한다. 자만과 분노와 미움과 증오를 극복해야 한다. 꾸란에 언급된 믿는 자의 가장 모범적인 특성 중의 하나가 믿는 자에 대한 겸손과 겸허하다. 다음은 이와 관련한 알라의 말씀이다.

> "믿는 자들은 알라를 사랑하고 믿는 자들에게 겸손하느니라." (5:54)

다음은 이와 관련한 예언자의 말씀이다.

"무슬림이 무슬림을 3일 이상 멀리하는 것은 하람입니다. 3일 후에는 무슬림은 무슬림을 만나 인사를 주고받아야 합니다. 그렇게 하는 자들은 보상을 공유합니다. 그러나 그렇게 하지 않는 자는 죄를 짓게 되며 먼저 찾아가 인사한 무슬림만 죄로부터 해방됩니다."[125]

피를 나눈 형제간의 관계단절은 인간관계의 단절보다 더 큰 하람이다. 이슬람은 혈육간의 형제애 관계를 의무화하고 신성시하기 때문

124_ Al-Bukhari.

125_ Abu Dawood.

이다. 다음은 이와 관련한 알라의 말씀이다.

> "알라를 공경하고 친인척간의 결속을 존중하라. 실로 알라께서는 너희를 지켜보시고 계시느니라." (4:1)

예언자는 아름다운 말로 이 관계의 가치를 알라가 제시한 시각에서 조명하고 있다. 다음은 이와 관련한 예언자의 말씀이다.

"자궁은 알라의 권좌에 매어져 있으며 이렇게 말합니다. '나와 연결하는 자는 알라께서 연결시켜 주실 것이요. 나와 단절하는 자는 알라께서 단절할 것입니다.'"126

"단절하고 사는 자들은 천국에 들어가지 못할 것입니다."127

일부 학자들은 이 하디스의 내용을 혈육간에 관계를 단절하는 자로 해석하고 일부는 길을 차단하는 자, 즉 노상강도나 해적으로 설명하고 있다.

유대관계란 단순히 상호방문이나 좋은 것을 교환하는 것만을 의미하지 않는다. 이것은 당연하게 해야 할 의무사항이다. 그보다 더 중요한 것은 멀리했던 혈육의 형제들 간에 형제애와 우정을 지속적으로 유지하는 것이다. 다음은 이와 관련한 예언자의 말씀이다.

"유대관계란 나를 방문하지 않는 형제라 할지라도 그를 방문하는 것입니다. 그에 대한 보상은 알라께서 주십니다. 이렇게 하여 단절되었던 형제의 관계를 연결하는 것입니다."128

유대관계를 멀리하거나 단절하거나 또는 거부해야 할 경우는 단지 알라를 위한 것일 때만 적용된다. 한편 그것이 알라를 위하고 정의의 명분을 위한 것이 아니라면 이러한 명령은 적용되지 않는다. 믿는 자들 간의 가장 강한 유대관계는 알라를 위한 사랑과 알라를 위한 미움을 통해서 확립된다.

126_ Al-Bukhari and Muslim.

127_ Al-Bukhari.

128_ Al-Bukhari.

예언자와 교우들은 타북 전투에 참여하지 않았던 세 사람과 50일 동안 거리를 두었다. 이 기간 동안 그들은 마치 지구가 지옥처럼 느껴졌고 스스로 무엇을 어떻게 해야 될지를 몰랐다. 어느 한 사람 그들과 함께하여 주는 사람이 없었고 누구 한 사람 그들에게 말을 하는 사람이 없었고 누구 한 사람 그들에게 인사하는 사람이 없었다. 그러자 그들의 회개에 관한 계시가 내려졌다. 알라께서 그들의 회개를 수락했다는 계시를 예언자에게 내려 보낸 것이다.[129] 또 다른 경우로 예언자께서 아내들과 40일 동안 거리를 두었던 사례도 있다.

우마르의 아들 압둘라가 한 아들과 그의 남은 여생동안 거리를 둔 사건이 있었다. 그의 아버지가 전한 하디스를 아들이 준수하지 않았기 때문이다. 그 하디스는 아내가 이슬람 사원에 나가는 것을 막지 말아야 한다는 내용이었다.[130]

무슬림들 간의 소외와 적대감은 어떠한 현세적 이유를 막론하고 있어서는 안 된다. 왜냐하면 알라가 보시기에 이 세상 모든 것은 그렇게 큰 가치가 없어 속세적인 문제로 무슬림 형제간의 관계를 멀리하거나 단절하고 살 만한 가치가 없기 때문이다. 미움과 증오 때문에 생긴 무슬림 간의 소외는 알라의 관용과 자비를 차단시켜 버린다는 것을 알아야 한다. 다음은 이와 관련한 예언자의 말씀이다.

"천국의 문은 월요일과 목요일에 열립니다. 그리고 알라께서는 사람들에게 관용을 베풀지요. 그러나 알라께 어떤 것을 비유하는 자와 형제간의 미움과 적대감을 갖고 있는 자는 제외됩니다. 세 번 명령이 내려질 것입니다. '그들이 화해할 때까지 그 두 형제를 버려두시오.'"[131]

사과를 해야 할 형제가 와서 사과하면 그것으로 충분하다. 그리고 상대방은 그 사과를 수락하고 화해를 해야 한다. 형제의 사과를 받아들이지 않고 형제를 돌려보내는 것은 하람이다. 그렇게 한 자는 부활의

129_ Al-Bukhari and Muslim.

130_ Ahmad.

131_ Muslim.

날 천국의 샘에서 그를 맞이하지 않을 것이라고 예언자는 경고했다.

분쟁 해결

분쟁 당사자는 서로간의 차이점을 형제처럼 해결해야 한다. 무슬림 공동체 역시 이 점에 대해 책임을 져야 한다. 무슬림 사회는 상호 보살핌과 상호협력에 기반하고 있으므로 사회 구성원들은 분쟁 당사자들의 분쟁과 싸움을 수동적으로 관망만 하고 있어서는 안 된다. 그럴 경우 분쟁과 싸움은 더 확대되어 가기 마련이다. 지식층을 비롯한 사회 지도층 인사들은 편견 없이 그리고 당사자들 사이에 감정적으로 연루되지 않고 문제가 해결될 수 있도록 노력해야 할 책임이 있다. 다음은 이와 관련한 알라의 말씀이다.

> "믿는 자들은 한 형제라. 그러므로 싸우는 너희 두 형제 사이를 화해시키며 알라를 두려워하라. 그리하면 너희가 은혜를 받을 것이니라." (49:10)

예언자는 그러한 중재의 장점과 분쟁 그리고 적대감의 위험을 설명했다.

"단식이나 자선 그리고 예배보다 더욱 점수가 높은 어떤 것을 여러분에게 이야기하여 주지 안했던가요? 청취자들이 대답했다. '예, 말씀하지 않았습니다. 말씀해 주세요.' 예언자가 대답했다. '그것은 바로 사람들 사이에 어떤 것을 바르게 두는 것입니다. 사람들을 선동시켜 분쟁을 일으키게 하는 것은 면도칼과 같습니다. 그것은 머리를 깎는 면도칼을 의미하는 것이 아니라 종교를 삭발한다는 뜻입니다."[132]

조롱과 비웃음

알라께서는 꾸란에서 형제애를 보호하기 위해 몇 가지를 금지하고 사람들 간에 신성시해야 할 것들을 언급하셨다. 첫째는 조롱과 조소를 금지했다. 알라를 두려워하고 내세에서 천국의 축

132_ Al-Tirmizi.

복을 바라는 신자는 누구도 조롱하지 않고 어떤 민족도 조소의 대상으로 삼지 않는다. 지나친 농담을 하지 않고 냉소하지 않고 빈정거리지 않고 멸시하지 않는다. 이런 것들은 거만과 오만에서 비롯된 것이며 자신의 무지를 드러낸 것에 불과하다. 다음은 이와 관련한 알라의 말씀이다.

> "믿는 자들이여! 사람이 다른 사람을 비웃지 않도록 하라. 후자가 전자보다 훌륭할 수도 있느니라. 여성이 다른 여성을 비웃지 않도록 하라. 후자가 전자보다 훌륭할 수도 있느니라. 서로가 서로를 비방하지 말 것이며 별명으로 부르지도 말라. 믿음을 가진 후에 저속한 이름으로 부르는 것은 사악한 것이니라." (49:11)

알라께서는 믿음과 진실과 알라와의 관계가 어느 정도인가를 잣대로 인간의 업적을 계산하신다. 외모와 부와 권력과 힘으로 측정하지 않으신다. 다음은 이와 관련한 예언자의 말씀이다.

"알라께서는 여러분의 외모와 가진 것을 보지 않고 여러분의 마음과 행위를 보십니다."133

신체적 결함이 있다고 해서 그리고 가난하다고 해서 사람을 업신여기고 비웃는 것은 더 큰 하람이다. 마스우드의 아들 압둘라는 몸이 여위고 다리가 허약했다. 아래 바지가 벗겨져 그의 허약한 다리가 노출되었을 때 일부 사람들이 웃었다. 이와 관련하여 예언자는 이렇게 말씀하셨다.

"여러분은 그의 다리가 허약하다고 해서 웃는가요? 나의 생명이 그분의 손 안에 달려 있는 알라께 맹세하지만, 알라께서 보시기에 그들의 몸무게는 우흐드 산보다 더 무겁습니다."134

꾸란은 믿음이 충실한 신자를 비웃는 자, 특히 약자와 빌랄이나 암마르 같이 박해받은 무슬림 형제를 조롱하는 자는 우상 숭배자자의 죄에 해당된다고 하면서 그들은 계산의 날 그들이 조롱했던 것을 그대로 되돌려받는다고 했다. 다음은 이와 관련한 알라의 말씀이다.

133_ Muslim.

134_ Al-Tiyalisi and Ahmad.

“죄인들은 믿는 자들을 비웃고 믿는 자들이 그들 옆을 지나갈 때면 서로 눈짓을 하며 조롱하곤 하였고 그들의 무리에게로 돌아왔을 때는 우쭐대었노라. 믿는 자를 볼 때면 말하길, 보라 이들이 방황한 자들이라. 그러나 불신자들은 믿는 자를 감시하기 위해 보내진 자가 아니라. 오늘은 믿는 자들이 불신자들을 비웃을 것이니라.” (83:29-34)

앞서 인용된 49장 11절 첫 부분에서도 언급되었지만 본절에서는 여성이 여성을 비웃지 않아야 한다고 알라께서 분명하게 말씀하고 있다. 이러한 비웃음은 남성보다 여성들 사이에서 보편적이라는 것을 암시하고 있는 대목이다.

비방과 험담

두 번째 하람은 람즈(Lamz)다. 이 단어는 ‘찌르다, 해치다’라는 자구적 의미를 담고 있다. 여기서는 상대방의 흠을 들추어내는 것을 말한다. 다른 사람의 흠을 들추어내는 자는 칼로 상대방을 찌르는 것이나 다름이 없다는 의미이다. 혀에 의한 험담으로 입은 상처가 더 오래갈 수 있다는 뜻이기도 하다. 한 시인은 이렇게 말했다.

“칼에 맞은 상처는 하루 만에 치료될 수도 있어요.
허로 입은 상처는 어떻게 될까요?
그 상처는 결코 치료되지 않아요.”

“여러분 자신들을 조롱하지 말라.” 즉 서로가 서로를 험담하지 말라는 뜻이다. 꾸란은 무슬림 공동체를 한몸으로 간주하면서 상호간의 관심과 상호간의 책임을 강조한다. 그래서 상대방을 조롱하고 험담하는 것은 곧 자기 자신을 험담하고 조롱하는 것이다.

별 명

조롱과 험담 중의 하나가 사람을 부를 때 상대방의 약점을 부각시켜 경멸적인 별명으로 부르는 것이다. 무슬림은 불쾌감을 주는 이름으로 그의 형제를 불러 마음의 상처를 주거나 형제애의 감정을 짓밟지 않는다.

의 심

이슬람은 의심과 비방과 상호불신이 배제된 깨끗한 양심과 의심이 없는 상호신뢰를 바탕으로 한 이슬람사회 건설을 목표로 한다. 이를 위하여 다음의 꾸란 절은 의심을 하지 말라고 하였다. 다음은 이와 관련한 알라의 말씀이다.

> "믿는 자들이여! 되도록 의심하지 말라. 의심하면 죄가 되는 경우도 있느니라." (49:12)

죄가 되는 의심은 나쁜 생각을 갖게 하는 의심이다. 무슬림은 확실한 근거가 없고 분명한 증거가 없을 때는 형제 무슬림에게 그런 나쁜 의심을 갖지 않는다. 사람의 본성은 순진하다. 그러므로 순진한 사람을 비난할 수 있는 결과를 초래할 단순한 의심도 허용되어서는 안 된다. 다음은 이와 관련한 예언자의 말씀이다.

"의심하지 마시오. 왜냐하면 의심은 거짓말 대화입니다."[135]

허약한 인간은 의심과 나쁜 생각에서 자유롭지 않다. 특히 관계가 좋지 않는 사람들 사이에서는 더욱 그렇다. 하지만 무슬림은 그러한 생각에 굴복해서도 안 되고 그러한 생각이 행동으로 옮겨져도 안 된다. 다음은 이와 관련한 예언자의 말씀이다.

"만일 여러분이 의심을 했다 하여도 그것을 따르지 마시오."[136]

정탐과 간첩활동

타인에 대한 불신은 나쁜 생각을 낳고 나쁜 생각은 다시 정탐을 하게 만든다. 그러나 이슬람은 내부와 외부적으로 순수에 근거하여 사회건설을 추구한다. 그래서 나쁜 의심이 하람인 것처

135_ Al-Bukhari.
136_ Al-Tabarani.

럼 정탐과 간첩활동도 하람이다.

타인의 사적 업무 또는 사생활을, 비록 그것들이 죄와 연관된 것이라 할지라도 당사자가 공개하지 않고 비밀로 한 것이라면, 들여다보면서 정탐하는 것은 하람이다.

예언자의 교우 우끄바(Uqbah ibn Amir)의 비서인 아부 하이삼이 전하고 있다. "나는 우꾸바에게 말했다. '저의 이웃 몇 사람이 술을 마시고 있습니다. 경찰을 불러 그들을 체포하도록 하겠습니다.' 이 말을 듣고 우끄바가 말했다.

'그렇게 하지 말고 충고를 하고 그래도 술을 마시면 경고를 하시오.' 나는 대답했다. '제가 그들에게 충고했지만 그들은 제 말을 들은 척도 안 합니다.' 우끄바가 말했다. '그렇게 하지 마시오. 나는 예언자께서 이렇게 말씀하신 것을 들었소.' : 타인의 비밀을 지켜준 자는 산 채로 매장된 여아를 살려내는 것과 같습니다."[137]

예언자는 다른 사람들의 결점을 찾는 자들을 입으로는 믿는다고 하면서 마음은 그렇지 않는 위선자로 분류하였다. 그리고 그러한 사람들을 공개적으로 비난했다. 이븐 우마르가 전하고 있다. "사도께서 설교단에 올라가 큰 소리로 말씀하셨습니다. '입으로 이슬람을 선언하고 마음에는 믿음이 없는 사람들이여. 무슬림들을 괴롭히지 말고 그들의 결점을 찾지 마시오. 무슬림 형제의 결점을 찾는 자는 알라께서 그의 결점을 들추어 낼 것입니다. 그리고 알라께서 어떤 사람의 결점을 들추어 내 공개할 때는 가정의 내부까지 들추어내실 것입니다."[138]

무슬림은 타인의 비밀을 지켜준다. 예언자는 허락 없이 타인의 집을 들여다보는 것을 엄격하게 금지하면서 이렇게 말했다.

"허락 없이 남의 집안을 들여다보는 자가 있다면 그의 눈을 도려내는 것도 허용됩니다."[139]

137_ Abu Dawood, Al-Nisai, Ibn Hibban, and Al-Hakim.

138_ Al-Tirmizi and Ibn Majah.

139_ Al-Bukhari and Muslim.

그와 같이 예언자는 몰래 다른 사람의 대화를 엿듣는 것도 금지했다. 다음은 이와 관련한 예언자의 말씀이다.

"남의 대화를 은밀히 듣는 자는 부활의 날 녹은 납 물이 그의 귀에 부어질 것입니다."140

남의 집을 방문할 때는 들어와도 좋다는 집 주인의 허락이 있기 전까지는 들어가지 않으며 허락을 받으면 인사를 하고 들어간다. 다음은 이와 관련한 알라의 말씀이다.

"믿는 자들이여, 남의 집에 들어갈 때는 허락을 받고 그 집안 가족에게 인사를 하기 전까지는 어떠한 가정도 들어가지 말라. 그것이 너희에게 좋은 것이니 너희는 이를 교훈으로 삼으라. 집안에 아무도 없을 때는 너희에게 허락이 있을 때까지 들어가지 말라. 만일 돌아가라고 하거든 돌아가라. 이것이 너희에게 더 좋은 일이라. 알라께서는 너희가 행하는 모든 것을 아시느니라." (24:27-28)

다음은 이와 관련한 예언자의 말씀이다.

"허락을 받기 전에 커튼을 젖히고 남의 집을 들여다보는 것은 죄를 지은 것입니다."141

정탐 그리고 사람들의 결점을 찾는 것은 꾸란에 의해 하람이다. 이 규범은 개인뿐만 아니라 정부기관에도 적용된다. 무아위야가 예언자가 한 말씀을 전하고 있다.

"만일 지도자 여러분이 백성들의 결점을 찾는다면 여러분은 백성들을 부패하게 만들거나 부패에 근접하게 할 것입니다."142

아부 이마마는 예언자가 한 말씀을 전하고 있다.

"백성들을 정탐하는 지도자는 백성을 부패하게 만들 것입니다."143

140_ Al-Bukhari and Muslim.

141_ Ahmad and Al-Tirmizi.

142_ Abu Dawood and Ibn Hibban.

143_ Abu Dawood.

험 담

꾸란은 험담(Al-Ghaibah)을 악으로 보고 이를 금지하고 있다. 다음은 이와 관련한 알라의 말씀이다.

> "서로 염탐하거나 험담하지 말라." (49:12)

예언자는 질문과 대답을 통해서 교우들에게 험담의 의미를 가르쳤다. 예언자는 그들에게 물었다. "여러분은 험담이 무엇인지 알고 있나요?" 교우들이 대답했다. "알라와 사도께서 가장 잘 아십니다." 예언자가 말했다. "험담이란 형제가 싫어하는 것을 말하는 것입니다." 누가 물었다. "형제에 대한 사실을 이야기했다면 그것도 험담인가요?" 예언자가 대답했다. "그에 관해 사실을 말한다 해도 그것은 험담입니다. 만일 사실이 아닌데 말했다면 그것은 비방입니다."144

어떤 사람이 누구를 싫어할 때 전자는 후자 앞에서 후자의 결점을 들추어낸다. 그의 외모, 품행, 계보 등에서 그와 관련한 결점을 찾는다. 아이샤는 자신이 예언자에게 했던 말을 전하고 있다. "사피아(예언자의 또 다른 아내)는 키가 작은 여자가 아닌가요? 그러자 예언자는 이렇게 대답했어요."

"당신은 만일 그것이 바닷물에 혼합된다면 검게 될 말을 했어요."145

이 하디스는 감당할 수 없을 정도로 사피아를 험담했다는 의미다. 험담은 당사자가 없을 때 사람을 비하하여 그의 명예를 손상시키고 그가 하는 일과 그의 업적을 비웃는 것이다. 그의 등에 비수를 꽂는 것이나 다름이 없다. 그것은 생각이 좁고 비겁한 자의 짓이다. 험담을 해서는 안 된다. 험담을 하는 자는 성공하지 못한 자의 소행이다. 남에게 뱉은 침이 자신의 얼굴에 튀기는 것처럼 남에게 하는 험담은 자신에게로 돌아온다. 다음은 이와 관련한 알라의 말씀이다.

144_ Muslim, Abu Dawood, Al-Tirmizi, and Al-Nisai.

145_ Abu Dawood, Al-Tirmizi, and Al-Baihaqi.

"서로 염탐하거나 험담하지 말라. 너희 중에 죽은 형제의 살을 먹고자 하는 자 아무도 없느니라. 실로 너희는 그것을 싫어할 것이라." (49:12)

죽은 자의 살을 먹는다는 것은 생각만 해도 구역질이 나고 토할 것 같은 느낌이 들어 싫어하는 것처럼 험담을 싫어하고 배척해야 한다.

예언자는 기회 있을 때마다 꾸란의 이 내용을 강조하면서 험담해서는 안 된다는 교훈을 사람들의 마음속에 심어 주었다. 이븐 마스우드가 전하고 있다. "우리가 예언자와 자리를 함께하고 있을 때 어떤 사람이 자리를 떠나자 다른 사람이 그를 나쁘게 말했다. 그러자 예언자께서 말했다. '당신의 이빨을 뽑아버리시오.' 그 남자가 대답했다. '왜지요? 저는 어떤 고기도 먹지 않았습니다.' 예언자가 대답했다. '당신은 당신 형제의 살고기를 먹었소.'"146

자비르가 전하고 있다. "우리가 예언자와 자리를 함께하고 있을 때 고약한 냄새가 바람을 타고 우리 쪽으로 왔다. 그러자 예언자가 말했다. 이 냄새가 어떤 냄새인지 여러분은 알고 있나요? 이것은 바로 믿는 자들을 험담하는 자들의 냄새입니다."147

험담의 한계

지금까지 인용된 꾸란의 내용은 인간의 존엄성과 신성권리를 보여준 것이다. 하지만 학자들은 환경에 필요할 경우 예외를 허용하고 있다. 당사자가 없을 때 그에 대한 비평이다. 예외가 되는 경우로는 부정을 저질러온 자와 불평의 대상이 되는 부정부패자에 대한 험담이다. 정의를 실현하고 공익을 위해서이다. 따라서 자신이 당하고 겪은 다른 사람의 잘못을 지적하고 험담하는 것은 허용된다. 다음은 이와 관련한 알라의 말씀이다.

"알라께서는 공개적인 험담을 좋지 않게 여기시나 죄지은 자에 대해서는 제외이니라." (4:148)

146_ Al-Tabarani.

147_ Ahmad.

동업을 원하는 자에 대한 정보가 필요할 때가 있다. 그 사람의 인격과 동업자로써의 적합성을 알아야 하기 때문이다. 딸과의 결혼을 원하는 자에 대한 정보도 필요하고 고용을 원하는 자에 대한 정보도 필요하다. 이러한 경우 이들에 대한 정보를 요구받은 자는 솔직하고 정직한 자신들의 견해를 말해주어도 하람이 아니다. 여기에 갈등이 있다. 하나는 정보를 원하는 자에게 좋은 충고를 해주어야 할 의무가 우선인지 아니면 정보대상자의 명예를 보호해야 할 의무가 우선인지의 갈등이다. 그러나 전자의 의무가 후자의 것보다 우선이어야 한다. 그것이 더 중요하고 보호받아야 할 일이기 때문이다. 까이스의 딸 파티마가 예언자에게 물었다. 두 남자가 자신에게 청혼을 했는데 그 두 남자에 대한 정보를 물은 것이다. 예언자는 질문에 대답했다. "한 남자는 훌륭한데 가난하고 다른 한 남자는 그의 지팡이를 그의 어깨에서 내려놓지 않아요." 후자의 남자는 그의 집에 있는 여자들을 자주 구타하고 때린다는 의미다.

좋지 않은 것을 시정하기 위해서도 허용되고 알지 못하는 사람에 대한 법률자문 또는 종교적 자문도 허용된다. 또는 이름이나 명칭 또는 성격 등도 이야기해 줄 수 있다. 그러나 절름발이, 또는 애꾸눈 같은 말은 피하는 것이 좋다. 증인에 대한 교차 질문이나 하디스 전언자들을 비평하는 것도 허용된다.[148]

당사자가 없을 때 어떤 사람에 대해 말할 수 있는 한계와 일반 규범은 다음의 조건이 충족될 때이다.

필요성

제3자에 대해 필요불가결하게 언급해야 할 필요성이 있을 경우이다. 그러나 그의 개인적 인격이나 명예에 손상이 가는 말은 피해야 한다. 또한 간접적으로 표현해야 하지 직설적 그리고 노골적이어서는 안

148_ Al-Ghazzali, *Al-Ihya* 참조.

된다. 전반적인 이야기로 충분하다면 특정 개인에 대한 언급은 피한다. 예를 들어 법률적 견해를 필요로 할 때, "어떤 분이 이러저런 일을 하였는데 당신의 견해는 어떤가요?"라는 표현이, "이 사람이 이런 일을 했는데 당신의 견해는 어떤가요?"라는 표현보다 좋다. 만일 그 사람의 신분을 밝혀야 한다면 사실에 근거해야 한다. 거짓말은 하람이기 때문이다.

의 도

어떠한 경우든 간에 의도가 결정적 요인이다. 말하는 사람은 어느 누구보다 자신의 마음과 의도를 잘 알고 있다. 순수한 불평인지, 단순한 심술인지, 어떤 주제에 대한 질문인지, 비방인지, 학술적 비평인지, 시기와 질투심에 의한 험담인지, 좋은 충고인지, 풍문을 퍼뜨리는 것인지는 말하는 자신보다 더 잘 알 수 있는 사람은 아무도 없다. 이와 관련된 말이 있다. "믿는 자는 폭군의 통치자나 욕심 많은 동업자보다 자신에 대해 더 엄격한 재판관이다."

청취자는 결석한 자의 동업자이므로 그는 결석한 형제가 험담을 받지 않도록 보호해야 한다고 이슬람은 선언했다. 다음은 이와 관련한 예언자의 말씀이다.

"결석한 자가 험담의 대상이 되어 있을 때 그를 방어하는 자는 부활의 날 알라께서 그를 지옥불로부터 해방시켜 줄 것입니다."149

"현세에서 형제의 명예를 방어하는 자가 있다면 부활의 날 알라께서 그의 얼굴을 지옥불로부터 보호하여 줄 것입니다."150

만일 사악한 말로부터 형제의 명예를 방어할 용기가 없다면 화제의 주제가 다른 것으로 바뀔 때까지 그 자리를 떠나 있어야 한다. 다음은 이와 관련한 알라의 말씀이다.

149_ Ahmad.
150_ Al-Tirmizi.

> "그들이 다른 화제로 돌릴 때까지 그들과 함께하지 말라. 만일 너희가 함께한다면 그들과 다를 바 없느니라." (4:140)

풍문 퍼뜨리기

또 다른 나쁜 습관은 비방과 함께 이슬람이 엄격하게 금지하고 있는 풍문 퍼뜨리기(Al-Naminah)가 있다. 사람간의 분열을 조장하고 관계를 이간질시키거나 기존의 불편한 관계를 더욱 악화시킬 목적으로 들으면 들은 즉시 풍문을 전하는 것을 말한다.

꾸란이 계시되던 초기부터 풍문 퍼뜨리기는 금지되었다. 다음은 이와 관련한 알라의 말씀이다.

> "비열한 그들의 맹세에 귀를 기울이지 말라. 중상이나 비방을 하고 다니는 자들과 선행을 방해하고 불의한 짓을 행하는 죄 많은 자들과 행실이 나쁘고 태생이 의심스러운 자들과 타협하지 말라." (68:10-13)

다음은 이와 관련한 예언자의 말씀이다.

"엿듣고 풍문을 퍼뜨리는 자들은 천국에 들어가지 못할 것입니다."151

"알라의 종들 중에서 가장 나쁜 자들은 돌아다니면서 풍문을 퍼뜨려 서로 사랑하는 사람들을 이간질시키고 순진한 사람들을 불명예스럽게 만드는 자들입니다."

평화와 화해를 조성하기 위해 이슬람은 중재자를 통해 을에 대해 갑이 퍼뜨린 나쁜 말을 숨기는 것 그리고 갑이나 을이 말하지 않은 좋은 말을 덧붙여 화해를 조성하는 것도 허용한다. 이것은 거짓말로 간주되지 않는다. 왜냐하면 좋은 말, 또는 좋은 것을 덧붙여 당사자 사이를 화해시키는 것은 거짓말이 아니기 때문이다.

이슬람은 좋지 않는 어떤 것을 듣자마자 환심을 살 목적 또는 이간질시키기 위해 서둘러 풍문을 퍼뜨리는 것을 강력히 비난한다. 이러한

151_ Al-Bukhari and Muslim.

사람들은 들은 것으로 만족하지 않고 나쁜 것을 덧붙여 또는 거짓말로 또는 꾸며서 풍문을 퍼뜨리는 것이다. 이와 관련하여 한 시인은 이렇게 말했다.

좋은 말을 들으면 감추고
나쁜 말을 들으면 소리 지르고
아무 것도 들은 것이 없을 때는 거짓말을 하지요.

어떤 사람이 압둘아지즈의 아들 우마르를 찾아와 제3자에 대해 어떤 말을 했다. 그러나 그 제3자는 자신이 한 말이 소문나지 않기를 원했다. 그러자 우마르가 그 남자에게 말했다. "당신의 경우를 조사해 봅시다. 만일 당신이 거짓말을 하고 있다면 당신이 바로 꾸란 절(49:6)에 언급된 자들 중의 한 사람이고, 만일 어떤 사악한 자가 당신에게 어떤 소식을 말했다면 그것을 조사합시다. 만일 당신이 진실을 말하고 있다면 당신이 바로 꾸란 절(68:11)에 언급된 자들 중의 한 사람이고 비방자는 중상이나 비방을 하고 다니는 자들 중에 있는 자입니다. 그러나 만약 당신이 원한다면 우리는 당신을 용서할 수 있소." 그러자 그 남자가 대답했다. "믿는 자들의 통치자여, 다시는 그렇게 하지 않겠습니다."[152]

명예는 신성한 것

이슬람은 인간의 존엄성과 명예를 신성불가침으로 보호하고 있다는 것을 앞서 언급했다. 카으바를 바라면서 우마르의 아들 압둘라는 이렇게 말한 적이 있다. "그대는 얼마나 위대하고 신성한가! 그러나 믿는 자들이 그대보다 더 위대하노라." 즉 무슬림의 생명과 명예와 재산의 신성함이 그대 카으바보다 더 위대하다는 것을 말하고 있다.

마지막 순례 중에 예언자는 군중들에게 이렇게 말했다.

152_ Muslim.

"여러분의 생명과 명예와 재산은 이 날처럼, 이 달처럼 그리고 이 도시처럼 신성합니다."

이처럼 이슬람은 각 개인의 명예를 존중하고 보호한다. 그래서 이슬람은 명예에 피해를 주는 어떠한 험담도, 비방과 거짓도, 꾸며낸 이야기들도 허용하지 않는다. 명예를 손상시키는 것은 잘못 이전에 큰 죄이다. 다음은 이와 관련한 예언자의 말씀이다.

"어떤 사람의 명예를 훼손시킬 목적으로 사실이 아닌 것을 이야기하는 자가 있다면 알라께서는 그를 불지옥에 구속시켜 그가 말한 것들을 소각시키실 것입니다."[153]

예언자께서 한 말씀을 아이샤가 예언자의 교우들에게 전했다.

"알라가 보시기에 이자가 가장 나쁜 것이라고 여러분은 알고 있습니까? 사람들이 대답했다. '알라와 사도께서 가장 잘 아십니다.' 예언자가 말했다. '이자처럼 가장 나쁜 것은 무슬림의 명예를 훼손하는 것입니다.' 그리고 다음 꾸란을 암송하셨다."

> "믿는 남성과 여성을 부당하게 대하거나 헐뜯는 자 있다면 실로 그들은 비방한 죄를 지은 것으로 그것은 명백한 죄이니라." (33:58)[154]

인간의 명예를 공격하는 것 가운데 가장 사악한 형태는 순결한 여성을 험담하고 비방하는 것이다. 이러한 험담과 비방은 그 여성의 명예는 물론 가족의 명예까지 유린하고 그 여성의 미래를 파괴하는 행위다. 이 소문이 이슬람 공동사회에 퍼져나갈 때 그 여성은 모든 것을 잃게 될 수도 있다. 이러한 이유로 예언자는 여성의 명예를 손상시키는 것을 7대 죄악 가운데 하나로 간주하였고 꾸란은 그에 대한 가혹한 징벌을 경고하였다. 다음은 이와 관련한 알라의 말씀이다.

> "사실을 알지 못하고 순결한 여성들을 중상 모략하는 자들은 현세와 내세에서 저주를 받을 것이며 그들에게는 크나큰 징벌이 내려질 것이니라. 그날에는 그들의

153_ Al-Tabarani.

154_ Ibn Abu Hatim, Ibn Murdawai and Al-Baihaqi.

혀들과 손들과 발들이 그것들이 저질렀던 대로 증언할 것이니라. 그날 알라께서는 저들에게 정당한 대가를 내리실 것이며 저들은 알라만이 분명한 진리라는 것을 깨닫게 될 것이니라." (24:23-25)

"믿는 자들에 관하여 추문이 퍼뜨려지는 것을 좋아하는 자들은 현세와 내세에서 고통스러운 징벌을 받을 것이니라. 알라께서는 너희가 알지 못하는 것도 모두 아시느니라." (24:19)

생명의 신성함

이슬람은 알라에 대한 신성(神聖) 다음으로 인간의 생명을 신성시한다. 그래서 인간의 생명을 보호한다. 인간의 생명을 공격하는 것은 알라를 부정하는 것 다음으로 큰 죄로 간주한다. 알라를 부정하는 죄가 가장 큰 죄라면 인간의 생명을 공격하는 것은 두 번째 큰 죄이다. 이것이 이슬람의 기본 가르침이다. 다음은 이와 관련한 알라의 말씀이다.

"지상에 아무런 해악을 끼치지 아니한 자 중에서 한 사람이라도 살해하였다면 그것은 모든 인류를 살해하는 것과 같으니라." (5:32)

인류는 한 가족이다. 그 가족의 구성원에 대한 공격은 가족, 즉 인류 전체의 생명을 위협하는 것과 같다는 뜻이다. 알라를 믿는 자의 생명이 위협받는 것은 알라가 보시기에 더욱 심각한 죄이다. 다음은 이와 관련한 알라의 말씀이다.

"고의적으로 믿는 자를 살해한 자에 대한 대가는 지옥이며 그는 그곳에서 영원히 거주할 것이라. 또한 알라께서는 그에게 격분하시고 그를 저주하시며 무서운 징벌을 준비하셨느니라." (4:93)

다음은 이와 관련한 예언자의 말씀이다.

"이 세상이 사라지는 것은 무슬림 한 사람이 살해되는 것보다 그 의미가 적습니다."[155]

155_ Muslim, Al-Nisai, and Al-Tirmizi.

"믿는 자는 그가 고의적으로 사람을 살해하지 않는 한 그의 종교 안에 있습니다."156

"알라께서는 무쉬리크 또는 믿는 자를 고의적으로 살해한 자의 경우를 제외하고 모든 죄를 사하여 주실 것입니다."157

위의 꾸란과 하디스들에 근거하여 살인자의 회개는 알라께서 수락하지 않을 것이라고 이븐 압바스는 추리 해석하였다. 왜냐하면 살인자의 경우에 있어 살인자는 피살자의 생명을 회복시킬 수도 없고 피살자가 용서한다는 동의를 얻을 수도 없기 때문이다. 한편 다른 학자들은 진실한 회개는 알라께서 수락한다고 말한다. 참회는 가장 큰 죄에 해당하는 쉬르크 죄까지 지워주는데 살인자가 참회를 하였다면 쉬르크 죄보다 작은 살인죄가 용서받지 못할 이유가 없다는 것이다. 다음은 이와 관련한 알라의 말씀이다.

> "알라 외에 사신을 두지 아니하며 정당한 이유 없이 알라께서 금하신 생명을 살해하지 아니하며 간음하지 아니하며 벌 받을 짓을 하지 아니한 자들이니라. 심판의 날 징벌을 받을 짓을 한 자에게는 징벌이 두 곱이 되며 그 안에서 욕되게 살 것이니라. 그러나 회개하여 믿음을 갖고 선을 행하는 자들에게 알라께서는 그들의 잘못을 그들의 선행으로 교체하여 주시거늘 알라께서는 가장 너그러우시고 가장 자비로운 분이시니라." (25:68-70)

살인자와 피살자

예언자께서는 무슬림간의 싸움을 불신(Kufr)의 범주로 간주하였고 이슬람 이전 시대의 무지한 행위로 간주하였다. 이슬람 이전 시대의 사람들은 낙타나 말을 놓고 싸움을 하고 피를 흘렸다. 다음은 이와 관련한 예언자의 말씀이다.

"무슬림을 모욕하는 것은 악이고 무슬림과 싸우는 것은 불신입니다."158

156_ Al-Bukhari.

157_ Abu Dawood, Ibn Hibban, and Al-Hakim.

158_ Al-Bukhari and Muslim.

"내가 죽은 다음에 서로가 서로를 살해하여 불신자가 되지 마시오."[159]

"두 무슬림이 서로에게 대항하여 무기를 든다면 그들은 지옥의 주변에 가 있는 것이요 만일 한 사람이 상대방을 상해하였다면 그들은 지옥에 들어갈 것입니다. 누가 물었다. '사도님, 이 사람이 살인자입니다. 그런데 피살자에게도 잘못이 있습니까?' 예언자께서 대답했다. '그도 살인자를 죽이려고 열을 올렸기 때문입니다.'"[160]

이러한 이유로 예언자는 살인이나 싸움을 유도할 수 있는 모든 행위, 하물며 무기를 가리키는 것까지도 금지했다. 다음은 이와 관련한 예언자의 말씀이다.

"형제가 형제에게 무기로 어떤 것을 가리키지 않습니다. 사탄이 그의 손을 미끄러지게 하여 지옥불에 떨어지게 할 수도 있기 때문입니다."[161]

"쇠붙이로 형제를 가리키는 형제가 있다면 그가 그 쇠붙이를 놓을 때까지 천사들이 그를 저주할 것입니다."[162]

"무슬림이 형제와 싸우는 것은 하람입니다."[163]

살인죄는 살인자에게만 국한되지 않는다. 살인에 동참한 자는, 하물며 살인사건 현장에 있었던 사람들까지도, 각각 그가 참여한 정도에 따라 알라의 징벌을 받게 된다. 다음은 이와 관련한 예언자의 말씀이다.

"어떤 사람이 부당하게 살해되는 현장에 있으면서 살인을 막지 못한 자에게도 알라의 저주가 있을 것입니다."[164]

159_ Al-Bukhari and Muslim.

160_ Al-Bukhari and Muslim.

161_ Al-Bukhari.

162_ Muslim.

163_ Abu Dawood and Al-Tabarani.

164_ Al-Tabarani and Al-Baihaqi.

동맹군과 비무슬림 거주인의 생명

꾸란과 하디스를 통해서 무슬림간의 살해와 싸움이 금지되었다. 무슬림의 생명이 신성한 것처럼 이슬람 국가에서의 비무슬림의 생명도 신성하다. 왜냐하면 알라께서 모든 인간의 생명은 신성한 것이므로 보호받아야 한다고 했기 때문이다.

이슬람 국가에서의 비무슬림의 생명은 그들이 무슬림들을 공격하지 않을 때 보장된다. 만일 비무슬림이 무슬림을 공격한다면 싸움은 불가피할 수밖에 없다. 하지만 비무슬림이 무슬림과 동맹관계에 있거나 딤미(Dhimmi)[165]라면 비무슬림의 생명은 신성하며 무슬림이 그를 공격할 수 없다. 다음은 이와 관련한 예언자의 말씀이다.

"무슬림과 동맹관계에 있는 비무슬림을 살해한 자는 천국의 향수를 맡지 못할 것입니다. 그를 위한 천국의 향수는 40년을 걸어서 가야 이르는 곳에 있기 때문입니다."[166]

"딤미를 살해한 자는 천국의 향수를 맡지 못할 것입니다."[167]

사 형

다음은 사형과 관련한 알라의 말씀이다.

> "정의를 위한 것을 제외하고는 알라께서 신성시한 생명을 살해하지 말라" (6:151)

알라께서 말한 정의를 위한 사형은 다음의 세 가지 범죄에 해당된다.

(1) 동등한 처벌권(Qisas)이 적용되는 살인자에 대한 사형. 다음은 이와 관련한 알라의 말씀이다.

165_ 이슬람 국가에서 거주하는 비무슬림.

166_ Al-Bukhari.

167_ Al-Nisai.

"이 동등한 처벌권은 생명을 보호함에 있나니, 현명한 자들이여 의로운 신앙인들이 될 것이니라." (2:179)

(2) 배우자가 아닌 제3자와 성관계를 가진 자로 성관계를 가진 장소와 행위를 목격한 4명의 증인이 법정에서 그 사실을 증언할 때. 성관계의 대상자가 기혼자일 경우는 두 명 모두 사형이 선고된다. 성관계를 가진 남녀가 법정에서 관계를 가졌다고 4번 고백할 때 이는 4명의 증인으로 간주된다.

(3) 이슬람을 자발적으로 받아들인 후 이슬람을 배반하고 이슬람 공동체의 단결을 위협할 정도로 공개적으로 폭동을 주도할 경우 사형의 선고가 가능하다. 이슬람을 강요하는 것은 허용되지 않는다. 마찬가지로 예언자 시절 유대인들이 그랬던 것처럼 이슬람을 농락하는 것도 허용되지 않는다. 다음은 이와 관련한 알라의 말씀이다.

"성서의 백성 중에 한 무리가 말하더라. 믿는 자들에게 계시된 것을 아침에는 믿되 저녁에는 불신하라. 그리하면 그들이 돌아올 것이라 하더라." (3:72)

예언자는 다음의 세 가지 범죄에 대한서만 사형을 허용하였다.

"무슬림이 피를 흘리는 경우는 다음의 세 가지 이유가 성립될 때만 허용됩니다. 동등 처벌권이 적용되는 경우, 기혼자의 성관계 그리고 자신의 종교를 벗어나 공동체를 버릴 때입니다."168

이 세 사건의 경우 이슬람법의 절차를 밟아 관계당국이 사형을 집행한다. 개인들이 법을 집행하는 것은 허용되지 않는다. 국가의 안전과 혼란을 막기 위해서다. 그러나 법관은 살인자를 피해자의 가족들에게 넘겨 그들로 하여금 법관이 지켜보는 앞에서 사형을 집행하게 할 수도 있다. 피해자 가족의 분노를 완화시켜 주고 가해자와 가해자 가족에 대한 복수심을 누그러뜨리기 위해서다. 다음은 이와 관련한 알라의 말씀이다.

168_ Al-Bukhari and Muslim.

"부당하게 살해된 자가 있다면 나는 그의 보호자에게 권리를 부여하노라. 그러나 처벌함에 한계를 넘지 말라. 그에게도 법에 따라 보호받을 권리가 있기 때문이니라." (17:33)

자 살

살인자에게 적용되는 것은 자살자에게도 적용된다. 자살 행위는 알라께서 신성시한 타인의 생명을 부당하게 앗아가는 것과 다를 바 없다. 왜냐하면 자기가 자신을 창조한 것이 아니기 때문에 인간은 자신의 것이 아니라 인간을 창조한 알라의 것이다. 알라께서는 자신이 창조한 것을 잃어버리고자 하시지 않는다. 피해를 당하거나 파멸되는 것을 원하지 않는다. 다음은 이와 관련한 알라의 말씀이다.

"너희 자신들을 살해하지 말라. 진실로 알라께서는 너희에게 자비를 베푸시는 분이시니라." (4:29)

이슬람은 난관과 시련과 재앙에 직면했을 때 인내하면서 대처할 것을 가르치고 있다. 창조주 알라께서 주신 인생을 포기하거나 삶을 피하는 것은 하람이다. 어려움에 직면했을 때 믿는 자는 일어서서 난관을 이겨내려고 노력해야 한다. 앉아서 게으름을 피워서는 안 된다. 도피하지 말고 도전해야 한다. 믿는 자가 삶의 전선에서 도망치는 것은 하람이다. 믿는 자에게는 결코 실망하지 않는 무기와 결코 고갈되지 않는 탄약이 있다. 그것은 바로 어떠한 난관에도 흔들리지 않는 믿음의 무기와 도덕적 신념의 탄약이다.

자살한 자는 알라의 자비를 빼앗겨 천국에 들어가지 못하고 알라의 분노를 사서 지옥불에 던져진다고 예언자는 경고했다. 다음은 이와 관련한 예언자의 말씀이다.

"여러분 선임자들 시절에 어떤 사람이 상처를 입었습니다. 그 상처가 너무나 아파서 칼로 그의 복부를 찔러 자살을 하였습니다. 이와 관련하여 알라께서 말씀하셨습니다. '나의 종이 그의 인성을 서둘렀느니라. 그래서 그는 천국을 빼앗겼느니라.'"[169]

심한 상처로 그 고통을 참지 못하여 자살한 자가 천국을 빼앗겼다면 시련이나 난관, 사업의 실패, 시험 불합격, 이성에 대한 절망 등을 이기지 못하여 자살한 자가 있다면 그는 어떻게 되겠는가? 다음은 이와 관련한 예언자의 말씀이다.

"돌에 몸을 던져 자살한 자는 스스로 지옥불에 몸을 던진 자요, 독약을 마시고 자살한 자는 불지옥에서 그의 손에 든 독약을 계속하여 마실 것이요, 무기로 자살한 자는 자신의 손에 든 무기로 불지옥에서 계속하여 자신의 몸을 찌를 것입니다."[170]

재산의 신성함

이슬람은 무슬림에게 법에 따라 합법적 수단과 합법적인 투자를 통한 재산증식과 재산축적을 허용한다. 다른 종교는 이렇게 말한다. "부자가 천국에 들어가기란 낙타가 바늘구멍에 들어가는 것보다 더 어렵다." 한편 이슬람은 이렇게 말한다. "가장 아름다운 것은 좋은 사람의 손에 의해 합법적으로 번 돈이다."[171]

이슬람은 각 개인의 재산을 신성시한다. 그 재산은 강도, 도둑, 사기 등 이슬람이 금기하는 방법으로 번 돈이 아니고 이슬람법 테두리 안에서 노력으로 모은 것을 말한다. 예언자는 재산의 신성을 생명과 명예의 신성과 동일선상에서 함께 다루고 있다. 그러면서 절도는 믿음에 역행하는 것으로 간주한다. 다음은 이와 관련한 예언자의 말씀이다.

"물건을 훔치는 도둑은 믿는 자가 아닙니다."[172]

다음은 이와 관련한 알라의 말씀이다.

169_ Al-Bukhari and Muslim.
170_ Al-Bukhari and Muslim.
171_ Ahmad.
172_ Al-Bukhari and Muslim.

> "물건을 훔친 남녀의 손을 자르라. 이것은 두 손이 얻은 것에 대한 하나님의 징벌이요 본보기이거늘 하나님께서는 전능하시며 현명한 분이시니라." (5:38)

다음은 이와 관련한 예언자의 말씀이다.

"무슬림이 주인의 동의 없이 지팡이를 가져가는 것은 허용되지 않습니다."173

다음은 이와 관련한 알라의 말씀이다.

> "믿는 자들이여, 너희들 가운데 너희들의 재산을 부정하게 삼키지 말라. 서로가 합의한 교역에 의한 것이 되어야 하느니라." (4:29)

뇌 물

뇌물이란 부정한 방법으로 남의 재물을 취하는 것을 말한다. 뇌물은 자신의 이익을 챙기거나 경쟁자에 대한 불리한 결정을 이끌어낼 목적으로, 또는 자신의 사업을 진척시키거나 경쟁자의 사업을 지연시킬 목적으로 법관이나 공무원에게 건네는 재물이다.

이슬람은 무슬림들에게 뇌물 제공을 목적으로 한 공무원 접촉을 금지한다. 물론 뇌물을 받는 것도 금지한다. 제3자를 통해 뇌물을 주고 받는 것도 금지한다. 다음은 이와 관련한 알라의 말씀이다.

> "남의 재산을 부정하게 삼키지 말 것이며 또 타인의 재산을 탐내어 재물을 교만하게 재판의 미끼로서 사용치 말라. 너희는 다 알고 있노라." (21:88)

다음은 이와 관련한 예언자의 말씀이다.

"알라께서는 뇌물을 제공하는 자와 뇌물을 받는 자 모두를 저주하십니다."174

싸우반(Thawban)이 전하고 있다.

"사도께서는 뇌물 제공자와 뇌물 수령자와 뇌물의 다리를 놓아 준

173_ Ibn Hibban.

174_ Ahmad, Al-Tirmizi, and Ibn Hibban.

중재자 모두를 저주하셨습니다."175

만일 수령자가 부정을 행하기 위해 뇌물을 받는다면 그의 죄는 더 크다. 만일 정의를 실천하려 한다면 그것은 그의 의무이므로 뇌물은 필요하지 않다.

예언자는 라와하(Rawahah)의 아들 압둘라를 유대인들에게 보내 그들이 소유하고 있는 종려나무에 대한 세금 측정을 하도록 했다. 유대인들은 선물이라고 하면서 그에게 돈을 건넸다. 그러자 압둘라가 그들에게 말했다. "여러분이 나에게 준 것은 뇌물이며 뇌물은 하람입니다. 그래서 나는 그것을 받지 않겠습니다."176

이슬람이 뇌물을 금지하고 그것에 관련된 자들 모두에게 엄격한 책임을 지우는 것은 이상할 것이 없다. 뇌물 수수는 사회를 부패하게 만들고 부당한 결정과 부정부패로 유도하기 때문이다. 뇌물로 인하여 정당한 기회를 보장받아야 할 사람의 권리가 부정한 자에게 빼앗기는 사회가 된다. 뇌물은 깨끗한 의무 정신을 무너뜨리고 탐욕의 타락한 정신을 갖게 하여 사회를 병들게 한다.

공직자에 대한 선물

이슬람은 어떤 종류와 형태를 불문하고 뇌물을 금지한다. 선물이라는 명목으로 제공된다고 해서 하람이 할랄로 변경될 수 없다. 다음은 이와 관련한 예언자의 말씀이다.

"우리(예언자)가 어떤 사람을 어떤 직책에 임명할 때 그에게 양식(급여)을 주지요. 그러므로 급여 외에 다른 것을 받는다면 그것은 불법소득, 즉 하람입니다."177

압둘아지즈의 아들 우마르 칼리프에게 선물이 들어왔을 때 그가 그것을 단호히 거절하자, "예언자께서는 선물을 받으셨습니다"라고 말

175_ Ahmad and Al-Hakim.

176_ Malik.

177_ Abu Dawood.

을 하자 그가 이렇게 말했다. "그분에게는 선물이었지만 나에게는 뇌물입니다."

예언자께서 아즈드(Azd) 부족에게 세금을 부과하기 위해 어떤 사람을 파견했다. 그가 예언자에게 돌아왔을 때 그는 무엇인가를 가지고 와서 이렇게 말했다. "저것은 예언자를 위한 선물이고 이것은 저를 위한 선물입니다." 이 말을 듣고 화가 난 예언자는 이렇게 말했다.

"만일 당신이 말한 것이 정직하다면 당신이 당신의 아버지 집에 있었거나 당신의 어머니 집에 있었다면 이 선물들이 당신에게 갔을까요? 예언자는 말을 계속했다. 왜 내가 임명한 자가, '저것은 당신을 위한 선물이고 이것은 나를 선물입니다'라고 말해야 할까요? 나의 생명이 그분의 손 안에 있는 분에게 맹세하지만, 알라께서는 부활의 날 뇌물을 받은 자로 하여금 받은 뇌물을 가져오도록 할 것입니다. 부활의 날 뇌물을 받은 방법에 따라 낙타 울음소리를 하거나 소 울음소리를 하거나 염소 울음소리를 내면서 등장하도록 할 것입니다. 그런 후 예언자는 양손을 올리고 말했다. '알라여 제가 메시지를 전했는가요?'"[178]

가잘리는 이렇게 말했다. "이러한 충고에 비추어 볼 때 법관이나 정부 관료나 공직자들은 자신들이 자신들의 아버지 집에 머물러 있는지 또는 어머니 집에 머물러 있는지를 판단해야 한다.

만일 자신들이 공직을 떠난 후 자신들의 어머니 집에 머물러 있을 때에도 선물을 받을 수 있을 것인지 생각해보아야 한다. 만일 공직에 있기 때문에 선물이 제공되었다는 것으로 판단된다면 그것을 수락해서는 안 된다. 만일 친구로부터 온 선물에 관해 결정하기가 어렵다면 공직을 떠난 후에도 계속해서 선물이 제공될 것인가를 생각해보고 공직 후에는 그렇지 않을 것이라는 것으로 판단된다면 그 선물을 피해야 한다."[179]

178_ Al-Bukhari and Muslim.

179_ *Ihya 'Ulum Al-Din*, p.137.

폐해를 거두기 위한 뇌물

잃어버린 권리를 되찾을 방법 또는 자신이 처해 있는 어려운 상황에서 빠져 나올 수 있는 방법이 뇌물 또는 부정한 방법을 통하지 않고는 불가능하거나 어렵다고 판단된다 하더라도 어려운 위기에서 탈출할 수 있는 더 좋은 길을 알라께서 안내하여 줄 때까지 인내하며 기다린다. 그래도 뇌물제공 외에 다른 방법이 없다면 뇌물제공은 죄가 되지 않는다. 다른 사람의 권리를 침해하거나 짓밟아 자신의 권리를 회복한 것이 아니기 때문이다. 이러한 경우 죄의 책임은 전적으로 뇌물 수령자에게 있다.

이 해석에 관해 일부 학자들은 자선을 받을 대상이 아닌데도 불구하고 고집스럽게 자선을 요구한 일부 사람들에게 예언자께서 자선을 베풀었다는 하디스에 근거한 추리해석이라고 하였다. 예언자가 한 말을 우마르가 전하고 있다.

"여러분 중에 고집스럽게 나로부터 자선금을 자신의 겨드랑 밑에 넣어 멀리 가져간다면 그것은 그를 위한 불지옥입니다. 우마르가 물었다. '사도님, 그것이 그에게 지옥이라는 것을 알면서도 당신은 왜 그에게 자선금을 줍니까?' 예언자가 대답했다. '그들이 고집스럽게 요구했어요. 그리고 알라께서는 나에게 인색해 하는 것을 금지했어요.'"[180]

견딜 수 없을 정도의 압력적인 구걸이 예언자로 하여금 구걸한 자에게 자선금을 주게 되었다. 물론 그것이 구걸한 자에게 지옥이 된다는 것도 예언자는 알고 있었다. 하지만 부정에 대항하여 자신을 보호하고 자신의 권리를 회복하기 위해서 준 것에 대해 무어라고 말할 수 있을 것인가?

낭 비

각 개인의 재물은 신성한 것이므로 그것에 대

180_ Abu Ya'la and Ahmad.

한 침해는 하람이다. 마찬가지로 자신의 재물도 신성하다.

그러므로 과다지출 또는 흥청망청 탕진하여 낭비해서는 안 된다. 무슬림 공동체 움마(Ummah)는 무슬림들의 재산에 대한 권리, 특히 허약한 자들의 재산관리에 대한 권리를 갖고 있다. 이러한 이유로 이슬람은 무슬림 공동체에 재물을 탕진하는 자들의 재산을 관리할 권한을 부여하였다. 다음은 이와 관련한 알라의 말씀이다.

> "알라께서는 너희를 위해 너희에게 주신 재산을 미성년자에게 위탁하지 말고 관리하되 양식을 주고 의상을 주며 또한 그들에게 친절하라고 하셨느니라." (4:5)

이 절에서 알라는 관리능력이 없는 자들의 재산관리를 언급하고 있다. 왜냐하면 무슬림 각 개인의 재산은 무슬림 공동체의 재산이기도 하기 때문이다.

이슬람은 정의와 중용의 종교다. 그래서 무슬림 공동체는 중용을 지키는 국가다. 그러므로 무슬림은 각자의 모든 일에 있어 정의에 입각한 중용을 지켜야 한다. 이것이 바로 알라께서 믿는 자들에게 지나친 욕심과 지나친 구두쇠 소비를 금지한 것처럼 낭비와 과소비와 탕진을 금지한 이유다. 다음은 이와 관련한 알라의 말씀이다.

> "아담의 자손들이여, 너희가 예배하는 때와 예배하는 곳에서는 의상으로 단장하되 사치하지 말고 과식하지 말며 과음하지 말라. 실로 알라께서는 낭비하는 자들을 사랑하지 아니 하시느니라." (7:31)

알라께서는 재물의 낭비를 금지하셨다. 알라께서 금지한 알코올, 마약, 금이나 은으로 만든 가정용품과 생활도구의 사용은 사용량에 관계없이 낭비에 해당된다. 낭비는 자신에게 무익하고 타인에게도 도움이 되지 않는다. 그래서 예언자는 낭비를 금지했다.[181]

자신과 가족의 생활비를 외면하고 재물을 과분하게 기부하거나 자선으로 베푸는 것도 낭비에 해당된다. 다음은 이와 관련한 알라의 말

181_ Al-Bukhari.

씀이다.

> "그들이 무엇으로 자선을 베풀어야 하느냐고 물을 때 일러 가로되 그것은 여분이라 말하여라." (2:219)

이맘 라지(Al-Razi)는 다음과 같이 말하고 있다.

알라께서는 인간에게 재물 사용방법을 가르치기 위해 예언자에게 이렇게 말씀하셨다.

> "친척과 불쌍한 사람과 여행자에게도 자선을 베풀되 낭비하지 말라. 실로 낭비는 사탄의 친구로 사탄은 주님의 은혜에 감사할 줄 모르니라." (17:26-27)
>
> "너희의 손이 너희의 목에 족쇄가 되지 않도록 하되 너무 펼쳐도 아니 되느니라. 이는 너희가 비난을 받지 아니하고 빈곤하지 아니하도록 함이라." (17:29)
>
> "돈을 쓰되 낭비하지 아니하고 인색하지 아니하며 항상 그 사이의 중용을 택하는 자들이니라." (25:67)

예언자는 이렇게 말했다.

"소비할 것을 가지고 있다면 먼저 자신을 위해 쓰고 그 다음에는 부양가족 등의 순서로 소비하시오."182

"가장 좋은 첫 번째 자선은 자기 자신을 여유 있는 자로 두는 것입니다."

압둘라의 아들 자비르가 전하고 있다. "우리가 예언자와 함께 있을 때 어떤 사람이 달걀만한 금덩이를 들고 와서 말했다. '사도님, 이것을 자선으로 받아주십시오. 알라께 맹세하지만 이것이 제가 갖고 있는 모든 재산입니다.' 그러자 예언자는 그에게서 고개를 돌렸습니다. 그 사람이 다시 예언자 앞에 서자 예언자는 화를 내며, '그것을 나에게 주시오'라고 말하고 그 금덩이를 받아 그 사람 앞에 던졌습니다. 만일 예언자가 던진 금에 그가 맞았다면 그는 분명히 상처를 입었을 것입니다. 그리고 예언자는 이렇게 말했다.

182_ Muslim.

"여러분 중에 자신의 모든 재산을 가져와 기부하고 자신은 길거리에 앉아 사람들에게 구걸하는 자가 있습니다. 가장 좋은 첫 번째 자선은 자신을 여유 있는 자로 두는 것입니다. 그러니 이것을 다시 가져 가시요. 우리는 이것이 필요하지 않습니다."[183]

예언자는 가족이 1년 동안 먹을 양식을 비축해 둔 적이 있었다고 전했다.[184] 현자들은 이렇게 말했다. "적정 수준은 양 극 사이로 많이 소비하는 것은 낭비며 적게 소비하는 것은 욕심이므로 중용이 최선이다." 이 말은 바로 '자선은 여분으로 베푸는 것'이라고 한 알라의 말씀에서 온 교훈이다. 중용은 예언자 무함마드에 의해 확립된 이슬람법의 근본이다. 이슬람법이 중용이라면 유대교 율법은 극단적인 가혹이고 기독교 율법은 극단적인 방임이다. 이처럼 이슬람법은 모든 사안에 있어 중용의 길을 제시한다. 그래서 이슬람법을 두고 가장 완벽한 법이라고 부르고 있다.

183_ Abu Dawood and Al-Hakim.

184_ Al-Bukhari.

비무슬림과의 관계

할랄과 하람에 관련하여 비무슬림과의 거래에 대한 이슬람의 가르침을 요약해 본다면 다음의 두 꾸란 절로 충분하다. 왜냐하면 이 두 절이 이 사안에 대한 종합적인 지침을 담고 있기 때문이다. 다음은 이와 관련한 알라의 말씀이다.

> "알라께서 종교를 이유로 너희에게 대적하지 아니하고 너희를 너희 주거지로부터 추방하지 아니한 자들에게 친절하고 그들과 공정하고 정의롭게 거래하는 것을 금지하지 아니하셨나니 실로 알라께서는 공정하고 정의롭게 행하는 자들을 사랑하시니라. 알라께서는 종교를 이유로 너희에게 대적하고 너희를 너희 주거지로부터 추방하며 너희를 추방함에 협력한 자들과 우정을 맺는 것만을 금지하셨나니 그들과 우정을 맺는 자들은 누구든지 의롭지 못한 자들이니라." (60:8-9)

이 두 절 중에서 첫 번째 절은 비무슬림과의 거래에 있어 정의와 공정성을 촉구하고 있다. 종교를 이유로 무슬림들을 적대시하지 않고 공격하지 않으며 살고 있는 집에서 추방하지 않는 비무슬림들과의 거래를 말한다. 동시에 무슬림들에게는 비무슬림들에게의 친절을 촉구하고 있다. 꾸란 원문에서의 비르르(Birr)는 정의를 넘어선 친절과 관용과 좋은 일 등 포괄적인 의미를 담고 있다. 부모에 대한 무슬림의 의무인 효도란 단어도 비르르(Birr)이다.

이 절은 정의를 촉구하고 있다고 했다. 믿는 자는 알라께서 좋아하고 사랑하는 것을 실현하기 위해 최선의 노력을 다한다. '알라께서는 공정하고 정의롭게 행하는 자들을 사랑하신다'는 내용과 '공정하고 정의롭게 거래하는 것을 금지하지 아니하셨다'는 내용은 모순되지 않는다. 비무슬림들은 무슬림들로부터 좋은 대접과 친절을 기대할 수 없다는 잘못된 생각을 제거하고 있다. 비무슬림들에게의 친절을 금지하지 않았다는 사실을 알라는 분명히 밝히고 있다. 그러나 무슬림들을 적대시하고 공격하는 자들은 제외되고 있다.

이것은 이슬람 이전 시대에 일부 사람들이 자신들의 관습에 따라 사파(Safa)와 마르와(Marwah)에 가는 것을 금지했을 때 이와 관련한 알라의 말씀과 비슷하다.

> "사파와 마르와 두 구릉은 알라의 징표라. 알라의 집을 방문하여 대순례(Hajj)나 소순례(Umrah)를 위해 이 두 구릉 사이를 오가는 것은 죄가 되지 아니 하니라." (2:158)

이 두 구릉 사이를 오가는 것을 가리켜 싸이(Sai)라고 하는데 이것은 대순례와 소순례 과정에서의 의무사항이다. 그것을 부정하려는 것은 이슬람 이전의 관습에서 온 생각이다.

성서의 백성들에 대한 특별한 배려

이슬람은 타종교인들에 대한 친절과 배려와 관용을 금지하지 않는다. 우상숭배자들이나 다신교 신자들에게도 마찬가지이다. 꾸란 이곳저곳에서 언급되고 있듯이 아라비아 반도에는 우상숭배자들과 다신교 신자들이 많이 있었다. 이슬람은 특히 성서의 백성, 즉 유대교인들과 기독교인들, 이들이 이슬람 국가 또는 그 밖의 어떤 국가에서 체류하든 관계없이 이들에게 특별한 배려를 한다. 꾸란을 이들을 성서의 백성(Ahl Al-Kitab), 또는 성서를 받는 자들(Ya Aiyuwal lazian Utul Kitab)이라 부른다. 계시된 종교를 믿는 사람들이라는 뜻이다. 서로가 계시된 종교를 믿는 것에 근거하여 이들과 무슬림들 사이에는 자비와 영적 관계가 존재한다. 서로의 종교가 동일한 창조주가 보낸 예언자들을 통해서 소개된 유일신 종교이기 때문에 교리의 기본적인 공통점이 실재한다. 다음은 이와 관련한 알라의 말씀이다.

"알라께서는 노아에게 내리신 종교를 그대에게도 내려 너희들의 종교로 정하셨노라. 또한 그분께서는 아브라함과 모세와 예수에게도 그 종교에 충실하고 그 안에서 분열하지 말라고 명령하셨노라. 그대가 촉구하고 있는 것이 알라 아닌 다른 것들을 받드는 자들에게는 커다란 짐이니라. 알라께서는 당신이 원하는 자를 택하시고 당신에게로 귀의하는 자를 인도하시느니라." (42:13)

그래서 무슬림은 창조주께서 예언자들을 통해서 보낸 모든 성서들을 반드시 믿어야 한다. 그렇지 않으면 믿는 자가 아니다. 다음은 이와 관련한 알라의 말씀이다.

"이렇게 말해라. 우리는 알라를 믿고 우리에게 계시된 것과 아브라함과 이스마엘과 이삭과 야곱과 그리고 그의 자손들에게 계시된 것과 모세와 예수가 계시받은 것과 예언자들이 그들의 주님으로부터 계시받은 것들을 믿나이다. 우리는 그들 중에 어느 누구도 선별하여 믿지 아니하며 오직 그분에게만 복종할 따름이라." (2:136)

따라서 성서의 백성들이 꾸란을 읽어본다면 그들은 그 안에서 그들의 성서들과 그들의 사도들과 예언자들을 찬양하고 있다는 것을 발견할 것이다.

만일 무슬림들이 성서의 백성들과 토론을 벌인다면 그들은 적개심을 불러일으키는 그들의 접근을 피해야만 될 것이다. 다음은 이와 관련한 알라의 말씀이다.

"성서의 백성들을 인도함에 가장 좋은 방법으로 대하라. 그러나 저들 중 부정한 자들과는 논쟁하지 말라. 그리고 말하라. 우리는 우리에게 계시된 꾸란과 너희에게 계시된 구약과 신약을 믿노라. 우리의 하나님과 너희의 하나님은 한 분이시며 우리는 그분께만 복종하노라." (29:46)

앞서 이슬람은 성서의 백성들이 요리한 음식과 그들이 도살한 고기를 먹고 그들의 여성들과 결혼하여 행복하게 사는 것을 허용한다고 했다. 다음은 이와 관련한 알라의 말씀이다.

"오늘날 너희에게 좋은 것들이 허락되었으니 성서를 받은 자들의 음식이 너희에게 허용되었고 그리고 너희의 음식도 그들에게 허용되느니라. 그리고 너희에게 허용되는 것은 믿음이 강한 순결한 여성들이며 그대 이전에 성서를 받은 자들의 여성들도 너희가 그녀들에게 혼인금을 지불하고 그녀들과 화목하게 살 때는 허용되거늘. 그러나 간음을 해서도 아니 되며 내연의 처를 두어서도 아니 되나니 믿음을 부정하는 자는 누구든 그의 일이 공허하게 되며 내세에서 손실자가 되느니라." (5:5)

이 절은 성서의 백성들과의 개략적인 관계를 말하고 있다. 꾸란은 성서의 백성들 중에서도 특히 기독교인들에 대한 무슬림들의 특별한 배려를 언급하고 있다. 다음은 이와 관련한 알라의 말씀이다.

"우리는 기독교인들이요 라고 말하며 믿는 자들에게 사랑을 표시하는 자들을 발견하리니 이는 오만하지 않는 성직자들과 배움에 열중하는 학자들이니라." (5:82)

이슬람 국가 거주 비무슬림

위에서 언급된 꾸란의 내용은 성서의 백성들에게만 관련된 것이 아니라 이슬람 국가의 보호를 받으면서 자신들의 특별한 권리를 누리는 비무슬림들까지를 포함한다. 이들을 가리켜 아흘루딤마(Ahl Al-Dhimmah)라 하며 보호받는 국민 또는 보호받는 비무슬림이란 뜻이다. 짐마(Al-Dhimmah)란 '계약'이란 단어로 알라와 그분의 사도와 무슬림 공동체와의 계약을 말하고 이슬람 국가의 보호를 받으면서 안전하고 평화롭게 살아가는 사람들이다.

현대적 전문용어에서의 딤미(Dhimmi)는 이슬람 국가의 시민들을 가리킨다. 이슬람 초기시절부터 오늘날까지 이들 짐미는 무슬림들과 마찬가지로 동등한 권리를 만끽하고 동등한 책임을 수행하여 오고 있다고 보는 것이 무슬림들의 일관된 견해이다.

예언자는 짐미들에 대한 무슬림들의 의무를 강조하면서 이 의무를 위반한 자에 대해 경고하고 그에 대한 알라의 징벌이 있을 것이라고 했다. 다음은 이와 관련한 예언자의 말씀이다.

“짐미들에게 상처를 입히는 자는 나에게 상처를 입히는 자와 같아서 알라의 분노를 살 것입니다.”185

“짐미들을 아프게 하는 자는 누구든 나에게 대항하는 자로 부활의 날 나는 그에게 대항할 것입니다.”186

“계약의 백성들을 억압한 자, 또는 그들의 권리를 침해한 자, 또는 그들의 힘에 넘치는 책임을 부과한 자, 또는 그들로부터 무엇인가를 찬탈한 자에 대항하여 부활의 날 나는 그들에 대항하여 논쟁을 벌일 것입니다.”187

예언자 이후의 칼리프들도 비무슬림 시민들의 권리와 그들의 신성권리를 보호하였다. 이슬람 법률학자들은 학파에 따라 이 권리에 대한 다양한 견해를 보이고 있다. 말리키 법학파 출신의 샤하딘 까라피(Shaha Al-Din Al-Qarafi)는 이렇게 말했다.

“보호계약은 우리에게 아흘루짐마들에 더한 어떤 의무를 부과하고 있다. 그들은 우리의 이웃으로 알라와 사도와 이슬람 종교의 보호에 근거하여 우리의 보호를 받는다. 그들에 대한 의무사항을 위반한 자는 그들에 대한 알라와 사도와 이슬람 종교의 보호계약을 위반한 것이다. 그들에 대한 욕설을 비롯해서 그들의 명예를 훼손하거나 그들을 해치는 것 모두가 보호계약을 위반한 것이다.188

자히리(Zahiri) 법률학자는 이렇게 말했다.

“한 명의 짐미가 있고 적이 와서 그를 납치해 간다면 군과 무기를 동원해 적에 대항하여 우리의 목숨을 바쳐서라도 그를 구출하는 것은 이슬람의 의무다. 알라와 사도의 계약을 존중해야 되기 때문이다. 적에게 그를 넘겨주는 것은 이 계약을 존중하지 않는 것과 다를 것이 없다.”189

185_ Al-Tabarani.

186_ Al-Khatib.

187_ Abu Dawood.

188_ *Al-Furuq*.

189_ Ibn Hazm, *Maratib Al-Ijma*.

비무슬림과의 우정

꾸란은 믿지 않는 자들을 친구나 후원자로 취하지 말고 동맹도 맺지 말라고 했는데 비무슬림들에 대하여 어떻게 친절과 사랑과 호의를 베풀 것인가에 대한 문제가 무슬림들의 마음에 문제로 남거나 마음을 괴롭힐 수도 있을 것이다. 다음은 이와 관련한 알라의 말씀이다.

> "믿는 자들이여, 유대인과 기독교인들을 친구로 그리고 보호자로서 택하지 말라. 그들은 서로가 친구들이니라. 그들에게로 향하는 너희가 있다면 그는 그 무리의 일원이거늘 알라께서는 이 우매한 백성들을 인도하지 아니 하시니라. 마음에 병이 들어 서두르는 자들을 그대가 볼 것이니 '우리에게 불운이 오지 않을까 두렵나이다' 그들은 말하니라. 알라께서는 그분의 뜻에 따라 승리와 어떤 결정을 내리시니 그들은 그들의 마음에 숨긴 것에 대하여 후회할 것이니라." (5:51-52)

이 문제에 대한 대답은 이렇다. 본절이 모든 유대교인들과 기독교인들과 불신자들 모두에게 절대적으로 해당되는 것이 아니다. 만일 그렇게 이해하였다면 잘못이며 동시에 꾸란의 다른 절과 모순을 낳는다. 모든 종교인들에게 사랑과 친절을 베풀고 좋은 관계를 가지라는 알라의 명령과 일치하지 않을 뿐더러 유대교 여성 또는 기독교 여성과도 결혼하여 행복하게 살라는 내용과도 맞지 않는다. 다음은 이와 관련한 알라의 말씀이다.

> "알라의 또 다른 증표 가운데 하나는 너희 자신에게서 배필을 지으신 후 그 배필과 함께 평안하게 살게 하고 서로 간에 사랑과 자비를 두셨느니라." (30:21)
> "우리는 기독교인들이요 라고 말하며 믿는 무슬림들에게 사랑을 베푸는 자들을 발견하리니 이는 오만하지 않는 성직자들과 배움에 열중하는 학자들이니라." (5:82)

위에 인용된 꾸란은 이슬람을 적대시하고 무슬림들을 공격했던 자들과 연계되어 계시된 것이다. 따라서 무슬림이 그들을 후원하고 사랑한다는 것은 어렵다. 그들에게 친절을 베풀고 그들과 동맹을 맺는 것도 어려운 일이다. 이 의미는 꾸란 다른 절에서도 언급되고 있다.

> "믿는 자들이여 불신자들을 친구로 삼지 말라. 그들은 너희를 해치기 위해 노력을 아끼지 아니하며 고통을 함께 나누는 자들이 아니라 너희가 파괴되기를 원하는 자들이니라. 그들의 입에서는 증오가 발산되며 그들의 마음은 더욱 사악하노라. 너희는 그들을 사랑하고 그들의 모든 성서를 믿는데도 그들은 너희를 사랑하지 않을 것이니라. 그들이 너희를 만날 때만 믿는다고 말할 뿐 홀로 있을 때는 너희에게 그들의 손가락을 깨물며 분노하니 일러 가로되 너희의 노여움으로 멸망할 것이니라." (3:118-119)

이 두 절은 겉으로는 그렇지 않는 척하면서 마음속으로는 무슬림에 대하여 적대심을 갖고 있는 자들을 조명하고 있다. 다음은 이와 관련한 알라의 말씀이다.

> "그대는 알라와 내세를 믿는 자들이 알라와 그분의 사도를 거역하는 무리들을, 설사 그들이 아버지나 자식이나 또는 형제들이나 천척들 중에 있는 자라 할지라도 좋아하지 않음을 보게 될 것이니라." (58:22)

알라를 거역하는 것은 단순히 믿음을 거역하는 것뿐만이 아니고 이슬람과 무슬림에 대하여 적대심을 갖는 것까지를 포함한다. 다음은 이와 관련한 알라의 말씀이다.

> "믿는 자들이여, 나의 적과 너희의 적을 친구로 삼지 말며 그들에게 사랑을 베풀지도 말라. 그들은 너희에게 도래한 진리를 거역하고 너희의 주님이신 알라를 믿는다는 이유로 사도와 너희들을 추방한 자들이니라. 너희가 나를 위해서 성전하고 나의 기쁨을 추구하려 한다면 그들에게 사랑을 베풀지 달라. 나는 너희가 숨기는 것과 드러내는 모든 것을 모두 알고 있나니 너희 중에서 그와 같이 행하는 자가 있다면 틀림없이 그는 올바른 길에서 벗어날 것이니라." (60:1)

이 절은 알라와 사도에 대항하여 전쟁을 선포한 메카 불신자들과 연계되어 계시된 꾸란이다. 그들은 창조주 알라를 믿는다는 것만으로 무슬림들을 살고 있는 집에서 쫓아내고 박해하였기 때문이다. 이들을 친구로 삼고 이들에게 친절을 베풀고 이들과 동맹을 맺는 것은 어려운 일이다. 이러함에도 불구하고 꾸란은 희망의 끈을 놓지 않았다. 언젠가는 그들과 화해가 될 것이라는 희망을 갖고 환경이 좋아져 관계가 개선될 때까지 참고 기다릴 것을 무슬림들에게 권고하였다. 다음은 이와 관련한 알라의 말씀이다.

> "알라께서는 너희와 너희가 적의를 품고 있는 자들과의 사이에 우정을 갖게 하실 수도 있으시니라. 알라께서는 전능하시고 가장 관대하시며 자비로운 분이시기 때문이라." (60:7)

이 절은 무슬림들에게 확신을 주고 있다. 지금의 모진 적대감과 깊은 증오가 사라질 것이라는 확신이다. 다음은 이와 관련한 예언자의 말씀이다.

"당신의 적을 온유하게 대하시오. 그리하면 그가 어느 날 당신의 친구가 될 것입니다."190

이슬람의 적을 친구로 삼지 말라는 것은 그들이 무슬림보다 더욱 힘이 강할 때일수록 더 강조된다. 그들이 비록 희망을 짓밟고 사람들의 마음에 공포감을 불어넣는다 해도 마찬가지다. 이러한 상황에서 서둘러 그들을 친구로 삼는 것은 마음이 병든 위선자들에 불과하다. 알라께서는 이런 상황을 다음과 같이 표현하셨다.

> "마음에 병이 들어 서두르는 자들을 그대가 볼 것이니라. 그들은 말하길, 우리에게 불운이 오지 않을까 두렵나이다. 하나님께서는 그분의 뜻에 따라 승리와 어떤 결정을 내리시니 그들은 그들의 마음에 숨긴 것에 대하여 후회할 것이니라." (5:52)
>
> "위선자들에게 이르되 그들에게는 고통스러운 벌이 있으리라. 신자들이 아닌 불신자들을 보호자로 택하는 자들이 있노라. 그들은 저들로부터 영광을 찾는단 말이냐? 실로 모든 영광은 하나님께 있느니라." (4:138-139)

190_ Al-Tirmizi and Al-Baihaqi.

비무슬림에게 지원 요청

무슬림이 사적이든 공적이든 또는 정부기관에서 종교와 무관한 기술, 의학, 산업, 농업 등 다양한 분야에서 비무슬림에게 지원을 요청할 수 있다. 이것은 하람이 아니다. 물론 무슬림은 모든 분야에서 자립을 해야 한다는 것은 지극히 당연한 말이다. 예언자가 보여준 사례에서 그 예를 찾을 수 있다. 예언자는 메카에서 메디나로 이주할 때 메카 사람들의 추격을 따돌리기 위해 다신교 신자였던 압둘라(Abdullah ibn Uraiqit)의 도움과 안내를 받았다. 학자들은 이 사건과 관련하여 한 인간이 창조주를 불신한다고 그의 인간성과 신뢰까지 부정되어서는 안 된다는 결론을 내렸다. 메카 사람들의 공격을 피해 메디나로 떠나는 예언자에게, 비록 그의 안내를 받는 것도 위험스러웠지만, 이것보다 더 위험한 것이 없었기 때문이다.

이 사건을 유추 해석하면 무슬림 지도자는 비무슬림, 특히 유대교인들과 기독교인들에게 군사원정 지원을 요청하고 전리품을 무슬림 병사들과 공평하게 분배한다는 결론이다. 주흐리는 이렇게 전하고 있다. "사도께서는 원정에서 유대인들의 협력으로 승전을 하고 거기에서 얻은 전리품을 참전 용사들에게 분배하였다. 우마이야의 아들 사프완(Safwah)도 우상 숭배자였는데 예언자와 함께 후나인 전투에 참가하였다.[191] 비무슬림에게 도움을 요청할 때는 조건이 있다. 무슬림들이 신뢰하는 자라야 하며 그렇지 않은 경우에는 비무슬림에게 도움을 청해서는 안 된다. 비록 무슬림이라 할지라도 기밀을 누설한다든지 불안을 조성하는 등 신뢰할 수 없는 무슬림에게 도움을 청하는 것도 역시 하람이다."[192]

무슬림이 비무슬림에게 선물을 줄 수 있고 그로부터 받을 수도 있다. 모두가 할랄이다. 예언자께서 비무슬림 왕들로부터 선물을 받은 것만으로도 더 이상 설명해야 할 필요성이 없다.[193] 하디스 학자들은 예

191_ Sa'id.

192_ *Al-Mughni*, vol. 8, p.41.

언자께서 비무슬림들로부터 선물을 받았다는 하디스들이 많이 있다고 말한다. 예언자의 아내 움므 쌀마(Umm Salmah)는 예언자가 그녀에게 한 말을 이렇게 전하고 있다.

"나는 나자쉬에게 한 벌의 옷과 얼마의 실크를 선물로 보냈다."[194]

나자쉬(Al-Najashi)는 아비시니아(지금의 에티오피아)의 왕으로 그는 기독교인이었다.

이슬람은 인간을 존중한다. 하물며 딤미(Dhimmi)도 그러한데 그 사람이 성서의 백성, 즉 유대교인이나 기독교인이면 더 말할 필요가 없다. 어떤 사람의 시체가 장지로 이동되는 중에 예언자 앞을 지나간 적이 있었다. 그때 예언자는 자리에서 일어나 고인에게 조의를 표했다. 그러자 누가 물었다. "사도님, 저 고인은 무슬림이 아니고 유대교인입니다." 그러자 예언자가 대답했다.

"그는 인간이 아닌가요?"[195]

이처럼 이슬람은 모든 인간의 존엄성과 위상을 존중한다.

193_ Ahmad and Al-Tirmizi.

194_ Ahmad and Al-Tabarani.

195_ Al-Bukhari.

동물에 대한 이슬람의 보편적 자비

이슬람의 보편적 자비는 불신자, 유대교인, 기독교인, 무슬림 할 것 없이 모든 인간을 비롯한 알라의 모든 피조물을 얼싸안는다. 따라서 이슬람은 동물학대를 엄격히 금지한다. 14세기 전에 이슬람은 이미 동물학대를 금지하면서 동물을 학대한 자는 지옥에 버려진다는 경고를 하였다.

예언자는 흙먼지를 둘러쓰고 갈증으로 허덕거리고 있는 개 한 마리를 발견하고 그 개에게 자비를 베푼 어떤 사람의 이야기를 교우들에게 전했다. 그 사람은 우물로 들어가 그의 신발에 물을 가득 떠와 그 개에게 물을 먹였고 그 덕분에 그 개가 살아났다는 내용이다. 그리고 예언자는 이렇게 말했다.

"알라께서는 그 사람에게 감사해 하고 그의 죄를 사하여 주셨습니다. 교우들이 물었습니다. '사도님, 동물과 관련해서도 보상이 있습니까?' 예언자가 대답했다. '모든 생명체와 관련된 보상이 있지요.'"[196]

알라의 관용과 기쁨을 얻는 것과 병행하여 예언자는 알라의 분노와 징벌을 유발하는 다른 것을 언급했다. 다음은 이와 관련한 예언자의 말씀이다.

"한 여성이 고양이 한 마리 때문에 지옥 갈 운명에 놓였습니다. 그녀는 그 고양이를 가두어두고 먹을 것도 주지 않고 땅의 풀을 뜯어먹을

196_ Al-Bukhari.

수 있도록 풀어주지도 않았습니다."[197]

예언자는 얼굴에 어떤 표식이 찍힌 당나귀를 보고 그러한 관습을 신랄하게 비난하셨다. 다음은 이와 관련한 예언자의 말씀이다.

"나는 얼굴에서 멀리 떨어진 신체부위가 아니면 어떤 동물의 얼굴에도 표식을 한 적이 없습니다."[198]

다른 하디스에서도 이와 유사한 내용이 언급되고 있다.

"동물의 얼굴에 표식을 하거나 얼굴을 때린 자를 내가 비난하였다는 소식을 여러분은 듣지 못했습니까?"[199]

앞서 이미 언급한 이야기로 닭을 표적 삼아 활쏘기 연습을 한 일부 사람들을 이븐 우마르가 목격했으며 예언자는 이를 저주했다는 내용이다.

"예언자는 살아 있는 생명체를 표적으로 삼는 자를 저주하였습니다."

압바스의 아들 압둘라가 말하고 있다. 예언자께서는 동물끼리 싸움 붙이는 것을 금지하였습니다. 왜냐하면 사람들은 동물들을 자극하여 서로 싸우게 하여 한 동물이 다른 동물을 뜯어먹게 하거나 죽도록 하는 등의 방법으로 동물들을 학대하였기 때문이다. 동물을 거세하는 것에 대해 예언자는 강한 어조로 비난하였다고 역시 압둘라가 전하고 있다.[200]

꾸란은 이슬람 이전의 아랍인들을 비난하였다. 그들은 가축들의 귀를 절단했는데 알라께서는 이를 사탄의 행위라고 하였다. 사탄은 이렇게 말했다.

> "나는 그들을 방황케 하고 그들에게 위선적 희망을 조성할 것이며 그들에게 명령하여 가축들의 귀를 자르게 하고 그들에게 명령하여 알라의 창조를 변경케 할 것이라." (4:119)

197_ Al-Bukhari.

198_ Muslim

199_ Abu Dawood and Al-Tirmizi.

200_ Al-Bazzar.

동물 도살 방법과 관련하여 앞서 언급했던 것처럼 도살할 때 동물에게 고통이 가장 적게 가도록 하는 것이 최선의 도살 방법이다. 그래서 칼을 날카롭게 하는 것, 동물이 보지 않는 곳에서 칼을 날카롭게 하는 것, 그리고 동물이 보고 있는 앞에서 동물을 도살하지 않는 것도 이슬람에서 말하는 동물에 대한 사랑이다. 이와 같은 이슬람의 동물애호 정신은 지금까지 이 세상에서 보지 못한 정도로 상상을 초월하고 있다.

■ 이 책을 마치면서 ■

할랄(Halal)과 하람(Haram)을 몸소 실천하도록 하는 데 필자는 저술의 목적을 두었다. 할랄과 하람을 마음으로만 이해하고 머리에 새겨두는 것으로 이 책을 다루지 않았다. 비록 시기와 질투, 거만과 오만, 위선과 허식, 탐욕과 욕망으로 마음이 병들었다 하더라도 아는 것을 실천하지 않는 것은 큰 죄들 가운데 하나다. 이슬람은 죄에 대항하는 전쟁을 선포했다. 예언자는 그 죄가 낳을 결과를 경계하면서 실천하지 않고 마음속에 담고만 있는 것을 '공동체의 병'으로 정의하고 머리를 깎는 것이 아니라 종교를 해치는 '면도날'로 불렀다.

꾸란과 예언자의 하디스를 공부하고 연구하는 자들은 다 아는 사실이다. 건전한 마음과 정신 집중이 현세와 내세에서 개인과 공동체를 위한 성공의 토대라는 진리를 알게 된다. 다음은 이와 관련한 알라의 말씀이다.

> "알라께서는 사람들이 저들의 마음속에 있는 것을 바꾸기 전에는 저들의 상태를 변화시키지 아니 하시니라." (13:11)
>
> "그 날은 정직한 마음으로 알라께 오는 자 외에는 재산도 자식도 소용이 없는 날이니라." (26:88-89)

예언자는 이렇게 말했다.

"실로 할랄이 분명하고 하람이 분명합니다. 그리고 이 둘 사이에는 많은 사람들이 알지 못하는 의심스러운 것이 있습니다. 이 의심스러운 것들을 피하는 자는 자신의 신앙과 명예를 회복한 자이며 그것들에 빠지는 자는 하람에 빠지는 자와 같습니다. 이는 경계구역 주변에서 양을 치는 목동이 경계구역 안으로 들어가 양에게 풀을 먹이는 것과 같습니다. 각 통치자는 각각의 경계구역을 갖고 있으며 알라의 경계구역은 그분께서 금지한 것들입니다."[1]

1_ Al-Bukhari and Muslim.

그런 다음 모든 인간의 품행의 바탕이 되는 마음의 가치, 감정의 원천, 의향과 의도를 추가로 설명했다.

"인간의 몸 안에 조그마한 것이 하나 있는데 그것이 건전하면 몸 전체가 건전하고 그것이 부패하면 몸 전체가 부패하게 됩니다. 그것은 바로 마음입니다."

왜냐하면 마음은 신체를 다스리는 기관이기 때문이다. 다스리는 기관, 즉 통치자가 훌륭하면 통치를 받는 국민과 국가가 건전하게 되나 만일 통치자가 부패하면 사회 전체가 부패하게 된다.

그래서 알라께서는 인간의 모습을 보지 않고 마음과 의도를 본다고 예언자는 언급하셨다.

"알라께서는 여러분의 겉모습을 보지 않고 여러분의 마음을 보시지요. 모든 행위는 마음의 의도에서 비롯되지요. 그래서 모든 인간은 마음의 의도에 따라 심판을 받을 것입니다."

이슬람에 있어서 마음은 행위와 도덕의 중심지다. 이것은 할랄과 하람 쪽보다는 각 개인의 도덕과 윤리에 관련되기 때문에 본서에서는 다루지 않았다. 이슬람의 내적 부분에 대해서는 윤리학자들과 수피 무슬림 학자들이 깊이 있게 다루었다. 그들은 도덕적 그리고 정신적인 죄를 '마음의 병'이라고 하면서 그 이유를 진단한 후 꾸란과 하디스에 근거하여 그에 대한 치료법을 제시하였다. 이감 가잘리는 『Ihya Ulum Al-Din : 종교학의 부활』이란 그의 저서에서 '마음의 병'에 관하여 4분의 1 이상을 '치명적인 병'이란 주제로 다루었다. 왜냐하면 치명적인 마음의 병들이 현세에서 인간을 타락하게 만들어 내세에서 지옥으로 유도하기 때문이다.

본서는 적극적인 죄만을 다루었을 뿐 소극적인 죄는 다루지 않았다는 것을 참고해 주기 바란다. 죄는 두 종류가 있다. 첫 번째는 금지된 것을 행하고 의무적으로 해야 할 것을 행하지 않는 죄가 있다. 죄의 두 번째 형태는 토론의 과정에서 이곳저곳에서 언급은 했지만 본서의 주제는 아니다. 소극적인 죄를 다루고자 했었다면 별개의 주제로 다루면서 알라께서 무슬림들에게 내린 모든 의무사항들을 묘사했을 것이다. 왜냐하면 그것들을 행하지 않거나 소홀히하는 것은 의심할 여지 없이 하람이기 때문이다. 예를 들어 이슬람에서 학문과 지식의 추구는 모든 무슬림 남녀의 의무다. 그래서 만일 무슬림이 무지의 어둠속에 갇혀 있다면 그는 지식의 탐구의 소홀로 결국 예배, 이슬람세 납부, 단식, 메카 성지순례 등과 같은 이슬람의 의무를 다하지 못하게 되어 죄를 짓게 되는 것이다. 무슬림이 정당한 이유 없이 그 의무들을 유기하는 것은 허용되지 않는다. 만일 그것들을 유기하는 무슬림이 있다면 그는 큰 죄를 짓게 되는 것이며 그것들의 가치를 떨어뜨리고 묵살하는 무슬림은 이슬람을 포기하는 것이다.

이슬람 공동체를 보호하고 알라의 적을 궁지에 빠뜨리도록 하기 위해 군사력을 최대한으로 강화하는 것은 이슬람 공동체의 의무이다. 이것은 이슬람 공동체 모두에 대한 보편적인 의무이며 군사업무를 관장하는 책임자들에게는 특별한 의무다. 따라서 그런 중대한 의무를 소홀히하는 것은 중죄일 뿐만 아니라 큰 수치다. 이처럼 개별적이든 또는 집단적이든 간에 이와 같은 의무사항들은 모두가 유사하다.

무슬림들에게 할랄과 하람에 관한 전반적인 영역을 모두 짊어지라고 요구하지 않는다. 본서는 각 개인의 사생활, 가족생활, 무슬림의 사회생활에 있어 무엇이 할랄이고 무엇이 하람인지를 강조했을 뿐이다. 특히 왜 할랄이고 왜 하람인지의 이유와 그 목적을 알지 못해 소홀히하거나 중요하지 않다고 생각할 수 있는 부분을 부각시켜 언급했다. 할랄과 하람에 관한 법제정에 있어 이슬람법의 심오한 지혜를 보여주려고 시도했다. 그래서 두 눈을 갖고 있는 사람이면 누구나 할 것 없이 알라께서 할랄을 통해서 인간을 방임하고 하람을 통해서 인간을 구속하려고 한 것이 아니라 인간의 이익을 극대화하고, 인간의 생명과 명예와 재산과 도덕과 지식을 보호하여 현세와 내세에서 성공으로 가는 길을 안내하기 위한 것이라는 것을 발견할 것이다.

인간이 만든 모든 법들은 본래부터 결점이 많고 불완전하다. 모든 인간은 불완전한 존재일 뿐만 아니라 법률 제정의 주체가 개인, 정부, 의회라 하더라도 그들은 종교와 윤리의 요구들을 무시한 채 물질적 측면만 고려하여 법을 제정하기 때문이다. 그들은 전 세계와 전 인류의 복지를 함께 생각하지 않고 항상 국수주의, 민족주의, 지역주의 등 집단이익에만 매달려 있을 뿐이다. 또한 그들은 미래에 대한 생각은 아랑곳하지 않고 오늘과 현재만을 위해 그리고 그 법이 미래에 어떤 결과를 가져올 것인가를 생각하지 않고 법을 제정한다. 무엇보다도 법을 제정하는 인간들은 자신들의 허약성과 욕망과 편견에 종속될 수밖에 없다. 다음은 인간의 편견과 관련한 알라의 말씀이다.

> "실로 인간은 책임을 맡고서도 자신에게 정직하지 못하고 그것의 결과를 무시하노라." (33:72)

그래서 인간이 만든 법은 근시안적이고, 협소하고, 물질적인 사회적 이익만을 고려한 편협적인 법으로 일시적 처방만을 할 수밖에 없다. 할랄과 하람 관련 법이 인간에 의해 제정된다면 대중의 의견, 또는 로비스트, 또는 인기와 비인기에 따라 영향을 크게 받는 것은 두말 할 필요가 없으며 그 결과가 극히 위험하여 사회악을 초래할 수 있는데도 불구하고 종종 하람이 할랄로 되고 있다는 것을 지적하지 않을 수 없다.

미국 정부는 이전 법에서 금지되었던 음주를 합법화하였다. 즉 하람의 철폐가 효력을 발생하여 알코올이 소비되게 되면 이로 인한 개인과 가정과 사회의 피해가 얼마나 클 것인가를 알면서도 하람을 할랄로 변경시킨 것이다. 이와는 대조적으로 이슬람법은 이러한 결점들을 갖고 있지 않다. 인간들에 대한 모든 것을 알고 계시는 창조주께서 인간들을 위해 제정한 법인데 어떻게 완전하지 않다고 할 수 있겠는가! 다음은 이와 관련한 알라의 말씀이다.

> "알라께서는 선을 행하는 척하는 자들 중에서 해악을 의도하는 자를 알고 계시느니라." (2:220)
>
> "그분이 창조한 것을 그분께서 모르실 리 있겠느냐? 실로 그분께서는 모든 것을

세세하게 알고 계시며 모든 것을 통찰하시는 분이시니라." (67:14)

이것이 바로 모든 것을 아시고 가정 현명하신 알라의 법이다. 그분께서는 불필요하게 아무것이나 금지하지 않았고 임의로 아무것이나 허용하지 않으셨다. 모든 것을 능력에 따라 창조하고 모든 것이 조화를 이루게 하셨다.

이슬람법은 모든 것에 자비로우신 주님께서 제정한 법이다. 알라께서는 인간에게 편안함이 있기를 원하지 어려움이 있기를 바라지 않는다. 그렇다면 어머니가 자식에게 베푸는 자비보다 창조주 알라께서 그분의 피조물 인간에게 베푸는 자비가 더 크지 않는가!

이슬람법은 모든 힘의 소유자이신 절대자의 법이다. 그분은 그분의 어떤 피조물에게도 의존하지 않고 어떤 민족이나 어떤 한 세대에게도 치우치지 않는다. 어떤 민족에게 금지하는 것을 다른 민족에게 허용하지 않고 어떤 민족에게 허용하는 것을 다른 민족에게 금지하지 않는다. 모든 존재의 주인께서 어떻게 편견을 갖고 또 편애를 하겠는가!

이것이 바로 할랄 또는 하람 그리고 그 밖의 것들에 관해 무슬림이 믿고 있는 것이다. 그러므로 무슬림은 확신의 마음과 만족한 마음으로 그것을 받아들이고 확고한 결심으로 그것을 이행한다. 이 세상에서의 행복 그리고 저 세상에서의 성공은 전적으로 알라께서 제정한 법을 준수하고 하람을 피하는가에 달려 있다는 것을 믿고 있다. 그러므로 현세와 내세에서의 행복을 확보하기 위해 무슬림은 창조주 알라께서 설정해 놓은 경계선을 넘지 않아야 한다.

이슬람 첫 세대의 무슬림들이 알라께서 제정한 법을 어떻게 준수하고 규범을 어떻게 이행하였는지 두 가지 모범적인 사례를 소개하고자 한다.

첫 번째 사례

알코올 금지와 관련하여 아랍인들이 얼마나 술을 좋아했고 그래서 술잔치로 인생을 탕진했는가는 이미 언급했었다. 알라께서 일시에 술 금지령을 내리지 않고 단계적 과정을 거쳐 술을 완전히 그리고 영원히 금지하는 결정적인 계시를 내렸다는 사실만으로도 아랍사회에 술이 어느 정도까지 보편화되어 있었는가를 짐작할 수 있다. 알라는 음주행위를 혐오스러운 사탄의 행위(5:90)라고 하였고 이에 근거하여 예언자는 모든 무슬림들에게 음주를 비롯하여 주류생산, 유통, 판매, 구매, 술 선물 등을 금지하였다.

무슬림들은 술 금지령 소식을 듣자마자 음주를 단념하겠다는 증거로 즉시 술독을 부수고 메디나 거리에 술을 부어버렸다. 그때까지 손에 든 술잔에 입을 대고 있거나 술잔을 들고 있던 일부 무슬림들까지도 "그래도 너희는 단념하지 않겠느냐?"(5:91)는 알라의 말씀에 따라 술잔을 던지거나 술을 부어버렸다.

여기서 우리는 술과의 전쟁에서 완전히 승리하여 술을 제거한 이슬람 사회와 술과의 전쟁에서 완전히 실패한 미국사회를 비교해 볼 수 있다.[2] 한때 미국은 법으로 술금지법을 제정하여 실행하다가 결국 실패하고 말았다. 이것은 바로 창조주 알라께서 제정한 믿음이 근본인 법이 아니고 인간 자신들이 임의로 제정한 법으로는 스스로를 개혁하거나 통제할 수 없다는 것 그리고 인간의 힘과 권력만으로는 불가능하다는 결론을 보여주고 있다.

두 번째 사례

두 번째는 이슬람이 도래하면서 여성들에게 유혹이 되는 살결 노출이 금지되었을 때 초기 무슬림 여성들이 이에 호응한 모습 그리고 자신들의 노출된 부분을 가리고 순결을 지킨 사례이다. 자힐리야 시대라 불리는 이슬람 이전의 여성들은 머리, 목, 가슴을 노출하고 그곳에 귀

2_ *Al-Aqid ah Darurat Lil-Hayat*(일상생활에서의 믿음의 역할)에서 주제 믿음과 도덕 참조.

고리나 목걸이 같은 것으로 치장을 하고 다녔다. 그러자 알라께서 무슬림 여성들에게 자힐리야 시절에 성행했던 여성들의 음란한 모습을 금지시키면서 머리와 목과 젖가슴을 가려 정숙하고 순결한 여성들이 될 것을 촉구하셨다.

다음은 신자들의 어머니로 불리는 아이샤가 전한 이야기다. 메카에서 이주해온 여성들과 이들을 도와 준 메디나 여성들에게 외형과 의상과 장식품 등 그들의 생활모습을 바꾸라는 꾸란이 계시되었을 때 아이샤는 이렇게 말했다. "알라께서 메카에서 이주해온 초기 무슬림 여성들에게 자비를 베푸실 것입니다." 가슴을 가리는 머리 수건을 써야 한다.(24:31)는 계시가 내려졌을 때 그 여성들은 자신들의 옷을 찢어 가슴을 가렸다.[3]

몇 명의 여성이 아이샤를 동행한 적이 있었다. 그때 그 여성들이 꾸라이쉬 출신의 여성들과 그녀들의 장점을 언급하자 아이샤가 이렇게 말했다. "꾸라이쉬 여성들은 정말로 훌륭해요. 그러나 알라께 맹세하지만, 나는 꾸란을 믿고 꾸란의 가르침을 적용하는 메디나 출신의 여성들보다 더 훌륭한 여성을 본 적이 없어요. 가슴을 가리는 머리 수건을 써야 한다는 꾸란이 계시되었을 때 이 소식을 접한 남편들은 가정으로 돌아가 아내와 딸들에게 전했어요. 남편들로부터 이 소식을 접한 아내를 비롯하여 딸, 여동생 할 것 없이 함께 살고 있던 모든 여성들이 천이나 그림이 그려진 커튼을 잘라 노출된 부분을 가렸어요. 그녀들이 예언자 뒤에서 예배를 하고 있을 때의 그녀들의 모습은 마치 까마귀들처럼 보였어요."[4]

이것이 바로 알라께서 계시를 내렸을 때 초기 무슬림 여성들이 보여준 것이다. 이 여성들은 알라께서 명령한 것을 서둘러 이행하고 금지한 것에 대해서는 생각해 보거나 지연시키거나 기다리지도 않고 지체없이 서둘러 포기했다. 하루 또는 이틀도 지연시키지 않고 부드러운 천을 구해서 자신의 머리와 가슴을 가릴 수 있는 적합한 옷을 만들었다.

3_ Al-Bukhari.

4_ Ibn Kathir.

거친 천, 색깔이 밝은 천, 그림이 들어 있는 천 등 구할 수 있는 모든 천을 다 구해 그 중에서 가장 부드럽고 잘 어울리는 천을 골라 만들었다.

이러한 천을 구하지 못한 여성들은 자신들의 겉모습은 생각하지 않고 자신들이 입고 있는 옷을 찢어서 머리와 가슴을 가리는 옷을 만들어 입었다. 그 모습들은 마치 신자들의 어머니가 묘사했던 것처럼 그녀들의 머리위에 까마귀가 앉아 있는 것처럼 보였다.

여기서 강조하고 싶은 것은 할랄과 하람에 관한 단순한 학문적 지식과 할랄과 하람의 경계선에 관한 상식만을 머리에 담고 있는 것만으로는 아무런 의미가 없다는 점이다. 큰 죄들이 무엇이고 실천해야 할 의무사항들이 무슬림들에게 잘 알려져 있음에도 불구하고 많은 무슬림들은 이들 큰 죄에 빠져 의무사항 이행을 게을리하면서 두 눈을 뜬 채 지옥을 향해 달려가고 있다.

매사에 알라를 경외하고 두려워해야 한다. 이것이 만복의 근원이다. 살아 있는 양심을 가지고 하람 경계선을 넘지 않도록 항상 할랄 영역에서만 생활해야 한다. 그럴 때 그는 모든 축복을 누릴 수 있다. 예언자는 이와 관련한 진리를 말씀하셨다.

"알라께서 어떤 사람을 위해 좋은 것에 뜻을 두고자 하실 때는 그 사람의 영혼으로 하여금 그를 감시하도록 하시지요."[5]

초기 무슬림들로부터 물려받은 다음의 표현으로 기도를 하면서 본서의 저술을 마친다.

"알라여, 당신의 할랄로 하람을 멀리하게 하여 주시고, 당신께 복종하게 하여 당신께 죄를 짓지 않게 하여 주소서. 축복과 은총을 내리실 분은 당신 외에는 아무도 없습니다."

저희를 여기까지 안내하여 주신 알라여 모든 영광을 홀로 받으소서. 만일 당신께서 안내하지 않으셨다면 저희는 안내를 받지 못했을 것입니다.

5_ Al-Dailami.

■ 찾아보기 ■

ㄱ

ㄴ

ㄷ

ㄹ

ㅁ

ㅂ

ㅅ

｜ㅇ｜